W9-AFR-580

1000
EXTRA/ORDINARY
OBJECTS

© 2000 Benedikt Taschen Verlag GmbH
Hohenzollernring 53, D–50672 Köln
www.taschen.com

© 2000 COLORS Magazine s.r.l .
Via Villa Minelli 1, 31050 Ponzano Veneto (TV)

© 2000 Introduction: Peter Gabriel

Editor Carlos Mustienes, Madrid
Co editors Giuliana Rando, Wollongong
Valerie Williams, Victoria
Editorial coordination Ute Kieseyer, Cologne
Copy editor Barbara Walsh, New York
French editor Isabelle Baraton, Marseille

Design and production Anna Maria Stillone, Sydney

Lithography Sartori Fotolito s.r.l., Treviso

Printed in Italy
ISBN 3-8228-5851-X

1000
EXTRA/ORDINAIRES
OBJETS

TASCHEN

KÖLN LONDON MADRID NEW YORK PARIS TOKYO

A chipped stone, or paleolith, tells us a lot about the needs of the early humans—to dig roots, skin animals and scrape furs. In time, more pieces were chipped off the stone to make it sharper. Then the stone was modified again and again to serve other needs. And as each new tool was developed, humans discovered new ways to use it. New tools create new needs that in turn create new objects.

People like to surround themselves with objects—it's part of our nature. It may be an anal instinct, but we like our stuff.

People are surrounded by their objects—whether they are useful, decorative, beautiful, ugly, common or rare, we can't help but leave clues everywhere as to our identity. Clues about our culture, national identity, political ideology, religious affiliation and sexual inclinations, our objects reflect who we really are and who we want to be.

Look at the process by which we decide what to keep and what to throw away. Do we value the things that have never been touched or those which we touch all the time, the most useful, or the most useless?

We can turn our objects into fetishes, imbuing them with magic and memories, with religious or sexual potency. They become objects of worship, objects of desire and objects of fear, all feeding our passions and obsessions.

To find out how and why people use certain objects, we take a closer look at them: The lipstick that's banned in Afghanistan and the toys made of banana leaves that children play with in Uganda.

We examine a football shirt that might get you beaten up in Brazil and the bras that Catholic nuns buy in Italy. They're the tools we need to live our lives.

We have made pictures of our ancestors from the things they have left behind. So it will be for the archaeologists of the future—by our objects you will know us.

Peter Gabriel

Un silex taillé du paléolithique en dit long sur les besoins primordiaux de nos lointains ancêtres : déterrer des racines, dépecer des animaux, racler des peaux de bêtes. Avec le temps, ils dégrossirent toujours plus ces pierres façonnées pour les affûter davantage, puis les modifièrent sans relâche pour répondre à d'autres besoins. Un outil n'était pas plus tôt élaboré que l'homme lui découvrait d'autres usages et le détournait parfois de sa vocation première. Chaque nouvel instrument générait de nouveaux besoins, qui à leur tour inspiraient de nouveaux objets.

Nous adorons nous entourer d'objets – c'est là un élément constitutif de la nature humaine. Peut-être s'agit-il d'instinct anal, mais en tout état de cause, nous aimons bien nos petites affaires.

Nous voilà donc éternellement flanqués de nos possessions – objets utiles ou décoratifs, beaux ou laids, banals ou rares, nous ne pouvons nous empêcher de semer partout ces indices révélateurs de notre identité. Témoins de notre culture, de notre appartenance nationale, de notre idéologie politique, de notre confession religieuse, de nos préférences sexuelles, nos objets reflètent aussi bien ce que nous sommes que ce que nous aspirons à être.

Observez par exemple le processus qui nous amène à décider si nous allons préserver ou jeter. Accordons-nous plus de valeur aux choses encore intouchées ou à celles que nous manipulons sans cesse, aux plus indispensables ou aux plus superflues ?

Voyez aussi notre capacité à muer nos objets en fétiches, à leur attribuer des pouvoirs magiques ou religieux, des valeurs symboliques et commémoratives, des vertus aphrodisiaques. D'objets inanimés, les voilà qui deviennent objets de culte, objets de désir, objets de crainte, nourriture terrestre de nos passions et de nos obsessions.

La raison d'être et le fonctionnement de tel ou tel objet ne se déterminent qu'au prix d'une observation attentive. C'est là ce que nous permet ce catalogue, qui promène son miroir grossissant du rouge à lèvre proscrit en Afghanistan aux jouets en feuilles de bananier dont s'amusent les enfants en Ouganda ; du maillot de football qui vous attirera les coups au Brésil aux soutiens-gorge préférés des moniales catholiques en Italie. Ce sont là les outils qui nous servent à vivre.

Nous nous sommes représentés nos ancêtres à travers ce qu'ils ont laissé derrière eux. Il en ira de même pour les archéologues du futur – par nos objets, vous nous connaîtrez.

Peter Gabriel

food
alimentation
fashion
mode
animals
animaux
body
pour le corps
soul
pour l'esprit
leisure
loisirs

Welcome cat

According to Japanese tradition,
manekinekos (beckoning cats) are supposed
to bring good luck to households —
they also beckon guests to come in.

Chat d'accueil

Au Japon, la tradition veut qu'on accroche aux portes des maisons
ces *manekinekos* (ou « chats qui font signe »). Il faut dire qu'ils cumulent
deux avantages : attirer la chance sur le foyer, tout en accueillant
dignement les visiteurs par un signe de bienvenue.

food
alimentation

Insect lolly, USA
Sucette aux insectes (Etats-Unis)

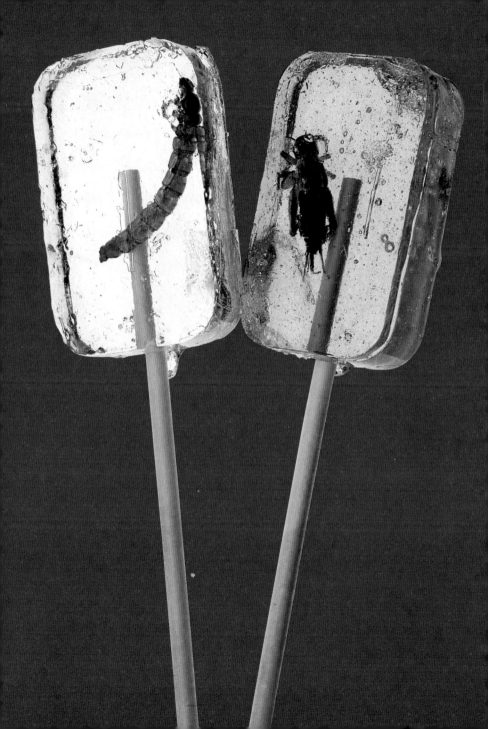

Hungry? Try some Cheez Doodles Brand Cheese Flavored Baked Corn Puffs. Ingredients: corn meal, vegetable oil, whey, salt, modified corn starch, cultured milk, skim milk, enzymes, buttermilk, sodium caseinate, FD&C Yellow #5, FD&C Yellow #6, artificial colors, milk, monosodium glutamate, natural flavors, lactic acid, butter oil. Taste is the strongest element in food selection. Your 10,000 taste buds—sensitive nerve endings—interpret the four basic tastes (sweet, salty, sour and bitter) and send messages to the brain. The brain then combines them with smell messages from the nose and signals about texture, temperature and pain from other nerve endings. This symphony of signals gives you access to thousands of flavors, so you choose what you like and reject what you don't. Sometimes, nature helps you out: Toxins often taste bitter so you'll gag before swallowing them. But it's not foolproof: Nutritionists say the high-fat diet of Western societies is bad for us, but our taste buds don't agree. Fat is an excellent flavor carrier and has what flavor chemists call a "superior mouth feel." Without it, hamburgers wouldn't be juicy, cakes wouldn't be moist and ice cream wouldn't be smooth.

Still hungry? Try some Raspberry Marshmallow Fluff. Ingredients: corn syrup, sugar, dried egg white, natural flavor and US certified color. It is gluten-free and kosher.

Un petit creux? Voici les «croustillants» de maïs goût fromage Cheez Doodles. Ingrédients: farine de maïs, huile végétale, lactosérum, sel, amidon de maïs modifié, lait fermenté, lait écrémé, enzymes, babeurre, caséinate de sodium, FD&C jaune #5, FD&C jaune #6, colorants artificiels, lait, glutamate de sodium, arômes naturels, acide lactique, graisses animales. La sélection de la nourriture est avant tout affaire de goût. Nos 10 000 papilles gustatives – terminaisons nerveuses ultra-sensibles – analysent les quatre saveurs primaires (sucré, salé, acide et amer) pour envoyer les signaux adéquats au cerveau. Celui-ci les combine aux signaux olfactifs que lui transmet le nez, ainsi qu'aux signaux de texture, de température ou de douleur véhiculés par d'autres nerfs. Cette symphonie de messages nous donne accès à des milliers de saveurs, ce qui nous permet de choisir et de rejeter. Il arrive aussi que la nature nous prête main-forte. Ainsi, les toxines ont souvent un goût amer et donnent des haut-le-cœur qui entravent leur ingestion. Mais de tels garde-fous ne sont pas entièrement fiables. Ainsi, les nutritionnistes ont beau marteler que le régime alimentaire occidental, saturé en graisses, nuit à notre santé, nos papilles en décident autrement. Car, non contents de constituer un excellent support pour les saveurs, les lipides procurent ce que les chimistes du goût appellent «une sensation buccale supérieure». Sans eux, pas de hamburgers juteux, de gâteaux moelleux ni de glaces onctueuses.

Encore faim? Essayez cette mousse de guimauve à la framboise. Ingrédients: sirop de maïs, sucre, blanc d'œuf en poudre, arômes naturels, colorants autorisés aux Etats-Unis. Casher et garanti sans gluten.

Poison To a *fugutsu* (blowfish connoisseur) danger is part of a good meal. Chefs who cook this Japanese delicacy must pass an exam to prove that they know how to prepare *fugu* (blowfish). If in doubt, ask to see a certificate. One blowfish contains enough poison to kill 30 people (it's mostly in the ovaries, testicles, and liver). Eating the flesh produces a tingling sensation in the mouth that is even stronger if you eat the potentially poisonous parts (which are edible if properly prepared). If you lose the gamble, expect to die in about five hours. Your body will slowly go numb and eventually your respiratory muscles will become paralyzed—you'll be fully conscious all the time. A safer way to sample fugu is to drink this *hiresake* (rice wine with fugu fin), which has a smoky flavor.

Poison Pour un *fugutsu* (amateur de fugu ou « poisson qui enfle »), il n'est pas de bon repas sans sa part de danger. Les grands chefs ne sont habilités à préparer ce joyau de la gastronomie nipponne qu'après un examen attestant de leur savoir-faire. Aussi, au moindre doute, exigez de voir un certificat. Un seul fugu contient assez de poison pour tuer 30 personnes (concentré pour l'essentiel dans ses ovaires ou ses testicules et son foie). La dégustation de sa chair produit dans la bouche une sensation de picotement, plus forte encore lorsque l'on mange ses organes potentiellement vénéneux (ils deviennent comestibles une fois correctement accommodés). Si vous tentez le sort et perdez au jeu, il vous reste environ cinq heures à vivre. Votre corps s'engourdira peu à peu, jusqu'à paralysie totale de vos muscles respiratoires. Précisons que vous resterez pleinement conscient durant tout le temps de votre agonie. Il existe toutefois un moyen plus sûr d'initier ses papilles à ce mets hasardeux : buvez un verre de *hiresaké*, un alcool de riz à l'aileron de fugu et au goût légèrement fumé.

Healthy Ads featuring children roller-skating are part of a UK£9 million (US$13.5 million) campaign promoting Sunny Delight as a healthy alternative to soft drinks. Yet UK food experts say the image is a con. The drink is only 5 percent fruit juice—the rest is sugar, water, and additives. Nevertheless, the drink made £160 million ($240 million) in the UK in 1999 (it was the country's twelfth biggest-selling brand). Nutri-Delight, by the same manufacturer, contains GrowthPlus—a patented source of iron, vitamin A and iodine. It will be launched in the Philippines and other countries where nutrition deficiencies are common.

Salubre Des bambins s'adonnant aux joies de la planche à roulettes : telle fut l'image choisie pour promouvoir Sunny Delight. Une campagne publicitaire ronflante de 9 millions de livres se fit fort de présenter cette boisson comme une saine alternative aux sodas. Selon les spécialistes britanniques de l'alimentation, il s'agit d'une escroquerie pure et simple, Sunny Delight ne contenant guère que 5 % de jus de fruit – largement noyé dans le sucre, l'eau et les additifs. Cela ne l'empêcha pas de séduire les Britanniques : avec une recette de 160 millions de livres au Royaume-Uni en 1999, la marque devint cette même année la douzième meilleure vente du pays. Et gare à la petite dernière du même fabricant, NutriDelight ! Elle contient du CroissancePlus – mélange exclusif de fer, de vitamine A et d'iode – et sera commercialisée dans les pays où sévit la malnutrition, entre autres aux Philippines.

Hot cans
come in three delicious flavors (Irish stew, beef casserole or vegetable curry). Just puncture the lid—the oxygen reacts with the can's lining and heats the food. And don't worry about these British-prepared meals going bad—they don't have an expiry date.

Ces conserves auto-chauffantes sont disponibles en trois saveurs, toutes également délicieuses (ragoût de mouton à l'irlandaise, ragoût de bœuf ou curry de légumes). Ouvrez le couvercle et le tour est joué – l'oxygène réagit avec la matière composant la paroi de la boîte et en réchauffe le contenu. Et ne craignez pas l'intoxication alimentaire : le fabricant (britannique) ne mentionne aucune date limite de consommation.

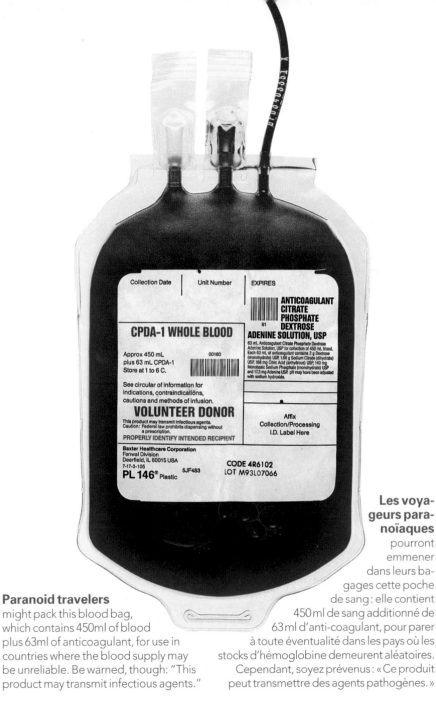

CPDA-1 WHOLE BLOOD

Collection Date | Unit Number | EXPIRES

ANTICOAGULANT CITRATE PHOSPHATE DEXTROSE ADENINE SOLUTION, USP

61

63 mL Anticoagulant Citrate Phosphate Dextrose Adenine Solution, USP for collection of 450 mL blood. Each 63 mL of anticoagulant contains 2 g Dextrose (monohydrate) USP, 1.66 g Sodium Citrate (dihydrate) USP, 188 mg Citric Acid (anhydrous) USP, 140 mg Monobasic Sodium Phosphate (monohydrate) USP and 17.3 mg Adenine USP. pH may have been adjusted with sodium hydroxide.

Approx 450 mL
plus 63 mL CPDA-1
Store at 1 to 6 C.

00160

See circular of information for indications, contraindications, cautions and methods of infusion.

VOLUNTEER DONOR

This product may transmit infectious agents.
Caution: Federal law prohibits dispensing without a prescription.

PROPERLY IDENTIFY INTENDED RECIPIENT

Baxter Healthcare Corporation
Fenwal Division
Deerfield, IL 60015 USA
7-17-3-105   5JF483

PL 146® Plastic

Affix
Collection/Processing
I.D. Label Here

CODE 4R6102
LOT M93L07066

Paranoid travelers
might pack this blood bag, which contains 450ml of blood plus 63ml of anticoagulant, for use in countries where the blood supply may be unreliable. Be warned, though: "This product may transmit infectious agents."

Les voya-geurs para-noïaques
pourront emmener dans leurs ba-gages cette poche de sang: elle contient 450 ml de sang additionné de 63 ml d'anti-coagulant, pour parer à toute éventualité dans les pays où les stocks d'hémoglobine demeurent aléatoires. Cependant, soyez prévenus: «Ce produit peut transmettre des agents pathogènes.»

17

Free food The best way to get people to try unfamiliar food may be to give it to them free. Especially if they're so hungry they can't refuse. Food multinationals are increasingly eager to donate their products to starving populations, says Carlos Scaramella, of the World Food Programme in Rome, Italy. The practice is expensive—1kg of packaged spaghetti costs more than 10kg of grain. The United Nations agency tries not to confuse "marketing goals" with humanitarian aid. But nothing can stop food multinationals from killing two birds with one stone. In 1991, emergency food airdropped from US planes to Kurds in northern Iraq included peanut butter, America's favorite sandwich spread. And during the 1992-95 war in Bosnia, Muslims forced to rely on food parachuted from American planes discovered an extra treat in the crates—chewing gum. This container was originally filled with cooking oil—when empty it can be used to carry grain distributed by aid workers.

On mange gratuit La meilleure méthode pour amener les gens à goûter des aliments peu familiers reste sans doute de les leur fournir gratis – en particulier s'ils sont trop affamés pour faire les fines bouches. Les multinationales du secteur alimentaire se montrent donc de plus en plus empressées à l'égard des peuples sous-alimentés, qu'elles arrosent littéralement de victuailles. C'est ce que nous explique l'Italien Carlos Scaramella, qui œuvre depuis Rome pour le Programme alimentaire mondial (PAM), une agence des Nations unies. La pratique est un peu chère – 1 kg de spaghettis sous emballage coûte plus que 10 kg de céréales. De son côté, le PAM s'efforce de distinguer entre « objectifs promotionnels » et aide humanitaire, mais rien n'empêche les grands cartels de faire d'une pierre deux coups. En 1991, les rations d'urgence larguées par les avions américains pour ravitailler les Kurdes du nord de l'Irak comprenaient comme par hasard du beurre d'arachides, la pâte à tartiner favorite des Etats-Unis. Durant le conflit bosniaque de 1992-95, les musulmans contraints de compter sur les vivres parachutées par les appareils américains découvrirent dans les caisses un petit cadeau bonus : du chewing-gum. Ce récipient contenait de l'huile d'olive. Une fois vide, il peut servir au transport des céréales que distribuent les agences humanitaires.

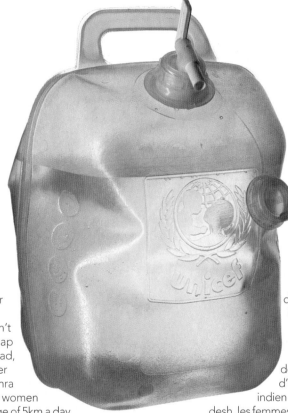

Convenient
More than four
billion people
worldwide don't
have a water tap
at home. Instead,
they carry water
(in India's Andhra
Pradesh state, women
walk an average of 5km a day
to get water). To help out, UNICEF,
the United Nations Children's Fund,
distributes a universal water container.
The lightweight, collapsible jug replaces gourds, plastic bags, brass pots,
drums and buckets (all are either frag-
ile, heavy, expensive or cumbersome).

Pratique Plus
de 4 milliards
d'hommes dans
le monde n'ont
pas l'eau cou-
rante, et doi-
vent la charrier
depuis les points
d'eau (dans l'Etat
indien du Andhra Pra-
desh, les femmes parcourent en
moyenne 5 km par jour pour aller la puiser).
Soucieux de leur alléger la tâche, l'UNICEF
(Fonds pour l'enfance des Nations unies)
distribue ce conteneur à eau universel. Léger,
compactable, il remplace calebasses, sacs plastique, pots en cuivre, bidons et seaux – tous réci-
pients fragiles, lourds, chers ou encombrants.

Liquid lunch The USA hasn't revealed what percentage of its US$261 billion annual military budget was spent developing liquid cheeseburgers, but the result is a complete meal plan for injured soldiers who can't eat solid foods. Entrées include tacos, ham and cheese soufflé, and spaghetti with meat sauce. Pea casserole, buttered squash and lyonnaise potatoes are available on the side. And for dessert, if you're still thirsty, try slurping a nice gingerbread. The Liquid Dental Diet is available at US field hospitals worldwide. Just add water and whisk.

Déjeuner liquide Les Etats-Unis n'ont
pas révélé de combien fut grevé le budget
national de la défense (soit 261 milliards de
dollars US par an) pour mettre au point les
cheeseburgers liquides, mais les résultats
sont là : une gamme complète d'aliments
pour militaires blessés ne pouvant absorber
de mets solides. En entrée, le chef vous propose des tacos, des soufflés jambon-fromage
ou des spaghettis bolognaise. Pour le plat de
résistance : ragoût de petits pois, courgettes
au beurre ou pommes de terre à la lyonnaise.
Pas encore désaltéré ? En dessert, sirotez un
bon pain d'épices. Le Liquid Dental Diet est
désormais disponible dans les antennes chirur-
gicales militaires américaines du monde entier. Il
suffit d'additionner d'eau et de bien secouer.

Edible This plate is fit for human consumption. Made of potato starch, the Biopac plate was a smashing success at the 1994 Winter Olympics in Norway, where starch tableware was used in all official food outlets. The plates don't taste very good, but then, they're not supposed to: Their main advantage is that they can be used as compost. Unlike Styrofoam packaging, which takes some 500 years to decompose, the starch plates dissolve in only two days. The plates may represent the future of packaging. And, with 20 percent of the world's population starving or malnourished, they might one day represent the future of food, too.

Assiette comestible Mangez-la, elle est digeste. Confectionnée à partir de fécule de pomme de terre, l'assiette Biopac a connu un succès sans précédent aux jeux Olympiques d'hiver de 1994, en Norvège, où ce type de vaisselle devint l'ornement incontournable de toutes les tables officielles. Qu'on ne s'attende pas à une saveur incomparable – mais, après tout, là n'est pas le rôle d'une assiette en amidon. Son avantage premier est en effet de pouvoir servir de compost après utilisation. Les faits parlent d'eux-mêmes : elle se dissout en deux jours à peine, contre cinq cents ans pour les conteneurs en polystyrène. Aussi pourrait-elle bien représenter l'avenir de l'emballage. Si l'on songe en outre que 20 % de la population mondiale souffre de la faim ou de malnutrition, il n'est pas exclu non plus qu'elle devienne un jour l'avenir de l'alimentation.

Chopsticks are good for you. The Chinese—faithful users for 30 centuries—believe that using them exercises your mind. And they definitely exercise your fingers: It takes 30 bone joints and 50 muscles to manipulate them (a factor the Chinese believe is behind their success at table tennis). Now you can improve your chopstick skills with Forkchops: If you start to fumble, you can easily switch to the knife and fork. According to their Italian-American creator Donald BonAsia, Forkchops are the key to cultural harmony. "If I go to someone's house and the table is set with Forkchops, it means they're prepared for anyone to come."

Manger avec des baguettes vous fera le plus grand bien. Aux dires des Chinois – fidèles à ce système depuis trente siècles – ce serait un excellent exercice pour le cerveau. Quant aux doigts, on ne saurait leur trouver meilleure gymnastique : la manipulation des baguettes met en jeu rien moins que 30 articulations et 50 muscles (un facteur auquel les Chinois attribuent leur succès en tennis de table). Peaufinez votre technique grâce aux baguettes convertibles Forkchops. En cas de maladresse chronique, vous pourrez aisément les convertir en couteau et fourchette. De fait, les Forkchops sont la clé de l'harmonie culturelle – martèle leur créateur italo-américain, Donald BonAsia. « Si j'arrive chez quelqu'un et que la table est mise avec des Forkchops, cela prouve que la maison est ouverte à tous. »

A snail lays 3g of eggs, then dies. The eggs are harvested with a teaspoon, then sold in France for FF2,700 (US$540)/kg. Despite the high price, the "white caviar" has no discernible flavor. But it will take on the flavor of what it's served with—truffles or herbs.

Un escargot a fort à faire avant de quitter ce monde : il pond trois grammes d'œufs – qui, une fois ramassés à la petite cuiller, se vendront en France à quelque 2 700 FF (540 $ US) le kilo. On paie donc au prix fort un goût qui l'est moins, puisque ce « caviar blanc » s'avère totalement insipide. Il est vrai qu'il s'imprègne de la saveur des ingrédients qui l'accompagnent, truffes ou aromates par exemple.

Starving children

in Angola have discovered that sucking on a rag soaked in gasoline can quell hunger pangs for hours at a time. This rag was purchased from a child at a gas station in downtown Luanda. Kids dash between cars, competing to mop up spilled gas. The owners consider them a nuisance, so police routinely patrol the stations.

Les jeunes affamés

d'Angola ont fait une découverte : sucer un chiffon imbibé d'essence peut calmer le calvaire de la faim plusieurs heures de suite. Nous avons acheté celui-ci à un petit garçon dans une station-service de Luanda, en plein centre-ville. On voit fréquemment des bandes d'enfants se ruer entre les voitures pour être les premiers à éponger le carburant qui déborde des pompes ou des réservoirs. Aux yeux des automobilistes, ils sont une véritable plaie, d'où les fréquentes visites des patrouilles de police dans les stations-service.

Food can be handy at weddings.
Here are some things you can throw:
(clockwise) at African-American weddings in the USA, black-eyed beans; in
Nepal, *lava*, a type of popcorn roasted
over a mild flame; in Morocco, a mix of
dried grapes, dates and figs; and in Serbia, local candies (for marital sweetness).

Faites des provisions pour les mariages.
Voici quelques idées d'aliments que vous
pouvez lancer : (dans le sens des aiguilles
d'une montre) lors de noces afro-améri-
caines aux Etats-Unis, des haricots noirs ; au
Népal, de la *lava*, sorte de pop-corn grillé à
feu doux ; au Maroc, un mélange de raisins
secs, de dattes et de figues ; en Serbie, des
bonbons de fabrication locale (pour installer
dans le couple douceur et tendresse).

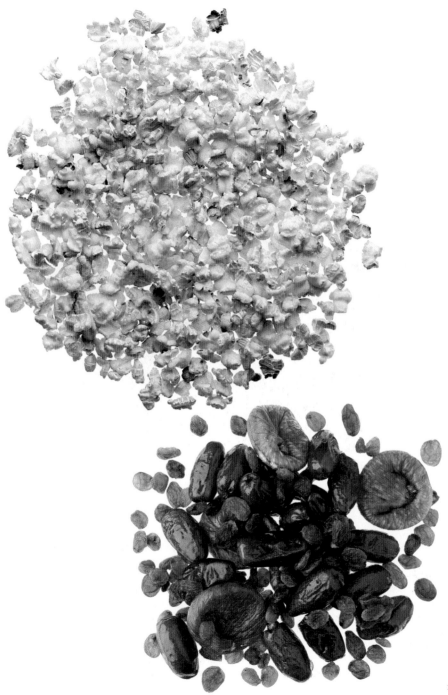

Steak

Here's what the label doesn't say: To maximize profits, the modern meat industry keeps animals in spaces so small they can scarcely move. Deprived of exercise, the animals don't grow normally. So to fatten them up, they're pumped with chemicals. Anabolic steroids, growth hormones and beta-agonists turn fat into muscle, quickly (one beta-agonist can increase a bullock's weight 45 kg in 18 days). Antibiotics stimulate growth and protect animals against diseases they probably wouldn't get if they were kept in better conditions. All these substances leave residues in meat. So if you feel jumpy after your steak, don't be surprised: Beta-agonists alone can cause heart tremors, respiratory problems and uterine relaxation.

Steak Voici ce que l'étiquette ne dit pas : pour optimiser la rentabilité des élevages industriels, on enferme les animaux dans des espaces si exigus qu'ils peuvent à peine bouger. Le manque d'exercice entravant leur croissance, on les gave de substances chimiques, stéroïdes anabolisants, hormones de croissance et bêta-agonistes, qui transforment la graisse en muscle à vitesse record (il existe un bêta-agoniste capable de faire prendre 45 kg à un bœuf en l'espace de dix-huit jours). On ajoute à cela quelques antibiotiques qui stimuleront leur croissance et les protègeront de maladies qu'ils ne contracteraient sans doute pas s'ils vivaient dans de meilleures conditions. Toutes ces substances laissent bien entendu des résidus dans la viande. En bref, si vous êtes un peu excité après votre steak, ne vous étonnez pas. Les bêta-agonistes peuvent provoquer de la tachycardie, des troubles respiratoires et un relâchement de l'utérus.

Milk For decades, scientists in the milk industry have been improving on nature. First, they made cows produce 10 times more milk than their bodies were intended to (to burn the amount of energy a modern cow expends lactating constantly, you would have to jog for six hours a day). Then they discovered how to produce milk that nature would never have thought of (chocolate-flavored lactose-reduced semiskimmed, anyone?). They even invented this milk substitute, which whitens coffee with "permitted coloring material." And finally, they've created Designer Cow. Fed on fish oils and plankton, she can produce semiskimmed milk or milk that makes spreadable butter— straight from the udder.

Lait Depuis des décennies, les experts de l'industrie laitière ne cessent d'améliorer les performances de la nature. Ils réussirent d'abord à tirer des vaches 10 fois plus de lait que leur corps n'était programmé pour en donner (si vous vouliez brûler la quantité d'énergie nécessaire à une vache d'aujourd'hui pour produire ainsi du lait en permanence, il vous faudrait courir six heures par jour). Ensuite, ils découvrirent comment fabriquer un lait auquel la nature n'eût jamais songé (un petit verre de demi-écrémé allégé en lactose goût chocolat, quelqu'un ?). Ils inventèrent même ce succédané de lait, qui blanchit le café au moyen de « substances colorantes autorisées ». Pour finir, le chef-d'œuvre. Et l'homme créa la vache de synthèse. Nourrie d'huiles de poisson et de plancton, elle peut produire au choix du lait demi-écrémé ou un lait spécifique qui donnera un beurre facile à tartiner – le tout directement sorti de la mamelle.

You're thirsty. Do you reach for the real thing? Here's a short quiz. Which of these drinks is the perfect nutrient to replace the eight glasses of water your body loses every day sweating, urinating, defecating and exhaling? Which one contains the equivalent of eight cubes of sugar, makes you burp and rots your teeth? A clue: One is 100 percent calorie-free, fat-free and sugar-free. The other is the preferred beverage of American schoolchildren. Correct! The clear liquid is water. The dark stuff is Coca-Cola. Packed with "empty calories" (once you've burned up the sugar, there are no nutrients left), soft drinks have dire consequences on your diet. They sweeten the palate and actually prepare the body to digest calories: Down a soft drink, and your body's raring for a high-fat, high-sugar meal (Big Mac and Coke sound familiar?). And in poorer societies, people spend cash on soft drinks at the expense of healthier foods like bread. No wonder African nutritionists call a local form of malnutrition the "Fanta syndrome."

Vous avez soif : ferez-vous le bon choix pour l'étancher ? Voici un petit questionnaire. Laquelle de ces deux boissons remplacera au mieux les huit verres d'eau que votre corps perd quotidiennement en transpirant, en urinant, en déféquant et en expirant ? Laquelle recèle l'équivalent de huit morceaux de sucre, fait éructer et gâte les dents ? Un indice supplémentaire : l'une ne contient ni calories, ni graisses, ni sucre ; l'autre est la boisson préférée des écoliers américains. Bravo ! Le liquide limpide, c'est de l'eau ; le machin sombre, c'est du Coca-Cola. Surchargés en « calories vides » (une fois le sucre brûlé par l'organisme, il ne reste plus aucune substance nutritive), les sodas ont un effet désastreux sur votre mode alimentaire. Car, en sucrant le palais, ils préparent littéralement le corps à réclamer des calories. Buvez un soda entier, et votre métabolisme n'aura de cesse que vous ne lui fournissiez un repas bien riche en graisses et en sucres (Big Mac + Coca, ça vous dit quelque chose ?). Enfin, dans les pays pauvres, les gens dépensent leur argent en boissons gazeuses au détriment d'aliments plus sains, tel le pain. On ne s'étonnera plus que les nutritionnistes africains aient baptisé « syndrome Fanta » une forme locale de malnutrition.

Exotic In advertising, several products—like cocoa— are often linked with Africa. The relationship goes back to the European colonialization of the continent. To make their product seem more exotic, Spanish candy maker Conguitos adopted an African tribal warrior as its mascot. In this promotional pendant he's shown with spear and fat red lips in a smile that works hard to sell sugar-coated chocolate. Fortunately, the designer forgot to stick a bone through his nose.

Exotique La publicité associe traditionnellement certains produits à l'Afrique. C'est le cas, par exemple, du cacao – cette assimilation remonte à l'époque où les nations européennes colonisèrent le continent. Soucieux d'accentuer l'aura d'exotisme de son produit, le fabricant espagnol des confiseries Conguitos a choisi pour emblème un guerrier tribal africain. Ce pendentif promotionnel le présente sagaie au poing, le visage fendu d'un sourire vermillon et lippu qui fait sans conteste tout ce qu'il peut pour vendre des chocolats enrobés de glaçage au sucre. Félicitons-nous que le créateur ait omis l'os en travers du nez.

Changed The cookie's the same but the name has been changed. To avoid offense, the Australian manufacturers of popular Golliwog cookies changed the brand name to Scalliwag. "Golliwog" has racist overtones, and though "scalliwag" was a negative term for white people in the South who collaborated with the federal government after the US Civil War, it is used mainly to refer to a playful child.

Modifié Le biscuit reste le même, mais le nom a changé. Soucieux de n'offusquer personne, le fabricant australien du biscuit Golliwog – qui se vend fort bien – a rebaptisé le produit Scalliwag. En effet, le mot «golliwog» est lourd de connotations racistes. De son côté, «scalliwag» est certes un sobriquet péjoratif (on en affublait les sudistes qui collaboraient avec le gouvernement fédéral durant la guerre de Sécession américaine), mais il désigne le plus souvent un enfant espiègle.

Teeth Eating too much sugar can make you bloated and give you diarrhea. And it also causes tooth decay. To limit sugar's effects on your teeth, you should limit contact—candy that sticks to your teeth does more harm than a soda drunk through a straw. But sugar can be a hidden menace: In Europe, cookies made for toddlers can legally contain up to 40 percent sugar (much more than you'll find in adult sweets). And in Scotland they're the leading cause of tooth decay in children from one to two years old (11 percent show decay). Once they become aware of their sweet tooth, there's no turning back—70 percent of Scotland's young people require a daily sugar fix. They don't have the worst teeth in the world, though: Children in Brazil, Peru, Bolivia and Uruguay do—with 6.5 cavities before they reach the age of 12.

Dentition Gavez-vous donc de sucre : vous courez droit aux ballonnements et à la diarrhée. Sans parler de vos dents. A tout le moins, minimisez l'effet du sucre sur votre émail en limitant les contacts : un bonbon qui colle aux dents vous fera plus de mal qu'un soda bu à la paille. Cependant, la menace se niche aussi là où vous ne l'attendez pas. En Europe, les biscuits destinés aux tout-petits peuvent contenir – en toute légalité – jusqu'à 40 % de sucre (beaucoup plus que vous n'en trouverez dans les produits pour adultes). En Ecosse, ils sont désormais la première cause de caries chez les enfants entre 1 et 2 ans (11 % d'entre eux présentent déjà des dents cariées). Il y a pire : une fois que les chers petits auront pris conscience de leur penchant pour le sucre, plus de rémission possible : 70 % des jeunes Ecossais sont en manque s'ils ne reçoivent pas leur dose quotidienne de sucre. Ils ne détiennent pourtant pas la palme mondiale des dents gâtées, qui revient sans conteste aux enfants du Brésil, du Pérou, de Bolivie et d'Uruguay : ceux-ci accumulent en moyenne 6,5 caries avant l'âge de 12 ans.

Sweet These seagull droppings are made of sugar and powdered milk, so eating them won't kill you. But real seagull droppings can be lethal. They can carry *E.-coli* (bacteria that cause diarrhea and are particularly dangerous for young children). Eight-year-old Heather Preen, of Birmingham, UK, died of *E.-coli* 0157 poisoning after playing on a beach. It's suspected she picked up the infection from dog or human feces or seagull droppings.

Friandise Ces fientes de mouette sont en sucre additionné de lait écrémé : elles ne vous feront donc pas grand mal. En revanche, le véritable guano peut vous être fatal. Il contient parfois des E.-coli, bactéries provoquant des diarrhées et particulièrement dangereuses pour les jeunes enfants. Heather Preen, une petite Anglaise de Birmingham, est morte à 8 ans d'intoxication aux E.-coli 0157. Elle n'avait pourtant fait que jouer sur la plage. On pense qu'elle fut contaminée par des crottes de chien ou des excréments humains, à moins qu'il ne se soit agi de fientes de mouettes.

Oral fixation Kola nuts, high in caffeine, are a popular accompaniment to the local brew in the bars of Cameroon. Join the locals in Nepal and suck on a piece of dried yak's milk, or *churpi*. A mulala tree branch from Mozambique is much more versatile than a cigarette: For a gleaming smile, fray the end of the stick and vigorously rub your teeth. To combat your smoker's cough, follow the lead of the Sri Lankans and suck on *sukiri*, a potent mix of sugar cane and spices. Alternately, try a Mighty Morphin' Power Rangers Lazer Pop Sword (opposite), named after a popular US television show.

Fixation orale Les noix de cola, qui présentent une forte teneur en caféine, sont très en vogue dans les bars du Cameroun, où on les grignote pour accompagner la bière locale. Au Népal, faites comme les Népalais : mâchez un morceau de lait de yak séché, ou *churpi*. Une branche de *mulala*, arbre du Mozambique, vous fera bien plus d'usage qu'une cigarette : sourire étincelant garanti en vous brossant vigoureusement les dents avec l'extrémité de la tige, que vous aurez pris soin au préalable d'effilocher. Pour combattre votre toux de fumeur, suivez l'exemple srilankais et sucez du *sukiri*, mélange très efficace de sucre de canne et d'épices. A moins que vous ne préfériez la sucette-épée laser des Power Rangers de la Sacrée Morphine (ci-contre), inspirée de la célèbre série télévisée américaine.

Vegemite isn't just a spread,
it's an Australian icon: Australians buy
22 million jars a year. It can be found in
90 percent of Australian homes—not
to mention local branches of McDonald's and on Australian airlines. Made
from yeast, it's one of the world's best
known sources of Vitamin B. Its salty
taste doesn't always appeal to the un-
initiated, but if you want to try it, here
are some serving suggestions: Add to
soup or stews for extra flavor or do what
most Australians do—spread on but-
tered toast for a tasty, healthy breakfast.

La Vegemite est plus qu'une pâte à tartiner :
c'est un pilier de la culture australienne. A
preuve, la consommation nationale atteint les
22 millions de pots par an. Cette préparation
à base de levure figure en bonne place dans
les cuisines de 90 % des foyers – pour ne rien
dire des McDonald's ni des compagnies
aériennes nationales. C'est aussi l'une des
sources de vitamine B les plus connues au
monde. Son goût salé rebute parfois les
non-initiés, mais si vous souhaitez la goûter,
voici quelques suggestions. Ajoutez-en à vos
soupes et à vos ragoûts, elle leur donnera du
caractère ; ou faites comme une grande majorité d'Australiens : pour un petit déjeuner sain
et savoureux, tartinez-la sur un toast beurré.

10 million glasses of Guinness are sold each day around the world. At 260 calories a pint, it's no more caloric than other beers, and it is one of Ireland's better-known exports. Check to see where yours comes from—Guinness is now brewed in 35 countries. And make sure your local bartender serves it properly—a proper pint must be pulled in two parts to leave a smooth, creamy head on the beer.

Dix millions de verres par jour : tel est le taux mondial de consommation de Guinness. Non, elle n'est pas plus calorique que les autres bières (comptez 260 calories par pinte, ce qui ne sort guère de l'ordinaire), et elle constitue le produit d'export le plus célèbre d'Irlande. Renseignez-vous pour savoir d'où vient la vôtre – la Guinness est aujourd'hui produite dans 35 pays. Et vérifiez que votre barman local la sert dans les règles de l'art : une pinte qui se respecte doit être tirée en deux temps, afin de laisser en surface une mousse lisse et crémeuse.

Cheese Only the most expert cheese connoisseurs know where to get hold of Le Fumaison. The sheep's milk cheese, made by Patrick Baumont in the French region of Auvergne, is available at only seven places worldwide. Gérard Poulard, director of cheese at Parisian restaurant Le Montparnasse 25, highly recommends the smoked, sausage-shaped delicacy. FF280 (US$56) for 2kg.

Why do beans make you fart?

They contain oligosaccharides (sugars) which, if not broken down during digestion, ferment in the intestine. To reduce digestion problems, "hot-soak" dried beans (boil them for three minutes before soaking) and always pour off and replace the soaking water before cooking. The body learns, in time, to handle oligosaccharides. But you can help by choosing beans (such as chickpeas, lima beans and black-eyed peas) which contain as little of these sugars as possible. Alternatively, try Beano®, "a natural food enzyme that…helps break down the complex sugars found in gassy foods into simple sugars that our bodies can digest."

Fromage Seuls les fins connaisseurs savent où se procurer le Fumaison. Ce fromage de brebis fabriqué par Patrick Beaumont au cœur du terroir auvergnat n'est disponible que dans sept points de vente au monde. Gérard Poulard, chef fromager au restaurant parisien Le Montparnasse 25, recommande vivement cette spécialité fumée en forme de saucisse, au goût inimitable – comptez 280 FF (56 $US) les 2 kilos.

Pourquoi les haricots donnent-ils des flatulences ?

Ils contiennent des oligo-saccharides – en d'autres termes, des sucres – qui manifestent une fâcheuse tendance à fermenter dans l'intestin s'ils ne sont pas réduits par les sucs digestifs. Pour parer à ce genre de problème, faites «blanchir» vos haricots secs (faites-les bouillir pendant trois minutes avant de les mettre à tremper dans l'eau froide). N'oubliez pas non plus de jeter l'eau de trempage, à remplacer par de l'eau fraîche pour la cuisson. Signalons qu'avec le temps, le corps apprend à mieux assimiler les oligo-saccharides. Cependant, rien n'empêche de l'y aider, en choisissant des haricots à faible teneur en sucres (tels les pois chiches, les haricots de Lima ou les doliques à œil noir). Sinon, essayez Beano®, «une enzyme alimentaire naturelle qui (…) aide à briser les sucres complexes contenus dans les aliments à forte fermentation, les réduisant en sucres simples, a similables par notre organisme».

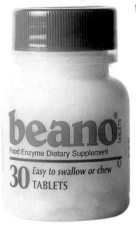

Life-size Plastic tuna sushi—beautiful and non-perishable—is a visual way to show the menu of the day. For the ultimate Tokyo plastic food experience, go to the city's Kappabashi neighborhood: The old merchant district's few streets are chock-a-block with shops selling restaurant supplies. You will find plastic ducks, steaks, soups and everything you need to lure customers.

Grandeur nature Esthétiques et non périssables, les sushi de thon en plastique permettent au client de visualiser le menu du jour. Immergez-vous dans l'univers pur synthétique de la gastronomie de vitrine en allant flâner du côté de Kappabashi, à Tokyo. Dans les quelques rues de ce vieux quartier commerçant s'alignent boutique sur boutique de fournitures pour restaurants. Vous y trouverez des canards, des steaks, des soupes 100 % plastique, et tout ce qu'il vous faut pour appâter le chaland.

Death from overwork
(*karoshi*) has reportedly killed 30,000 people in Japan. Working an average of 2,044 hours a year (that's 400 more than the average German) can lead to burst blood vessels in the brain and exhaustion. Japanese inventors have come up with many time-saving devices to accommodate the increasingly busy lifestyle in the workplace. The handy soy sauce container above dispenses meal-size portions so you don't have to leave your desk at lunchtime.

La mort par surmenage
(ou *karoshi*) aurait déjà tué 30000 personnes au Japon, si l'on en croit de récents rapports. Il faut reconnaître qu'au régime de 2044 heures ouvrées par an (soit 400 fois le temps de travail moyen en Allemagne), on court droit à l'épuisement, voire à la rupture de vaisseaux sanguins dans le cerveau. Bien des inventions ont jailli des bureaux d'études nippons pour adapter la vie de l'employé type au rythme toujours plus effréné de sa journée de travail. Simple et pratique, ce réservoir de sauce soja dispense des portions individuelles calibrées pour un repas. Ainsi, plus besoin de quitter son bureau à l'heure du déjeuner.

Guacamole In Mexico plump avocados (rich in protein, fat and vitamins) are sometimes smeared on hair to moisturize, and crushed tomatoes are applied to make hair shine. Add to the mix some hot Mexican chilis (herbalists recommend rubbing them on bald spots to improve circulation) and you get fresh, homemade guacamole.

Guacamole Au Mexique, on s'enduit parfois la tête de chair d'avocat (riche en protéines, en graisses et en vitamines) pour s'hydrater les cheveux. On complète le traitement par une application de tomates écrasées – pour le lustre. Agrémentez cette mixture capillaire de piments forts mexicains (les herboristes conseillent de frictionner au piment les zones dégarnies, afin d'activer la circulation) et qu'obtenez-vous ? Un guacamole tout frais, fait maison.

Brown bread is an excellent source of protein and dietary fiber. Eat it regularly to improve digestion, or apply it to the scalp to prevent balding. According to one Russian remedy, a kilogram of bread should be soaked in water until it acquires the consistency of gruel, then used as a shampoo. With the current grain shortage in Russia, however, this may not be the best time to try the treatment.

Le pain noir constitue une excellente source de protéines et de fibres alimentaires. Consommez-en régulièrement pour améliorer votre digestion... ou appliquez-en sur votre cuir chevelu pour parer à la chute des cheveux. Une recette russe prescrit de faire tremper un kilo de pain dans de l'eau jusqu'à ce qu'il soit en bouillie, puis de l'utiliser comme shampoing. Toutefois, considérant la pénurie actuelle de céréales en Russie, le moment est peut-être mal choisi pour initier votre traitement.

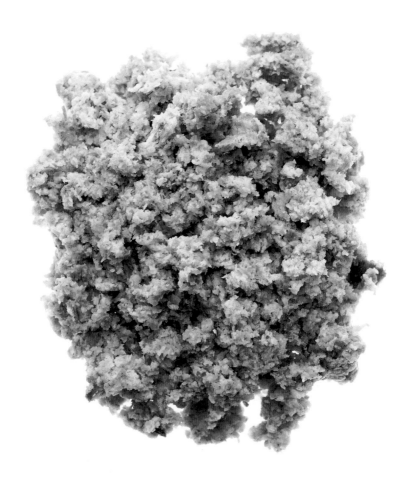

Locusts are considered a high source of protein in Africa. And they're free. Now the Scots—not known for their culinary adventurousness—have taken a liking to the winged creatures. Locusts are available in exclusive hotel restaurants for UK£800 (US$1,225)/kg. Popular appetizers include the "John the Baptist": locusts stir-fried with honey, dates and peppers.

Les sauterelles sont un mets apprécié en Afrique pour sa haute teneur en protéines. D'autant qu'elles ne coûtent rien. Et voilà maintenant que les Ecossais – pourtant peu réputés pour leurs audaces culinaires – s'entichent de ces créatures ailées. Elles figurent désormais au menu dans certains restaurants huppés, qui les proposent à 800 £ (1 225 $ US) le kilo. Parmi les apéritifs en vogue, citons le « Jean-Baptiste » : sauterelles poêlées au miel, accompagnées de dattes et de poivrons.

Spoiled beef It's not easy to produce *shimofuri* beef. Wagyu cattle (a large Japanese breed) are fed high-protein grain mixed with beer for 20 months. Animals also get a daily massage. The end result is meat that is marbled with fat and very tender. Although they still end up in the slaughterhouse, these cows can consider themselves lucky—US cattle are slaughtered at just over a year old, are only fed grain in the last few months and don't get massaged.

Bœuf chouchouté Ce n'est pas chose facile que de produire du bœuf *shimofuri*. Les *wagyu* (une espèce bovine japonaise destinée à la boucherie) sont nourries de céréales surdosées en protéines et additionnées de bière, le tout durant vingt mois. Sur cette période, elles bénéficient en outre d'un massage quotidien. Il en résulte une viande persillée à souhait et exceptionnellement tendre. Bien qu'elles finissent elles aussi à l'abattoir, ces vaches peuvent se considérer mieux loties que leur congénères. Aux Etats-Unis, on abat les bêtes dès leur première année, après un ou deux mois à peine de régime céréalier; et quant aux massages, inutile même d'en parler.

Italians consume 27 kg of pasta a year (more than any other nationality) in a range of shapes. But there's only one kind that looks like a gondola. Gondola-shaped Arcobaleno pasta—naturally colored with squid ink, beet, spinach, tomato, pepper or cumin—is more popular with tourists as a souvenir than as a food.

Les Italiens engloutissent chaque année 27 kg de pâtes aux formes diverses et variées (aucun peuple au monde ne fait mieux). Pourtant, il existe peu de pâtes en forme de gondoles. Les gondolettes Arcobaleno – colorées naturellement à l'encre de seiche, à la betterave, aux épinards, à la tomate, au poivron ou au cumin – finissent rarement dans les assiettes. Elles intéressent surtout les touristes, qui les ramènent en souvenir.

The Maya,
an indigenous peo-
ple of Mexico and
Guatemala, have few material possessions. But those they have follow them
to the grave: Mayan dead are buried
with simple eating utensils fashioned
from local forest fruit. The pear-shaped
object is actually a cup, which may have
contained *atole*, a drink made from corn.

**Les
Mayas,**
peuple
d'origine
du Mexique
et du Guatema-
la, n'accumulent
guère les biens matériels.
Toutefois, le peu qu'ils possèdent les suivra
dans la tombe. A toutes fins utiles, on les en-
terre en effet avec leur batterie de cuisine –
des ustensiles simples fabriqués à partir des
fruits de la forêt. Ce récipient en forme de
poire n'est autre qu'une tasse, qui pourrait
avoir contenu l'*atole*, boisson à base de maïs.

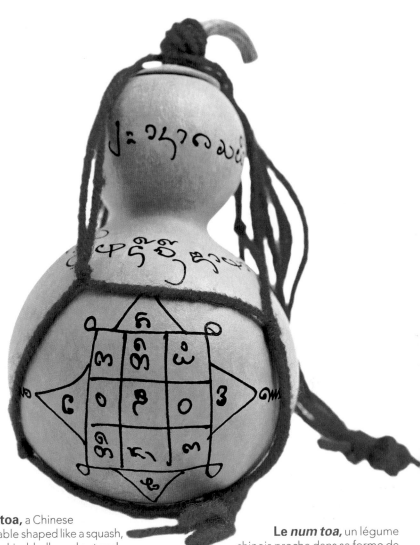

Num toa, a Chinese vegetable shaped like a squash, can be dried, hollowed out and used as a water jug. Unfortunately, they are gradually being replaced by plastic containers. Give them as a present or wear miniature ones around your neck as a good luck charm.

Le *num toa,* un légume chinois proche dans sa forme de la courge, peut être séché, évidé et utilisé comme calebasse. Malheureusement, il est peu à peu supplanté par le seau en plastique. Offrez-le ou portez-le en sautoir, version miniature : c'est un excellent talisman.

Blind passengers receive a 50 percent discount on Saudi Arabian Airlines economy-class fares (apparently because of the influence of a blind relative of the Saudi royal family). The airline designed a special meal for its 7,000 blind passengers per year, with the help of organizations for the blind. The menu, printed in Braille (Arabic and English), gives the position of the foods on the tray. "Pepper" is stamped in Braille syllables on the shaker; a large linen napkin is provided; and the foods are precut to be eaten with a spoon (an aspect of the meal that goes too far, says the American Foundation for the Blind). The airline also provides a Braille in-flight magazine.

Les passagers aveugles des vols Saudi Airlines bénéficient d'une réduction de 50 % en classe touriste (apparemment grâce à l'influence d'un membre de la famille royale saoudienne, souffrant lui-même de cécité). Avec l'aide d'associations pour non-voyants, la compagnie a mis au point un repas spécial pour les 7 000 passagers aveugles qu'elle accueille chaque année à bord de ses appareils. Le menu, imprimé en braille (en arabe et anglais), indique la disposition des mets sur le plateau. Le mot « poivre » figure en braille sur le poivrier, la grande serviette en tissu n'a pas été oubliée, et les plats sont prédécoupés pour pouvoir être mangés à la cuillère (c'est aller trop loin, proteste la Fondation américaine pour les aveugles sur ce dernier point). La compagnie propose aussi un magazine de bord en braille.

Chopsticks For a quick, clean method of disposal, consider cremation. Modern gas-powered ovens will take just over an hour to burn your body, leaving behind bone fragments and dental fillings. The hair is first to burn, followed by muscles and the abdomen (it bursts due to a buildup of intestinal steam). You'll be doing your family a favor: Cremation costs up to 80 percent less than burial. In Japan, where 96 percent of the people get cremated because of lack of burial space, relatives can even watch the process from viewing galleries. Following the cremation your bones will be delicately placed in an urn with these chopsticks.

Baguettes Vous cherchez un moyen rapide et propre de débarrasser votre famille de votre corps? Pensez à l'incinération. Dans un four à gaz moderne, votre dépouille brûlera en à peine plus d'une heure, ne laissant que des débris d'os et autres plombages dentaires. Les cheveux sont les premiers à brûler, suivis des muscles et del'abdomen (qui éclate en raison d'une forte concentration de gaz intestinaux). Vous rendrez ainsi un fier service à votre parentèle: songez qu'une crémation coûte jusqu'à 80% de moins qu'un enterrement. Au Japon, où 96% des corps sont incinérés en raison du manque d'espace pour les sépultures, les proches peuvent même assister à l'opération depuis une galerie prévue à cet effet. A l'issue de la crémation, vos os seront délicatement retirés de vos cendres à l'aide de ces baguettes, et déposés dans une urne.

Does your mother love you?

In South Korea, schoolchildren can tell how much their mothers love them by the size of their lunch boxes. Every day mother cooks and packs a lunch—she might even use recipes from a lunch box cookbook. A typical meal used to include steamed rice, vegetables or meat and sometimes soup and dessert. But now children want Western-style foods like pizzas and hamburgers (blamed for an increase in obesity). Another sign of a mother's love is a picture of your favorite cartoon character on the lunch box.

Est-ce que maman t'aime ? En Corée du

Sud, les petits écoliers mesurent l'affection maternelle à la taille de leur boîte déjeuner. Chaque jour, maman prépare le bon miam miam et l'emballe bien comme il faut – allant parfois jusqu'à recourir à des recettes spéciales panier-repas. Le déjeuner type à emporter fut longtemps à base de riz vapeur, de légumes ou de viande, auxquels maman ajoutait à l'occasion une soupe et un dessert. Mais aujourd'hui, les enfants exigent hélas des plats à l'occidentale, pizzas et autres hamburgers (responsables d'une recrudescence d'obèses). Autre signe indubitable d'amour maternel : ton héros de dessins animés préféré, en vignette sur le couvercle.

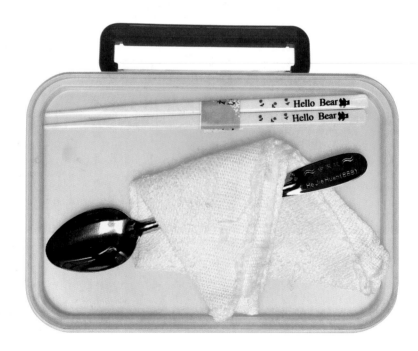

Indian lunch box Tiffins come in various types of metals and various sizes, but they're usually made of two or three round steel containers stacked on top of one another and secured with a clasp. During delivery, the tiffin is carried inside a round aluminum box. Sita Ram is a *dabba-wala*, one of the 2,500 men who carry lunches from the residential suburbs of Mumbai to offices downtown. Housewives complain if he is late to pick up the lunches. "The lunches are all the same. *Chapati* [flat bread], *dal* [pulses], one vegetable, in three little compartments in a box," says Sita. "Sometimes we carry messages to the office and are tipped for the effort. Once a lady told me to tell her husband that his father had died and that he was urgently needed back home. The boxes reach each office at 12:45 pm sharp and are collected at 1:30 pm sharp. Each box is 2–2.5kg. Each crate holds 35–40 boxes. Each full crate weighs about 90kg. Only when I die will I get out of this."

Boîte déjeuner indienne Le *tiffin*, version indienne de la gamelle repas, se présente dans divers types de métal et des dimensions variées, mais avec une constante : il comporte en général trois plats métalliques ronds qui se superposent, le tout surmonté d'un couvercle à fermoir. Pour les livraisons, le tiffin se transporte à l'intérieur d'un étui circulaire en aluminium. Sita Ram est un *dabba-wala*, l'un des 2 500 livreurs qui transportent les gamelles déjeuner depuis les banlieues résidentielles de Mumbai jusqu'aux bureaux du centre-ville. S'il a le malheur d'arriver en retard, les ménagères portent plainte. « Les repas se ressemblent tous, indique-t-il. Des *chapatis* [pains plats], du *dal* [haricots de soja] et un légume, dans trois compartiments, le tout dans une boîte. Quelquefois, on transmet des messages dans les bureaux – on touche des pourboires pour ça. Un jour, une dame m'a demandé de dire à son mari que son père venait de mourir et qu'il fallait qu'il rentre d'urgence. Les boîtes arrivent dans les bureaux à 12h45 exactement, et elles sont rendues à 13h30 précises. Un tiffin, ça pèse dans les 2-2,5 kg. Dans chaque caisse on loge 35 à 40 boîtes. Ça vous fait du 90 kg la caisse pleine. Moi, le jour où je me sortirai de ça, c'est que je serai mort. »

Seaweed People in China eat 20kg of seaweed per capita per year. Koreans and Japanese are close runners-up, consuming nearly 14kg each. Make drab seaweed more appetizing with Heart Nori Punch, a set of *nori* seaweed cutters. Use it to decorate rice balls and sushi with seaweed in heart, star and teddy bear shapes.

Algues marines Les Chinois consomment 20 kg d'algues par personne et par an. Au deuxième rang du palmarès, les Coréens et les Japonais, avec 14 kg chacun. Donnez du relief à vos plats d'algues grâce au Heart Nori Punch, un assortiment d'emporte-pièces pour algues séchées *nori*. Ils vous permettront de découper des algues en forme de cœur, d'étoile ou de nounours, pour décorer vos boulettes de riz et vos sushi.

Waffles In Norway, *vafler* (waffles) aren't eaten at breakfast, as they are in the USA. They're more likely to be a late afternoon, teatime snack. The batter can contain different ingredients, like sour cream, barley or cardamom (brought to Norway from the Middle East more than 1,000 years ago). This waffle maker produces crisp, heart-shaped waffles, to be topped with jam, goat's cheese, or sugar.

Gaufres En Norvège, les *vafler* (gaufres) ne se mangent pas au petit déjeuner, comme aux Etats-Unis. On les déguste plus volontiers en fin d'après-midi, à l'heure du thé. La pâte est parfois agrémentée de divers ingrédients, telles la crème aigre, l'orge perlée ou la cardamome (importée du Moyen-Orient il y a plus de mille ans). Ce gaufrier produit des gaufres croustillantes, en forme de cœur, qu'on servira à la confiture, au fromage de chèvre ou au sucre.

Only two out of 1,000 people drink water right out of the faucet in Seoul, South Korea. The rest boil it first. Alternatively, put any kind of charcoal in tap water—it serves as a permanent water filter and helps to get rid of chlorine and harmful contaminants. And the water tastes better, too: It's free of odor and heavy metal! Wash the charcoal's surface, let it dry and then drop 20-30g of charcoal into one liter of water. After using it 10 times, let the charcoal dry out, then reuse it.

Seules 2 personnes sur 1 000 à Séoul (Corée du Sud) boivent directement l'eau du robinet ; les autres préfèrent la faire bouillir. A défaut, on peut toujours additionner son eau de charbon de bois. Il s'agit en effet d'un filtre à eau durable, qui contribue à éliminer le chlore et autres substances nocives. Du coup, l'eau a meilleur goût. Que demander de plus, sachant qu'en outre, il est inodore et ne contient pas de métaux lourds ? Lavez le charbon et, une fois bien sec, mélangez-le à l'eau, à raison de 20 à 30 g par litre. Après dix utilisations, retirez-le, laissez-le s'assécher : il est prêt pour une nouvelle utilisation.

Why waste energy and effort transporting bottled water? Restaurants and bars can now bottle their own, thanks to a new Norwegian method. The Pure Water Company provides you with reusable glass bottles, a water filter and carbonation equipment. You can filter, cool and carbonate your tap water. Then simply fill the bottles and sell it as bottled water.

Pourquoi gaspiller son énergie à charrier sans cesse des bouteilles d'eau? Restaurateurs, limonadiers, vous pouvez à présent embouteiller vous-mêmes, grâce à une nouvelle méthode norvégienne. La Compagnie de l'eau pure vous équipera en bouteilles de verre réutilisables, en filtres à eau et en appareils à gazéifier, vous permettant de filtrer, refroidir et gazéifier l'eau du robinet. La suite est simple : mettez en bouteille et vendez.

Olives It takes 200 olives to make a liter of oil. Spain, the world's largest producer of olives, devotes one-tenth of its agricultural land to olive groves. The World Health Organization recommends consumption of olive oil to protect against cardio-vascular diseases and to promote bone growth. We don't know if any real olives went into America's Choice Olive Oil Cooking Spray (they wouldn't tell us). One serving (0.25g, or a 0.25-second spray), they claim, contains 0 calories, 0 total fat, 0 cholesterol, 0 sodium, 0 carbohydrates and 0 protein.

Olives Il faut 200 olives pour obtenir un litre d'huile. Premier producteur mondial, l'Espagne consacre un dixième de ses terres agricoles à la culture des oliviers – pour notre plus grand bien. En effet, l'OMS recommande chaudement l'huile d'olive, qui prévient les maladies cardio-vasculaires et stimule la croissance osseuse. Nous ignorons si ce spray premier choix pour cuisson, de production américaine, renferme d'authentiques olives (le fabricant a refusé de nous renseigner). Toujours est-il qu'à l'en croire, une portion de 0,25 g – correspondant à une pulvérisation de 0,25 seconde – contiendrait 0 calorie, 0 lipide, 0 cholestérol, 0 sodium, 0 hydrate de carbone et 0 protéine.

ALL NATURAL

AMERICA'S ★CHOICE★

OLIVE OIL Cooking Spray

NO PRESERVATIVES AND NO SALT

CAUTION:
CONTENTS UNDER PRESSURE
READ BACK PANEL CAREFULLY

NET WT. 5 OZ (142g)

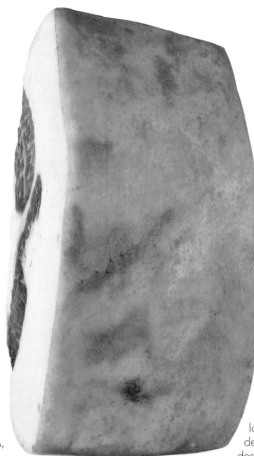

Back bacon

gets a whole new meaning in the tropics. When a man who had recently returned from Costa Rica turned up at Massachusetts General Hospital, in the USA, with excruciating lumps on his back, doctors, who suspected that the lumps were insect larvae under his skin, tried a Central American folk remedy. They laid strips of fatty bacon on the skin, which the hungry maggots then migrated into. "Generic bacon works better," said a doctor, "because it's the fat you want."

Le lard

provient souvent du dos du porc, soit. Mais sous les tropiques, il arrive qu'il devienne du lard *pour* le dos. Lorsqu'un homme à peine rentré d'un voyage au Costa Rica se présenta à l'hôpital général du Massachusetts, le dos couvert de grosseurs douloureuses, les médecins songèrent à des larves d'insectes enkystées sous sa peau. Ils essayèrent alors un remède traditionnel d'Amérique centrale. Des tranches de lard bien grasses furent appliquées directement sur la peau du patient, ce qui provoqua la migration des vers affamés vers ces morceaux de choix. Selon l'un des médecins, « le lard ordinaire est ce qui fonctionne le mieux, car il contient la juste dose de gras. »

Crème glacée à l'huile d'olive

Olive oil and nougat ice cream made from the secret recipe developed by the late Portuguese chef José Lampière. Created for a special menu based entirely on olive oil.

Crème glacée à l'huile d'olive

et au nougat préparée suivant une recette secrète de feu José Lampierre, grand cuisinier portugais. Elle fut créée pour s'intégrer à un menu spécial entièrement à base d'huile d'olive.

Akutuq ice cream Caribou fat and seal oil whipped together, then blended with virgin snow. Garnished with fresh cranberries to cleanse the palate Arctic style.

Crème glacée *akutuk* Graisse de caribou et huile de phoque amalgamées au fouet, puis mélangées à de la neige vierge. Le tout garni de canneberges fraîches pour vous nettoyer le palais à la mode arctique.

Chicharrones From Mexico come strips of pork lard immersed in boiling lard until golden and crispy. The same dish is known in Quebec as "oreilles de crisse" (squealing ears).

Chicharrones Tranches de lard à la mexicaine, frites dans de la graisse de porc jusqu'à ce qu'elles soient bien dorées et toutes croustillantes. On retrouve au Québec la même spécialité, appelée localement « oreilles de crisse ».

Corteza de cerdo ibérico Try Iberian pigskin and lard, deep-fried in olive oil and left to dry until crusty. Chef's suggestion: Accompany with a glass of full-bodied Rioja red wine.

Kaffi tunnulerlugu Enjoy steaming coffee flavored with succulent cubes of reindeer fat direct from the snowfields of Oaqortoq, Greenland.

Corteza de cerdo ibérico A goûter absolument : couenne et lard de porc frits dans l'huile d'olive, puis séchés jusqu'à devenir croustillants. Le conseil du chef : à accompagner d'un vin rouge corsé – accord parfait avec un Rioja.

Kaffi tunnulerlugu Sirotez ce café fumant agrémenté de succulents dés de graisse de renne, en provenance directe des prairies enneigées d'Oaqortoq, au Groenland.

Natural khat Though illegal in the USA and most of Western Europe, chewing khat is a perfectly acceptable practice in Yemen and much of western Africa: Munch the crisp leaves into a ball, suck the juices, and enjoy the buzz (it has been compared to that of both caffeine and amphetamines). "At first, the taste might not be very good," says Issam Logman, of San'a, Yemen. "But as it sits in your mouth, it gets better and better. And if you want to finish your work, khat keeps you focused and gives you energy."

Qat **nature** Bien qu'illégale aux Etats-Unis, comme dans la quasi-totalité de l'Europe occidentale, la consommation de qat est tout à fait admise au Yémen et dans une grande partie de l'Afrique de l'Ouest. Mâchez les feuilles croquantes jusqu'à former une boule, sucez le jus... et éclatez-vous (on a comparé son effet à celui d'un cocktail caféine-amphétamines). «Au début, ce n'est pas très bon, concède Issam Logman, de San'a, au Yémen. Mais plus vous le gardez en bouche, meilleur ça devient. Et si on a un travail à finir, le qat aide à se concentrer et donne du tonus.»

Chewing tobacco, popular with professional baseball players in the USA, increases the risk of mouth, throat and larynx cancer. One alternative is Big League Chew. This shredded gum—packed in a pouch to resemble real chewing tobacco—has been a top-seller in the USA for over 15 years. It's less popular with the country's drug control unit, which has asked stores to stop stocking the gum, on the grounds that impressionable children will move on to the real thing.

Chiquer fait chic, surtout chez les joueurs professionnels de base-ball américains, qui ont remis en vogue ce vieil usage. Cela n'en accroît pas moins les risques de cancer de la bouche, de la gorge et du larynx. Alors, essayez plutôt Big League. Cette pâte à mâcher râpée – vendue dans une blague pour parfaire l'illusion du vrai – connaît un beau succès aux Etats-Unis depuis quinze ans déjà.
Elle est moins appréciée des services antidrogue, qui ont demandé aux commerçants d'en cesser la vente : à trop en consommer, allèguent-ils, les enfants influençables finiront par acquérir le goût de l'authentique.

Sugar cane Try sugar cane, a popular chew in much of South America and Africa. Take a length of cane, crush the end so that it splinters, then suck and chew. In Brazil, where 274 million tons of sugar cane were produced in 1996, the juice is distilled to make ethanol, a fuel for cars and buses. Unfortunately, sugar cane alone isn't enough to power humans. In northern Brazil, where sugar cane is a staple of both the economy and the diet, malnutrition has left an estimated 30 percent of the population physically stunted or mentally impaired: Sugar cane cutters (the majority of the population) don't make enough money to buy more nutritious food.

Chewing gum South Korea has a chewing gum to suit every need, from Eve (made especially for women) to Brain (for those who want to boost their intelligence). Kwangyong Shin, assistant overseas manager at the Lotte company (makers of 200 gum varieties) recommends Dentist for healthy teeth and CaféCoffee for an instant caffeine hit. KyungRae Lee at Haitai (Lotte's big rival) suggests DHA-Q, which contains a "special ingredient" that "promotes the cells of the human brain." For better vision he recommends Eye Plus, which, with its bilberry extract, " protects the nerve cells of the eyes from exterior influence."

Canne à sucre Offrez-vous un plaisir que s'accordent déjà des millions d'amateurs en Amérique du Sud et en Afrique : mâchez de la canne à sucre. Il suffit de couper un morceau de la tige, de l'écraser à une extrémité pour diviser les fibres, puis de sucer en mâchouillant. Au Brésil, où 274 millions de tonnes de canne à sucre ont été produites en 1996, on distille son suc pour fabriquer de l'éthanol, un carburant utilisé pour les voitures et les bus. Malheureusement, le corps d'un homme est une mécanique plus exigeante qu'un moteur à explosion : dans le nord du Brésil, où l'alimentation comme l'économie s'appuient pour l'essentiel sur la canne à sucre, les statistiques sont accablantes : 30 % de la population souffrirait de déficiences physiques et mentales directement attribuables à la malnutrition. Les coupeurs de canne (soit la majorité de la population) ne gagnent pas assez pour acheter des aliments plus nutritifs.

Chewing-gum En Corée du Sud, il existe un chewing-gum pour chaque besoin, depuis « Eve » (spécial femmes) jusqu'à « Cerveau » (pour les consommateurs soucieux de doper leurs méninges). Kwangyong Shin, responsable-export adjoint de la firme Lotte (qui fabrique 200 types de chewing-gums) recommande « Dentiste » pour l'hygiène dentaire et CaféCoffee pour un apport instantané en caféine. Kyung Rae Lee, de chez Haitai (le grand rival de Lotte) propose de son côté DHA-Q, lequel contient un « ingrédient spécifique qui stimule les cellules du cerveau humain ». Pour améliorer l'acuité visuelle, il conseille Eye Plus, qui, grâce à son extrait de myrtille, « protège le nerf optique des perturbations extérieures ».

Coffee credit Want an espresso but don't have the money to pay for it? Go to a cafe in Naples, Italy, and ask the cashier if there's a *caffè pagato* (coffee credit). When regular customers pay for their own coffee, they often add money for an extra one. The coffee credit can be used on request by anyone who can't afford to pay for his own. Meet the locals and leave a coffee credit at Bar Fleming, in Vico Tiratoio, near the outdoor market in Piazzetta Sant' Anna di Palazzo. To make Neapolitan coffee in your own home, you'll need this special coffee pot, sold at local houseware shops.

If you think sugar cubes are cool, you'll love Cubical Coffee—"a new conception of coffee." Just pop a cube into a cup, add hot water, stir and enjoy.

Crédit-café Envie d'un expresso, mais pas un sou en poche ? Si vous vous trouvez à Naples, en Italie, l'affaire est faite : entrez dans un café et demandez à la caissière s'il lui reste un *caffè pagato* (crédit-café) pour vous. Lorsque les habitués paient leur propre café, il leur arrive souvent de laisser un petit supplément à la caisse – de quoi en offrir un autre. Cette réserve peut être utilisée sur demande par quiconque se trouve à court d'argent pour s'acquitter de son dû. Allez vous frotter à des Napolitains pure souche au Bar Fleming, sur le Vico Tiratoio, près du marché ouvert de la Piazzetta Sant'Anna di Palazzo, et n'oubliez pas de laisser votre crédit-café. Ou préparez chez vous votre propre café napolitain. Il faudra pour cela vous procurer cette cafetière, que vous trouverez dans les boutiques locales d'articles de ménage.

Sympas, les petits carrés de sucre ? Alors, vous adorerez le Café-Cube, « une nouvelle conception du café ». Jetez-en un au fond de la tasse, versez de l'eau chaude, remuez bien… et savourez.

Argentines abroad can be easily identified when sipping a herbal brew called maté from a pumpkin gourd or this travel-ready plastic kit.

Easy It's the 4 percent caffeine in coffee that stimulates the heart and respiratory system and helps you stay awake. For the fastest, easiest cup of coffee, try Baritalia's self-heating espresso. Simply press the bottom of the cup, shake for 40 seconds, and sip steaming Italian roast. Hot chocolate option available.

Les Argentins à l'étranger sont facilement reconnaissables quand ils sirotent leur infusion d'herbes appelée *maté* dans une gourde en potiron ou dans ce kit de voyage en plastique.

Un jeu d'enfant Ce sont les 4 % de caféine contenus dans le café qui stimulent le cœur et le système respiratoire, et permettent de rester éveillé. Préparez-vous un petit café en un tournemain, grâce à l'expresso auto-chauffant de Baritalia. Appuyez sur le fond de la tasse, secouez-la pendant quarante secondes, et vous voilà servi : un bon café fumant, torréfié à l'italienne – à savourer sans se presser. Existe également en version chocolat chaud.

Regal This British Royal teapot isn't made of fine china. It doesn't even come from the UK—it's made in Taiwan. And you can't make tea in it. According to the manufacturers, the item is for decorative purposes only, and is not to be used as a teapot. If you have one that you can actually use, don't wash it with soap— that would alter the flavor of your tea. Use baking soda instead.

Royale Cette « théière royale britannique » n'est pas en porcelaine fine. Elle ne provient pas même du Royaume-Uni, puisqu'elle est produite à Taïwan. Et vous ne pourrez pas y faire de thé. Selon le fabricant, elle est à usage purement décoratif. Heureux possesseurs d'une théière utilisable, ne la lavez pas au liquide vaisselle : cela gâterait le goût du thé. Employez plutôt du bicarbonate de soude.

Serving *chimarrão* to house guests is considered a sign of union and friendship in southern Brazil. To prepare the drink, fill two-thirds of a *cuia* (gourd) with crushed maté leaves and top off with hot water (boiling water burns the herb). Then sip it with a *bomba* (a metal straw with a filter) and enjoy.

Servir du *chimarrão* à ses invités, en signe d'union et de bonne entente : telle est la règle pour tout Brésilien méridional respectueux des lois de l'hospitalité. Pour préparer cette boisson, remplissez aux trois-quarts une *cuia* (calebasse) de feuilles de *maté* écrasées, couvrez d'eau chaude – et non bouillante, ce qui brûlerait les herbes. Puis sirotez votre infusion à l'aide d'une *bomba* (paille métallique munie d'un filtre) et régalez-vous.

Kopi Luwak coffee The luwak—a sort of tropical weasel—eats only the ripest coffee berries from plantations in Sumatra, Indonesia. The luwak digests the juicy outer layer of the berry, leaving the coffee bean to pass through and out. The bean is then collected, carefully washed and roasted at 200°C. Kopi Luwak coffee retails at US$660/kg.

Café kopi luwak Le luwak – sorte de petite belette tropicale – se nourrit exclusivement de baies de caféier parfaites et mûres à cœur, qu'il sélectionne avec soin dans les plantations de Sumatra, en Indonésie. Or, l'animal ne digère que la pulpe juteuse enveloppant le fruit, et élimine le reste par les voies naturelles. Il ne reste plus qu'à glaner les grains intacts dans ses excréments, à les laver et à les torréfier à 200°C. Un détail : le café kopi luwak coûte 660 $ US le kilo.

Purcha is Tibet's favorite beverage. To make it, melt yak butter in freshly brewed tea with a little salt and barley flour added.

Le *purcha* est le breuvage préféré des Tibétains. Pour le préparer, faites fondre un morceau de beurre de yak dans du thé fraîchement infusé, et servez avec une pincée de sel et de farine d'orge.

Les « nootropes » ou médicaments intelligents combattent le déclin de la mémoire dû au vieillissement. Il en existe une gamme variée, depuis les simples compléments nutritionnels jusqu'aux substances chimiques délivrées sur ordonnance – la plupart en traitement de dégénérescences neurologiques telles que la maladie de Parkinson ou d'Alzheimer. Elaborée à l'origine pour soigner l'épilepsie, l'Epanutine a trouvé un usage plus large – pensez donc : elle est réputée aiguiser l'intelligence, la concentration et les facultés d'assimilation. Cependant, son succès n'est rien comparé à celui du Piracetam, star des nootropes, qui réalise à lui seul un chiffre de vente annuel de un milliard de dollars US.

Nootropics, or smart drugs, attack age-related memory decay. They range from nutrients to prescription drugs, most of which are used to treat degenerative diseases of the brain like Parkinson's or Alzheimer's. Epanutin was created to treat epilepsy. Many people believe it increases intelligence, concentration and learning. The most popular nootropic, Piracetam, generates sales of US$1 billion a year.

ドクター中松の
頭
あたま
においしい
茶
ちゃ

WORLD'S NO.1 · Dr.NAKAMATS · YUMMY NUTRI BRAIN DRINK

Dried shrimp, chicken livers and eel are just some of the ingredients in Dr. Nakamats's "brain foods." The doctor spent 10 years researching his range of cerebral nutrients. He claims that by eating them, or drinking his Brain Tea, you can live to the age of 144.

Crevettes séchées, foies de volailles et anguilles: voici quelques-uns des ingrédients qui composent les « aliments pour cerveau » du Dr Nakamats – une gamme de nutriments cérébraux que ce distingué praticien a consacré dix ans de sa vie à mettre au point. A l'en croire, leur consommation régulière – sous forme solide ou liquide, puisqu'il propose aussi un « thé cérébral » – vous mènera bon pied bon œil jusqu'à 144 ans.

Dirt When South African San bushmen come home, they smear their tongues with dirt to express their love of the earth. If you can't quite manage that, try Dirt Cupcakes instead. A packet contains cupcake mix, cookie crumb toppings and gummy worms to stick on the 12 finished cakes.

Barbie food Cans of Barbie Pasta Shapes in Tomato Sauce contain classic glamour shapes associated with the infamous doll: necklace, bow, heart, bouquet of flowers and high-heeled shoes. The product is targeted at young girls—3.7 million tins were sold in 1997, making it the best-selling character pasta on the market. At 248 calories per 200g can, see how many you can eat before surpassing Barbie's sexy vital statistics of 45kg, 99cm bust, 46cm waist and 84cm hips.

Terre Quand les *bushmen* d'Afrique du Sud rentrent au bercail, ils s'enduisent la langue de boue pour exprimer leur attachement à leur sol. Si le procédé vous rebute, essayez ces muffins à la terre. Chaque sachet contient une préparation pour réaliser la pâte, des miettes de biscuit pour la garniture et, pour la touche finale, des vers gluants en gélatine à coller après cuisson sur vos 12 gâteaux.

Les conserves de pâtes Barbie à la sauce tomate sont préparées à base de nouilles « séduction » en forme de collier, de nœud, de cœur, de bouquet ou de mules à talons aiguilles, tous quolifichets indissociables de l'infâme poupée. Destiné aux fillettes, le produit semble avoir fait mouche : les ventes réalisées l'an dernier (3,7 millions de boîtes) l'ont propulsé au tout premier rang sur le marché des pâtes « figuratives ». Au régime de 248 calories pour chaque boîte de 200 g, voyez quelle quantité vous pouvez absorber avant de dépasser les mensurations sexy de Barbie, soit 45 kg bon poids pour un ébouriffant 99-46-84.

Bananas "We are forced to grow bananas for other people, while there is less corn to feed our own populations," says Costa Rican farmer Wilson Campos. Intensive banana cultivation (controlled by huge multinational fruit companies like Chiquita and Del Monte) leads to deforestation and water pollution in developing countries.

Bananes « On nous oblige à cultiver des bananes pour l'exportation – du coup, il n'y a plus assez de blé pour nourrir nos propres populations », déplore Wilson Campos, un agriculteur du Costa Rica. Dans les pays en voie de développement, la culture bananière intensive (que contrôlent d'énormes multinationales fruitières, telles Chiquita et Del Monte) est devenue synonyme de déforestation et de pollution de l'eau.

Giant Growing oversize vegetables is easy and fun if you have the right seed, says Bernard Lavery of the UK. Luckily he has plenty of seeds on offer, from giant peppers to giant antirrhinum (snapdragons), hand-picked from his biggest and best plants. You have to join his seed club to get the full selection, but membership is free.

Gigantesques Faire pousser des légumes géants, rien de plus facile ni de plus amusant si l'on possède les graines idoines, assure le Britannique Bernard Lavery. Heureux jardiniers, vous trouverez chez lui un choix de semences à la mesure de vos ambitions, du poivron géant au muflier (gueule-de-loup) géant, toutes graines récoltées avec amour, à la main, sur ses plants les meilleurs et les plus hypertrophiés. Seuls les membres de son club grainier reçoivent une sélection complète, mais l'adhésion est gratuite.

Bernard Lavery's Choice

seeds for

GIANT VEGETABLES

CARROT
New Red Intermediate

Contains:
A Minimum of 100 Seeds

Packeted for Year End AUG '96
Sow by: AUG '98

EEC rules and standards   Standard Seed

Chewing gum Where did it all start? In Chicago, USA, where William Wrigley Jr. invented sweet chewing gum in 1891. Today his company sells US$38.5 million worth of the sticky stuff—made of latex, polymers and waxes—in 140 countries weekly. No other product symbolizing the West is as cheap—or as widely distributed. During World War II, US soldiers overseas received gum with their rations and handed it out to locals. It wasn't long before manufacturers were exporting it by the crate.

Chewing-gum Où tout cela a-t-il commencé ? Aux Etats-Unis, plus précisément à Chicago, où William Wrigley Jr inventa en 1891 la pâte à mâcher sucrée. De nos jours, sa firme exporte ce « truc qui colle » (caoutchouc, polymères et cires) vers 140 pays, et réalise un chiffre de vente hebdomadaire de 38,5 millions de dollars US. Aucun autre produit symbolisant l'Occident n'est si bon marché, ni si largement distribué. Durant la Seconde Guerre mondiale, les GI's cantonnés en Europe recevaient dans leur ration des chewing-gums qu'ils distribuaient à la population. Les fabricants ne tardèrent pas à les exporter par cartons entiers.

Eternal Plastic is an amazing material: tough but flexible, easily shaped and very cheap. As far as we know, it lasts forever. Even when you throw it away (the USA disposes of 15.8 million tons a year). Take care of your plastic fork, and it will always serve you.

Eternel Le plastique est un matériau étonnant : dur mais flexible, malléable et très bon marché. Pour autant que nous sachions, il jouit d'une durée de vie illimitée – et ce même une fois jeté (les Etats-Unis en savent quelque chose, eux qui produisent 15,8 millions de tonnes de déchets plastique par an). Prenez bien soin de votre fourchette en plastique, et elle vous durera toute la vie.

Eco-bottle When Alfred Heineken, head of the Dutch beer company, visited the Dutch Antilles, he noticed people living in shanties and streets littered with Heineken bottles. He set out to kill two birds with one stone. His invention, the "World Bottle," is square instead of round so that it can be used as a brick.

Eco-bouteille Lorsque Alfred Heineken, se trouvant à la tête de la brasserie industrielle néerlandaise du même nom, visita les Antilles hollandaises, il remarqua d'un côté d'infâmes taudis, de l'autre des rues jonchées de canettes Heineken. L'idée lui vint donc de faire d'une pierre deux coups. Ainsi naquit la bouteille recyclable «world», carrée et non pas ronde, qui, une fois vidée, fera une excellente brique.

Packaging Kool-Aid, which is 92 percent packaging, is traditionally sold in powdered form. Water is added to reconstitute the drink. Enough powder to make about a liter of (artificially flavored) Kool-Aid costs US$0.21. However, you can buy the same amount of liquid in the Kool-Aid Bursts six-pack (or Squeezits, the competing brand, pictured) for $2.69—eleven times its normal price. But you do get something for your extra money: water—and packaging.

Emballage La boisson désaltérante Kool-Aid – 92 % d'emballage pour 8 % de produit – est traditionnellement vendue en poudre soluble : on y ajoute de l'eau pour reconstituer la boisson. La poudre nécessaire pour obtenir un litre de Kool-Aid (aux arômes 100 % artificiels) coûte 0,21 $ US. Cependant, on peut désormais acheter la même quantité de liquide sous la forme d'un pack de six Kool-Aid Bursts (ou Squeezits, la marque concurrente ici représentée) moyennant 2,69 US – soit onze fois le prix habituel. Mais le supplément vaut la peine : en prime, vous aurez de l'eau… et encore plus d'emballage.

Names Through supermarket loyalty cards, multinationals obtain customer databases. Procter & Gamble has the names and addresses of three-quarters of the UK's families. Kraft is said to have more than 40 million names.

Des noms ! Par le biais des cartes de fidélité distribuées par les supermarchés, les multinationales obtiennent des renseignements sur leur clientèle. Ainsi, Procter & Gamble détient les noms et adresses des trois quarts des familles britanniques. Quant à la firme Kraft, elle posséderait un fichier de 40 millions de noms.

Alias In Iran, name-brand products are banned but copied. With slight modifications. Crest toothpaste, by Procter & Gamble, becomes Crend, by Iran-based Dr. Hamidi Cosmetics company.

Alias En Iran, les grandes marques sont bannies du marché… mais copiées – au prix de légères modifications. Ainsi, la pâte dentifrice Crest, distribuée par Procter & Gamble, s'est muée en Crend, fabriquée par la firme iranienne de cosmétiques du Dr Hamidi.

Violin bar case It was designed in Germany for partygoers in Muslim countries, where religion forbids drinking alcohol. It's a best-seller among Saudi Arabians.

Poultry carrier This chicken cage from Zimbabwe is made from twigs tied together with the dried stalks of banana trees. It sells for Z$40 (US$5) at the Mbare market in Harare.

Etui à violon-minibar Il fut inventé en Allemagne pour les fêtards des pays musulmans, où le code religieux interdit la consommation d'alcool. Les Saoudiens se l'arrachent.

Transport de volailles Cette cage à poule du Zimbabwe est fabriquée sur le principe du rotin, à partir de branches liées entre elles à l'aide de tiges sèches de bananier. Elle se vend 40ZS (5$US) sur le marché de Mbare, à Harare.

Plastic Most bottled water is packaged in plastic. In the USA alone, people empty 2.5 million plastic bottles an hour (each takes 500 years to decompose). That's why Argentinians Mirta Fasci and Luis Pittau designed EMIUM, reusable bottles that slot together like Lego bricks. Empties can be recycled and used to make furniture, or as insulation, or—when filled with cement— as construction bricks.

Plastique La plupart des eaux minérales sont vendues en bouteilles plastique. Les seuls Américains en vident 2,5 millions par heure (chacune d'elles mettra cinq cents ans à se décomposer). C'est pourquoi Mirta Fasci et Luis Pittau ont conçu EMIUM, des bouteilles recyclables qui s'emboîtent comme des briques Lego. Une fois vidées, on leur trouvera de multiples usages : éléments encastrables pour meuble en kit, matériau isolant... ou briques – il suffira de les remplir de ciment.

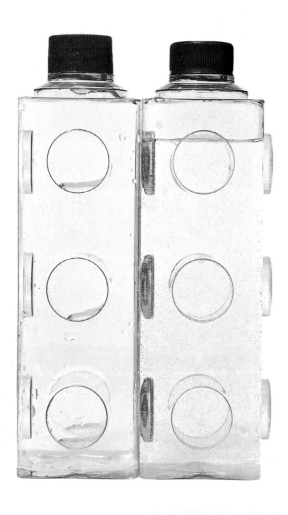

Can't find a recycling bin for your glass water bottles? Cut a bottle in half, turn it upside down, round off the rim and fuse it to a base to make a drinking glass that is environment-friendly and beautiful, too. This one is an initiative of Green Glass, a South Africa-based organization that fosters creative recycling.

Pas moyen de trouver un conteneur de collecte du verre ? Qu'à cela ne tienne : coupez vos bouteilles vides en deux, retournez-les, égalisez le bord et fixez le goulot sur un support. Vous voilà équipé de verres écologiques autant qu'esthétiques. C'est là une des astuces de l'association Green Glass, une organisation sud-africaine qui encourage le recyclage créatif.

Popcorn at the movies can generate profits as high as 14.606 percent. A recent US survey showed that every US$10 that a theater invests in un-popped kernels can bring in more than $1,000. A $2.50 bucket usually costs the theater less than $0.02 wholesale. So the revenues don't all come from ticket sales.

Le pop-corn vendu dans les cinémas peut générer un bénéfice de 14 606 %. Comme l'a montré une étude récente, 10 $ US investis en maïs à pop-corn peuvent en rapporter plus de 1 000. Un gobelet acheté 2,50 $ par un specta-teur revient au vendeur moins de 0,02 $ en achat de gros. Les cinémas ne font donc pas recette sur la seule vente des billets.

Crushed pearls in water "The big craze in Hollywood right now is to drink it," says Dr. Gillian McKeith, clinical nutritionist to the stars. Pearls are the purest form of calcium: According to traditional Chinese medicine, they improve skin tone. You can pay up to US$900 for 28g.

Perles en poudre dans un peu d'eau «La grande mode à Hollywood, ces temps derniers, c'est de les boire», signale le Dr Gillian McKeith, clinicien nutritionniste des stars. Les perles sont constituées de calcaire dans sa forme la plus pure. A en croire la médecine traditionnelle chinoise, elles donneraient de l'éclat au teint. Attendez-vous cependant à payer 900 $US vos 28 g de perles.

Dom Pérignon, the preferred champagne of the world's elite, is now available in a delicately flavored sorbet. Place your order with French caterer Dalloyau, for a minimum of 10 liters for FF7,800 (US$1,100).

Le Dom Pérignon, champagne de l'élite mondiale, est maintenant disponible en sorbet subtilement parfumé. Prévoyez de nombreux convives : la commande minimale chez le traiteur français Dalloyau est de 10 litres (au prix de 7 800 FF , soit 1 100 $ US).

Caviar ice cream

Imperial Caviar was once the personal reserve of the Shah of Iran. Today, a kilogram costs US$3,100. The golden eggs come from rare albino sturgeons in the Caspian Sea. Some people are so partial to caviar that they even put it on ice cream.

Glace au caviar Le caviar impérial, qui fut jadis l'apanage exclusif du Shah d'Iran, coûte aujourd'hui la bagatelle de 3 100 $US le kilo. Ses œufs dorés proviennent d'esturgeons albinos rarissimes, pêchés dans la Mer Caspienne. Certains inconditionnels vont même jusqu'à napper leurs glaces de caviar.

Eiswein German producers of ice wine, or Eiswein, leave the grapes on the vine late into winter. After the water in the fruit has frozen, the grape is crushed between marble slabs. Because it takes a lot of grapes to produce one bottle of wine, this 1985 Eiswein Riesling Rheingau retails for US$510.

Eiswein Les viticulteurs allemands qui produisent le vin de glace ou Eiswein laissent le raisin sur la vigne une partie de l'hiver. Une fois l'eau gelée à l'intérieur des grappes, le raisin est pressé entre des meules de marbre. Comme il faut beaucoup de raisin pour produire une bouteille, vous ne trouverez pas ce Riesling Eiswein Rheingau 1985 à moins de 510$US.

Fuel At gypsy funerals in the Czech Republic, the deceased are often buried with alcohol and cigarettes. Most corpses get one bottle of spirits (often locally produced Becherovka, the national drink) and several packs of Marlboro cigarettes: Because Marlboros cost 7CKS (US$0.20) more than domestic brands, they're seen as a status symbol—even in the afterlife.

Carburant En République tchèque, les Tziganes ont coutume d'enterrer leurs morts avec une provision d'alcool et de cigarettes. Pour leur dernier voyage, la plupart des défunts emporteront leur bouteille de Betcherovka (la boisson nationale, souvent distillée maison) et plusieurs paquets de Marlboro. Ces cigarettes, qui coûtent 7 K (0,20 $US) de plus que les marques locales, constituent un signe extérieur de richesse – même dans l'au-delà.

Patapata-chan, or "Little Flapetty-flap" is a penguin that will warn you if you leave your water running. This small, wing-flapping tap attachment from Japan also entices children to wash their hands after using the toilet.

Patapata-chan ou « Petit Clap-Clap » est un pingouin qui nous vient du Japon et nous avertit si le robinet d'eau est mal fermé. Il s'agit d'un embout à fixer audit robinet, qui bat des ailes dès qu'un filet d'eau le traverse. Incidemment, il sert aussi à attirer les enfants pour qu'ils se lavent les mains après un passage aux toilettes.

Itinerant monks and other travelers in rural Thailand quench their thirst from an *orng num*. These ceramic bowls are filled with fresh water and placed outside village houses. Though they're communal, each household has to provide its own, according to tradition.

Les moines itinérants et autres arpenteurs des campagnes thaïlandaises étanchent leur soif en buvant l'eau des *orng num*. Dans les villages, ces jarres de céramique remplies d'eau fraîche sont placées à l'extérieur des maisons. Bien qu'elles appartiennent à la communauté, chaque foyer doit fournir la sienne, dans le respect de la tradition.

Give mom a traditional *licitarsko srce* on Mother's Day (celebrated on the second Sunday in May) in the Slavonia region of Croatia. This red, heart-shaped cake serves as a decoration rather than a foodstuff (which is why it comes complete with mirror, message and a ribbon for hanging).

You know you've made it as a comedian in Japan when you have your face on green tea candies (¥400, US$3.50). Pop into Kato Cha's shop in Tokyo for some tofu cheese curls, green tea jelly and other paraphernalia with the funny man's face on it.

Offrez à maman un *licitarsko srce* pour la fête des Mères (célébrée le deuxième dimanche de mai). Ce gâteau traditionnel de Slavonie (une province croate), en forme de cœur rouge, se savoure de préférence avec les yeux (aussi vous le vend-on accompagné d'un ruban pour le suspendre, d'un miroir et d'un message de vœux).

Vous serez sûr d'avoir percé sur la scène comique japonaise lorsque vous verrez paraître votre portrait sur les boîtes de bonbons au thé vert (400 ¥, soit 3,50 $ US). Pour patienter, faites un tour à la boutique Kato Cha de Tokyo : vous y trouverez des amuse-gueule au tofu, des pâtes de fruits au thé vert et autres étrangetés présentant toutes la même face de comique sur l'emballage.

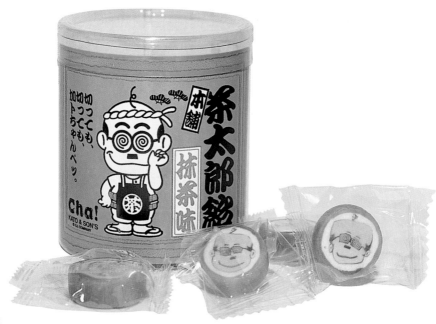

Pratila te uvijek sreća
A u žitku radost veća.

"**Collectors,** nationalists, jokers and the nostalgic buy the Hitler wine," says Andrea, son of Italian wine seller Alessandro Lunarelli. Production has increased ever since a 1995 court ruling declared that the label is legal advertising (and not political propaganda). Alessandro Lunarelli ships 15,000 bottles of the red Merlot a year. "Some people smash them in the store, or write over the label," adds Andrea.

«**Des collectionneurs,** des nationalistes, des plaisantins, des nostalgiques... C'est ce genre de gens qui achètent du vin Hitler», indique Andrea, fils du marchand de vin italien Alessandro Lunarelli. La production n'a cessé d'augmenter depuis qu'une décision judiciaire de 1995 a avalisé la légalité de l'étiquette (récusant l'accusation de propagande politique). Désormais, les commandes annuelles d'Alessandro Lunarelli pour ce merlot rouge se chiffrent à 15 000 bouteilles. «Il y en a qui les cassent dans le magasin ou qui les couvrent de graffiti», ajoute cependant Andrea.

DER KAMERAD

The wrong beer

Drinking in Zambia can be social suicide. Many Zambians will only drink the local *chibuku* beer in the privacy of their own homes. Chibuku, made with fermented maize, millet and sorghum, is considered so low-class that one Zambian told us he'd rather die than drink it in public. Commercial chibuku can be purchased for 900 kwacha (US$0.50) at National Breweries Ltd. on Sheki Sheki Road in Lusaka. Or quaff unprocessed chibuku at the Pamu Pamu Tavern on Los Angeles Boulevard for 100 kwacha ($0.05).

Un mauvais choix de bière confine au suicide social en Zambie. Beaucoup de Zambiens évitent de boire de la *chibuku* – la bière nationale – ailleurs que chez eux, à l'abri des regards. Fabriquée à base de maïs, de millet et de sorgho fermentés, la chibuku est considérée comme la boisson des crève-la-faim : un Zambien nous a même avoué qu'il préfèrerait mourir plutôt que d'en boire en public. Vous trouverez de la chibuku manufacturée à la National Breweries Ltd. de Sheki Sheki Road, à Lusaka, au prix de 900 kwacha (0,50 $ US). A moins que vous ne préfériez une rasade de chibuku artisanale à la Pamu Pamu Tavern de Los Angeles Boulevard : elle ne vous coûtera que 100 kwacha (0,05 $).

Designer drugs Now the discerning addict can order his or her drugs by brand name. Below is a bag for "$$" heroin. Other brands include "Headline," "Happy Day" and "Playboy"; each contains enough for a four-hour high. New York City dealers are out to corner markets by branding their hard drugs, just as if they were selling jeans or perfume.

Drogues design Aujourd'hui, le toxicomane raffiné peut passer commande de drogues griffées. Ci-dessous, une pochette d'héroïne «$$». Parmi les autres marques disponibles, citons «Headline» (gros titre), «Happy Day» et «Playboy», chaque sachet contenant de quoi assurer un bon vol plané de quatre heures. Ce sont les dealers new-yorkais, toujours soucieux de devancer la concurrence, qui ont adopté les premiers cette nouvelle technique de vente: donner une marque à leurs drogues dures, comme s'ils vendaient des jeans ou du parfum.

Eating chocolate is like falling in love. When you have a crush on someone, you feel euphoric because your brain releases phenylethylamine, a chemical that increases happiness, raises your heart rate and gives you energy. Because the pituitary gland controls its release, anyone whose pituitary was damaged in childhood may never feel the ecstasy of falling in love—though they can show affection. Chocolate contains the same chemical, and that's why people crave it when they break up with a sweetheart. In China, where the high cost of chocolate bars means the average person eats only one a year, Liu Li, of Kunming, is the exception—she consumes 365. "I usually eat one each day," she says, "I love chocolate; it makes me feel comfortable. My parents think it'll do bad things to my teeth." Her parents can relax: Recent studies show chocolate contains an antiplaque agent that may prevent tooth decay.

Manger du chocolat, c'est comme tomber amoureux. Si ce béguin que vous sentez poindre vous euphorise, c'est qu'il stimule dans votre cerveau la sécrétion de phényléthylamine, une substance chimique qui accroît la sensation de bonheur, accélère le cœur et procure de l'énergie. Son émission étant contrôlée par l'hypophyse, une personne chez qui cette glande a subi des dommages durant l'enfance risque d'être privée à jamais de l'extase amoureuse – quoiqu'elle reste capable d'affection. Or, le chocolat contient précisément la même substance, d'où nos envies subites de chocolat après une rupture. En Chine, son prix reste prohibitif, si bien que le Chinois moyen se contente d'une barre par an. Mais pas Liu Li. Cette jeune privilégiée de Kunming en consomme chaque année 365. « En principe, j'en mange une par jour, déclare-t-elle. J'adore le chocolat, ça m'aide à me sentir bien. Mais mes parents disent que ça va me gâter les dents. » Qu'ils se rassurent : selon des études récentes, le chocolat contiendrait un agent antiplaque qui protègerait des caries.

Avoid human contact More than half of consumers who shop online buy more than they would at a store, according to US-based Boston Consulting. And by 2002 global online retail trading will be worth US$700 billion. Supermarkets and fast-food restaurants also reduce consumers' interaction with other human beings. Traditionally, homemade Japanese *ramen* (broth with meat and noodles) was sold directly from vendors' carts on the streets of Tokyo. "There are convenience stores everywhere now," says Hitoshi Tachibana, one of Tokyo's few remaining ramen vendors, "so people buy more ready-made food and instant ramen." Fast-food outlets and vending machines also are competitors, yet Hito-shi is optimistic that his customers will stand by him. "We talk, get to know each other, and I become part of the neighborhood. There's something in humans that demands communication on a one-to-one level, and franchise fast-food restaurants don't offer that." What do they offer that Hitoshi doesn't? "Unlike me, they're open on rainy nights."

Evitez les contacts humains Plus de la moitié des consommateurs en ligne achètent davantage qu'ils ne le feraient dans un magasin, estime la société de conseil américaine Boston Consulting. D'ici à 2002, les ventes au détail sur le Net se chiffreront à 700 milliards de dollars US. Les supermarchés et la restauration rapide contribuent eux aussi à réduire les contacts humains. Exemple : le *ramen*, soupe rustique japonaise au vermicelle et à la viande, se vendait traditionnellement dans les rues de Tokyo, servie directement depuis les voiturettes des marchands ambulants. « Maintenant, il y a des épiceries de proximité partout, bougonne Hitoshi Tachibana, l'un des derniers vendeurs de ramen de la capitale. Du coup, les gens achètent plus de plats tout faits et de ramen instantané. » Les fast-foods et les distributeurs automatiques lui mènent eux aussi la vie rude. Malgré tout, Hitoshi veut croire que ses clients lui resteront fidèles. « On se fait la causette, on apprend à se connaître – je fais partie du quartier. Il y a en l'homme un besoin de rapports individuels, et, ça, les fast-foods franchisés ne l'offrent pas. » Mais alors, qu'ont-ils de plus que Hitoshi ? « Eux, ils sont ouverts même les soirs de pluie. »

Yam "To bring about a plentiful yam harvest, you need magic," says Jutta Malnic of Australia, who has written about the Trobriand Islands, east of Papua New Guinea. "Some people have inherited garden magic. Others pay a garden magician. Those who don't use magic have a noticeably smaller crop." On the islands, *tetu* (yams in Kiriwinan, the local language) are a staple food. "Size matters, but quality, smoothness, taste, straightness and length are all attributes of better yams," says anthropologist Linus Digim'Rina, of the Trobriands. But the pride of yam growers does not come in the eating: Once dug up, the tubers are displayed in the family's garden, and given to relatives to strengthen kinship and loyalty bonds. And although money has circulated in the islands for the last 20 years, wealth is still measured by the quantity of yams you can give away. "It increases your status," says Jutta. "And status is a kind of power."

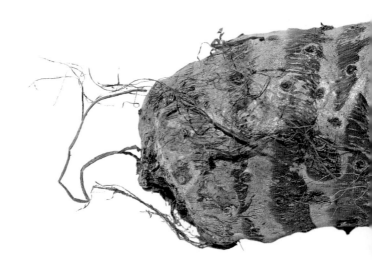

Ignames « Pas de bonne récolte d'ignames sans magie, affirme l'Australienne Jutta Malnic, auteur d'un ouvrage sur les îles Trobriand, à l'est de la Papouasie-Nouvelle-Guinée. Certains ont hérité des secrets de la magie horticole traditionnelle, d'autres paient un sorcier, mais ceux qui n'ont pas recours aux pratiques occultes obtiennent une récolte nettement moins abondante. » Sur l'île, le *tetu* (igname en kiriwinan, la langue locale) est un aliment de base. « Certes, la taille importe, mais les meilleurs ignames se jugent aussi à leur qualité, à leur surface lisse, à leur goût, à leur modelé rectiligne, à leur longueur », indique l'anthropologue Linus Digim'Rina, natif des îles Trobriand. Cependant, les cultivateurs ne tirent pas leur gloire de leur capacité à remplir les assiettes : une fois déterrés, les tetu sont exposés dans le jardin ou offerts aux proches, pour renforcer les liens de sang et de loyauté. Et, bien que l'argent circule dans l'archipel depuis vingt ans déjà, l'opulence se mesure encore à la quantité d'ignames que l'on peut offrir. « L'igname rehausse votre prestige social, qui est une forme de pouvoir », précise Jutta.

fashion
mode

Female condom, Canada
Préservatif féminin (Canada)

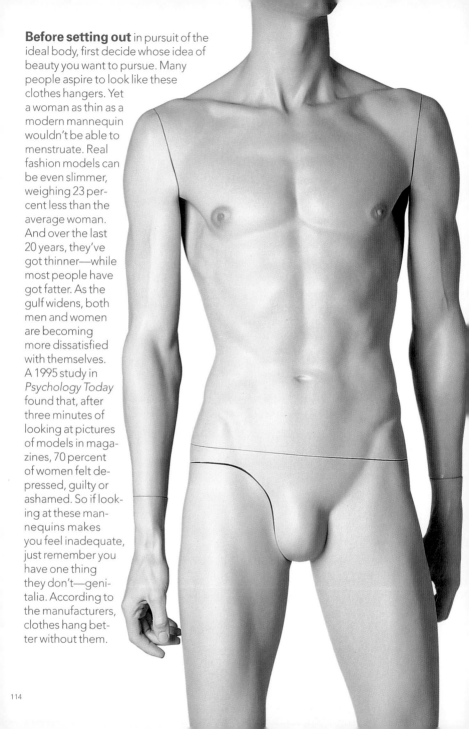

Before setting out in pursuit of the ideal body, first decide whose idea of beauty you want to pursue. Many people aspire to look like these clothes hangers. Yet a woman as thin as a modern mannequin wouldn't be able to menstruate. Real fashion models can be even slimmer, weighing 23 percent less than the average woman. And over the last 20 years, they've got thinner—while most people have got fatter. As the gulf widens, both men and women are becoming more dissatisfied with themselves. A 1995 study in *Psychology Today* found that, after three minutes of looking at pictures of models in magazines, 70 percent of women felt depressed, guilty or ashamed. So if looking at these mannequins makes you feel inadequate, just remember you have one thing they don't—genitalia. According to the manufacturers, clothes hang better without them.

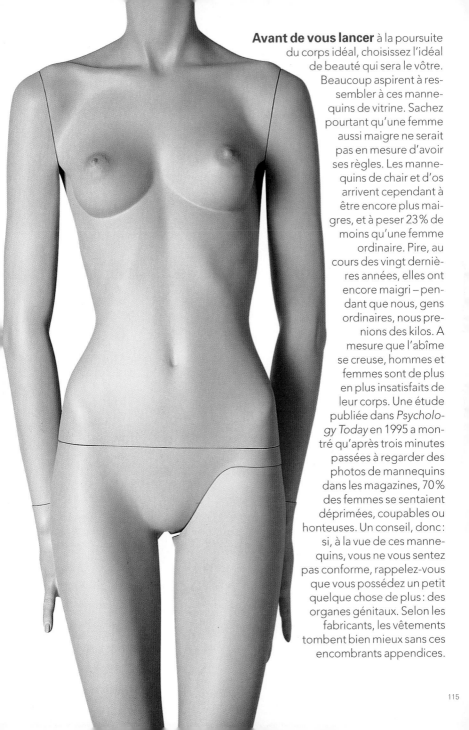

Avant de vous lancer à la poursuite du corps idéal, choisissez l'idéal de beauté qui sera le vôtre. Beaucoup aspirent à ressembler à ces mannequins de vitrine. Sachez pourtant qu'une femme aussi maigre ne serait pas en mesure d'avoir ses règles. Les mannequins de chair et d'os arrivent cependant à être encore plus maigres, et à peser 23 % de moins qu'une femme ordinaire. Pire, au cours des vingt dernières années, elles ont encore maigri – pendant que nous, gens ordinaires, nous prenions des kilos. A mesure que l'abîme se creuse, hommes et femmes sont de plus en plus insatisfaits de leur corps. Une étude publiée dans *Psychology Today* en 1995 a montré qu'après trois minutes passées à regarder des photos de mannequins dans les magazines, 70 % des femmes se sentaient déprimées, coupables ou honteuses. Un conseil, donc : si, à la vue de ces mannequins, vous ne vous sentez pas conforme, rappelez-vous que vous possédez un petit quelque chose de plus : des organes génitaux. Selon les fabricants, les vêtements tombent bien mieux sans ces encombrants appendices.

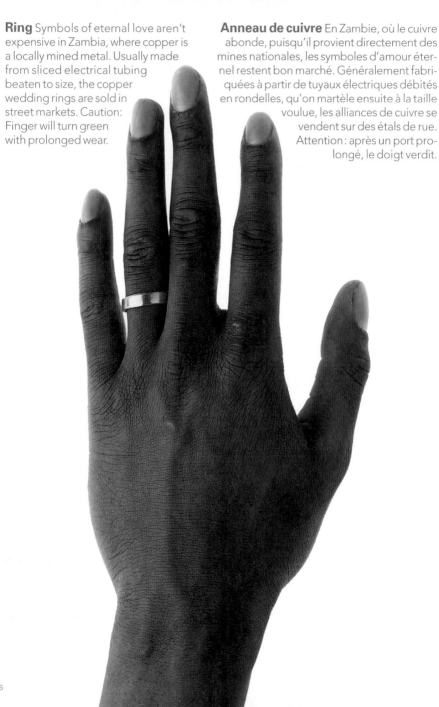

Ring Symbols of eternal love aren't expensive in Zambia, where copper is a locally mined metal. Usually made from sliced electrical tubing beaten to size, the copper wedding rings are sold in street markets. Caution: Finger will turn green with prolonged wear.

Anneau de cuivre En Zambie, où le cuivre abonde, puisqu'il provient directement des mines nationales, les symboles d'amour éternel restent bon marché. Généralement fabriquées à partir de tuyaux électriques débités en rondelles, qu'on martèle ensuite à la taille voulue, les alliances de cuivre se vendent sur des étals de rue. Attention : après un port prolongé, le doigt verdit.

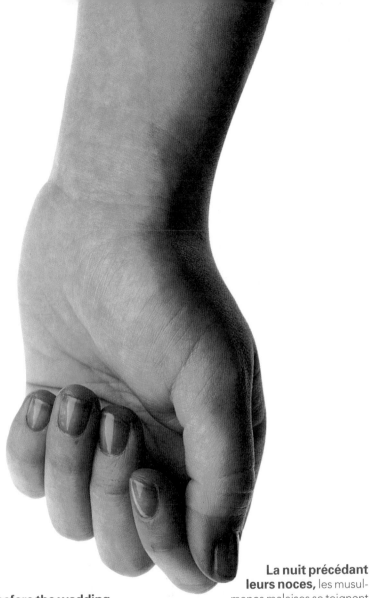

The night before the wedding,
Malaysian Muslim women stain all 10
fingers up to the first joint with henna,
a dye that's supposed to prevent evil
spirits from entering the body through
the extremities. Take care when apply-
ing, as henna stains for two months.

**La nuit précédant
leurs noces,** les musul-
manes malaises se teignent
les dix doigts au henné jusqu'à la première
phalange. Cette coloration est censée empêcher les esprits malfaisants de pénétrer
leur corps par les extrémités. A manipuler
prudemment : les taches indésirables
mettront deux mois à disparaître.

Illegal The black ski mask, made world-famous by the Zapatistas, is great for negotiating with the Mexican government and keeping out the cold. But, you can't buy one in Chiapas, home of the Zapatistas—they're illegal.

Eyeliner Lead is a heavy metal that causes poisoning in humans. Children are most affected by continuous exposure, which may lower intelligence. In many developed countries, lead has been removed from products that are used in daily life, like high-gloss paints and gasoline. But lead lurks in unsuspected places like *kohl*, a mineral compound that is used as a cosmetic by women (and children in some countries) to enhance the eyes. This *kohl* comes from Morocco.

Illégal Le passe-montagne noir que rendirent célèbre les zapatistes n'a pas son pareil pour négocier avec le gouvernement mexicain – et se protéger du froid. Cependant, vous ne pourrez vous en procurer dans le Chiapas, berceau même des zapatistes : ils sont illégaux dans le pays.

Eyeliner Le plomb est un métal lourd responsable d'empoisonnements graves chez l'être humain. Les enfants demeurent la classe d'âge la plus affectée par une exposition continue au plomb, celle-ci entravant leur développement mental et diminuant leur intelligence. Nombre de pays développés l'ont éliminé dans la fabrication de produits d'usage courant, comme les peintures laquées et l'essence. Néanmoins, il gîte encore sournoisement dans des lieux insoupçonnés, par exemple le khôl, une poudre minérale utilisée par les femmes (et les enfants dans certains pays) à des fins cosmétiques, pour souligner le contour des yeux. Celui-ci vient du Maroc.

Pink and red just don't match! If you're blind, you're probably sick of sighted people telling you how to dress. So invest in some color-coded plastic buttons. Each shape represents a different color: Black is square, yellow is a flower. Simply attach a button on the edge of your clothes and your dress sense will never be questioned again.

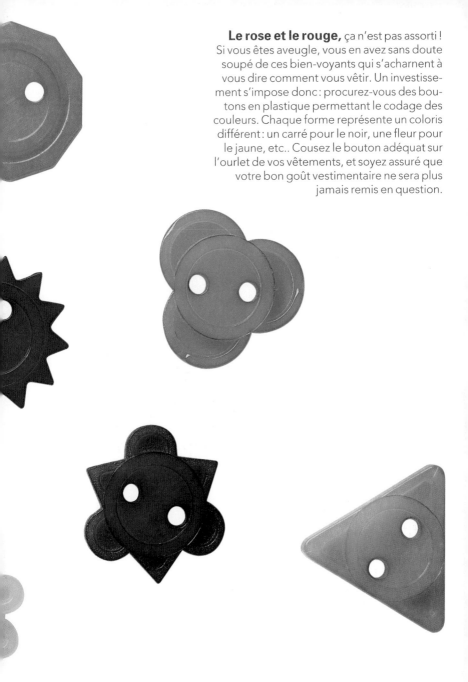

Le rose et le rouge, ça n'est pas assorti ! Si vous êtes aveugle, vous en avez sans doute soupé de ces bien-voyants qui s'acharnent à vous dire comment vous vêtir. Un investissement s'impose donc : procurez-vous des boutons en plastique permettant le codage des couleurs. Chaque forme représente un coloris différent : un carré pour le noir, une fleur pour le jaune, etc.. Cousez le bouton adéquat sur l'ourlet de vos vêtements, et soyez assuré que votre bon goût vestimentaire ne sera plus jamais remis en question.

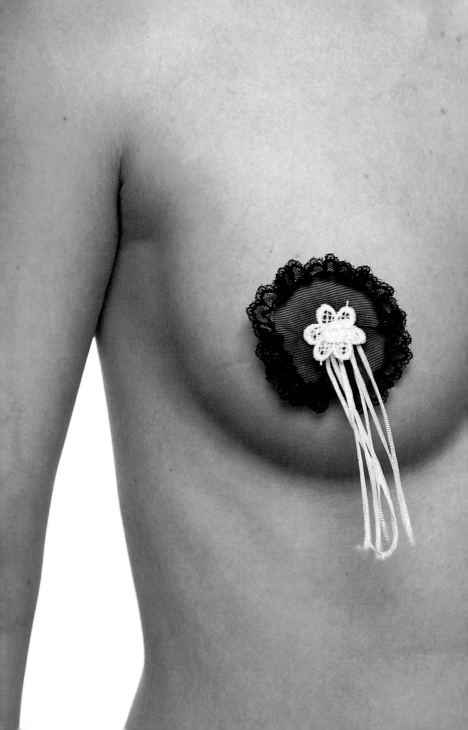

Glue Just stick them on. Somebody somewhere decided to call them "pasties" (they come with a special glue that's kind to the nipple). The Pink Pussycat store in New York City, USA, sells pairs for between US$15 and $25, depending on the style. New lines include a camouflage design for romps in the jungle and leather pasties with a 5cm spike for heavy metal fans. The Pasties Appreciation Society claims they hang better from the larger breast. According to a spokesman for Scanna, the European distributor, the pasties business is kept afloat by prostitutes, strippers and "odd" girls. The British invented them.

Sex trade In Egypt, teenage entrepreneurs tear apart Western lingerie catalogs, arrange the pictures on corkboards, and sell them on Opera Square in the center of Cairo. A 100-page Victoria's Secret catalog has a street value of E£150 (US$43, or 16 times the original UK price). Strict Muslim laws ban all forms of "pornography" in Egypt. Western magazines, for example Cosmopolitan, are readily available, but with any revealing pages torn out.

Colle Vous les fixerez à la colle. Au reste, quelqu'un, quelque part, a décidé de les nommer «pasties» (gommettes), et ils s'accompagnent d'une colle spéciale n'agressant pas la peau délicate des mamelons. A New York, la boutique Pink Pussycat les vend entre 15 et 25$US la paire, le prix variant selon le style. Dans la nouvelle collection, citons un modèle «camouflage» pour ébats dans la jungle, et un autre en cuir, agrémenté d'une pointe de fer de 5cm, pour les fans de heavy metal. L'Association d'appréciation des pasties soutient qu'ils siéent mieux aux fortes poitrines. Selon un porte-parole de Scanna, le distributeur européen, le marché est maintenu à flot par les prostituées, les stripteaseuses et les filles «un peu spéciales». Autre détail : c'est une invention britannique.

Commerce sexuel En Egypte, l'esprit d'entreprise n'attend pas le nombre des années : des adolescents découpent les photos des catalogues occidentaux de lingerie et composent des collages sur panneaux de liège qu'ils iront vendre place de l'Opéra, dans le centre-ville du Caire. Un catalogue Victoria's Secret de 100 pages s'échange dans la rue à 150£EG (43$US, soit 16 fois son prix d'origine en Grande-Bretagne), les strictes lois islamiques interdisant toute forme de «pornographie» sur le territoire national. D'autres revues occidentales, telle Cosmopolitan, se trouvent sans difficulté, mais les pages quelque peu «dénudées» sont systématiquement arrachées avant la mise en vente.

Fantasy feet Gary Richards says he always wanted to be an entrepreneur. Flipping through a magazine for foot fetishists (people who are sexually aroused by feet), he realized there was a market waiting to be exploited. Richards made a rubber cast of his wife's feet and advertised it in the magazine. Now he has his own rubber foot factory in Florida, USA, and customers around the world. To keep up with the enormous demand, Richards uses living feet to cast three new models a month. Some sexologists say the best way to treat a fetish is to allow the patient to integrate it into his or her sex life. Usually this means finding a suitable partner. Until then, Fantasy Feet come with separate and flexible toes.

Pieds pour fantasme Gary Richards l'avoue, il a toujours rêvé d'être chef d'entreprise. Un jour où il feuilletait une revue pour fétichistes du pied (personnes sexuellement excitées par les pieds), il prit soudain conscience qu'il y avait là un marché à exploiter. Réalisant derechef un moulage en caoutchouc des pieds de sa femme, il en fit la publicité dans ladite revue. Aujourd'hui, il possède sa propre usine en Floride, aux Etats-Unis, et les commandes pleuvent du monde entier. Pour faire face à l'énorme demande, Richards recrute assez de pieds vivants pour sortir trois nouveaux modèles par mois. Certains sexologues affirment que le meilleur moyen de résoudre un fantasme fétichiste est de l'intégrer à sa vie sexuelle. Habituellement, cela implique de dénicher le partenaire approprié. Dans cette attente, il vous reste les Fantasy Feet de Gary, qui présentent déjà l'avantage d'orteils séparés et flexibles.

Status shoes give men an extra 5 cm in height. "All sorts of people buy them—anyone who wants to be taller," explains Peter Schweiger, managing director of the UK-based company. "They really look like an ordinary shoe. Last year we sold about 300 to 400 pairs."

Les chaussures «Status» vous grandissent un homme de 5 cm. «Nous avons toutes sortes de clients – en fait, nos chaussures intéressent quiconque souhaite gagner en stature, d'autant qu'elles passent totalement inaperçues, explique Peter Schweiger, directeur général de la firme productrice (basée au Royaume-Uni). L'an dernier, nous en avons vendu entre 300 et 400 paires.»

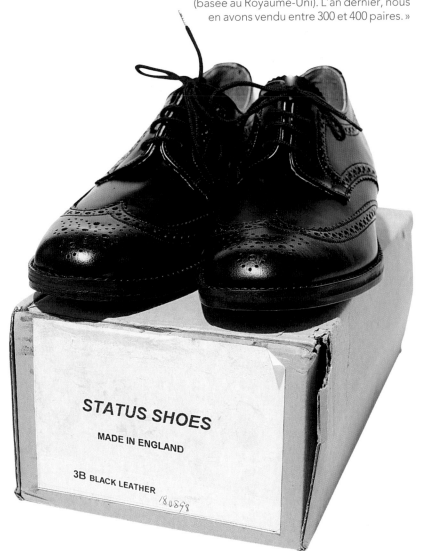

STATUS SHOES

MADE IN ENGLAND

3B BLACK LEATHER

Most prison tattooists use homemade tattoo guns like this one, fashioned from guitar string, a propelling pencil, a motor from a personal stereo, and batteries. Ink is made by burning black chess pieces or carbon paper, then mixing the ash with water. No color—it's too cartoonish. "Unlike on the outside, there are no duplicate patterns," said one tattooist. "Prison tattoos have to be one of a kind." Standardized gang affiliation tattoos are also popular, though: "13" denotes southern Mexicans, for example, and a clover means a Nazi (the number 5150 is police code for "insane person"), but consultation is advised before going under the needle. "A lot of tatts get done in juvenile detention," continues our source. "Say a young white guy has a clover—if the Nazis don't think he's worthy of it, they'll remove it, by skinning him or whatever."

La plupart des tatoueurs de prison utilisent des pistolets à tatouer faits main semblables à celui-ci – qui fut réalisé à partir d'une corde de guitare, d'un porte-mine, d'un moteur de petite stéréo et de piles. On fabrique l'encre en brûlant des pièces d'échecs noires ou du papier carbone, puis en mélangeant les cendres à de l'eau. Pas de couleurs, surtout – cela ferait dessin animé. « A la différence de ce qui se fait dehors, il n'y a pas de motifs dupliqués ici, nous précise un tatoueur. Les tatouages de prison doivent rester des pièces uniques. » Toutefois, les tatouages standardisés, symboles d'affiliation à un gang, sont tout aussi répandus : le nombre 13, par exemple, est réservé aux Mexicains du Sud, le trèfle est un signe de reconnaissance nazi (et le chiffre 5150 au-dessus des sourcils correspond à un code des services de police signifiant « aliéné mental »). Il est néanmoins hautement recommandé de consulter avant de se livrer à l'aiguille. « Beaucoup de tatouages se font en détention juvénile, poursuit notre interlocuteur. Imaginez par exemple un jeune Blanc avec un trèfle – si les nazis estiment qu'il n'en est pas digne, ils vont le lui enlever, en l'écorchant ou par n'importe quel moyen. »

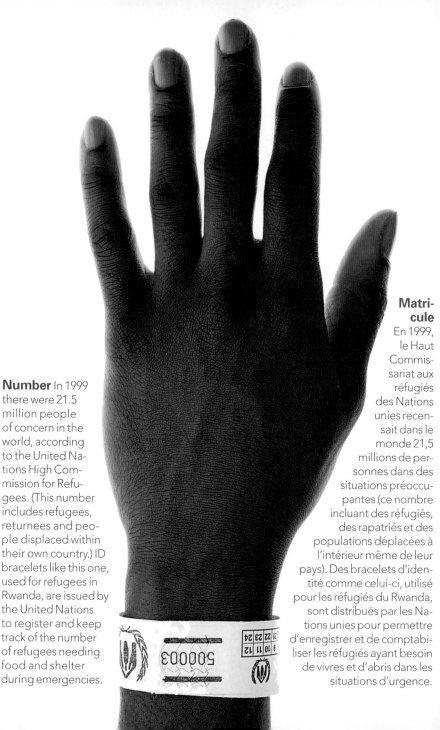

Number In 1999 there were 21.5 million people of concern in the world, according to the United Nations High Commission for Refugees. (This number includes refugees, returnees and people displaced within their own country.) ID bracelets like this one, used for refugees in Rwanda, are issued by the United Nations to register and keep track of the number of refugees needing food and shelter during emergencies.

Matricule En 1999, le Haut Commissariat aux réfugiés des Nations unies recensait dans le monde 21,5 millions de personnes dans des situations préoccupantes (ce nombre incluant des réfugiés, des rapatriés et des populations déplacées à l'intérieur même de leur pays). Des bracelets d'identité comme celui-ci, utilisé pour les réfugiés du Rwanda, sont distribués par les Nations unies pour permettre d'enregistrer et de comptabiliser les réfugiés ayant besoin de vivres et d'abris dans les situations d'urgence.

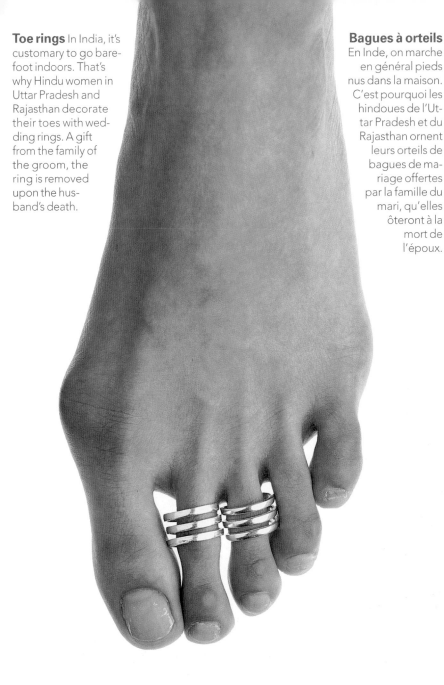

Toe rings In India, it's customary to go barefoot indoors. That's why Hindu women in Uttar Pradesh and Rajasthan decorate their toes with wedding rings. A gift from the family of the groom, the ring is removed upon the husband's death.

Bagues à orteils En Inde, on marche en général pieds nus dans la maison. C'est pourquoi les hindoues de l'Uttar Pradesh et du Rajasthan ornent leurs orteils de bagues de mariage offertes par la famille du mari, qu'elles ôteront à la mort de l'époux.

The earring at right is handcrafted in Mozambique and has a durable cardboard core wrapped in the distinctive coral-colored packaging of Palmar-brand cigarettes. They're available at Arte Dif, a craft shop in Maputo that sells items made by war victims, for 4,000 meticais (US$0.50) a pair.

Bullets These earrings from Cambodia are made out of bullet shells left over from the regime of the Khmer Rouge. There probably aren't that many around, though— soldiers were instructed to save bullets. Slitting throats was a popular kill-ing method for adults, as was anything involving farm tools or bricks. For children, smashing skulls against walls was more common.

Moose droppings
were popular souvenirs in Norway during the 1994 Lille-hammer Olympics. In Sweden, they're always popular—2,000 jars a year are sold. If you don't want a whole jar, go for the dangling clip-on earrings made from them.

Cette boucle d'oreille (à droite), fabriquée main au Mozambique, se compose d'une solide structure en carton, que l'on enroule dans l'emballage rouge corail propre aux cigarettes Palmar. Vous la trouverez à 4 000 M (0,50 $ US) la paire chez Arte Dif, un magasin d'artisanat de Maputo qui vend des objets confectionnés par des victimes de guerre.

Balles perdues Ces boucles d'oreille cambodgiennes sont confectionnées à partir de cartouches oubliées par le régime Khmer Rouge. La matière première n'abonde sûrement pas, sachant que les soldats avaient pour consigne d'épargner les balles. Il s'agissait donc de tuer à l'économie. On trucidait volontiers les adultes en leur tranchant la gorge ou à l'aide d'instruments divers, outils agricoles ou simples briques. Aux enfants, on réservait d'ordinaire un autre traitement : on leur éclatait le crâne contre un mur.

Les excréments d'élan firent recette dans les magasins de souvenirs norvégiens durant les jeux Olympiques d'hiver de Lillehammer, en 1994. En Suède, leur succès ne date pas d'hier et ne se dément pas puisque, chaque année, les Suédois en achètent 2000 pots. Un bocal entier vous paraît excessif ? Rabattez-vous sur les clips pendants d'oreilles en véritables crottes.

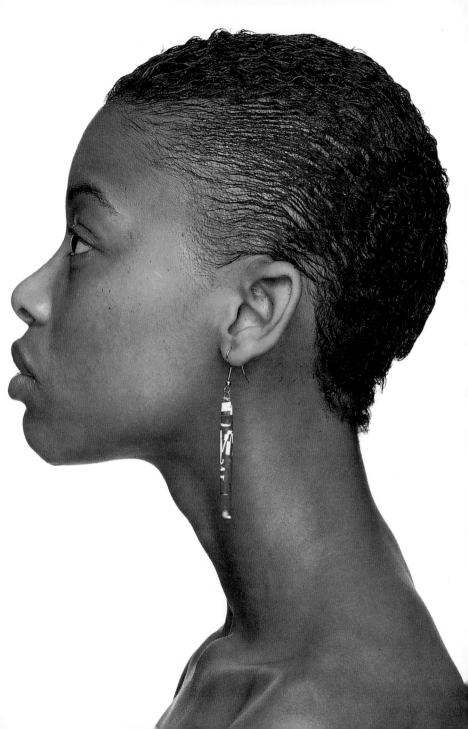

Until 30 years ago, the Zo'é Indians lived in peaceful obscurity in the Brazilian Amazon. Then Protestant missionaries arrived, pressuring the Zo'é to change their religion, diet and traditions. "They didn't understand difference," says Sydney Possuelo of Brazil's National Indian Foundation (FUNAI). "Since the white man came, the Zo'é population has gone down." For now, the Zo'é custom of inserting large bits of wood through the lip has been left undisturbed. The wooden plug (*poturu*) is inserted into a child's lower lip through a hole punched with a sharpened monkey bone. As the child grows, the plug is regularly replaced by a larger one. "It doesn't make eating difficult," says one Zo'é specialist. "Zo'é cuisine includes a lot of porridge. And kissing is not their way of showing affection—it's rarely practiced by Amazonian Indians."

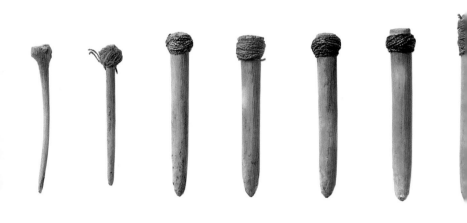

Il y a trente ans encore, les Indiens Zo'é vivaient heureux dans l'obscurité paisible de l'Amazonie brésilienne. C'est alors qu'arrivèrent des missionnaires protestants, qui exercèrent sur les Zo'é toutes les pressions imaginables afin qu'ils changent de religion, de régime alimentaire et de traditions. «La différence était un concept qui dépassait totalement les colons, souligne Sydney Possuelo, de la Fondation nationale indienne du Brésil (FUNAI). Depuis la venue de l'homme blanc, la population Zo'é décline.» Jusqu'à présent, la coutume zo'é consistant à s'insérer dans la lèvre de gros morceaux de bois perdure contre vents et marées. Cette broche (*poturu*) est glissée dans un trou percé dans la lèvre inférieure de l'enfant au moyen d'un os de singe affûté. A mesure qu'il grandit, la broche est remplacée par une autre, de plus en plus grande. «Cela ne les gêne pas pour manger, affirme un spécialiste de ce peuple. L'alimentation des Zo'é est à base de bouillie. De plus, le baiser n'est pas leur façon de témoigner leur affection – il est rare que les Indiens d'Amazonie embrassent.»

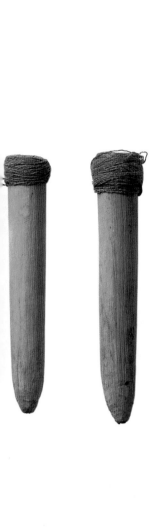

Aryan costume What do racist bigots give their kids to play with? These fetching satin robes are quite popular, according to the North Carolina, USA, chapter of the Knights of the Ku Klux Klan. Dedicated to "the preservation of the White race," KKK members don a similar outfit for ceremonies. Although young Knights rarely take part in public outings, they can practice dressing up at home in costumes made to order in small sizes by the KKK's Anna Veale. Optional KKK accessories include a toy monkey hung by a noose from a belt (it represents a person of African descent). Dwindling membership—down from five million in 1920 to 2,500 in 1998—has been bad for the toy robe business, though. And with only "pure White Christian members of non-Jewish, non-Negro and non-Asian descent" welcome, the KKK has already eliminated most of its global customer base.

Ethnic bandage Every day, millions of people worldwide reach for a Band-Aid. According to its makers, Johnson & Johnson, this sterile adhesive dressing is one of "the world's most trusted woundcare products." Not everyone can wear them discreetly, though: The pinkish hue of Band-Aids stands out glaringly on dark flesh. Now, however, darker-skinned people can dress their wounds with Multiskins, the "adhesive bandages for the human race." Produced in the USA, the "ethnically sensitive" dressings come in three shades of brown.

Costume aryen Quels jouets les racistes fanatiques offrent-ils à leurs enfants ? Ces longues tuniques en satin, fort seyantes, remportent un franc succès chez les Chevaliers du Ku Klux Klan de Caroline du Nord. Les membres de l'organisation, dévoués à la cause de « la préservation de la race blanche », en portent une semblable lors des cérémonies. Bien que les jeunes Chevaliers ne prennent que rarement part aux sorties publiques, ils peuvent s'entraîner chez eux à porter cet habit, réalisé en taille enfant – sur commande uniquement – par Anna Veale, membre du Klan. Parmi les accessoires en option, un singe pendu par le cou (symbolisant une personne d'origine africaine) à accrocher à la ceinture. Avec un nombre d'adhérents en plein déclin – 5 millions en 1920 contre 2 500 en 1998 – la vente de la panoplie enfant a, il faut l'avouer, bien chuté. Et comme il n'accepte que les « chrétiens blancs, purs, sans aucune ascendance juive, nègre ou asiatique », le KKK a déjà éliminé l'essentiel de sa clientèle mondiale.

Pansement ethnique Tous les jours, des millions de gens aux quatre coins de la planète utilisent un Band-Aid. Selon le fabricant, Johnson & Johnson, ce pansement adhésif stérile est l'un des « produits de premiers soins en qui le monde a le plus confiance ». Mais il n'a pas la même discrétion sur toutes les peaux : sur un épiderme noir, la teinte rose clair du Band-Aid ressort terriblement. Par chance, les personnes de couleur peuvent désormais panser leurs plaies avec Multiskins (multipeaux), « le pansement adhésif réellement universel ». Fabriqué aux Etats-Unis, ce produit qui « respecte la différence » existe en trois nuances de brun.

Food wrap Colombian transvestites consider plastic food wrap an important beauty aid. "The idea is to hide the penis and flatten the waist for a trim figure," explains Carlos, a transvestite from Bogotá. Generally dressed as a man, Carlos uses the wrap when competing in transvestite beauty contests. "My friends tell me I look fabulous," he says. "But to get it tight enough, you have to have two people help you wrap," Carlos admits. "Eventually it gets so hot you can't stand it. You start dripping in sweat, and the plastic starts to slide off. After an hour, it just doesn't work."

Pubic wig Known as a "Night Flower" in Japan, this fluffy clump of recycled human hair is worn on the pubis. "My grandfather made the first Night Flower 50 years ago," says Takashi Iwasaki, president of Komachi Hair Co. Komachi sells Night Flowers primarily to schoolgirls and brides ashamed of their relative lack of pubic hair. "Our best month is June, which is bridal season," said Iwasaki, "but we also sell a lot in spring and early fall, when the students go on class trips and the girls have to bathe together." For many customers, he explains, the Night Flower is a way to get through a difficult stage in their psychological development. "Eventually they're able to do without the wig altogether."

Film alimentaire Les travestis colombiens considèrent le film plastique alimentaire comme un accessoire essentiel de leur séduction. « L'idée, c'est de cacher le pénis et d'affiner la taille pour avoir une silhouette svelte », explique Carlos, 29 ans, un travesti de Bogotá. Lui qui s'habille en homme dans sa vie de tous les jours ne s'emmaillote de film plastique que lorsqu'il participe à des concours de beauté pour travestis. « Les copains me trouvent superbe, assure-t-il. Seulement, on a besoin de deux personnes pour serrer au maximum. Au bout d'un moment, ça chauffe tellement là-dedans qu'on ne peut plus supporter. On se met à dégouliner de sueur, et le plastique glisse. Ça ne tient pas plus d'une heure. »

Postiche pubien Délicatement nommée « fleur de nuit » (Night Flower) au Japon, cette touffe duveteuse de poils humains recyclés se porte sur le pubis. « C'est mon grand-père qui fabriqua la première Night Flower, il y a cinquante ans », indique Takashi Iwasaki, président de Komachi Hair Co. Le produit séduit surtout les lycéennes et les futures mariées honteuse de leur poil pubien relativement peu fourni. « Notre meilleure période est juin, le mois des mariages, nous a confié Iwasaki, mais nous vendons aussi très bien au printemps et en début d'automne – c'est l'époque de l'année où les lycéens partent en voyage scolaire, et où les filles doivent se baigner ensemble. » Pour beaucoup de clientes, explique-t-il, la Night Flower est un moyen de surmonter une période difficile de leur développement psychologique. « Tôt ou tard, elles parviendront à se passer du postiche. »

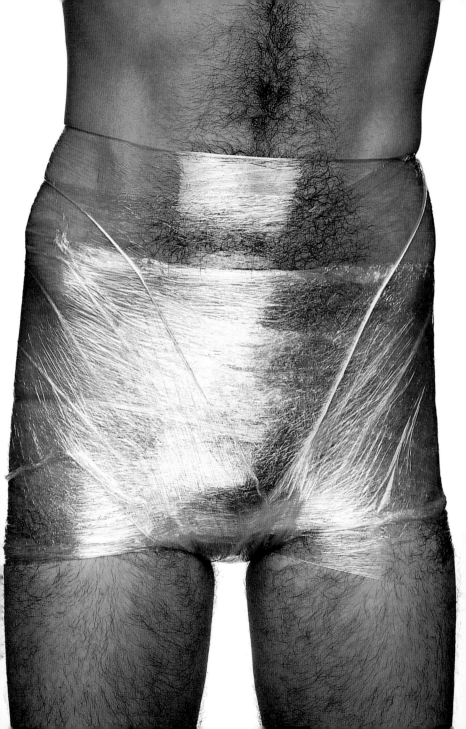

Tail Drinking deer's tail extract every morning will stimulate your metabolism, encouraging your body to burn more fat. Even if you're not satisfied, keep it handy: Its Chinese manufacturer claims the extract is ideal for treating senility and arthritis as well.

Queue Buvez de l'extrait de queue de cerf tous les matins, vous stimulerez votre métabolisme en accélérant la combustion des graisses. Si vous n'en tirez pas pleine satisfaction, gardez-en tout de même à portée de main : son fabricant chinois l'affirme, cet élixir est tout aussi idéal pour traiter la sénilité et l'arthrite.

Mousse Rub in Redumax mousse from Argentina to "reduce and tone" your hips and thighs. Like thousands of other creams and potions on the market, it's supposed to get rid of cellulite (clumps of fat caused by toxins in the body, which give flesh a dimpled appearance).

Mousse Pour « affiner et tonifier » vos hanches et vos cuisses, frictionnez-les avec la mousse Redumax, fabriquée en Argentine. A l'instar de milliers de crèmes et potions qui encombrent le marché, celle-ci est censée vaincre la cellulite (amas graisseux formés par les toxines qui sévissent dans l'organisme et donnent à la couche sous-cutanée un aspect « peau d'orange »).

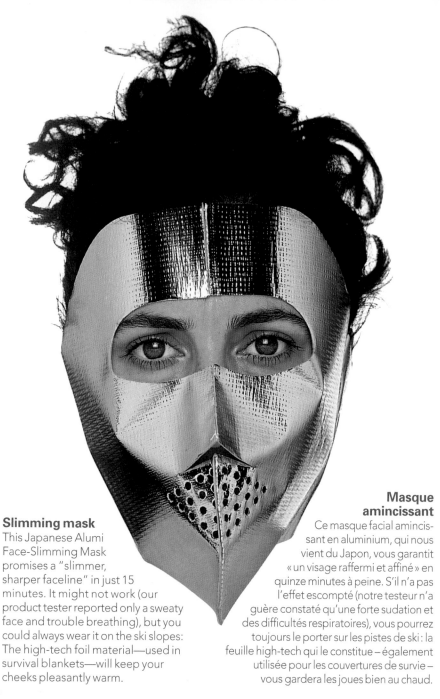

Slimming mask

This Japanese Alumi Face-Slimming Mask promises a "slimmer, sharper faceline" in just 15 minutes. It might not work (our product tester reported only a sweaty face and trouble breathing), but you could always wear it on the ski slopes: The high-tech foil material—used in survival blankets—will keep your cheeks pleasantly warm.

Masque amincissant

Ce masque facial amincissant en aluminium, qui nous vient du Japon, vous garantit « un visage raffermi et affiné » en quinze minutes à peine. S'il n'a pas l'effet escompté (notre testeur n'a guère constaté qu'une forte sudation et des difficultés respiratoires), vous pourrez toujours le porter sur les pistes de ski : la feuille high-tech qui le constitue – également utilisée pour les couvertures de survie – vous gardera les joues bien au chaud.

The paintball face mask is thickly padded to minimize bruises from the 300km-per-hour capsules of paint opponents fire at one another (frequently from within 10m!). The goggle lenses can withstand a shotgun blast from 20m.

Le masque anti-bombe à peinture est solidement rembourré pour amortir l'impact des cartouches de peinture que se tirent à la face les adversaires, projectiles qui vous arrivent à la vitesse de 300 km/h (et sont souvent lancés à 10 m de distance à peine !). Les lunettes de protection peuvent quant à elles supporter l'impact d'un coup de fusil tiré à 20 m.

Baseball catchers wear face masks of steel wire coated with rubber to protect against balls speeding toward them at 130km per hour.

Les *catchers* de base-ball portent des masques grillagés en fil d'acier gainé de caoutchouc, pour se protéger des balles qui fusent sur eux à la vitesse de 130 km/h.

The fencing helmet is a face mask of dense steel mesh, girded by a bib of leather or Kevlar (an industrial material that is virtually bulletproof).

Le casque d'escrime est modelé dans une maille d'acier très dense, cerclée d'une bavette de cuir ou de kevlar (un matériau industriel pratiquement à l'épreuve des balles).

Nippon Kempo, developed in Japan in the 1960s, combines the martial arts of karate, judo and jujitsu. Because the head is a target for kicks and punches, contestants wear a face mask of five metal bars, a compromise between visibility and protection.

Le nippon kempo, développé au Japon dans les années 60, est une combinaison d'arts martiaux : karaté, judo et jujitsu. La tête étant la cible de maints coups de pieds et de poings, les combattants portent un casque protecteur composé de cinq barres métalliques, offrant un compromis entre visibilité et protection.

Temporary Madagascan corpses are laid in their tombs in woven straw mats like this one. If you're not happy with your mat, don't worry. After four to seven years, you'll be dug up again, danced around the village, and given a new one. The old mat is believed to have special fertility powers: Pieces are torn off by young women, who hope it will bring them many children.

Temporaire A Madagascar, les corps sont mis en terre dans des nattes de paille tressée comme celle-ci. Si la vôtre n'a pas l'heur de vous plaire, pas de regrets : d'ici quatre à sept ans, vous serez exhumé. On vous promènera en farandole tout autour du village, et l'on vous en donnera une toute neuve. L'ancienne natte sera conservée – on lui prête le pouvoir de favoriser la fécondité. Les jeunes femmes s'arracheront des lambeaux du suaire, dans l'espoir de s'assurer une abondante progéniture.

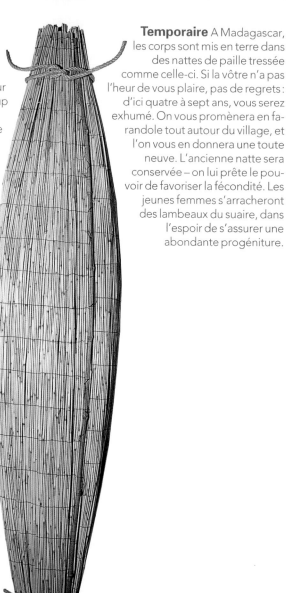

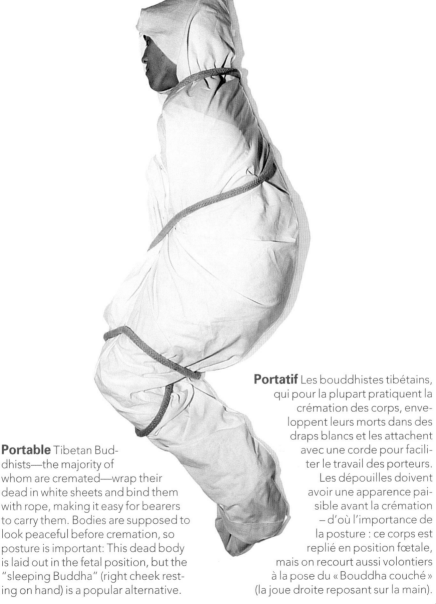

Portable Tibetan Buddhists—the majority of whom are cremated—wrap their dead in white sheets and bind them with rope, making it easy for bearers to carry them. Bodies are supposed to look peaceful before cremation, so posture is important: This dead body is laid out in the fetal position, but the "sleeping Buddha" (right cheek resting on hand) is a popular alternative.

Portatif Les bouddhistes tibétains, qui pour la plupart pratiquent la crémation des corps, enveloppent leurs morts dans des draps blancs et les attachent avec une corde pour faciliter le travail des porteurs. Les dépouilles doivent avoir une apparence paisible avant la crémation – d'où l'importance de la posture : ce corps est replié en position fœtale, mais on recourt aussi volontiers à la pose du « Bouddha couché » (la joue droite reposant sur la main).

143

Status symbols

Until he can stretch his ears over his head, a Maasai medicine man isn't considered respectable, says our correspondent in Kenya. Favorite devices for stretching pierced ears include stones or tin cans, but Maasai elders also use these film canisters, which conveniently double as snuff carriers. When their aluminum cooking pots wear out, Kenya's Turkana tribesmen melt them down to make these handsome lip plugs, which are inserted into an incision in the lower lip. Worn only by married warriors, they're a quick way to show off your social standing.

Signes extérieurs de richesse

Tant qu'il ne parvient pas à étirer ses trous d'oreilles jusqu'à pouvoir y passer la tête, un guérisseur massaï n'a pas ses lettres de noblesse, rapporte notre correspondant au Kenya. Parmi les instruments favoris dévolus à cet étirement, citons les pierres ou les boîtes de conserve, mais les anciens utilisent également des étuis à pellicule, qui leur font double usage, puisqu'ils s'en servent aussi comme blagues à tabac. De son côté, la tribu kenyane des Turkana fait fondre ses casseroles en aluminium usagées, afin de fabriquer ces élégantes broches à bouche, qu'on insère par une fente pratiquée dans la lèvre inférieure. Réservées aux seuls guerriers mâles mariés, elles sont un moyen expéditif d'afficher son statut social.

Happiness When a Hindu woman's husband dies, tradition dictates that she stop eating fish, wearing red and laughing in public. In Nepal, a widow's glass bangles and her *tika* (the red dot worn on the forehead) are placed with her husband's body. Worn for the first time at marriage, they are considered symbols of a woman's happiness. When her husband dies, they lose their meaning.

Bonheur Quand une femme hindoue perd son mari, la tradition lui impose de ne plus manger de poisson, de ne plus porter de rouge et de ne plus rire en public. Au Népal, on dépose auprès de la dépouille du mari les bracelets en verre de sa veuve et son *tika* (le point rouge qu'elle porte sur le front). Ces parures, étrennées le jour des noces, symbolisent le bonheur de la femme comblée. A la mort de l'époux, ils perdent donc leur sens.

East Timor, a Portuguese colony for 270 years, formed its first independent government on November 28, 1975. Nine days later, Indonesia invaded, eager to seize its vast oil resources and worried that a free East Timor would encourage separatist movements at home. Indiscriminate killings, forced resettlements, famine and bombings took 60,000 East Timorese lives in the first two months of the 1975 invasion—an operation undertaken with the prior knowledge of the USA and Australia. Between 1975 and 1995, Indonesia wiped out 210,000 East Timorese. That's one-third of the population.

The sniper veil— French Foreign Legion issue—is essential garb for anyone hoping to bag a turkey or two in the wild. Put on your camouflage veil, and you can blend into the forest and start your killing spree.

Le Timor oriental forma son premier gouvernement indépendant le 28 novembre 1975, après deux cent soixante-dix ans de domination portugaise. Neuf jours plus tard, l'Indonésie l'envahissait, désireuse, d'une part, de mettre la main sur ses vastes ressources pétrolières, et préoccupée, d'autre part, par le risque d'effet domino, l'émancipation du Timor oriental risquant d'encourager les mouvements séparatistes indonésiens. Massacres indiscriminés, déplacements forcés, famine et bombardements causèrent la mort de 60 000 Timorés au cours des deux premiers mois de l'invasion – opération, soit dit en passant, dont les Etats-Unis comme l'Australie avaient été avisés bien avant le début des hostilités. Entre 1975 et 1995, l'Indonésie a éliminé 210 000 Timorés. Ce n'est guère qu'un tiers de la population.

Le voile de sniper – lancé par la Légion étrangère française – est un accessoire vestimentaire essentiel pour quiconque espère tirer une dinde ou deux en milieu naturel. Endossez votre voile de camouflage, et vous pourrez vous fondre dans les fourrés et massacrer gaiement tout ce qui bouge.

A successful sumo (Japanese wrestler) is well fed, well paid, and is showered with gifts by his fans. He lives and trains in a stable with other wrestlers where teenage apprentices cook for him, do his laundry—and even wipe his bottom if he is too fat to reach it himself. When he wants to get married he has little trouble finding a bride—often among Japan's top models or actresses. Luckily for his new wife, he will lose weight after retiring (usually in his early 30s). By that time, he may be able to perform his toilet duties alone.

Un bon *sumotori* (lutteur japonais) est bien nourri, grassement rémunéré et arrosé de cadeaux par ses admirateurs. Il vit et s'entraîne en compagnie d'autres lutteurs, au sein d'une écurie où de jeunes apprentis lui préparent ses repas, lui lavent son linge... et lui torchent même le derrière, lorsqu'il est trop gras pour l'atteindre lui-même. S'il souhaite convoler, il n'a guère de mal à trouver preneuse – souvent dans le milieu des actrices ou des top models nippones. Heureusement pour la mariée, il perdra du poids à la retraite (qu'il prend d'ordinaire entre 30 et 35 ans). Peut-être pourra-t-il alors veiller seul à l'hygiène de son précieux postérieur.

Veil When Lady Diana Spencer married Prince Charles (heir to the British crown) in 1981, she wore a veil that had been hand-embroidered with 10,000 tiny mother-of-pearl beads. A decade later she was photographed wearing a Muslim veil during a visit to the Al-Azhar mosque in Cairo, Egypt. Perhaps that's what inspired manufacturers of the *hijabat al iman* (veils of faith) veil from Syria to use her face on the package.

Voile Lors de son mariage avec le prince Charles, héritier de la couronne d'Angleterre, en 1981, Lady Diana Spencer portait un voile semé de 10000 perles de culture cousues à la main. Dix ans plus tard, elle fut photographiée coiffée du foulard musulman, durant une visite à la mosquée du Caire, en Egypte. Voilà peut-être ce qui inspira aux fabricants syriens de ce voile *hijabat al iman* (voile de dévotion) l'idée d'utiliser son image sur le paquet.

The Bruise Busta Economy Chest Guard, molded from polyethylene, is designed to give sportswomen greater coverage under the arm, and above and below the breast. The 4mm airholes are small enough to keep the tip of a fencing foil or saber at bay. Although created for football, rugby and hockey, the chest guard is currently most popular with tae kwon do and karate artists.

Running sandals With logging interests threatening their land, runners from the Rarámuri tribe of northern Mexico now compete in a prestigious 160km cross-country footrace in the USA to raise money for their cause. In 1992, five Rarámuri ran the race in sneakers, but their feet swelled in the unfamiliar shoes and none of them finished. In 1993, six Rarámuri competed wearing *huaraches* (leather sandals with soles made from discarded tires). They finished 1st, 3rd, 5th, 7th, 10th and 11th in a field of 295.

La coque économique antichoc de protection pectorale (Bruise Busta Economy Chest Guard), moulée en polyéthylène, est conçue pour assurer aux sportives une meilleure protection sous les bras et autour des seins. Des trous d'aération de 4mm y ont été ménagés, assez petits pour arrêter la pointe d'un fleuret ou d'un sabre d'escrime. Bien que créée pour le football, le rugby et le hockey, cette brassière protectrice est principalement utilisée de nos jours par les maîtres de tae kwon do et de karaté.

Sandales de course La déforestation menaçant leurs terres, sur laquelle l'industrie forestière a jeté son dévolu, des coureurs de la tribu Rarámuri, implantée dans le nord du Mexique, participent désormais à une prestigieuse course de fond de 160km aux USA, afin de lever des fonds pour leur cause. En 1992, cinq coureurs rarámuri firent le parcours en baskets, mais leurs pieds enflèrent dans ces chaussures peu familières, si bien qu'aucun ne parvint à l'arrivée. En 1993, six Rarámuri concoururent, chaussés cette fois de *huaraches* (sandales en cuir dont les semelles sont découpées dans des pneus usagés): ils finirent 1er, 3e, 5e, 7e, 10e et 11e sur 295.

Caribou skin, according to Rick Riewe, a winter survival teacher from Manitoba University, Canada, will keep you warmest this winter. In a recent study volunteers wore different types of clothing and sat in -28°C temperatures. The core temperatures of those wearing traditional Inuit clothing made of caribou actually increased. These water-repellent sealskin kamiks (boots) were made 27 years ago by their owner and wearer Monica Sateana who lives in the Canadian territory of Nunavut (she lent them to us while undergoing foot surgery). They can be worn all year round—just wear caribou skin socks in winter.

La peau de caribou : rien ne vous tiendra plus chaud en hiver, affirme sans hésiter Rick Riewe, qui enseigne les techniques de survie hivernale à l'université du Manitoba, au Canada. Au cours d'une expérience récente, des volontaires équipés de différents types de vêtements se sont exposés, immobiles, à des températures de –28°C. Ceux qui portaient l'habit traditionnel inuit en peau de caribou ont vu la température de leur corps non pas même se maintenir, mais remonter ! Ces *kamiks* sont des bottes réalisées en peau de phoque, qui présente des propriétés hydrofuges. Elles furent cousues main il y a vingt-sept ans déjà par leur propriétaire Monica Sateana, qui vit dans le territoire canadien du Nunavut – et les porte toujours (elle nous les a prêtées le temps d'un séjour à l'hôpital pour une opération du pied).

Elles peuvent faire usage tout au long de l'année – en hiver, il vous suffira de porter à l'intérieur des chaussettes en peau de caribou.

Sun screen The Ivatan people live in the sunny and very windy Batanes Islands, in the northern Philippines. To protect themselves, the women wear *vaculs* like this one (the men wear a version that looks more like a vest). Locals fashion them out of long leaves of wild palm that are stitched and then woven together. They're usually made by the older men and women of the area who pass on the craft to the younger generations. Take care of yours and it will protect you for more than a year.

Pare-soleil Les Ivatan vivent au nord des Philippines, dans les îles de Batan, une terre ensoleillée mais balayée par les vents. Pour se protéger, les femmes portent des *vaculs* comme celui-ci (le modèle homme s'apparentant plus à un gilet). On les confectionne localement à partir de longues palmes sauvages, cousues ensemble puis tissées. En général, cette tâche incombe aux anciens des deux sexes, qui transmettent leur art aux jeunes générations. Prenez soin de votre vacul, il vous protègera plus d'un an.

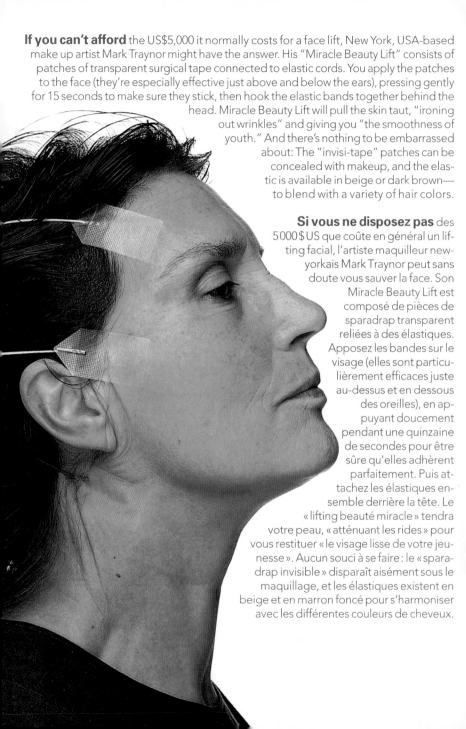

If you can't afford the US$5,000 it normally costs for a face lift, New York, USA-based make up artist Mark Traynor might have the answer. His "Miracle Beauty Lift" consists of patches of transparent surgical tape connected to elastic cords. You apply the patches to the face (they're especially effective just above and below the ears), pressing gently for 15 seconds to make sure they stick, then hook the elastic bands together behind the head. Miracle Beauty Lift will pull the skin taut, "ironing out wrinkles" and giving you "the smoothness of youth." And there's nothing to be embarrassed about: The "invisi-tape" patches can be concealed with makeup, and the elastic is available in beige or dark brown— to blend with a variety of hair colors.

Si vous ne disposez pas des 5000 $US que coûte en général un lifting facial, l'artiste maquilleur new-yorkais Mark Traynor peut sans doute vous sauver la face. Son Miracle Beauty Lift est composé de pièces de sparadrap transparent reliées à des élastiques. Apposez les bandes sur le visage (elles sont particulièrement efficaces juste au-dessus et en dessous des oreilles), en appuyant doucement pendant une quinzaine de secondes pour être sûre qu'elles adhèrent parfaitement. Puis attachez les élastiques ensemble derrière la tête. Le « lifting beauté miracle » tendra votre peau, « atténuant les rides » pour vous restituer « le visage lisse de votre jeunesse ». Aucun souci à se faire : le « sparadrap invisible » disparaît aisément sous le maquillage, et les élastiques existent en beige et en marron foncé pour s'harmoniser avec les différentes couleurs de cheveux.

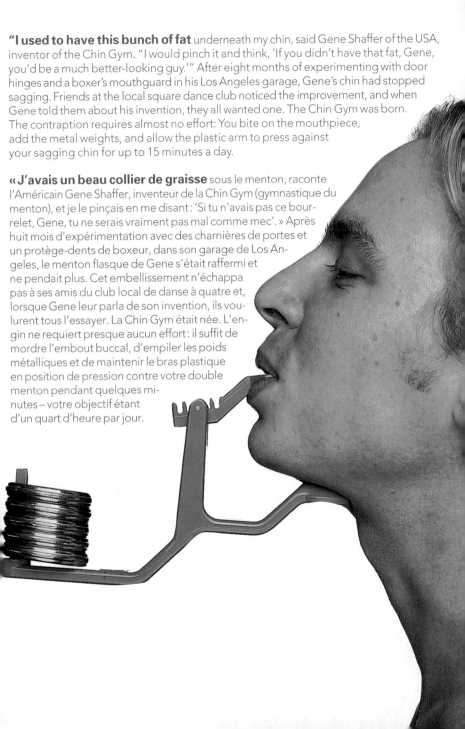

"I used to have this bunch of fat underneath my chin, said Gene Shaffer of the USA, inventor of the Chin Gym. "I would pinch it and think, 'If you didn't have that fat, Gene, you'd be a much better-looking guy.'" After eight months of experimenting with door hinges and a boxer's mouthguard in his Los Angeles garage, Gene's chin had stopped sagging. Friends at the local square dance club noticed the improvement, and when Gene told them about his invention, they all wanted one. The Chin Gym was born. The contraption requires almost no effort: You bite on the mouthpiece, add the metal weights, and allow the plastic arm to press against your sagging chin for up to 15 minutes a day.

« J'avais un beau collier de graisse sous le menton, raconte l'Américain Gene Shaffer, inventeur de la Chin Gym (gymnastique du menton), et je le pinçais en me disant : 'Si tu n'avais pas ce bourrelet, Gene, tu ne serais vraiment pas mal comme mec'. » Après huit mois d'expérimentation avec des charnières de portes et un protège-dents de boxeur, dans son garage de Los Angeles, le menton flasque de Gene s'était raffermi et ne pendait plus. Cet embellissement n'échappa pas à ses amis du club local de danse à quatre et, lorsque Gene leur parla de son invention, ils voulurent tous l'essayer. La Chin Gym était née. L'engin ne requiert presque aucun effort : il suffit de mordre l'embout buccal, d'empiler les poids métalliques et de maintenir le bras plastique en position de pression contre votre double menton pendant quelques minutes – votre objectif étant d'un quart d'heure par jour.

Eye enhancers Only 15 percent of Asians are born with the "double eyelids" common to Caucasians. If you're in the other 85 percent, Eye Talk glue from Japan promises to "gentle your hardened look." Just stretch out your eyelid, shape as desired with the handy applicator, and dab with glue to seal skin in place. "The slight ammonia smell is normal," the catalog assures, but remember to remove before sleeping: "If you forget, your skin might chap." Another option is Eye Tape, produced in Japan and marketed throughout East Asia. Of course, the best way to alter your eye shape is with plastic surgery, which costs up to US$3,500 but may well be worth it: Statistics suggest that those who have it done fare better in the competitive Japanese job market.

Beauté du regard Seuls 15% des Asiatiques naissent avec la «double paupière» commune à tous les Indo-Européens. Si vous appartenez aux 85% restants, la colle japonaise Eye Talk (langage des yeux) promet «d'adoucir votre regard sévère». Il vous suffit d'étirer la paupière, de lui donner la forme souhaitée grâce à l'applicateur – facile d'emploi – puis de tamponner un peu de colle pour maintenir la peau en place. «La légère odeur d'ammoniaque est tout à fait normale», vous rassure le catalogue, mais n'oubliez de vous nettoyer les yeux avant de vous coucher: «En cas d'oubli, votre peau risquerait de se crevasser.» Autre option: un ruban adhésif pour les yeux, fabriqué au Japon et commercialisé dans tout l'Extrême-Orient. Bien entendu, le moyen idéal de modifier la forme de vos paupières reste la chirurgie plastique, qui vous coûtera jusqu'à 3500$US – mais pourrait bien les valoir. Il apparaît, statistiques à l'appui, que ceux qui l'ont subie réussissent mieux sur le marché du travail japonais, pourtant réputé compétitif.

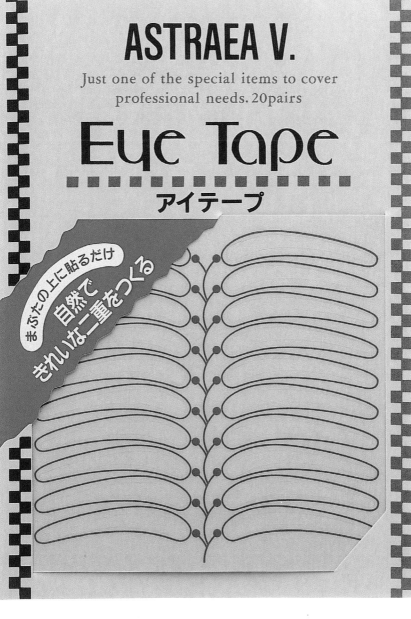

New person There is a chemical in your head called serotonin. Scientists have found that it is connected with feelings of confidence and self-esteem: The higher your serotonin level, the better you feel about yourself. Now you can take a drug called Prozac to raise your serotonin level. Approved in the US in 1987 to treat severe depression, Prozac is already one of the top-selling drugs ever. This is partly because doctors prescribe it not only for depression, but for all kinds of supposed psychological shortcomings, from shyness to over-seriousness. More than 11 million people are taking Prozac at the moment (including one in 40 people in the USA), and millions of others have used it to overcome short-term crises. In 1993 worldwide Prozac sales reached US$1.2 billion. The US media reports that the latest wave of Prozac users are ambitious professionals who want to improve their confidence and competitiveness in the workplace. If you're not on Prozac already, you may soon have to take it to compete with them. One capsule costs about $2.

Renaissance Les scientifiques ont découvert un lien entre les sentiments de confiance en soi et d'estime de soi et une substance présente dans notre cerveau, la sérotonine. Plus notre niveau de sérotonine est élevé, plus nous nous sentons bien dans notre peau. Or, il est désormais possible de parvenir à ce résultat grâce au Prozac, un antidépresseur qui stimule la sécrétion de cette substance. Agréée aux Etats-Unis en 1987 pour le traitement des dépressions profondes, cette « pilule du bonheur » est déjà l'un des médicaments les plus vendus de tous les temps. Il faut dire que les médecins ne la prescrivent pas seulement pour les dépressions, mais aussi pour traiter des problèmes psychologiques de tous ordres, de la timidité à l'excès de sérieux. On compte à l'heure actuelle plus de 11 millions de personnes dans le monde vivant sous Prozac (dont 1 sur 40 aux Etats-Unis), et des millions d'autres y ont déjà recouru pour venir à bout de crises temporaires. En 1993, le chiffre de vente mondial de Prozac atteignait 1,2 milliards de dollars US. D'après les médias américains, la nouvelle vague de consommateurs de Prozac est constituée de carriéristes – cadres supérieurs et membres des professions libérales – qui souhaitent améliorer leur confiance en eux et leur compétitivité dans le domaine professionnel. Si vous n'êtes pas déjà sous Prozac, vous pourriez bientôt en avoir besoin pour vous mesurer à eux. Une gélule coûte environ 2$.

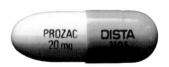

Fringe benefits In 1998, Mayor Elcio Berti of Bocaiúva Do Sul, Brazil, handed out free Viagra to raise the town's population. Every second, somewhere in the world, three men swallow Viagra to raise their penises.

Avantages en nature En 1998, Elcio Berti, maire de Bocaiúva Do Sul, au Brésil, a procédé à une distribution gratuite de Viagra pour accroître le nombre de ses administrés. A chaque seconde, quelque part dans le monde, trois hommes avalent du Viagra pour s'assurer une érection.

The chest belt, or breast flattener, originated in the Hellenic period of ancient Greece. It was incorporated into the world of Catholic lingerie in the Middle Ages. Until the late 1930s, nuns wrapped themselves up in the wide linen band daily. This one is trimmed with an embroidered cross.

Curves have the look, feel and bounce of real breasts. Inserted in your bra or swimsuit, these waterproof, silicone gel pads (below) will enhance your bust by up to 2 1/2 cups—without any messy surgery or adhesives . According to the manufacturer, Curves' 150,000 customers include "some of the most confident women in the world." But in case you're not the typical, self-assured Curves customer, the pads are "shipped in a plain, discreet box."

La ceinture de poitrine, qui aplatit les seins, apparut dans la Grèce antique à la période hellénistique, et trouva sa place dès le Moyen Age dans le monde hermétique de la lingerie catholique. Jusqu'à la fin des années 30, les nonnes s'enveloppaient chaque jour dans cette large bande de tissu. Ce modèle-ci s'orne coquettement d'une croix brodée.

Les Curves sont des rondeurs embellissantes présentant l'apparence, la consistance et le rebondi d'une vraie poitrine. Calés dans votre soutien-gorge ou votre maillot de bain, ces coussinets étanches en gel de silicone ajouteront à votre galbe jusqu'à deux tailles et demie. Et cela, sans adhésif ni fastidieuse intervention chirurgicale. Selon le fabricant, les Curves ont déjà convaincu 150 000 clientes, dont « quelques-unes des femmes les plus sûres d'elles au monde ». Admettons que vous ne soyez pas la typique acheteuse de Curves, libérée, assurée et épanouie : n'ayez crainte, ces coussinets vous seront « livrés dans des emballages neutres et discrets ».

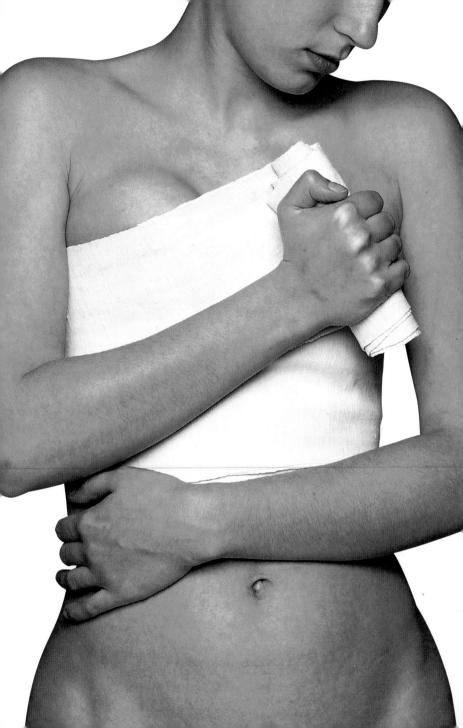

Prosthetics Each year 25,000 people step on land mines. Ten thousand of them die. The lucky ones restart their lives as amputees. One of the first problems they face is getting a new leg—not an easy task in a war-torn, mine-ridden country. Handicap International, a relief organization, teaches local workshops how to make cheap and effective legs from available resources. The "Sarajevo Leg," constructed of stainless steel and polyurethane, is found only in countries with the machinery to assemble it. Victims in less developed countries—Vietnam, for example—might be fitted with a rubber foot, attached to a polypropylene leg. And when there's nothing at all, people recycle the garbage left behind by war: One child's prosthetic from Cambodia was fashioned from a 75mm rocket shell and a flip-flop sandal.

Prothèses Chaque année, 25 000 personnes marchent sur des mines, et 10 000 en meurent. Les plus chanceuses recommencent leur vie avec une jambe en moins. L'un des premiers problèmes que rencontrent ces amputés est de remplacer le membre manquant – ce qui n'est pas chose aisée dans un pays ravagé par la guerre et truffé de mines. L'organisation humanitaire Handicap International enseigne lors des ateliers qu'elle anime sur le terrain comment confectionner des jambes fonctionnelles et bon marché à partir des ressources locales. On ne trouve cette « jambe de Sarajevo » en acier inoxydable et polyuréthane que dans les pays disposant de la machinerie nécessaire au montage. Dans les Etats moins développés, tels le Viêt Nam, les victimes des mines devront se contenter d'un pied de caoutchouc fixé à une jambe en polypropylène. Là où l'on ne trouve plus rien, les gens recyclent les débris laissés par la guerre : au Cambodge, on a pu voir une jambe artificielle pour enfant fabriquée à partir de la coque d'une roquette de 75 mm... et d'une tong.

Feet High heels are bad for your health. Heels more than 5.7cm high distribute your weight unevenly, putting stress on the spine and causing back pain. In addition, they put excessive pressure on the bones near the big toe, leading to stress fractures and hammer toes—inward curving joints resembling claws. Prolonged wear can even bring on arthritis. According to shiatsu (a Japanese massage therapy), energy lines running through the body end in "pressure points" in the feet. Massaging the pressure points, practitioners believe, relieves aches and pains elsewhere in the body. So after a long day's work, slip on these shiatsu socks. The colored patches mark pressure points: You massage the big blue one, for example, to soothe a troubled liver. And the green one near the heel? That's for sexual organs and insomnia—all in one.

Pieds Les talons hauts nuisent à la santé. S'ils dépassent 5,7 cm, ils distribuent inégalement le poids du corps, créant des tensions dans la colonne vertébrale et provoquant des douleurs dorsales. En outre, une pression excessive s'exerce sur les os proches du gros orteil, pouvant entraîner des fractures spontanées dites « de fatigue » et des déformations – l'articulation s'incurve vers l'intérieur, comme une griffe, formant ce qu'on appelle un « orteil en marteau ». Et en cas de port prolongé, gare à l'arthrite ! Selon les principes du *shiatsu*, une technique japonaise de massage thérapeutique, les lignes d'énergie qui parcourent le corps se terminent dans les pieds, en des points précis appelés « points de pression ». Il suffit de masser ces terminaux – assurent les initiés – pour soulager maux et douleurs partout dans le corps. Aussi, après une longue journée de travail, pensez à enfiler vos chaussettes de shiatsu. Les repères colorés indiquent les différents points de pression. Pour requinquer un foie fatigué, par exemple, massez au niveau de la grande tache bleue. La verte, près du talon ? Souveraine pour les organes génitaux et contre l'insomnie – deux bienfaits en un.

Gel According to sources in the Japanese porn industry, Pepee gel is used by actors to make their genitals glisten on camera.

Padding You can't please everyone all of the time. While some people would give anything to have a flat backside, in Japan some women buy padding to wear under their panties. Pad manufacturer Wacoal estimates that 60 percent of Japan's female population admire the "fuller" Western figure and want to imitate it without the pain and expense of plastic surgery. They wear pads to enlarge the breasts and to round the bottom.

Gel Selon nos informateurs dans l'industrie pornographique nippone, le gel Pepee est utilisé par les acteurs pour faire briller leurs parties génitales devant les caméras.

Rembourrage On ne peut plaire à tous à tout moment. Si d'aucunes donneraient n'importe quoi pour avoir un derrière plus plat, au Japon certaines femmes achètent des rembourrages pour les porter sous leurs culottes. Selon les estimations de la société Wacoal, qui fabrique de tels articles, 60 % des Japonaises admirent les formes « pleines » de la silhouette occidentale et ne rêvent que de se les approprier – sans les souffrances ni les dépenses afférentes à la chirurgie esthétique. Aussi se rembourrent-elles pour augmenter leur tour de poitrine ou arrondir leur postérieur.

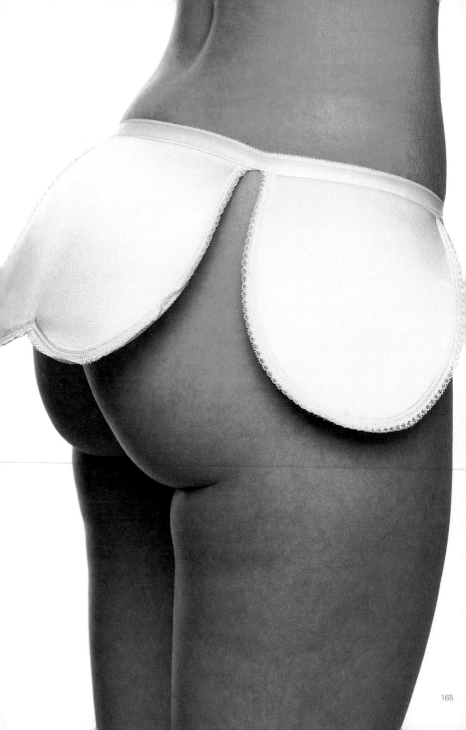

165

Bulletproof underwear These bulletproof shorts are manufactured by the same company that supplied former Russian president Boris Yeltsin with protective vests. Founded in 1942 to develop tank armor, Moscow's Steel Research Institute now caters to Russia's bullet-shy businessmen. About the weight of the Madrid yellow pages (both volumes)—these sturdy nylon shorts conceal seven steel plates, strategically placed to protect the lower stomach, hips and crotch. They can deflect a bullet shot from a Markarov pistol or Uzi at 5m. But are they comfortable? We couldn't get an interview with any Russian customers, so we had to ask a little closer to home. "Well, I wouldn't sleep in them," said our model. "But they're fairly easy on your private parts."

Caleçons pare-balles Ce short pare-balles est fabriqué par l'entreprise qui fournissait l'ancien président russe Boris Eltsine en gilets de protection. Fondé à Moscou en 1942 pour améliorer le blindage des tanks, l'Institut de recherche sur les aciers subvient aujourd'hui aux besoins des hommes d'affaires russes qui tiennent à leur peau. D'un poids à peu près équivalent à celui des pages jaunes madrilènes (volumes 1 et 2), ce solide short en Nylon dissimule sept plaques d'acier placées stratégiquement pour protéger le bas ventre, les hanches et l'entrejambes. Celles-ci peuvent dévier une balle tirée à 5 m par un pistolet Markarov ou Uzi. Mais sont-ce là des dessous vraiment confortables ? N'ayant pu obtenir d'interview auprès des clients russes, nous avons dû nous renseigner plus près de chez nous : « Eh bien, je ne dormirais pas avec, avoue notre mannequin, mais c'est correct, ça ne vous les broie pas trop. »

Safe date Some women are buying fake men to protect themselves from real ones. This is Safe-T-Man. He is 185cm tall and weighs 5kg. His face and hands are latex and his facial features have been painted on. "When traveling," his brochure says, "simply place Safe-T-Man in the passenger seat of your car. When alone in your home, set a place for Safe-T-Man at the dinner table. Watch TV with him, or place him by a desk." You can choose light or dark skin for your Safe-T-Man and blond, dark or gray hair. Button-on legs are optional.

Flirt haute sécurité Il est des femmes qui se paient de faux hommes pour se protéger des vrais. Car voici le compagnon de sécurité Safe-T-Man. Taille : 1,80 m (pour un poids de 5 kg), mains et visage latex, traits peints. « Quand vous vous déplacez, indique la brochure, installez simplement Safe-T-Man dans votre voiture, à la place du passager. Lorsque vous êtes seule à la maison, mettez un couvert pour Safe-T-Man à votre table. Ayez-le près de vous si vous regardez la télévision, ou installez-le derrière un bureau. » Vaste choix de coloris : vous pourrez opter pour un Safe-T-Man blond, brun ou grisonnant, à peau claire ou foncée. En option : des jambes amovibles, que vous boutonnerez au buste.

Blood type condoms Millions of people worldwide consult astrological horoscopes to understand their true personality. In Japan, however, another theory of human nature—based on the four human blood types—has taken hold. People with Type A blood are said to be orderly, soft-spoken and calm, albeit a little selfish; Type B people are independent, passionate and impatient; Type AB, rational, honest but unforgiving; and Type 0, idealistic and sexy but unreliable. Now an array of products tailored to the blood type of consumers has hit the Japanese market. Osaka-based Jex Company manufactures blood type condoms. "For the always anxious, serious and timid A boy," the appropriate condom is of standard shape and size, pink and .03mm thick. For "the cheerful, joyful and passionate 0 boy," the condom is textured in a diamond pattern. Each packet comes with instructions and mating advice for each blood type. (The ideal couple, in case you were wondering, is an 0 man and an A woman. According to the packet, they would earn 98 out of 100 "compatibility points.") Two million blood type condoms are sold every year in Japan.

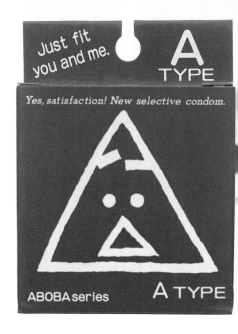

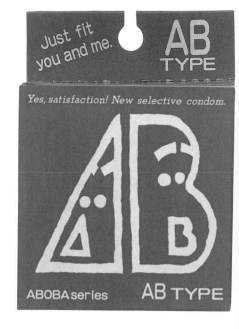

A chaque groupe sanguin son préservatif Aux quatre coins du monde, des millions de gens consultent leur horoscope dans l'espoir de connaître leur véritable personnalité. Au Japon, une nouvelle théorie de la nature humaine s'est pourtant imposée, fondée cette fois sur les quatre groupes sanguins. Ainsi, les personnes du groupe A sont censées être calmes, ordonnées, quoiqu'un peu égoïstes, et s'exprimer d'une voix douce ; celles du groupe B sont indépendantes, passionnées et peu patientes ; celles du groupe AB, rationnelles, honnêtes, mais intransigeantes ; celles du groupe O, idéalistes et sexy, mais peu fiables. Aujourd'hui, tout un éventail de produits ciblés sur ces catégories envahit le marché nippon. A Osaka, la Jex Company fabrique par exemple des préservatifs compatibles avec les groupes sanguins. Aux « garçons du groupe A, toujours anxieux, sérieux et timides », il faut selon elle une forme et une taille standard, une couleur rose et une épaisseur de 0,3 mm ; au « jeune homme gai, enjoué, passionné du groupe O », elle réserve un modèle doté de reliefs en losanges. On trouvera en outre dans chaque paquet un mode d'emploi et des conseils pour réussir ses nuits d'amour selon les groupes sanguins (si cela vous intéresse, sachez que le couple idéal est formé d'un homme du groupe O et d'une femme du groupe A – selon la notice, il atteindraient un score de 98 sur 100 en matière de compatibilité). Deux millions de ces préservatifs sont vendus chaque année au Japon.

A four-color "fragmented-disruptive pattern" on their uniforms will make Canadian troops 40 percent less detectable than when they wore regular green. The fatigues, researched since 1988, will be issued in the fall of 2000. Civilians can also benefit from camouflage by using Cameo garbage bags. Birds and cats think the mimetic bags are part of the shrubbery.

Un imprimé quatre couleurs à motifs « fragmentaires » : voilà qui rendra le nouvel uniforme des troupes canadiennes 40 % moins détectable que leur actuel treillis kaki. A l'étude depuis 1988, il ne sortira des usines qu'à l'automne 2000. Cela dit, le principe du camouflage peut aussi trouver des applications dans le civil. Prenez par exemple les sacs poubelles Cameo : ils se fondent parfaitement dans les taillis, si bien qu'ils passent inaperçus des oiseaux et des chats.

Bald eagles are an emblem of the USA—the bird appears on the national seal. Until recently it was an endangered species, but it's now multiplying thanks to captive breeding programs: Eaglets are hatched and raised by humans. So they don't become tame— they wouldn't be able to survive in the wild when they're released—their human parents wear these camouflage "ghost costumes" during twice-weekly health-monitoring sessions. The eaglets think they're being weighed by a bush.

L'aigle impérial est la mascotte des Etats-Unis – il apparaît du reste sur le sceau national. Classé récemment encore parmi les espèces menacées, il se répand de nouveau aujourd'hui grâce aux programmes de repeuplement, consistant à assurer l'éclosion des œufs et l'élevage d'aiglons en captivité. Pour éviter que ces derniers ne s'apprivoisent – ce qui rendrait leur survie impossible une fois revenus à l'état sauvage – leurs parents humains portent ces « costumes de fantômes » en tissu camouflage durant les contrôles de santé, qui ont lieu deux fois par semaine. Les aiglons sont fermement convaincus que c'est un buisson qui les fait passer sur la balance.

Your brain floats in a salt and potassium fluid, tethered to the skull by delicate blood vessels. A well-placed punch to the head can slam the brain so hard against the skull that vessels tear and the brain hemorrhages. This boxing headguard is stuffed with dense foam to minimize the shock of a blow, but as the brochure says, "The user must assume full responsibility for any injury sustained through the use of these products."

Votre cerveau flotte, figurez-vous, dans un fluide très concentré en sel et en potassium. Il n'est guère rattaché au crâne que par de fragiles vaisseaux sanguins. Un coup de poing sur la tête bien placé peut donc le projeter violemment contre la boîte crânienne, provoquant une rupture de vaisseaux et une hémorragie cérébrale. Cette protection pour boxeur, rembourrée de mousse dense, amortit certes les chocs mais, comme le stipule la brochure : « L'utilisateur devra assumer la totale responsabilité de toute blessure contractée lors de l'utilisation de ces produits. »

In tae kwon do, a Korean martial art, a kick or punch to your opponent's head scores points. All combatants are required to wear foam helmets. This one has ventilation holes and extra padding around the ears.

Au tae kwon do, art martial coréen, un coup de pied ou de poing porté à la tête de l'adversaire permet de marquer des points. Tous les combattants sont tenus de porter des casques en mousse. Celui-ci est muni de trous de ventilation et d'un rembourrage de renfort autour des oreilles.

Buzkashi When the Russian military retreated from Afghanistan in 1989, they left behind these helmets, originally worn by fighter pilots, now used for a local contest called buzkashi In rural Afghanistan, Tajikistan and Kyrgyzstan, a man's reputation is measured by his ability to stage a lavish buzkashi meet. Teams, which can consist of hundreds of people, try to gain possession of a calf's carcass. The tournament lasts three or four days, on a field that stretches for kilometers. Two adjacent circles are drawn in chalk at one end. A player scores a goal by dropping the carcass into his team's circle. There are no other rules. Buzkashi means "goat grabbing." (That was an accurate description of the game until someone discovered calves don't pull apart as easily as goats).

Buzkashi Lors de la retraite d'Afghanistan en 1989, les troupes russes laissèrent derrière elles ces casques, portés à l'origine par les pilotes de chasse – et utilisés désormais lors des joutes locales de buzkashi. Dans les campagnes d'Afghanistan, du Tadjikistan et du Kirghizstan, la notabilité d'un homme se mesure à son aptitude à organiser une rencontre de buzkashi mémorable. Les équipes, parfois composées de plusieurs centaines d'hommes, se disputent la possession d'une carcasse de veau, le tournoi se prolongeant trois à quatre jours, sur des kilomètres de terrain. Deux cercles adjacents sont tracés à la craie à une extrémité de l'aire de jeu. Un joueur marque un but lorsqu'il parvient à déposer la carcasse à l'intérieur du cercle de son équipe – il n'existe aucune autre règle. Signalons que buzkashi signifie « s'emparer de la chèvre » (ce qui fut jadis une description exacte du jeu, jusqu'au jour où quelqu'un découvrit que les carcasses de veau sont plus résistantes que celles de chèvre).

Pesäpallo is the Finnish version of baseball. Because the ball is batted along the ground, players in the field wear a helmet of foam panels that protects the brow and sides of the head, but leaves the top uncovered.

Le *pesäpallo* est la version finnoise du base-ball. Comme la balle est frappée au ras du terrain, les joueurs portent un casque à pans de mousse protégeant le front et les côtés de la tête, mais laissant le haut du crâne à découvert.

Water polo caps, made from waterproof nylon, are brightly colored so that teammates treading neck-deep in splashing water can identify one another. The plastic ear guards prevent opponents from grabbing one another's ears.

Les bonnets de water polo sont réalisés dans un nylon imperméable de couleur vive, afin que les coéquipiers évoluant au milieu des éclaboussures, avec de l'eau jusqu'au cou, parviennent à se repérer facilement. Les protections latérales en plastique sont prévues pour empêcher l'adversaire d'avoir un point de prise en agrippant le joueur par les oreilles.

Penis gourd

Along the Sepik River in Papua New Guinea, the penis gourd is an indispensable accessory for men. "With the heat, humidity and lack of laundry facilities," says Kees Van Denmeiracker, a curator at Rotterdam's Museum of Ethnology, "it's better to use a penis gourd than shorts. It's great for hygiene, and besides, textiles are so expensive." Made from forest-harvested calabash fruit, gourds are sometimes topped off with a small receptacle that's ideal for carrying around tobacco, money and other personal effects. Members of the Yali clan sport gourds up to 150cm long, though more modest gourds (like the 30cm model featured here) are the norm. Most men make their gourds for personal use, but thanks to an increasing demand from tourists, penis gourds can occasionally be purchased at local markets for use abroad.

A solid punch

from a trained boxer can deliver the force of a 6kg padded mallet striking you at 30km per hour. But blows below the waist often receive only warnings from referees, so boxers have to watch out for themselves. The Everlast groin protector consists of a hard plastic cup embedded in a thick belt of dense foam.

Cache-sexe

Sur les rives de la Sepik, en Papouasie-Nouvelle-Guinée, la calebasse cache-sexe est un accessoire indispensable aux hommes. « Avec la chaleur, l'humidité et la difficulté à laver ses vêtements, mieux vaut porter une calebasse cache-sexe que des shorts, explique Kees Van Denmeiracker, conservateur au musée d'Ethnologie de Rotterdam. C'est idéal pour l'hygiène et, du reste, les tissus sont hors de prix. » Confectionnés à partir des calebasses de fruits récoltées dans la forêt, les cache-sexe sont parfois surmontés d'un petit réceptacle, idéal pour transporter son tabac, son argent et autres effets personnels. Les membres du clan Yali arborent des calebasses parfois longues de 1,50m, bien que le modèle courant soit de dimension plus modeste (celle présentée ici mesure 30cm). La plupart des hommes fabriquent des cache-sexe pour leur usage personnel, mais en raison de l'intérêt grandissant des touristes, on trouve parfois sur les marchés locaux des calebasses péniennes destinées à l'export.

Un bon coup de poing

assené par un boxeur bien entraîné peut avoir le même impact qu'un maillet rembourré de 6kg frappant à la vitesse de 30km/h. Or, les coups en dessous de la ceinture ne sont guère sanctionnés que par un avertissement de l'arbitre. Les boxeurs ont donc tout intérêt à prendre leurs précautions et à porter Everlast, une coquille en plastique dur intégrée à une épaisse ceinture de mousse compacte.

Bracelet In 1985, 1.3 million Nuba lived in the fertile Nuba Hills of central Sudan. Then the Sudanese goverment decided to remove them to secure the hills against southern rebels and use the land for industrial farming. An estimated 100,000 Nuba have been killed or "disappeared." Another 750,000 have been sent to concentration camps (the government calls them "peace camps"). Men are put to work as government militiamen or as slaves on confiscated Nuba farmland. Women have been raped and forced to work as unpaid servants in Muslim households in the north. Children have been sold into slavery, purportedly for as little as US$12. In 1995, only 200,000 Nuba were left in the hills. Athletic events at Nuba festivals —wrestling matches and bouts with sticks and sharp bracelets—are an important part of the celebrations. They are also illegal, thanks to a Sudanese law prohibiting gatherings of more than four people.

Kiss of Death lipstick Twist the base and a blade appears instead of lipstick. "Female agents working to break prostitution rings use this for protection when their undercover outfits don't allow for conventional weapons."

Bracelet En 1985, 1,3 million de Nubiens vivaient dans les collines fertiles de Nubie, au centre du Soudan. Puis le gouvernement soudanais s'avisa de les déplacer, afin d'empêcher les rebelles du Sud d'occuper le territoire, dont il comptait bien vouer les terres à l'agriculture industrielle. On estime qu'à ce jour, 100000 Nubiens ont été tués ou sont «portés disparus»; 750000 autres ont été parqués dans des camps de concentration (que les autorités qualifient de «camps de paix»). Les hommes sont enrôlés de force dans les milices gouvernementales ou réduits en esclavage sur les terres confisquées de Nubie. Les femmes ont subi le viol et la servitude, devenues domestiques – sans rémunération aucune – dans les maisons musulmanes du Nord. Quant aux enfants, ils ont été vendus comme esclaves, parfois mis à prix à 12$US à peine, raconte-t-on. En 1995, il ne restait plus que 200000 Nubiens dans les collines. Chez ce peuple, chaque fête digne de ce nom s'accompagne de compétitions sportives. Il s'agit de joutes athlétiques – lutte au corps à corps et combats entre adversaires armés de bâtons ou de bracelets tranchants – qui constituent l'un des moments forts des célébrations. Désormais, cela aussi est devenu illégal, de par une loi soudanaise interdisant les rassemblements de plus de quatre personnes.

Le baiser de la mort Ce rouge à lèvres est fatal. Faites tourner la base, et une lame apparaît en lieu et place du bâton de rouge. «Les agents féminins qui travaillent à démanteler les réseaux de prostitution les utilisent pour se protéger quand leur tenue civile de couverture ne leur permet pas de porter des armes conventionnelles.»

The Wildlife Camo Compact
should be in every soldier's purse.
Available in two-tone (brown and olive)
or four-tone (brown, olive, black and
tan), this camouflage makeup comes
in a compact with a durable mirror.

La poudre de camouflage «pleine
nature» devrait figurer en bonne place
dans le barda de tout soldat. Disponible en
boîtier duo (brun et vert olive) ou quatre
tons (brun, vert olive, noir et ocre), ce cosmétique de survie se présente dans un véritable poudrier, muni d'un miroir résistant.

Sweet Lover is a battery-powered portable vibrator disguised as a flaming pink lipstick. Fits into your handbag for easy access.

Sweet Lover est un vibromasseur portatif à piles, déguisé en bâton à lèvres rose vif. Toujours disponible, car il loge dans votre sac à main.

Women in some Islamic countries, like Afghanistan, must wear a *burqa*, a hood that covers their heads—with a net at mouth level so they can breathe. Though burqas aren't required in Iran (chadors, or scarfs that cover the hair, are sufficient), don't plan to wear a bikini on the Iranian shores of the Caspian Sea. Under the country's Islamic law, women are required to cover themselves from head to toe in public. Beach authorities allow women to swim in one-piece bathing suits (covered by baggy T-shirts)—but solely in female-only waters: Swimming areas are segregated by high canvas screens stretching into the sea. "When the men go to the beach, the women can sit at some distance and watch," says Fariborz Fathi, of Kish Island, Iran. "It's not bad for women to watch men swimming, but it's bad for men to watch women swimming. The world is a woman's world. They can do whatever they want. But men cannot."

Minigun Light (125g) and easy to use, the NAA .22 is the most popular minirevolver in the world. "A favorite with the ladies… versatile for many applications."

Les femmes d'Afghanistan et de certains autres pays musulmans doivent porter la *burqa*, un voile qui recouvre entièrement leur tête et leur visage. Seul un rectangle ajouré situé au niveau de la bouche leur permet de respirer. Bien que cet étouffoir ne soit pas requis en Iran (on n'y exige que le tchador, long voile dissimulant les cheveux), ne comptez pas vous exhiber en Bikini sur les plages iraniennes de la mer Caspienne. Selon la loi islamique en vigueur dans le pays, les femmes sont tenues de paraître en public couvertes de la tête aux pieds. L'administration des plages autorise ces dames à se baigner en maillot une pièce (recouvert d'un T-shirt ample), mais uniquement sur des sections de plage non mixtes. D'épais écrans de toile se prolongeant loin dans l'eau isolent ces aires de baignade « femmes » du reste de la plage. « Quand les hommes vont se baigner, les femmes peuvent s'asseoir à distance et les regarder, indique Fariborz Fathi, un Iranien de l'île de Kish. On ne trouve rien à redire quand une femme mate les hommes en train de nager, mais quand c'est l'inverse, ça ne va plus. Ce monde est fait pour les femmes. Elles peuvent faire tout ce qu'elles veulent. Tandis que nous... »

Mini-arme Léger (il ne pèse que 125g) et facile à utiliser, le NAA .22 est le mini revolver le plus populaire du monde. « Le favori des dames... Grande polyvalence permettant de multiples utilisations. »

Keep dry In rural areas of the Philippines, people weave palm leaves together in a conical shape to make a *salakot* , a hat that protects them from rain. In Manila, enterprising locals build bridges made of wooden planks or concrete blocks over flooded streets and charge pedestrians a toll to cross. Colombians in Bogotá do the same with soft-drink crates. Others use muscle: In Zambia, boys known as *kaponyas* carry women across puddles for 500 kwacha (US$0.22) a ride.

Bien au sec Dans les campagnes, aux Philippines, on tisse des palmes pour former un couvre-chef conique appelé *salakot,* qui protège de la pluie. A Manille, des résidents entreprenants alignent planches et parpaings pour former des gués de fortune en travers des rues inondées et monnayer ensuite le passage aux piétons. Les Colombiens de Bogotá font de même, mais avec des caisses de sodas. D'autres préfèrent jouer du muscle. En Zambie, de jeunes garçons baptisés *kaponyas* portent ces dames dans leurs bras pour franchir les flaques d'eau – au prix de 500 kwachas (0,22 $ US) l'aller simple.

Water Lesotho is a mountainous country surrounded by South Africa. The Sotho people (formerly known as the Basuto), who live in the southern part of the country, wear conical rain hats made out of straw. They'll soon have to share their rainwater with their neighbors: In 1991 work started on dams that are part of a hydroelectric project designed to supply South Africa's dry Gauteng province with power and water.

Leaf If you live in the tropics, grab a giant leaf to use as an umbrella. Nature designed rain forest leaves to deflect water (even though water makes up 90 percent of leaf weight). Or wait until the leaves are dry and weave them into a hat like this one, made in India of coconut leaves.

Eau Le Lesotho est un Etat montagneux enclavé dans l'Afrique du Sud. Chez les Sotho, un peuple implanté dans la partie méridionale du pays (et autrefois connu sous le nom de Basuto), on s'abrite de la pluie sous des chapeaux coniques en paille. Ils devront néanmoins à brève échéance se résoudre à partager leur eau de pluie avec leurs voisins. En 1991 se sont ouverts des chantiers de barrages s'intégrant à un vaste projet hydroélectrique : l'idée est d'alimenter en énergie et en eau le Gauteng, une province aride d'Afrique du Sud.

Feuille Pas de chichis si vous vivez sous les tropiques : saisissez-vous d'une feuille géante, elle vous tiendra lieu de parapluie. Dame nature a conçu les feuillages des forêts humides précisément pour dévier les ruissellements (alors même que l'eau représente 90 % du poids d'une feuille). Autre solution : attendez que les feuilles sèchent, tissez-les et confectionnez un chapeau comme celui-ci, fabriqué en Inde à partir de feuilles de cocotier.

Mask This is the face of the average European. She/he is 51 percent female and 49 percent male, 18 percent Italian, 3 percent Greek and 0.1 percent Luxembourger. Living in a two-person household, she/he consumes 42 liters of wine a year, is 31.5 years old, and probably works in the hotel and catering trade. Based on European demographic statistics, the mask was created by two UK-based artists as a political statement. But if you live in Europe and your face doesn't look like this one, wearing the mask could make your life easier: In the UK, there are 130,000 racially motivated incidents every year. And in France, where five million legal residents are of African or Arabic origin, two out of three people questioned in a 1996 UN survey said they had witnessed racial harassment—and the same number confessed to having racist attitudes themselves.

Masque Voici la physionomie de l'Européen moyen. Femme à 51 % et homme à 49 % ; italien à 18 %, grec à 3 % et luxembourgeois à 0,1 %, il/elle vit dans un foyer de deux personnes, consomme 42 litres de vin par an, est âgé(e) de 31 ans et demi, et travaille sans doute dans l'hôtellerie ou la restauration. C'est à partir de statistiques sur la démographie européenne que deux artistes britanniques ont créé ce masque, expression politique d'une réalité. Si vous êtes résident européen et que votre visage ne ressemble pas à celui-ci, ce masque pourrait bien vous faciliter la vie. En Grande-Bretagne, on recense chaque année 130 000 incidents racistes. En France, où 5 millions de résidents en situation régulière sont d'origine arabe ou africaine, les deux tiers des personnes interrogées lors d'une enquête menée par les Nations unies en 1996 ont avoué avoir été témoins d'outrages de nature raciste – et une proportion égale a admis avoir des comportements xénophobes.

She's beautiful, she's plastic, and she comes with 12 accessories (including brush, comb and curlers). The Valentina Beauty Center also comes in an identical white-skinned version. "She doesn't have black features because we used a single mold," says Roberto Bonazzi of Valentina's Italian manufacturer Grazioli. "We only changed the skin color—it's a matter of costs." Because of lack of demand, production of Valentina stopped in 1994. "There's no call for black dolls in Europe. But even our competitors in the USA don't make black dolls with the correct racial features: Realistic black features aren't very pleasant on a doll's face, they're pretty heavy. We only produce white, normal dolls now."

Elle est belle, elle est en plastique véritable, elle est vendue avec 12 accessoires (peigne, brosse et bigoudis en tête) : voici la poupée « salon de beauté » Valentina. Et elle existe même en blanc ! « Elle n'a pas les traits d'une Noire parce que nous n'utilisons qu'un seul moule pour les deux modèles, précise Roberto Bonazzi, de chez Grazioli, le fabricant italien. Pour une question de coût, nous n'avons changé que la couleur de la peau. » Hélas, la production de Valentina a été interrompue en 1994, le concept ne trouvant guère preneur. « En Europe, il n'y a pas de demande pour les poupées noires. Du reste, même nos concurrents américains ne respectent pas les véritables caractéristiques raciales. Sur une poupée, les traits négroïdes font mauvais effet – ils sont trop lourds. Nous ne produisons plus maintenant que des poupées blanches, normales. »

Don't smoke it, wear it. Tütün Kolonyasi (Tobacco Cologne), a Turkish perfume made with tobacco extract, has a fresh, lemony scent and is often used by tired travelers to refresh themselves on a long journey.

Ne la fumez pas, portez-la. Découvrez Tütün Kolonyasi, une eau de Cologne turque à base d'extraits de tabac, à la senteur vivifinate et citronnée. Les voyageurs fatigués l'utilisent couramment pour se rafraîchir durant un long déplacement.

De-smoke After a night in a smoky bar, try the Japanese Smoke Cut for Hair, a hair spray that promises to leave your hair fresh, clean and silky soft.

Désenfumeur Après une nuit blanche dans un bar enfumé, essayez ce déodorant capillaire anti-fumée, un spray qui nous vient du Japon et vous promet des cheveux propres, soyeux,à l'odeur fraîche.

Design your own chin wig
or false beard at Archive and Alwin
in London, UK. A chin wig takes about
two weeks to make, mainly from yak
belly hair. Or choose from a wide
selection of ready-to-wear styles (the
Salvador Dalí and bright blue goatee
models are very popular).

**Dessinez vous-même votre barbe pos-
tiche** chez Archive and Alwin, à Londres. La
confection de faux poil au menton prend environ deux semaines, la matière première étant
le plus souvent prélevée sur le ventre d'un yak.
Les impatients pourront faire leur choix parmi
de nombreux modèles prêts-à-porter (les petites barbiches bleu vif et le modèle Salvador
Dalí connaissent un grand succès).

Last haircut ever
A few hours before a condemned prisoner in the USA is electrocuted, he receives his final haircut—his head and left leg are shaved so that the electrodes cling snugly to his skin. Despite the preparations, however, there have been seven botched electrocutions in the USA since 1985 (including one in which flames 15 cm high leaped from the prisoner's head).

Coupe ultime Aux Etats-Unis, un condamné à mort passe pour la dernière fois chez le coiffeur quelques heures avant son électrocution : on lui rase en effet la tête et la jambe gauche, afin que les électrodes adhèrent bien à la peau. En dépit de ces préparatifs, on compte sept électrocutions ratées aux Etats-Unis depuis 1985 (dont une au cours de laquelle on a pu voir des flammes de 15 cm s'échapper de la tête d'un prisonnier).

Curlers Wherever you go in Cuba, women are working, shopping or hanging out—with tubes, pipes and toilet paper rolls twisted into their hair. If you had never seen curlers before, you might guess they were some sort of sexy head decoration, or maybe a religious accessory. In fact, they are worn to give the hair more body: "We don't get fashion magazines here," explains Mario Luis, the most sought-after hairstylist in Baracoa, "so women choose hairstyles from the soap operas for which you need curlers." Mario Luis, who favors a more natural look, discourages his clients from relying on curlers. But a much more serious fashion crime, he says, is wearing them in public. "The culture of dressing up has been lost here. It has to do to with the general lack of culture and aesthetics. Most women don't have a daily regimen—they don't go to breakfast at important places or show off their figures at the office. When food arrives at the store, a housewife runs out to buy some, because if not, the food runs out and everyone goes hungry. If you have your curlers on, you leave them on."

Bigoudis Où que vous alliez à Cuba, le spectacle est le même : qu'elles soient au travail, en train de faire leurs courses ou de prendre l'air, les femmes se promènent le crâne chargé de divers tubes, bouts de tuyau ou cartons de papier toilette enroulés dans leurs cheveux. Qui n'aurait jamais vu de bigoudis croirait volontiers à une sorte de coiffure sexy, voire une parure religieuse. Erreur : ils servent à donner du volume aux chevelures. « Nous ne recevons pas de magazines de mode ici, explique Mario Luis, le coiffeur le plus couru de Baracoa. Les femmes choisissent leur style de coiffure en s'inspirant des feuilletons télé, et c'est un genre pour lequel il faut des bigoudis. » Lui-même préfère les looks plus naturels et dissuade plutôt ses clientes de recourir à cette armurerie. Mais la faute de style par excellence, selon lui, est de les porter en public. « Les gens d'ici n'ont plus la moindre notion d'élégance, ils ne savent plus ce que c'est de se faire beau. C'est le résultat d'un manque général de culture et de goût. La plupart des femmes n'ont pas de vie sociale bien réglée qui les pousserait à s'habiller, elles ne sortent pas en ville prendre des petits déjeuners mondains, elles ne vont pas au bureau pour se montrer et faire les belles. Quand il y a un arrivage de provisions dans les magasins, la ménagère se précipite dehors pour en acheter, sinon tout est dévalisé et toute la famille a faim. Si à ce moment-là, on a des bigoudis sur la tête, on les garde. »

Tired of bad hair days?
Try consulting the patron saint of hairdressers and barbers—St. Martin de Porres. His Miracle Shampoo, from St. Toussaints, is guaranteed to leave your hair silky and manageable. Or so the packaging claims. If not, he might be busy protecting someone else: he's also responsible for public health workers, people of mixed race, public education and Peruvian television.

Las des cheveux tristes des mauvais jours ?
Consultez donc le saint patron des coiffeurs et barbiers, saint Martin de Porres. Son Shampooing miracle, de chez St. Toussaints, vous laissera le cheveu soyeux et facile à coiffer. Du moins à en croire l'emballage. Sinon, patience : le pauvre saint est peut-être occupé à protéger quelqu'un d'autre – n'est-il pas également responsable des personnels de santé, des métisses, de l'éducation nationale et de la télévision péruvienne ?

Unemployed youth in Zambia collect multicolored plastic bags to make flowerlike arrangements and funeral wreaths. In Lusaka, plastic flowers are sold in the mornings along Nationalist Road and near the University Teaching Hospital mortuary.

Les jeunes chômeurs zambiens récupèrent des sacs plastique multicolores pour en faire des compositions florales et des couronnes funéraires. A Lusaka, ces fleurs synthétiques se vendent le matin le long de Nationalist Road et à proximité de la morgue, située dans l'enceinte du Centre hospitalier universitaire.

Penis ring This furry sexual aid, known as the Arabian Goat's Eye, is designed to heighten sensations in women and hold back ejaculation in men. Worn just behind the head of the fully erect penis during intercourse, the Goat's Eye is shrouded in mystery and legend. The ring is fashioned from a slice of deer's leg, not from a goat. Slipped onto the penis before arousal, its hold tightens as the shaft engorges.

Anneau pénien Cet accessoire sexuel en poil, connu sous le nom d'« œil de chèvre arabe », est conçu pour accroître le plaisir féminin et retarder l'éjaculation chez l'homme. On le porte pendant les rapports, à la base du gland, quand l'érection est à son maximum. L'œil de chèvre est enveloppé d'une aura de mystère et de légende. Comme son nom ne l'indique pas, l'anneau est confectionné à partir d'une tranche de patte de cerf, et non de chèvre. Attention : enfilé avant l'érection, il comprime désagréablement le pénis au fur et à mesure que celui-ci se dresse.

Handcrafted from "top-grain" California cowhide, the Shoe/Boot-1 gag conveniently fits any pointed shoe with a heel 7cm or higher. "I made the S/B-1 fully adjustable, so that it's comfortable for everybody," says American designer Pam Galloway of Spartacus, a Los Angeles-based manufacturer of bondage gear. "You can insert the shoe carefully into the mouth and secure it loosely, or you can shove it in and really tighten it on." The S/B-1's primary function is to prevent the wearer from speaking. The vertical forehead strap, however, adds to the possibilities: "You can restrain the head with the strap," Pam explains, "and tie the wearer down to a headboard or bed." Inspired by a similar shoe gag that she came across in a 1970s catalog, Pam set out to design a "more petite" and less clumsy version. Sales are "going pretty good," she says. Spartacus sells about five shoe gags a week.

Fabriquée main dans un cuir de vachette californien du meilleur grain, le bâillon-chaussure Shoe/Boot 1 s'ajuste aisément sur tout escarpin pointu présentant au moins 7 cm de talon. « J'ai veillé à ce que le S/B-1 soit totalement ajustable, pour assurer à tous un maximum de confort, explique l'Américaine Pam Galloway, qui a créé le produit chez Spartacus, un fabricant d'accessoires SM basé à Los Angeles. On peut introduire la chaussure délicatement dans la bouche et la fixer en laissant la bride assez lâche ou bien l'enfoncer brutalement et serrer à fond. » Si la fonction première du S/B-1 est de museler le porteur, la sangle frontale multiplie néanmoins les possibilités : « Elle sert aussi de harnais, suggère Pam, pour attacher le partenaire à la tête de lit ou au lit lui-même. » S'inspirant d'un bâillon-chaussure similaire, déniché dans un catalogue érotique des années 70, Pam avait résolu d'en dessiner une version plus « mignonne » et plus commode. Le produit « marche plutôt bien », confie-t-elle. Spartacus vend environ cinq bâillons par semaine.

South Africa's murder rate
is almost 10 times higher than that of the USA, according to the latest police statistics. (That's 55 murders per 100,000 citizens, versus six per 100,000 in the USA.) So police officers wear bulletproof vests when responding to crime calls. To deter criminals, people can carry a tote bag shaped like an AK-47 automatic rifle. The brainchild of French apparel and accessories maker A-net, it costs FF999 (US$144) and comes in menacing black only.

Le taux de criminalité en Afrique du Sud est presque 10 fois supérieur à celui des Etats-Unis, selon les statistiques les plus récentes des services de police. Cela représente la bagatelle de 55 meurtres pour 100000 habitants, contre 6 pour 100000 aux USA. Aussi les diverses brigades sont-elles équipées de gilets pare-balles lors de leurs interventions. Pour éloigner les criminels, portez un sac fourre-tout en forme de fusil automatique AK-47, dernière trouvaille et exclusivité de A-net, un fabricant français d'habillement et accessoires. Vendu au prix de 999 FF (144 $ US), il n'existe qu'en un seul coloris : un noir adéquatement dissuasif.

Tall Platform shoes are the rage among young Japanese women. Soles can be as tall as 45cm, but wear them with caution: Sore feet and sprained ankles are common. A study found that one in four women wearing them falls—and 50 percent of falls result in serious sprains or fractures. Ayako Izumi, who has been wearing them for a year, says they're not uncomfortable, "but they are a lot heavier than regular shoes. When I'm tired, they're sort of a burden, and I drag my feet." And as for falling, "On an average day, I might stumble five or six times," she says." I don't actually fall down. I like them because they make me feel taller, and they make my legs look longer and slimmer." They won't help you drive better, though. A platform-clad driver crashed her car, causing the death of a passenger (her high-soled shoes kept her from braking in time). So there may soon be a fine for driving in them—drivers can already be fined ¥7,000 (US$65) for wearing traditional wooden clogs.

Grande Les chaussures plates-formes font rage en ce moment chez les jeunes Japonaises, avec des semelles pouvant atteindre 45 cm. A pratiquer avec circonspection : des pieds douloureux aux entorses, le lot des porteuses de cothurnes n'est pas des plus enviables. Selon une étude récente, une sur quatre est déjà tombée de son perchoir, et 50 % de ces chutes entraînent des entorses sérieuses, voire des fractures. Ayako Izumi, qui les porte depuis un an, les trouve plutôt confortables, « mais elles sont beaucoup plus lourdes que d'autres chaussures. Quand je suis fatiguée, ça devient comme un fardeau, je traîne les pieds. » A propos des chutes, elle ajoute : « En moyenne, je dois bien trébucher cinq ou six fois par jour, mais je ne tombe pas. J'aime bien les plates-formes parce qu'elles me grandissent ; et puis, elles font paraître mes jambes plus longues et plus fines. » En revanche, elles ne vous rendront pas meilleure conductrice. Une porteuse de cothurnes a récemment détruit sa voiture et causé la mort de son passager, ses plates-formes l'ayant empêchée de freiner à temps. On envisage donc de pénaliser leur port au volant. Au reste, les conducteurs sont déjà passibles d'une amende de 7 000 ¥ (65 $ US) s'ils sont surpris en sabots de bois traditionnels.

Autonomy Less than 0.5 percent of the land south of the Yukon is given over to the Canadian indigenous people (who make up 2.7 percent of the population). Eleven times more aboriginals are incarcerated in provincial jails than other Canadians. These mittens were made with handspun wool by members of the Cowichan tribe in western Canada.

Autonomie Moins de 0,5 % des terres situées au sud du Yukon ont été rétrocédées aux peuples natifs du Canada (qui représentent pourtant 2,7 % de la population nationale) Les établissements pénitentiaires provinciaux comptent 11 fois plus de détenus amérindiens que d'autres Canadiens. Ces mitaines sont en laine filée à la main par des membres de la tribu Cowicha, du Canada occidental

The Lovers' Mitten lets you hold hands even when temperatures are below freezing. A set consists of three matching mittens—two single mittens (for the "outside" hands of both partners) and one shared mitten (with two openings) for the "holding hands." Sets are handmade with Peer Gynt Norwegian wool.

Les mitaines d'amoureux vous permettront de cheminer main dans la main en bravant tous les frimas. L'ensemble est composé de trois éléments assortis – deux mitaines simples (pour les mains restées libres des deux tourtereaux), et une mitaine commune à double orifice (pour les deux mains jointes). Le tout tricoté main, en laine norvégienne Peer Gynt.

Instant beauty Some people pay hundreds of dollars to have minor skin blemishes removed. It costs a lot less to put them on, with the Beauty Mark! cosmetic kit from Temptu Marketing. Dip a plastic applicator into the bottle of Beauty Mark! formula, dot your face (or wherever), and allow two minutes to dry. These waterproof beauty marks don't smudge or run, but fade naturally: Feel like Marilyn Monroe, Madonna or Cindy Crawford for up to 12 hours. The Beauty Mark! kit comes with 40 plastic applicators which, like the marks themselves, are completely disposable and require no long-term commitment.

Beauté-minute Il est des gens qui déboursent des centaines de dollars pour se faire enlever de petites imperfections de la peau. On dépensera beaucoup moins à s'en rajouter – ce qui est désormais possible, grâce au kit cosmétique Beauty Mark!, de chez Temptu Marketing. Plongez l'applicateur plastique dans le flacon de formule spéciale Beauty Mark!, dessinez la mouche désirée sur votre visage (ou tout autre point de votre corps), et laissez sécher deux minutes. Ces grains de beauté waterproof ne bavent pas, ne coulent pas, et s'estompent naturellement. Vous avez douze heures pour jouer les Marilyn Monroe, les Madonna ou les Cindy Crawford. Le kit Beauty Mark! comprend 40 applicateurs plastique qui, comme les mouches qu'ils produisent, n'exigent aucun engagement à long terme : ils sont tout à fait temporaires.

Marks on a Yoruba boy from Nigeria identify his clan, village and tribe. Scarification—designs scored into the skin using a razor or knife—used to be widespread in Africa, but "modern times are reducing old traditions," says Professor Isaac Olugboyega Alaba, a specialist in Yoruba studies at the University of Lagos, Nigeria. "There are no more tribal wars and no more slave trade, so the problem of being mixed up or getting lost is a thing of the past." Even today, at least one member of a chief's family is scarred to uphold tradition. The marks are cut into an infant's skin, usually before dawn (before the blood warms up, so less will be lost). Other tribes rub ash or dirt into the wound so the tissue builds up to form a raised scar, but the Yoruba apply the liquid found inside a snail shell—calcium deposits from the shell soothe pain and help clot the blood. To speed up healing, the baby is fed plenty of protein, like fish, meat and eggs.

Les marques que porte sur le corps ce jeune Yoruba du Nigeria permettent d'identifier son clan, son village et sa tribu. La scarification – incision de motifs dans la peau au moyen d'un rasoir ou d'un couteau – était autrefois largement répandue en Afrique, mais « la modernité fait reculer les traditions, constate le Pr Isaac Olugboyega Alaba, spécialiste des études yoruba à l'université de Lagos, au Nigeria. Il n'y a plus de guerres tribales ni de traite d'esclaves, donc plus de risque pour l'individu d'être perdu ou confondu avec un autre. » Néanmoins, aujourd'hui encore, on scarifie au moins un des membres de la famille du chef pour que perdure la tradition. Les marques sont incisées dans la peau du bébé, d'ordinaire avant l'aube (avant que le sang ne se réchauffe, afin d'en limiter l'écoulement). Dans d'autres tribus, on frotte la plaie avec des cendres ou de la terre afin qu'elle s'en emplisse et qu'en cicatrisant, les tissus forment un relief, mais les Yoruba préfèrent quant à eux appliquer sur l'incision un liquide recueilli à l'intérieur des coquilles d'escargot. Les dépôts de calcium qu'il contient calment la douleur et améliorent la coagulation. Pour accélérer encore la guérison, on gave le bébé d'aliments protéinés – poisson, viande ou œufs.

Brands—
designs burned into
the skin with hot metal—
were notoriously inflicted
on African slaves to symbolize ownership or punishment.
These days, the practice has been
"reclaimed" by gangs and by pre-
dominantly African-American college
fraternities. "They don't see it as harm-
ing themselves," says Michael Borrero,
director of the US-based Institute for
Violence Reduction. "It's a rite of passage. The more you can tolerate without yelling, the stronger a person you
are." To make the brand, heat a metal
object such as a fork, a paper clip, a
coat hanger or a cookie-cutter (like
the one pictured) over a stove and
press against the skin. It takes only a
second for the skin to shrivel around
the metal, leaving you with a perfectly
presentable third-degree burn.

**Le marquage
au fer rouge –**
motif réalisé en brûlant
la peau à l'aide d'un métal
chaud – était, c'est bien
connu, couramment infligé aux
esclaves africains, soit pour indiquer à qui ils appartenaient, soit en
manière de punition. De nos jours,
cette pratique a été récupérée par les
gangs et par des confréries d'étudiants à pré-
dominance afro-américaine. « Ils n'estiment
pas se faire de mal, explique Michael Borrero,
directeur de l'Institut américain pour la réduction de la violence. C'est un rite de passage.
Plus on peut endurer sans crier, plus on est
fort. » Pour réaliser le marquage, chauffez sur
une cuisinière un objet en métal – fourchette,
trombone, cintre ou emporte-pièce à biscuits
(comme celui présenté ici) – et appliquez-le sur
la peau. En une seconde à peine, celle-ci se
racornit autour du métal, laissant une brûlure
au troisième degré tout à fait présentable.

"True Love Waits" is a chastity movement that has attracted 340,000 young Americans since it was started by the Southern Baptist church in 1993. By wearing a "True Love Waits" gold ring, you too can show your commitment to sexual abstinence before marriage.

« True Love Waits » (le véritable amour sait attendre) est un mouvement pour la promotion de la chasteté qui a attiré 340 000 jeunes Américains depuis sa fondation par l'Eglise baptiste sudiste, en 1993. Vous aussi pouvez témoigner de votre attachement à l'abstinence sexuelle avant les noces, en portant un anneau d'or « True Love Waits ».

Remedy If you want to buy a talisman from a witch doctor in Nigeria, the transaction will take about a week. The objects each cost about a month's salary, but the expense does not deter buyers. This *afeeri* should be worn around the waist to prevent accidents while traveling. It was purchased in a small village near Oyo. It should be removed before having sex.

Remède Si vous souhaitez acheter un talisman à un guérisseur nigérian, prévoyez une semaine de transactions. Ces objets coûtent chacun l'équivalent d'un mois de salaire – dépense qui ne décourage nullement les acheteurs. Vous porterez cet *afeeri* autour de la taille pendant vos voyages, pour éviter les accidents. Mais gare : il doit être enlevé avant les rapports sexuels.

USA prison inmate Leland Dodd fashioned this stylish handbag out of 400 Kool-brand cigarette packs coated in shiny acetate. Dodd learned the technique from a cellmate at his medium-security prison in Oklahoma. While the bag has traveled around the country as part of an exhibition of inmate art, Dodd himself is serving life without parole for conspiracy to traffic in marijuana. "I'm nonviolent," Dodd told the exhibition's curator. "I didn't even have a pocket knife. They let murderers and rapists out every day. Who are you more afraid of, me or them?"

Le détenu américain Leland Dodd a confectionné cet élégant sac à main à partir de 400 paquets de cigarettes recouverts d'acétate brillant. Il fut initié à cette technique par un co-détenu et compagnon de cellule (en détention ordinaire) dans sa prison de l'Oklahoma. Tandis que le sac voyage à travers tout le pays dans le cadre d'une exposition sur l'art carcéral, Dodd est en train de purger une peine à perpétuité sans sursis pour complicité de trafic de marijuana. « Je suis un non-violent, a-t-il déclaré au conservateur de l'exposition. Je n'avais même pas un canif sur moi. Des assassins, des violeurs, ils en relâchent tous les jours. De qui avez-vous le plus peur ? D'eux, ou de moi ?»

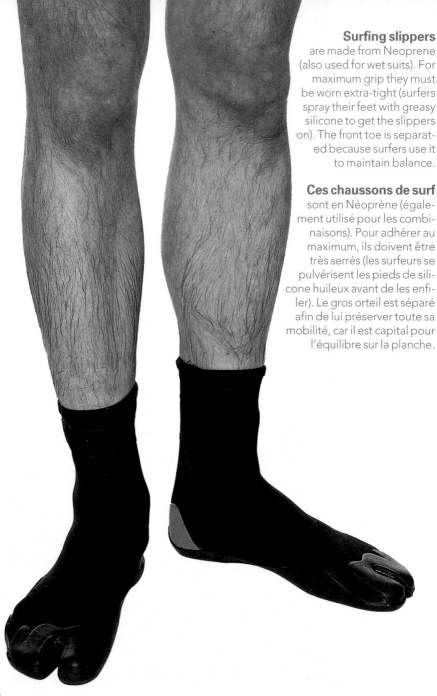

Surfing slippers
are made from Neoprene
(also used for wet suits). For
maximum grip they must
be worn extra-tight (surfers
spray their feet with greasy
silicone to get the slippers
on). The front toe is separat-
ed because surfers use it
to maintain balance.

Ces chaussons de surf
sont en Néoprène (égale-
ment utilisé pour les combi-
naisons). Pour adhérer au
maximum, ils doivent être
très serrés (les surfeurs se
pulvérisent les pieds de silicone huileux avant de les enfiler). Le gros orteil est séparé
afin de lui préserver toute sa
mobilité, car il est capital pour
l'équilibre sur la planche.

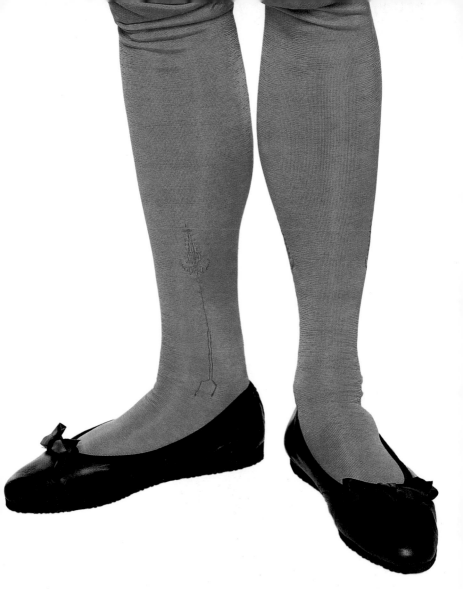

Bullfighter's slippers A bullfighter's costume is designed to help save his life, says Justo Algaba, who sells them in Madrid, Spain. The slippers are handcrafted for agility and the thick, skin-tight stockings and trousers are made to deflect the bull's horns.

Mules de torero Le costume d'un torero est conçu pour l'aider à sauver sa peau, explique Justo Algaba, propriétaire d'une boutique madrilène qui habille les matadors. Les mules, faites main, privilégient l'agilité. Les bas épais et près du corps, ainsi que la culotte, sont étudiés pour dévier les coups de cornes du taureau.

Cowboy boot urn Barbara Koloff of the US-based Kelco Supply Company knows quite a bit about cremation urns. "We have over 300 different models to choose from," she says. "Some people like the traditional urns, but we find that more and more people are searching for urns that reflect what they've done in their lives. That way you can keep the remains at home, and it doesn't look like a cremation urn…it's a piece of decorative artwork, I guess." As for this cowboy boot urn, Barbara says: "It's for people who loved country 'n western music, or people who lived in their boots. It's molded from sawdust and resin from plastic pop bottles, so it uses recycled products. For someone who is very environmentally conscious, this is a very good choice. It's been a popular urn, and it's virtually indestructible."

Urne-santiags Barbara Koloff, de la Société Kelco Supply (basée aux Etats-Unis), en connaît un rayon sur les urnes funéraires. « Nous proposons plus de 300 modèles, nous déclare-t-elle. Certains clients préfèrent les urnes traditionnelles, mais nous constatons qu'un nombre croissant d'entre eux recherchent des urnes symbolisant ce qui a fait leur vie. Cela permet de conserver les cendres du défunt à la maison sans que cela ait l'air trop morbide… Cela devient un objet d'art décoratif, en quelque sorte. » Commentaire de Barbara au sujet de cette urne-santiags : « Elle est destinée à des amoureux de musique country, ou à des gens qui ont passé leur vie bottes aux pieds. Qui plus est, elle est moulée dans un mélange de sciure de bois et de résine provenant de bouteilles de soda en plastique, donc de produits recyclés uniquement. Pour quelqu'un qui se préoccupe de l'environnement, c'est un excellent choix. Cette urne a eu beaucoup de succès et elle est quasiment indestructible. »

Cowboy golf boots In Texas, USA, golfers don't have to give up their rugged identity to chase a tiny white ball across manicured lawns. Dallas retailer Neiman Marcus sells leather cowboy boots with standard 11-spike golf soles for US$370.

Bottes de golf de cow-boy Au Texas, les golfeurs peuvent préserver leur identité de mâle rude et buriné même lorsqu'ils pourchassent une pauvre petite baballe blanche sur un gazon toiletté. On trouve chez Neiman Marcus, à Dallas, des bottes de cow-boy en cuir équipées de semelles golf standard à 11 pointes. Si vous avez 370$US à perdre...

Boots When you step on an antipersonnel land mine, the blast shoots shrapnel, soil and debris up into your leg. If you survive (the odds are 50-50) you'll probably have to live without your feet—unless they were encased in these Blast and Fragment Resistant Combat Boots. Developed by Singapore Technologies, the boots have soles made of a woven ceramic cloth (also used in space shuttles) that absorbs the impact of the explosion, leaving your foot with little more than a sprain. The boots are currently marketed to military customers—30 armies throughout the world have expressed interest.

Godillots Si vous avez le malheur de marcher sur une mine antipersonnel, l'explosion perforera votre jambe, projetant des éclats de métal, de la terre et autres débris qui viendront se ficher dans vos chairs. Si vous en réchappez (vous avez une chance sur deux), il vous faudra sans doute apprendre à vous passer de vos pieds – à moins que vous ne les ayez préalablement protégés en enfilant ces Rangers de combat anti-éclats et anti-explosions. Mis au point par Singapore Technologies, ces brodequins sont équipés de semelles en toile de céramique (également utilisée pour les navettes spatiales) qui amortissent le souffle de l'explosion. Votre pied en sera quitte pour une entorse tout au plus. Réservé pour l'heure au marché de l'équipement militaire, cet article a déjà suscité l'intérêt de 30 corps d'armée à travers le monde.

Flip-flops are cheap, waterproof and versatile. They're a plastic or rubber version of wooden slippers worn throughout Asia for centuries. Flip-flops were imported and made popular in the USA during World War II by soldiers who had worn them on submarines. Most of those on the market today (they usually cost about US$1) are made in Taiwan and Singapore. A machine cuts the soles out of a sheet of rubber and punches a hole in each; a second machine forces a V-shaped thong through the hole. In Eastern Europe and South America, some flip-flops are made out of rubber tires. But they don't last forever. After several weeks of intensive wear they usually "blow out"—the thong pops out of the hole. And walking in them can be tiring (your toes have to work a lot).

Les tongs, chaussures économiques, imperméables et tous terrains, sont l'avatar moderne, plastique ou caoutchouc, des claquettes de bois qui se portèrent dans toute l'Asie des siècles durant. Elles furent importées et popularisées aux Etats-Unis au cours de la Seconde Guerre mondiale, par des soldats qui avaient pu en apprécier l'usage dans les sous-marins. Celles que l'on trouve de nos jours sur le marché (elles coûtent d'ordinaire 1 $US) sont en majorité fabriquées à Taïwan et à Singapour. Une machine découpe les semelles dans une plaque de caoutchouc et les perfore, une seconde enfonce une lanière en forme de V dans le trou. En Europe de l'Est ainsi qu'en Amérique du Sud, on trouvera des tongs confectionnées à partir de pneumatiques usagés. Cependant, ne comptez pas les garder longtemps. Quelques semaines de port intensif, et les voilà qui « éclatent » – la lanière sort du trou qui s'est élargi. De plus, marcher dans des tongs n'est pas de tout repos (les orteils travaillant énormément).

Don't get caught wearing the wrong thing in Argentina—you could get beaten up. When they go to matches, soccer fans wear sweatshirts over their football shirts to avoid clashes with supporters of rival teams—until they get to their team's side of the stadium. Rafael D'Alvia, of Buenos Aires, says some people aren't so cautious. "There's always a group that doesn't give a fuck, and they wear the T-shirt of their team anyway. That's when fights start—they're looking for trouble. People here are very passionate about their clubs. In Europe it's not like that: It's more quiet, but also more boring. It's not fair that I have to hide my T-shirt to go to a game, but it's the price that you have to pay for being passionate." Rafael knows a thing or two about passion—he once had to hide his lucky team hat in his underpants to avoid a beating. If you're cautious, too, wear underpants like these to the next game.

Ne vous faites pas prendre dans la mauvaise tenue en Argentine – vous risquez le passage à tabac. Lorsqu'ils se rendent à un match, les supporters de football arborent certes le maillot de leur équipe, mais sous un sweat-shirt, pour éviter les accrochages avec les supporters rivaux. Une fois parvenus de leur côté des gradins, ils peuvent se découvrir. Mais selon Rafael D'Alvia, de Buenos Aires, tous n'ont pas cette prudence. « Il y en a toujours qui n'en ont rien à foutre, et qui s'afficheront quoi qu'il arrive. C'est comme ça que les bagarres commencent – ils cherchent la cogne. Ici, les clubs déchaînent les passions. Pas comme en Europe. Là-bas, c'est plus calme, mais plus chiant. Ce n'est pas juste de devoir cacher son T-shirt pour aller à un match, mais c'est le prix de la passion. » La passion, Rafael connaît : sorti un jour coiffé de sa casquette de club fétiche, il a dû la dissimuler prestement dans son slip, pour éviter d'être lynché. Prudence, donc : au prochain match, portez vos couleurs sur vos dessous, comme suggéré ici.

In Brazil every football team has an "official" fan club. The clubs—now banned in São Paulo—are responsible for Brazil's organized football violence. Rival fans caught wearing shirts of the opposing team are frequently tortured and killed; even fans of the same teams are attacked if they're not in the fan club. Marcos Thomaz, president of Young Force fan club, denounced three members of his club for murdering another fan. But he's a lone voice—only the police are targeting the soccer thugs.

Au Brésil, chaque équipe de football a son fan club « officiel ». Désormais interdites à São Paulo, ces organisations sont à la source de la violence organisée dans le soccer brésilien. Ainsi, les fans de clubs rivaux surpris avec le maillot de leur équipe sont fréquemment torturés ou tués ; même les supporters ordinaires risquent l'agression par le fan club de leur propre équipe, s'ils ont le malheur de ne pas en être. Marcos Thomaz, président du fan club de la Young Force, a dénoncé trois de ses membres pour le meurtre d'un quatrième. Mais il reste une voix isolée – la police est la seule à vouloir réprimer les hooligans.

Liquid latex Clothes that are too tight can lead to indigestion because food can't move naturally though the digestive system. If you really like latex and want to wear it even after eating, there's a simple solution: Fantasy Liquid Latex. Simply paint it onto your skin, then wait a few minutes for it to dry. The result: That all-over latex sensation. And you can create your own latex outfits. The latex is easily removed from non-porous surfaces (like bathroom tiles) but don't get it on fabric—it won't come off. Available in a range of colors, including black and fluorescent tones. Do not use if you're allergic to ammonia or latex.

Latex liquide Les vêtements trop près du corps peuvent provoquer des troubles de la digestion, car ils gênent le transit naturel des aliments dans le tube digestif. Si vous tenez vraiment à porter du latex le ventre plein, il existe une solution simple : le latex liquide Fantasy. Appliquez-le à même la peau, il sèchera en quelques minutes, vous procurant l'inénarrable sensation du latex intégral. Qui plus est, vous pourrez laisser libre cours à votre imagination et créer des modèles inédits. Fantasy s'enlève très facilement des surfaces non poreuses (tel le carrelage de salle de bains), mais gare : sur les tissus, il adhère irrémédiablement. Disponible dans une gamme de coloris, dont le noir et plusieurs tons fluo. A ne pas utiliser – faut-il le préciser – en cas d'allergie à l'ammoniaque et au latex.

Barbie wig Hair is the ultimate accessory in Toyland, but only for female dolls: Most action figures have plastic hair. "Now you can dress as pretty as your Barbie doll" with this luxurious 46cm blond Barbie wig. Barbie's been redheaded and brunette, but she likes blond best. Although 91 percent of blonds think men prefer them, studies show that men will employ and marry brunettes rather than blonds. Admittedly, blonds get more done for them because they're considered weaker, and men approach them more readily as they find them less threatening. (Whether that's a good reason to wear this wig is a matter of opinion.)

Perruque de Barbie Au Royaume des jouets, les cheveux sont l'accessoire suprême – mais uniquement pour les poupées de fille. En effet, la plupart des mannequins d'action ont des cheveux en plastique. Grâce à cette somptueuse perruque blonde, longue de 46cm, « devenez en un instant aussi ravissante que Barbie ». Barbie a été rousse et brune, mais elle se préfère en blonde. Elle a tort. Bien que 91 % des blondes se croient le point de mire de l'autre sexe, des enquêtes révèlent chez les hommes un penchant pour les brunes dès qu'il s'agit de travail ou de mariage. Certes, de l'aveu général, les blondes sont plus dorlotées, étant perçues comme plus vulnérables. Si les hommes les abordent plus facilement, c'est qu'ils se sentent moins menacés (libre à chacun de savoir si c'est une bonne raison de porter cette perruque).

New man Ken has been Barbie's companion for 33 years. He doesn't see much of her these days . Now, with his streaked blonde hair and Rainbow Prince look, Ken is at last discovering his own identity. "I don't think Ken and Barbie will ever get married," says a spokeswoman.

Un homme nouveau Ken est resté trente-trois ans durant fidèle à Barbie. Mais il la boude un peu ces temps derniers. Avec ses cheveux méchés de blond et son style « Prince arc-en-ciel », ce vieux jeune homme découvre enfin sa véritable identité. « Je ne pense pas que Barbie et Ken se marieront un jour », souffle une de leurs porte-parole.

Bubble bath is one of the products officially endorsed by Farrah Fawcett (a US actress popular in the 1970s), along with shampoo and an exercise aid called the Exerstik. Trim celebrities often promote exercise gadgets in the USA—they get money and public exposure, the company sells more, and the consumers think they'll end up with the same body as the celebrity. But they don't always get what they expect. Fawcett's Exerstik (a padded, slightly curved stick) is supposed to help tone thighs, calves, waist and arms. When tested, some of the recommended exercises were found to be harmful—and the Exerstik no better than a broomstick. At least the bubble bath will get your skin clean.

Du bain moussant, du shampooing et un bâton de culture physique appelé Exerstik : tels sont les produits dont Farrah Fawcett (actrice américaine très en vue dans les années 70) fut l'ambassadrice à son heure. Aux Etats-Unis, les célébrités à silhouette enviable assurent souvent la promotion de divers gadgets, ce qui présente des intérêts multiples : elles-mêmes gagnent de l'argent et publicisent leur propre image ; le fabricant accroît ses ventes ; et les consommateurs se persuadent qu'ils auront un jour *ce corps-là*. Cependant, l'objet ne correspond pas toujours à leurs attentes. Ainsi, l'Exerstik de Farrah Fawcett (un bâton rembourré et légèrement incurvé) est censé tonifier les cuisses, la taille et les bras. Soumis aux tests appropriés, certains des exercices prescrits se sont révélés dangereux – et l'instrument lui même aussi efficace qu'un vulgaire manche à balai. A tout le moins, le bain moussant vous laissera la peau propre.

Endorsement

When celebrities use their image to sell perfumes (in a market worth over US$5 billion a year) they usually settle for about 5 percent of profits. Singer Cher's Uninhibited scent was a flop, but actress Elizabeth Taylor's line (which includes Passion and White Diamonds) brings her an income of about US$4 million a year. Omar Sharif (Oscar-winning Egyptian actor) probably doesn't make any money on these South Korean cigarettes (they're probably not an official endorsement). But Sharif has used his celebrity status for other things. In 1997 he spoke out against the terrorist attack in Egypt in which 58 foreign tourists were killed. Tourism reaps about US$4 billion for the Egyptian economy.

OMAR SHARIF

LIGHTS

PARIS

금연하면 건강해지고 상수할 수 있습니다.

Promotion VIP

Quand des célébrités utilisent leur image pour vendre des parfums (sur un marché dont la valeur globale dépasse les 5 milliards de dollars US par an), ils empochent généralement environ 5 % des bénéfices. Le parfum de la chanteuse Cher, Uninhibited (débridée) fut un total fiasco, mais la ligne lancée par Liz Taylor (qui inclut Passion et White Diamonds) lui assure une petite rente annuelle de quelque 4 millions de dollars. Ces cigarettes sud-coréennes ne rapportent sans doute rien à Omar Sharif (acteur égyptien déjà couronné d'un oscar), qui en est probablement devenu l'ambassadeur à son insu. Toutefois, Sharif a tiré parti de sa carrure de star à d'autres occasions. En 1997, il a condamné publiquement un attentat terroriste en Egypte, lors duquel 58 touristes étrangers trouvèrent la mort. Précisons que le tourisme garantit chaque année à l'économie nationale un revenu proche des 4 milliards de dollars.

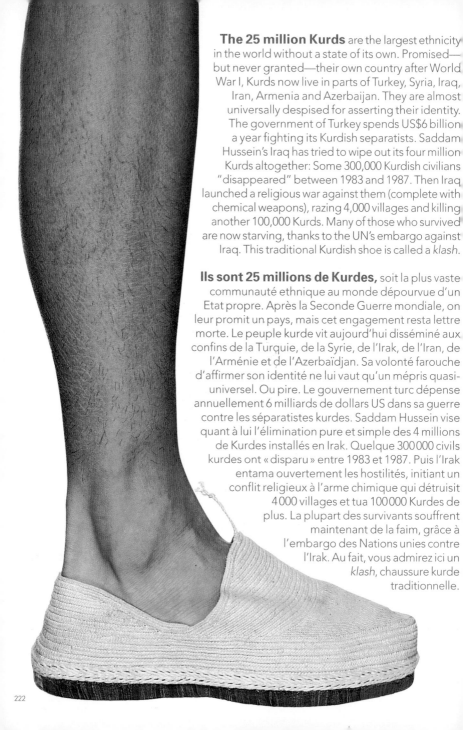

The 25 million Kurds are the largest ethnicity in the world without a state of its own. Promised—but never granted—their own country after World War I, Kurds now live in parts of Turkey, Syria, Iraq, Iran, Armenia and Azerbaijan. They are almost universally despised for asserting their identity. The government of Turkey spends US$6 billion a year fighting its Kurdish separatists. Saddam Hussein's Iraq has tried to wipe out its four million Kurds altogether: Some 300,000 Kurdish civilians "disappeared" between 1983 and 1987. Then Iraq launched a religious war against them (complete with chemical weapons), razing 4,000 villages and killing another 100,000 Kurds. Many of those who survived are now starving, thanks to the UN's embargo against Iraq. This traditional Kurdish shoe is called a *klash*.

Ils sont 25 millions de Kurdes, soit la plus vaste communauté ethnique au monde dépourvue d'un Etat propre. Après la Seconde Guerre mondiale, on leur promit un pays, mais cet engagement resta lettre morte. Le peuple kurde vit aujourd'hui disséminé aux confins de la Turquie, de la Syrie, de l'Irak, de l'Iran, de l'Arménie et de l'Azerbaïdjan. Sa volonté farouche d'affirmer son identité ne lui vaut qu'un mépris quasi-universel. Ou pire. Le gouvernement turc dépense annuellement 6 milliards de dollars US dans sa guerre contre les séparatistes kurdes. Saddam Hussein vise quant à lui l'élimination pure et simple des 4 millions de Kurdes installés en Irak. Quelque 300 000 civils kurdes ont « disparu » entre 1983 et 1987. Puis l'Irak entama ouvertement les hostilités, initiant un conflit religieux à l'arme chimique qui détruisit 4 000 villages et tua 100 000 Kurdes de plus. La plupart des survivants souffrent maintenant de la faim, grâce à l'embargo des Nations unies contre l'Irak. Au fait, vous admirez ici un *klash*, chaussure kurde traditionnelle.

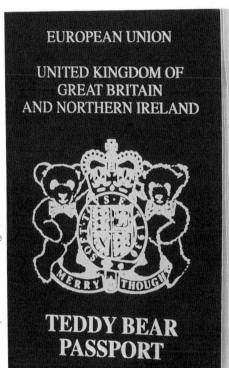

EUROPEAN UNION

UNITED KINGDOM OF
GREAT BRITAIN
AND NORTHERN IRELAND

MERRY THOUGHT

TEDDY BEAR
PASSPORT

This passport
gives teddy bears
the right of abode
in the UK and the
right "to pass
freely without
let or hindrance."
It also offers tips
for their owners—
Teddy should be
examined for in-
sects, vacuumed
regularly, and kept
away from swimming pools.
Manufacturer Merrythought recommends that children traveling with
their bear carry their passport at all
times. To prevent abductions by parents who are denied child custody,
the United Nations has officially asked
governments to require that children
carry their own passports, too. Nowadays, Japanese, British and Australian
babies can't travel without one.

Ce passeport
autorise les ours en
peluche à résider en
Grande-Bretagne et
leur garantit « la libre
circulation, sans en-
trave aucune » sur
l'ensemble du terri-
toire. Il contient éga-
lement une notice
à l'attention du
propriétaire, où il
est recommandé
d'épouiller la pelu-
che, de la dépous-
siérer régulièrement
et de la tenir éloi-
gnée des piscines.
Le fabricant de
jouets Merrythought re-
commande chaudement aux chères têtes
blondes de ne jamais oublier le passeport de
leur nounours s'ils l'emmènent en voyage. Mais
il ne s'agit pas non plus d'oublier le leur. Afin de
lutter contre les rapts d'enfants par les parents
déchus de leur droit de garde, les Nations
unies ont officiellement demandé aux gouvernements de rendre le passeport obligatoire
dès le plus jeune âge. C'est déjà chose faite au
Japon, en Grande-Bretagne et en Australie.

Hoe In Zambia, newlyweds receive gifts symbolizing their new nuptial responsibilities. Among the gifts are an *umuinko*, or cooking stick (to teach the wife that she must always nourish her husband), and a spear (because the husband must always protect his family). This hoe, or *ulukasu*, represents the groom's duty to work hard and to provide for his family.

Houe En Zambie, les jeunes mariés reçoivent des cadeaux symbolisant leurs nouvelles responsabilités conjugales. On peut leur offrir, entre autres, un *umuinko*, ou bâton de cuisine – pour rappeler à la femme qu'elle doit toujours nourrir son mari – et une lance – le mari doit toujours protéger les siens. Cette houe ou *ulukasu*, représente le devoir de l'époux de toujours travailler dur pour subvenir aux besoins de sa famille.

The diamond engagement ring is "a month's salary that lasts a lifetime," says South African diamond producer De Beers. In the UK, more than 75 percent of first-time brides will receive one.

Un solitaire pour des fiançailles, c'est « un mois de salaire qui durera toute une vie », martèlent les établissements De Beers, diamantaires sud-africains. En Grande-Bretagne, plus de 75 % des mariées convolant en premières noces s'en verront passer un au doigt.

A pair of new leather shoes,
preferably Italian, is one of the 10 gifts
that a Malaysian bride is expected to
give her new husband when they start
married life together. He gives her a
dress, jewelry and a handbag, and carefully arranges each of them on a tray.

Une paire de chaussures neuves en cuir,
de préférence fabriquées en Italie. C'est là l'un
des 10 présents qu'une jeune mariée malaise
doit à son mari lorsqu'ils entament tous deux
leur vie conjugale. Quant à l'époux, il offre à sa
femme une robe, des bijoux et un sac à main,
qu'il présente avec grand soin sur un plateau.

Toaster In the USA and the UK, toasters are such popular gifts at weddings that it's not unusual for couples to be given several of them by accident. Designed to grill bread for breakfast, a toaster is a handy cooking device, but brides beware: A study by the Association of Home Appliance Manufacturers revealed that women use toasters almost twice as often as men.

Grille-pain Aux Etats-Unis et en Grande-Bretagne, il est tellement courant d'offrir des grille-pain en cadeau de noces que les jeunes mariés en reçoivent souvent plusieurs – par erreur. Conçu pour griller le pain au petit déjeuner, voilà certes un appareil fort pratique, mais que les ménagères novices restent vigilantes : selon une étude de l'Association des fabricants d'articles ménagers, ces dames s'en serviraient presque deux fois plus que les messieurs.

Copper and cotton When a close relative of members of Ghana's Ashanti people dies, each mourner offers the deceased a white handkerchief tied to a copper ring. The rings are probably symbols of the "close relationship between the deceased and the mourner," explains Kufi Ohene, a deputy registrar at the University of Ghana in London, UK. And the handkerchief can be used to wipe away tears in the next life.

Cuivre et coton Quand un parent proche vient à mourir chez les Ashanti du Ghana, chacun offre au défunt un mouchoir blanc noué autour d'un anneau de cuivre. Les anneaux symbolisent sans doute la « relation étroite qui unissait le défunt à celui qui le pleure », explique Kufi Ohene, secrétaire général adjoint à l'Université ghanéenne de Londres. Quant au mouchoir, il séchera les larmes que versera le trépassé dans l'autre monde.

Memories

For Native American Lakota people, hair is an extension of the mind: Offering it in mourning is like giving back a memory. When his mother died, Dwain Hollow Horn Bear, of North Dakota, followed Lakota tradition: "She used to braid my hair for me when I was a boy. When she died, I cut it all off, tied it into a bundle and buried it with her. It took two years for it to grow back."

Souvenirs Chez les Indiens lakota d'Amérique du Nord, les cheveux sont une extension de l'esprit. D'où la tradition de faire don de sa chevelure au défunt lors de funérailles, afin de lui restituer le souvenir qu'il vous laisse. A la mort de sa mère, Dwain Ours Corne Creuse, du Dakota du Nord, a suivi comme les autres la tradition : « Quand j'étais petit, c'est elle qui me tressait les cheveux. Quand elle est décédée, je les ai coupés, j'en ai fait un petit paquet et je l'ai enterré avec elle. Il a fallu deux ans pour qu'ils repoussent. »

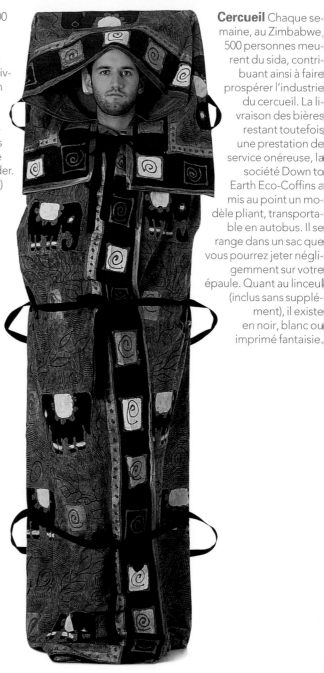

Coffin Every week, 500 people die of AIDS in Zimbabwe, creating a healthy coffin industry. But because coffin delivery is expensive, Down to Earth Eco-Coffins invented a collapsible model that can be carried on the bus: It folds into a bag that can be slung over your shoulder. The shroud (included) comes in black, white or a colorful print.

Cercueil Chaque semaine, au Zimbabwe, 500 personnes meurent du sida, contribuant ainsi à faire prospérer l'industrie du cercueil. La livraison des bières restant toutefois une prestation de service onéreuse, la société Down to Earth Eco-Coffins a mis au point un modèle pliant, transportable en autobus. Il se range dans un sac que vous pourrez jeter négligemment sur votre épaule. Quant au linceul (inclus sans supplément), il existe en noir, blanc ou imprimé fantaisie.

Airbag vest Be careful about who you sit next to on the Tokyo subway. Airborne germs (including microbes that cause flu and tuberculosis) hop easily from one human host to another in the crowded cars. Some of these commuting microbes are deadly: Tuberculosis, which killed three million people worldwide in 1997, is significantly more prevalent in Japan (where 11.5 persons per 100,000 are infectious) than in the USA (3 per 100,000) and other developed countries. This Italian-made airbag vest, the latest in motorcycle safety gear, will put a little space between you and your neighbors. Simply pull the "safety strip" (the part that's supposed to attach to your motorbike), and a small gas canister inflates the vest in three-tenths of a second.

Prudence! Usagers du métro à Tokyo, ne vous asseyez pas à côté de n'importe qui. Dans les rames bondées, de hideuses bactéries en suspension dans l'air – du virus de la grippe au bacille de Koch – sautent sans retenue d'un passager à l'autre. Ces microbes ambulants sont parfois mortels. Ainsi, la tuberculose, qui tua trois millions de personnes à travers le monde en 1997, s'avère nettement plus répandue au Japon (où l'on recense 11,5 cas d'infection pour chaque tranche de 100 000 habitants) qu'aux Etats-Unis (où ce taux se limite à 3 pour 100 000) ou dans les autres pays développés. Ce gilet-airbag de fabrication italienne, dernier cri en matière de sécurité moto, installera un espace sanitaire entre vous et vos voisins. Il vous suffit de tirer sur la « bande de sécurité » (celle que vous êtes censé fixer à votre moto) pour qu'une petite bombe à air gonfle le gilet. Trois dixièmes de seconde à peine et le tour est joué.

Plastic bags are made to last (they're made of petroleum and take years to decompose). But most people use them only once. Even if you reuse them as trash bags, they still end up in a landfill. And they take up lots of space: In Australia, which has a population of more than 18 million, two billion plastic bags are used each year (that's about 110 bags per person). To recycle them, cut them into strips and weave the strips into a mat that looks great in the bathroom.

Les sacs plastique sont conçus pour durer (fabriqués à partir de dérivés pétroliers, ils mettent une éternité à se décomposer). Pourtant, la plupart des gens ne s'en servent guère qu'une fois. Même à supposer que l'on s'en resserve comme sacs poubelle, ils n'en finiront pas moins dans un centre d'enfouissement des déchets. En Australie – un pays qui compte plus de 18 millions d'habitants – deux milliards de sacs plastique sont utilisés chaque année (soit environ 110 sacs par personne). Allons, un beau geste : recyclez ! Découpez-les en bandelettes que vous tisserez ensemble pour former un splendide tapis de bain.

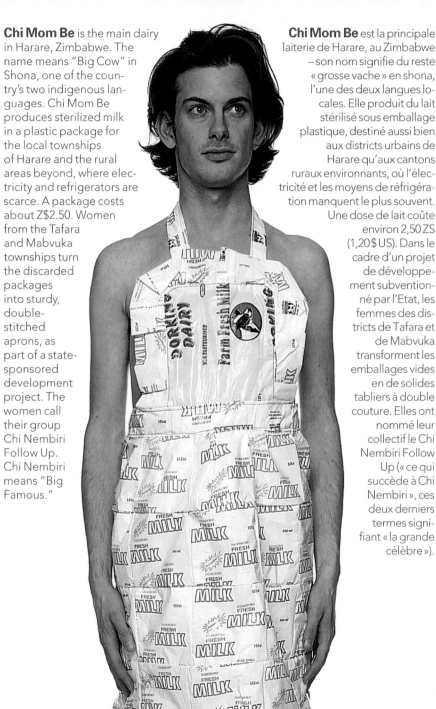

Chi Mom Be is the main dairy in Harare, Zimbabwe. The name means "Big Cow" in Shona, one of the country's two indigenous languages. Chi Mom Be produces sterilized milk in a plastic package for the local townships of Harare and the rural areas beyond, where electricity and refrigerators are scarce. A package costs about Z$2.50. Women from the Tafara and Mabvuka townships turn the discarded packages into sturdy, double-stitched aprons, as part of a state-sponsored development project. The women call their group Chi Nembiri Follow Up. Chi Nembiri means "Big Famous."

Chi Mom Be est la principale laiterie de Harare, au Zimbabwe – son nom signifie du reste « grosse vache » en shona, l'une des deux langues locales. Elle produit du lait stérilisé sous emballage plastique, destiné aussi bien aux districts urbains de Harare qu'aux cantons ruraux environnants, où l'électricité et les moyens de réfrigération manquent le plus souvent. Une dose de lait coûte environ 2,50 ZS (1,20 $ US). Dans le cadre d'un projet de développement subventionné par l'Etat, les femmes des districts de Tafara et de Mabvuka transforment les emballages vides en de solides tabliers à double couture. Elles ont nommé leur collectif le Chi Nembiri Follow Up (« ce qui succède à Chi Nembiri », ces deux derniers termes signifiant « la grande célèbre »).

Wipe your feet on this lion doormat made by inmates at the Manyani prison on the coast of Kenya. Long-term prisoners are trained in crafts, making useful goods that are sold at the Annual Nairobi Show. Upon their release, they are officially certified to work in the trade they've been trained in. Buy the mat or other household items like beds and shelves from the Prison Industry Showroom in Kenya.

Essuyez vos pieds sur ce paillasson « lion » fabriqué par les détenus de la prison de Manyani, sur la côte kenyane. Les prisonniers purgeant de longues peines sont formés à diverses techniques artisanales et fabriquent des objets d'utilité courante, qui sont ensuite vendus à la foire-exposition annuelle de Nairobi. A leur libération, ils se voient attribuer un certificat officiel les habilitant à travailler dans le domaine de leur formation. Quitte à acheter ce paillasson, équipez aussi votre intérieur (les détenus fabriquent également des lits et des étagères) en visitant le Prison Industry Showroom (salle d'exposition des manufactures carcérales) au Kenya.

animals
animaux

Moose pie, Canada
Pâté d'orignal en croûte (Canada)

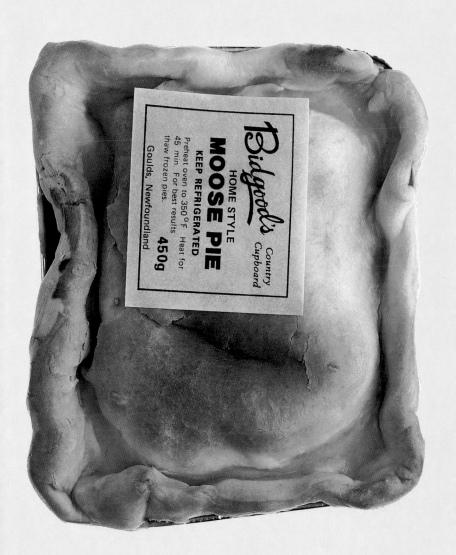

It takes 250g of dog hair
to knit a scarf. Norwegian Grethe
Sekse makes caps, mittens and socks
from yarn spun from the hair of her
four Saint Bernard dogs. She'll spin the
hair of your dog for NOK250 (US$40).
Grethe recommends brushing your
dog once a week (each brushing
should yield about 20g) and then keeping the hair in a paper bag until you've
got enough for the item you desire.

Il faut 250 g de poils de chien pour tricoter
une écharpe. La Norvégienne Grethe Sekse
confectionne ainsi bonnets, mitaines et chaussettes en utilisant le poil de ses quatre saint-ber-
nard. Elle se fera un plaisir de filer celui de votre
toutou, moyennant 250 KNO (40 $US). Grethe
recommande de brosser votre chien une fois
par semaine (il devrait perdre environ 20 g de
poil par brossage), et de conserver votre récolte
dans un sac en papier jusqu'à obtention de la
quantité nécessaire pour l'article choisi.

Live on as the plat du jour A circus
lion in Los Angeles, USA, is about to
jump through a flaming ring. Suddenly
he loses his balance, falls backwards
off a big red ball and breaks his hip in
seven places. Its star performer injured
beyond repair, the circus calls Polarica
Inc., an exotic meats distributor in
New York City, USA. Polarica president
Al Nyaiesh buys the injured lion and
has it slaughtered and packaged. At
US$24/kg, Polarica sells the meat to a
local restaurant that features lion stew
on its deluxe safari-theme menu.

Devenez plat du jour Un lion de cirque de
Los Angeles, aux Etats-Unis, s'apprête à sauter à travers un cerceau enflammé. Soudain, il
perd l'équilibre, bascule en arrière, culbute
sur un gros ballon de plastique rouge et se
fracture la hanche en sept points. Le cirque,
dont la vedette est mortellement blessée,
téléphone à Polarica Inc., un distributeur de
viandes exotiques installé à New York. Al
Nyaiesh, président de la société, achète le lion
blessé, puis le fait abattre et conditionner. Polarica vendra sa viande au prix de 24$US le kilo
à un restaurant local qui propose du ragoût de
lion sur son menu à thème « Safari » – très chic.

It looks painful, but Nixalite's manufacturers insist that its anti-landing device doesn't harm birds. The strips of stainless steel—topped with 10cm spikes—are placed on ledges and eaves. They might even keep burglars away.

Cela semble bien cruel, mais les fabricants de Nixalite sont formels : leur système anti-atterrissage est tout à fait inoffensif pour les oiseaux. Il s'agit de barrettes d'acier, garnies tout de même de pointes acérées de 10 cm, que l'on installe sur les rebords de fenêtres et les auvents. Elles pourraient même à l'occasion éloigner les cambrioleurs.

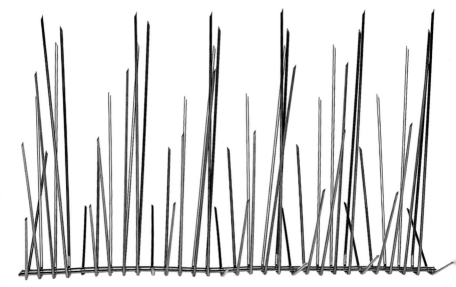

Ordinary rice is harmful to birds (it swells in their stomachs) and humans (who slip on it and fall). Although the US Rice Council dismisses this as "unfounded myth," Ashley Dane-Michael, inventor of Bio Wedding Rice , says that in the USA "it is considered environmentally incorrect to throw ordinary rice." The solution, she claims, is her own product: "It's 100 percent real rice—and therefore keeps the tradition alive—but it's not harmful. It crushes when you step on it and disintegrates in a bird's stomach."

Le riz ordinaire serait dangereux pour les oiseaux car il leur gonflerait l'estomac, et pour les humains, car il rendrait le sol glissant. Bien que le Comité du riz américain ait dénoncé cette « légende infondée », Ashley Dane-Michael, inventeur du riz de mariage bio, affirme qu'aux Etats-Unis, « on considère comme 'écologiquement incorrect' de lancer du riz ordinaire ». La solution ? Selon Ashley, elle réside dans son propre produit : « Composé à 100 % de riz véritable, il permet donc de perpétuer la tradition nuptiale. Mais il est inoffensif. Il s'écrase quand on le piétine et se désintègre dans le ventre des oiseaux. »

Doti is hardened termite excrement, rich in minerals. Eaten in Zambia, especially during pregnancy, doti are believed to give strength. A handful costs 250 kwacha (US$0.25). Doti are available at markets in Zambia.

Les doti sont des excréments durcis de termites, riches en minéraux. On les mange en Zambie, en particulier durant la grossesse, car on leur prête des vertus fortifiantes. Une poignée de doti coûte 250 K (0,25 $ US) ; vous en trouverez sur tous les marchés zambiens.

Les crottes de chameau
sont très polyvalentes : une fois séchées, les
bédouins du Qatar les utilisent pour essuyer
le derrière de leurs bébés. En Inde, elles sont
broyées et vendues comme combustible.
Tout récemment, elles ont même inspiré
l'industrie de l'armement : la mine « toe-
popper » (censée ne désintégrer que les orteils) utilisée durant la guerre du Golfe est
maquillée en inoffensive bouse de chameau.

Camel dung is very versatile. The
bedouins of Qatar use it dry to wipe babies' bottoms. In India, the excrement
is pounded out and sold as fuel. And
recently, camel dung has even inspired
the war industry: The "toe-popper"
mine used in the Bosnian and Gulf wars
is disguised as a harmless camel turd.

Paris has the highest density of dogs of any European city (one dog for every 10 people) and they produce 3,650 metric tons of poop a year. Pick up your dog's mess with the Stool Shovel.

The edible cow pie —a mix of chocolate, caramel and pecans—looks like cow feces, but tastes great.

Paris peut se vanter de posséder la plus haute densité de chiens en Europe (soit un pour 10 habitants). Ces charmantes bêtes produisent la bagatelle de 3650 tonnes de déjections par an. Ramassez les excréments de votre chien avec cette pelle à crottes.

Parfaitement comestible, le gâteau-bouse (un mélange de chocolat, de caramel et de noix de pécan) ressemble à s'y méprendre à son modèle – mais vous réjouira le palais.

Rich Chocolate
Creamy Caramel
Fresh Pecans

The Original

COW PIE!

Featuring
Wisconsin
Milk & Butter

HOME OF
HOMER HOLSTEIN

NET WT. 3 OZ (84 g)

Udderly
Delicious!

BARABOO CANDY CO., INC. BARABOO, WISCONSIN 53913

Flies are a nuisance even when caught. Thanks to the six million or so bacteria they carry on their feet, they can transmit a variety of human diseases, including typhoid, TB and cholera. Flies have no nose, but—thanks to sensors built into their antennae—they do have a highly acute sense of smell. By constantly wiggling their antennae, they can pick up scents from hundreds of meters away. According to one US study, five persistent flies can cause a cow to lose a quarter of a kilogram a day—just in energy spent shooing the flies away. They've been developing their flying technique for 80 million years. Unlike human-built airplanes, they can change direction in mid-air, fly backwards and land upside-down on ceilings. Try one of these (from left): fly whisk from Kenya, made with a wildebeest tail; plastic "Shoe-Fly" swatter with flip-flop sandal from the USA; stainless steel fly whisk from Denmark (formerly on sale at New York's Museum of Modern Art); floral-patterned sticky fly paper from South Korea.

Les mouches restent nuisibles même une fois capturées. Porteuses de quelque 6 millions de bactéries, qu'elles véhiculent sur leurs pattes, elles peuvent transmettre à l'homme quantité de maladies, dont la typhoïde, la tuberculose et le choléra. Dépourvues de nez, elles sont néanmoins dotées d'un sens olfactif très fin, grâce aux capteurs situés dans leurs antennes. Voilà qui explique pourquoi elles agitent celles-ci en permanence : elles parviennent ainsi à percevoir des odeurs à plusieurs centaines de mètres de distance. D'après une étude américaine, cinq mouches tenaces peuvent faire perdre à une vache 250 g par jour – uniquement par l'énergie qu'elle déploiera à les chasser. Quant à leurs techniques de vol, elles les peaufinent depuis quatre-vingt millions d'années. Contrairement aux avions conçus par l'homme, elles peuvent changer de direction à volonté, voler à reculons et atterrir au plafond, la tête en bas. Bardez-vous d'armes anti-mouches, vous n'avez que l'embarras du choix : plumeau chasse-mouche kenyan, fabriqué avec une queue de gnou ; tapette-chaussure américaine en plastique, avec tong ; plumeau danois en acier inoxydable (autrefois en vente au musée d'Art moderne de New York) ; papier tue-mouches à motif floral, en provenance de Corée.

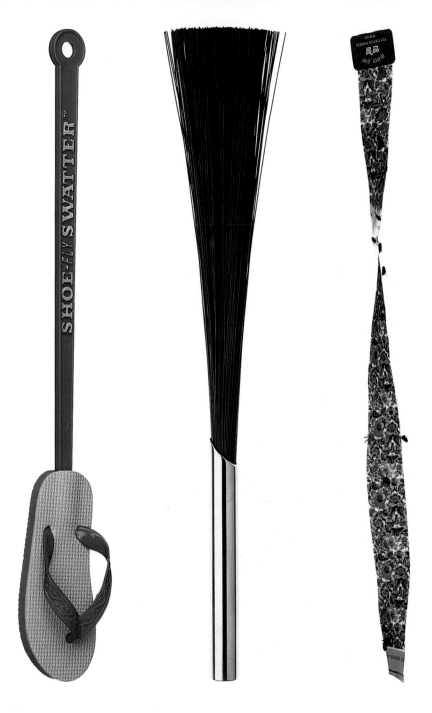

247

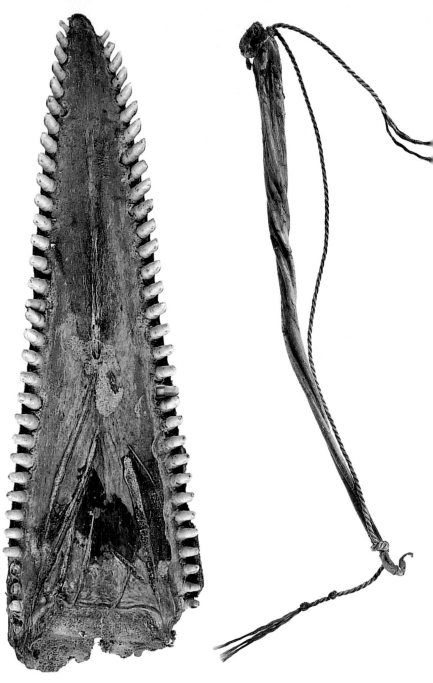

Dolphin penis People in Brazil's Amazon region believe *botos* (freshwater dolphin) can step out of the river and transform themselves into well-dressed men. These handsome strangers then show up at dances and seduce local women, often impregnating them, before slipping back into the river. This legend conveniently explains fatherless children. Amazon natives use dolphin parts to approximate the boto's preternatural powers of seduction. "Keep a dolphin eye [below] in your pocket at all times and you will be irresistible to women," says Tereza Maciel, who sells herbs and animal parts believed to possess magic powers at her stall at the Ver-O-Peso (See-the-Weight) market in Belém de Pará, near the Amazon's mouth. The same goes for dolphin jaws (far left): Hang one in the doorway or on the wall and your house is transformed into a love nest. The dolphin's penis (left) is for after you've got her home, says Maria do Carmo, who has a stall next to Tereza's. "If you grind up the dolphin's penis, then rub it on your dick, you'll drive the girls wild," she says, with what appears to be first hand knowledge. Boto penis shavings are also used in infusions with herbs and barks believed to enhance performance during the sex act.

Verge de dauphin On raconte chez les peuples amazoniens du Brésil que les *botos* (dauphins d'eau douce) peuvent sortir de l'eau et se muer en messieurs élégants. Ces beaux étrangers courent les bals pour séduire les femmes du cru avant de replonger dans les fonds aquatiques, laissant à beaucoup un vivant souvenir de leur passage. Voilà une légende fort pratique, explication toute trouvée à la naissance d'enfants sans père. Pour s'approprier un peu de la séduction surnaturelle du boto, les hommes natifs d'Amazonie conservent des parties de son corps. « Ayez toujours sur vous un œil de dauphin [ci-dessous], aucune femme ne vous résistera », clame Tereza Maciel, qui vend tout ce que la tradition locale compte de simples et de morceaux d'animaux magiques sur son étal du marché Ver-O-Peso (poids à vue), à Belém de Pará, près de l'embouchure du fleuve. Il en va de même des mâchoires de dauphin (à l'extrême-gauche) : accrochez-en une au mur ou au-dessus de votre porte, et votre maison deviendra un véritable nid d'amour. Quant au pénis de l'animal (à gauche), gardez-le pour le moment crucial, quand vous serez parvenu à attirer la donzelle chez vous, conseille Maria do Carno, de l'étal voisin. « Vous le réduisez en poudre, vous vous frottez ça sur les parties, et vous rendrez la fille complètement folle », assure-t-elle, forte, à ce qu'il semble, d'une expérience de première main. On rase également le poil autour du sexe du boto, pour le boire en infusion avec un mélange d'herbes et d'écorces – une tisane souveraine, dit-on, pour réaliser des prouesses durant l'acte.

Duty Before buying that tortoiseshell comb during your Caribbean holiday or that impala horn souvenir from your safari adventure in Zimbabwe, check with the local authorities to see if it is made from an endangered species. If you don't, you may be sorry when you go through customs.

Faites votre devoir Avant d'acheter ce peigne en écaille de tortue en souvenir de vos vacances dans les Caraïbes ou de ramener cette corne d'impala de votre safari au Zimbabwe, vérifiez donc auprès des autorités locales qu'il ne s'agit pas d'espèces menacées. A défaut, vous pourriez regretter votre négligence au moment de passer la douane.

Pests Kangaroos are a pest in Australia. In 1990 they outnumbered humans by a million. Hunters are licensed to harvest them, and this year the quota of kills allowed is 5.2 million. Dead kangaroos also make good bottle openers (pictured), key rings (tail and ears), leather goods (hide) and steaks (the flesh is only one percent fat and tastes like venison).

Nuisibles Les kangourous sont un fléau en Australie. En 1990, on en comptait un million de plus que d'habitants dans le pays. Aussi les chasseurs ont-ils toute licence de les massacrer – cette année, le quota autorisé est de 5,2 millions. Les pattes de kangourous morts font de bons ouvre-bouteilles (notre photo), leur queue et leurs oreilles de jolis porte-clefs, leur peau de solides accessoires en cuir, et leur viande des biftecks diététiques (elle ne contient que 1 % de gras et a un goût de venaison).

Roadkill US highways kill six times more deer each year than hunters do. In the UK, some 100,000 rabbits, 100,000 hedgehogs, 47,000 badgers and 5,000 barn owls become road casualties annually, and an estimated 30 percent of the amphibian population (including over a million toads) is flattened. If you want to save some lives, consider using the Animal Warning Device. Once your speedometer hits 45kmph, the device emits two high frequency sounds that warn animals that they are in your path. Put it at the front of your car to give animals enough time to get off the road.

Tire
Without the cow, the transport industry might grind to a halt. Acids extracted from cow fat are used in tires (to coat the rubber), asphalt (as a binder) and car upholstery. Because cows are widely available—265 million were slaughtered in 1996—animal fats can cost as little as US$0.06 a pound, which is much cheaper than petroleum, the most viable alternative.

Accidents de la route Les autoroutes américaines tuent six fois plus de cerfs par an que les chasseurs. Au Royaume-Uni, quelque 100 000 lapins, 100 000 hérissons, 47 000 blaireaux et 5 000 effraies finissent chaque année sous les roues des voitures et, d'après les estimations, 30 % de la population amphibie (dont plus d'un million de crapauds) finirait aplatie sur l'asphalte. Vous aspirez à sauver quelques vies ? Adoptez cette alarme pour animaux. Dès que vous atteindrez 45 km/h au compteur, l'appareil émettra deux signaux sonores à haute fréquence pour avertir les animaux que vous arrivez droit sur eux. Placez-le à l'avant de votre véhicule, pour leur laisser le temps de dégager la voie.

Pneu Sans la vache, l'industrie du transport pourrait être immobilisée. Les acides extraits de la graisse bovine sont utilisés dans la fabrication de pneumatiques (pour enduire le caoutchouc), de bitume (comme liant) et de revêtements intérieurs pour automobiles. L'animal n'étant pas une denrée rare – on en a abattu 265 millions en 1996 – sa graisse ne coûte que 0,06 $ US la livre, bien moins cher, donc, que le pétrole, produit de substitution le plus viable.

Cobbs
Airflow Activated

MADE IN AMERICA

MADE IN AMERICA

DEER WARNING

For Deer On The Highway Or Animals On City Streets

- Snaps Apart
- Removes From Base
  ...For Easy Cleaning

ETL TESTING LAB

CERTIFIED PERFORMANCE

To the average duck, gravel and lead shot look pretty similar. Foraging for food, ducks are likely to peck at both. But while a little gravel doesn't hurt (birds need it to help them digest food), lead poisons the central nervous system, leaving the bird too weak to eat and killing it within days. In Spain, where hunters' shotguns scatter some 3,000 tons of lead pellets every season, an estimated 27,000 birds die of lead poisoning each year. With this ecological shotgun cartridge, though, waterfowl can peck in peace: Made of tungsten and steel, it's lead-free, sparing birds a slow death—and ensuring that hunters have plenty to shoot next season.

Le canard moyen ne fait guère de différence entre le gravier et la grenaille de plomb. En fourrageant le sol pour trouver sa nourriture, il risque fort de picorer l'un et l'autre. Or, si un peu de gravier ne lui fait aucun mal (les oiseaux en ont besoin pour digérer les aliments), il n'en va pas de même du plomb, qui empoisonne les centres nerveux. Le canard devient trop faible pour s'alimenter et meurt en quelques jours. En Espagne, où les carabines des chasseurs répandent en saison quelque 3 000 tonnes de petit plomb, 27 000 oiseaux sont victimes chaque année d'un empoisonnement au plomb. Grâce à cette cartouche de carabine écologique, le gibier d'eau pourra désormais s'emplir le gésier en paix. Bourrée d'une grenaille composée de tungstène et d'acier, garantie sans plomb, elle épargnera aux oiseaux une mort lente et atroce – de quoi garantir aux chasseurs un gibier foisonnant l'année suivante.

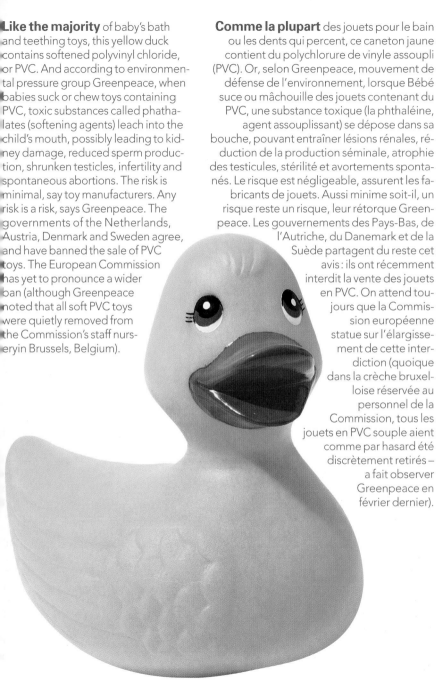

Like the majority of baby's bath and teething toys, this yellow duck contains softened polyvinyl chloride, or PVC. And according to environmental pressure group Greenpeace, when babies suck or chew toys containing PVC, toxic substances called phathalates (softening agents) leach into the child's mouth, possibly leading to kidney damage, reduced sperm production, shrunken testicles, infertility and spontaneous abortions. The risk is minimal, say toy manufacturers. Any risk is a risk, says Greenpeace. The governments of the Netherlands, Austria, Denmark and Sweden agree, and have banned the sale of PVC toys. The European Commission has yet to pronounce a wider ban (although Greenpeace noted that all soft PVC toys were quietly removed from the Commission's staff nurseryin Brussels, Belgium).

Comme la plupart des jouets pour le bain ou les dents qui percent, ce caneton jaune contient du polychlorure de vinyle assoupli (PVC). Or, selon Greenpeace, mouvement de défense de l'environnement, lorsque Bébé suce ou mâchouille des jouets contenant du PVC, une substance toxique (la phthaléine, agent assouplissant) se dépose dans sa bouche, pouvant entraîner lésions rénales, réduction de la production séminale, atrophie des testicules, stérilité et avortements spontanés. Le risque est négligeable, assurent les fabricants de jouets. Aussi minime soit-il, un risque reste un risque, leur rétorque Greenpeace. Les gouvernements des Pays-Bas, de l'Autriche, du Danemark et de la Suède partagent du reste cet avis : ils ont récemment interdit la vente des jouets en PVC. On attend toujours que la Commission européenne statue sur l'élargissement de cette interdiction (quoique dans la crèche bruxelloise réservée au personnel de la Commission, tous les jouets en PVC souple aient comme par hasard été discrètement retirés – a fait observer Greenpeace en février dernier).

Horns What better defense against being cuckolded than your very own pair of horns? Hang a pair of goat horns over the door and worry no more. "You see, nine out of 10 married women around these parts will sleep with you," says Pibimar Carneiro, of Belém de Pará, Brazil. He's a riverboat gambler and former city councilman who claims to have cuckolded 35 men over his 54 years. Carneiro has never slept with the wife of a man who had horns hanging in the doorway. That doesn't mean they always work, though. "It's really all up to the woman."

Cornes Quelle meilleure défense contre le cocuage qu'une bonne paire de cornes bien à vous ? Accrochez celles d'une chèvre au-dessus de votre porte, et plus de souci à vous faire. « Vous savez, neuf femmes mariées sur 10 dans ce coin coucheraient avec n'importe qui » révèle Pibimar Carneiro, un Brésilien de Belém de Pará. Grand joueur devant l'Eternel, cet ancien conseiller municipal qui hante les casinos flottants se targue d'avoir cocufié 35 maris en 54 ans d'existence. Toutefois, jamais Carneiro n'a dormi avec l'épouse d'un homme qui avait accroché des cornes à son seuil. Cela ne signifie pas qu'elles fonctionnent à tous coups. « En fait c'est la femme qui décide. »

Scrotum A whole kangaroo is worth about A$5,000 (US$2,500). The hide is used for shoes and leather accessories, the meat is marketed mainly as food, and the scrotum makes this handy purse for carrying loose change.

Scrotum Un kangourou entier vaut environ 5000$A. La peau est utilisée pour fabriquer des chaussures et des articles de maroquinerie, la viande approvisionne principalement les boucheries, et les bourses deviennent... des bourses (comme celle-ci), très pratiques pour porter votre menue monnaie.

Nyami-nyami is the Zambezi river god in Zambia. He lives in a snake with the head of various animals—the horse is the most popular. It's believed that wearing a pendant keeps the spirit of the god with you and protects you from river hazards (such as capsizing, or attacks by hippos and crocodiles).

Nyami-nyami est le dieu du fleuve Zambèze, en Zambie. Il vit dans un serpent à tête d'animaux divers (la plus courante est celle du cheval). Si vous le portez en pendentif, vous dira-t-on, vous restez en contact avec son esprit, qui vous protègera des dangers de la rivière (tels les naufrages et les assauts d'hippopotames ou de crocodiles).

Elephants bring good luck.
But an adult elephant eats 200kg
of fruit and vegetables a day, so it's
a costly charm. A cheaper alternative
is this Turkish amulet, which sports
an elephant and an eye in a heart (to
protect against evil).

**L'éléphant est un porte-bon-
heur** qui revient cher, si l'on pense
qu'un pachyderme adulte mange
200 kg de fruits et de végétaux par
jour. Ne vous ruinez pas : portez plutôt
ce talisman turc orné d'un éléphant
et d'un œil à l'intérieur d'un cœur
(afin, précisément, de protéger
du mauvais œil).

Surume The Japanese like formal engagements. Dried squid, or su-rume, is just one of several items couples exchange at the ceremony. Surume must be chewed a long time to get the full flavor—just as time must be spent on a relationship to fully appreciate one's partner.

Surume Les Japonais aiment les fiançailles offi-cielles. Entre autres présents échangés par le couples lors de la cérémonie, on trouve le ca mar séché ou surume. Il doit être mâché long temps avant de libérer sa pleine saveur, tou comme il faut un certain temps, dans une rela tion, pour apprécier l'autre à sa juste valeu

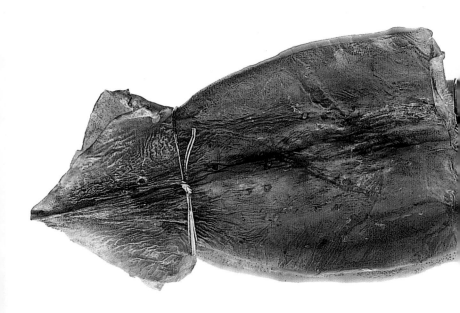

Not now, dear In conditions of stress, female armadillos can delay implantation of fertilized eggs until things improve. Then, after gestation, they usually give birth to four puppies. The armadillo is not only a fascinating mammal—it's also widely used for curative purposes in Colombia. All parts of the animal can be used for something: People drink the animal's fresh blood to cure asthma, and pregnant women with morning sickness grind up a 2cm piece of shell and drink it daily. Maybe that's why the armadillo is an endangered species in Colombia.

Pas ce soir, chéri En situation de stress, l femelle du tatou peut retarder la nidificatio d'un ovule fécondé jusqu'à des jours meilleurs Après la gestation, elle donne alors naissanc à quatre petits. Non content d'être en soi u mammifère tout à fait fascinant, le tatou es aussi très apprécié en Colombie pour ses ve tus curatives. Toutes les parties de son corp trouvent leur usage : par exemple, on boi son sang frais pour soigner l'asthme, et l'o conseille aux femmes enceintes souffrant d nausées matinales de boire chaque matin 2 cn de carapace, moulus dans un peu d'eau. C qui explique peut-être que le tatou soit e Colombie une espèce menacée

Cocktail At the Longshan Distillery in Wuzhou City, China, a red-spotted lizard is about to die. It is plump, healthy and one year old—the prime age for slaughtering, says Longshan manager Lin Xiongmu. In a matter of seconds, the lizard is slit open from anus to throat, disemboweled and stuffed into a bottle of rice wine. The bottle is left to mature for a year, essence of lizard mingling with the astringent alcohol. Drinking *hakai gui*, or lizard liquor, has been a tradition in China since the Ming Dynasty, explains Lin. "The lizard has life-enhancing properties," adds another manager, "helping you live longer and revitalizing you generally." Unfortunately, nobody at the distillery can explain how. But the longer you leave the lizard in the bottle, Lin insists, the more potent the potion becomes: "The lizard will be fine in there for 30 or 40 years," he assures. "It might even last forever."

Cocktail A la distillerie Longshan de Wuzhou, en Chine, un lézard rouge tacheté va mourir. Il est sain, dodu et n'a pas plus d'un an – le bon âge pour l'abattage, commente le gérant de Longshan, Lin Xiongmu. En quelques secondes, le reptile sera incisé de l'anus à la gorge, éviscéré et plongé dans une bouteille d'alcool de riz. Celle-ci est laissée au repos pendant un an, jusqu'à maturation – le temps que l'essence de lézard imprègne la saveur astringente de l'alcool. En Chine, la tradition du *hakai*, ou liqueur de lézard, remonte à la dynastie Ming, précise Lin. « Le lézard a des vertus régénératrices, ajoute un autre responsable. Il prolonge la vie et procure un regain de vitalité. » Quant à savoir comment, personne à la distillerie n'est en mesure de l'expliquer. Néanmoins, une chose est certaine : plus vous laissez longtemps le lézard dans la bouteille, insiste Lin, plus la potion sera efficace. « Il se préserve bien trente ou quarante ans là-dedans, assure-t-il. Peut-être même qu'il ne se détruit jamais. »

After nine months of munching lichen on the frozen plains of Røros in northern Norway, a young reindeer calf is rounded up, led into a small stall and pummeled on the head with a pneumatic hammer gun. Within two minutes it has been bled, skinned, dehorned and decapitated. Its antlers and penis are shipped to Asia to be sold as aphrodisiacs. The skins are fashioned into car seat covers and sold at auto shops. The prime cuts of meat might make it to a wedding banquet in Oslo. The lower quality "production meat" is sent to the Trønder Mat company, which grinds it, blends it with lard and spices, and mechanically molds it into bite-size balls. Trønder Mat manufactures 1.5 million cans of Joika brand reindeer meatballs a year (bottom center). Hermetically sealed and sterilized at 121.1°C, they can sit on the supermarket shelf for up to 10 years.

Canned meat

Spam is a canned combination of pork shoulder and ground ham, but for some reason it has become a cultural icon in the USA, where 3.6 cans are consumed every second. In Korea Spam has become an object of intense devotion. Stylishly presented in gift boxes, Spam rivals roasted dog as the Koreans' favorite delicacy.

Après neuf mois insouciants passés à mâchonner des lichens dans les plaines glacées de Røros, dans le Grand Nord norvégien, il arrive au jeune renne une fâcheuse aventure : il est capturé et conduit dans une petite étable, où un malotru lui éclate le crâne au pistolet pneumatique. Deux minutes plus tard, le voilà saigné, dépecé, décorné et décapité. Ses bois et son vit sont expédiés en Asie pour y être vendus comme aphrodisiaques. Sa peau, transformée en housses de sièges, finira dans les boutiques d'accessoires automobile. Avec un brin de chance, les meilleurs morceaux de sa viande seront servis à la table d'un banquet de noces à Oslo. Quant aux bas morceaux, de qualité dite « industrielle », ils seront expédiés à la société Trønder Mat pour y être hachés, agrémentés de lard et d'épices, puis moulés mécaniquement en petites boulettes. Trønder Mat en produit ainsi 1,5 million de boîtes par an, sous la marque Joika (en bas, au centre). Une fois hermétiquement scellées et stérilisées à 121,1°C, elles se conservent dix ans sur les rayons des supermarchés.

Viande en boîte La mortadelle version US (Spam) n'est guère qu'une banale charcuterie en conserve, mélange d'épaule de porc et de jambon haché, mais, pour une raison obscure, elle est devenue un élément incontournable de la gastronomie nationale – les Américains en dévorent 3,6 boîtes à la seconde. En Corée, le Spam fait même l'objet d'une intense dévotion : vendu dans un emballage soigné, sous forme de boîte-cadeau, il rivalise avec le chien rôti au panthéon des gourmandises locales.

Taste enhancer "If it tastes too strong, it's been dead too long," warn the makers of Roadkill BAR-B-Q sauce. Designed to enhance the flavor of all those dead animals you find by the side of the road, the sauce even brings out the flavor of skunk.

Agent de saveur « Si le goût est trop fort, c'est que la bête est morte depuis trop longtemps », avertissent les fabricants de la Roadkill BAR-B-Q Sauce (sauce barbecue pour animaux écrasés). Conçue pour agrémenter les viandes d'animaux morts trouvés au bord des routes, cette sauce agit comme un révélateur de goût, et peut même rehausser la saveur de la mouffette.

A jackhammer pistol punches a hole through the cranium of a 6-month-old calf. A metal rod is rammed into the hole and forced through the calf's brain and spinal column, stopping its kicking. A chain winches the calf to the ceiling, where its throat is slit. Still beating, the heart helps flush blood from the body. Head, hooves and hide removed, the carcass is trucked to wholesalers and the fat to processing plants (where it becomes lipstick and shaving cream). The skin is boiled in water, leaving a residue that is filtered, dried and ground into powdered gelatin. At the Atlantic Gelatin company near Boston, USA, the powder is mixed with sugar, adipic acid, fumaric acid, disodium phosphate, sodium citrate, red dye number 40 and artificial flavoring—and called Jell-O®. Two million boxes of the dessert are sold every day worldwide. Prepared and properly stored in the fridge, Jell-O® stays fresh for up to three days.

Un pistolet pneumatique perfore pour commencer le crâne du petit veau, âgé de six mois. Un tube métallique, aussitôt introduit par l'orifice, transperce le cerveau et la moelle épinière pour faire cesser les ruades. Puis l'animal est treuillé jusqu'au plafond où on le suspend tête en bas, afin de lui trancher la gorge. Les battements du cœur, qui palpite encore, facilitent l'expulsion du sang hors du corps. Une fois les sabots enlevés, une fois la bête décapitée et écorchée, la carcasse est expédiée par camion jusqu'aux chambres froides des grossistes. La graisse finira dans des usines où elle sera transformée en rouge à lèvres et en mousse à raser. La peau, mise à bouillir, laisse dans l'eau un résidu, à son tour filtré, séché et moulu en poudre de gélatine. Chez Atlantic Gelatin, près de Boston, aux Etats-Unis, ladite poudre est additionnée de sucre, d'acide adipique, d'acide fumarique, de phosphate de sodium, de citrate de sodium et d'arômes artificiels, puis colorée à la teinture rouge n° 40 – et la voilà devenue Jell-O®. Deux millions de boîtes de ce dessert sont vendues journellement dans le monde. Après préparation, Jell-O® se conserve trois jours au réfrigérateur.

Make animal fat soap. Buy some fat from your local butcher, boil it in water, skim off the fat and mix it with silicates and perfumes of your choice. Pour the mixture into wooden boxes, let it set and then cut into bars. Vegetarians can wash with olive oil soap. Savon de Marseille, or Marseille soap, contains 72 percent olive oil. It has no coloring agents and it is recommended by many dermatologists and pediatricians for its antibacterial and hypoallergenic qualities.

Fabriquez du savon à la graisse animale. Pour ce faire, achetez un bloc de saindoux chez votre boucher, faites-le bouillir, écumez la graisse et additionnez-la de silicates et de parfums à votre convenance. Placez le mélange dans des boîtes en bois, laissez durcir, puis couper en pains de savon. Végétariens effarouchés, vous avez un recours : lavez-vous avec un savon à base d'huile d'olive. Le savon de Marseille en contient 72 %. Sans colorants, il est recommandé par nombre de dermatologues et de pédiatres pour ses qualités antibactériennes et hypoallergiques.

Dine in style at Fido's Doggie Deli in the USA. On weekends this retail store becomes a select animal restaurant. Dog snacks contain no meat, sugar or cholesterol. Their motto? "We do not serve cat and dog food, we serve food to dogs and cats."

Dîner grand style assuré chez Fido's Doggie Deli, aux Etats-Unis. Le week-end, cette boutique se mue en restaurant animalier tout ce qu'il y a de plus sélect. A preuve, la collation pour chien ne contient ni viande, ni sucre, ni cholestérol. La devise de la maison ? « Nous ne servons pas de nourriture *pour* chiens et chats, nous servons des repas *aux* chiens et chats. »

Obesity is the leading health risk for dogs and cats. In the USA alone, more than 50 million dogs and cats are overweight and likely to develop diabetes and liver disease, among other ailments. Put your pudgy pet on Pet Trim diet pills. Cats and dogs can lose 3 percent of their body fat in two weeks.

L'obésité est le facteur de risque n°1 pour la santé des chiens et chats. Aux seuls Etats-Unis, plus de 50 millions d'entre eux sont obèses, ce qui décuple leurs risques de contracter un diabète ou une maladie du foie – entre autres affections. Votre animal est un peu enrobé ? Vite, donnez-lui des pilules amaigrissantes PetTrim. Chats et chiens peuvent perdre jusqu'à 3 % de leur graisse en deux petites semaines.

Pets Thirsty Dog! is veterinarian-recommended and enriched with vitamins and minerals to keep your dog healthy. It substitutes tap water or is poured over food. No need to refrigerate. Also available: Fish-flavored Thirsty Cat!

Animaux de compagnie
Recommandée par les vétérinaires,
enrichie en vitamines et en sels minéraux, Thirsty Dog ! (toutou a soif)
est la boisson des chiens en forme.
Elle remplace l'eau du robinet ou
s'ajoute à la pâtée, et se préserve à température am-
biante. Egalement
disponible : Thirsty
Cat ! goût poisson.

THE DAILY PET DRINK℠

ThirstyCat!™

Vitamin
Enriched!

Mineral
Enriched!

Use daily
instead
of tap
water or
pour over
dry food!

TANGY FISH FLAVOR
VETERINARIAN RECOMMENDED!

33.8 U.S. FL. OZ. (1 LITER)

Dog wheelchair "Tippy has had no trouble coping with his cart. He takes corners with one wheel," reads a letter quoted in the K-9 Cart Company brochure. Tippy is paralyzed, and a K-9 Cart has changed his life. With his hind limbs supported, he can run around like other dogs and not feel left out of games in the park. This simple device has also restored mobility to paralytic cats, rabbits, sheep and goats. Wheels should be oiled once a week. Replacement parts are available.

Fauteuil roulant pour chien « Tippy n'a pas eu de problème pour s'adapter à son chariot. Il prend les virages sur une roue », témoigne une lettre citée dans la brochure du fabricant de chariots K-9. Tippy est paralysé, et son chariot K-9 a changé sa vie. Ses membres postérieurs se trouvant ainsi soutenus, il peut gambader comme les autres chiens et ne se sent pas exclu des jeux dans le parc. Cet équipement très simple a également rendu leur mobilité à des chats, des lapins, des moutons et des chèvres paralysés. Les roues doivent être graissées une fois par semaine. En cas de problème mécanique, des pièces de rechange sont disponibles.

Antifreeze for cars tastes sweet and may be used by animals to quench their thirst. Unfortunately, it can cause kidney failure. Don't let your animal get too thirsty during hikes, walks or long car rides. Take along the "Lap" of Luxury Traveling Pet Water Fountain and Sports bottle. The portable unit is easy to assemble.

Les antigels auto ont un goût sucré, et les animaux les lapent volontiers pour se désaltérer. Malheureusement, ils provoquent des insuffisances rénales. Ne laissez pas votre chien se déshydrater lors de vos randonnées, promenades et autres longs voyages en voiture. Emportez ce «lapeur» de luxe, fontaine à eau de voyage pour animal accompagné de sa gourde. Il s'agit d'un kit portatif, très facile à assembler.

Launched in 1987, the US Pooch pet cosmetic line offers a variety of scents for dogs. Le Pooch (for him) is spicy; La Pooch (for her) is "a musky fragrance, but at the same time elegant and floral."

Lancée en 1987, la ligne de cosmétiques américaine Pooch propose toute une gamme de parfums pour chien. Le Pooch (pour lui) est légèrement épicé ; La Pooch (pour elle) est « un parfum alliant de troublantes senteurs musquées à l'élégance d'un bouquet floral ».

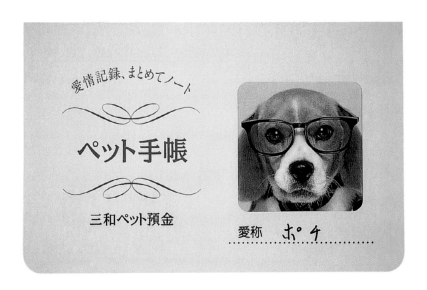

愛情記録、まとめてノート

ペット手帳

三和ペット預金

愛称　ポチ

Open a pet account at Japan's Sanwa Bank. Take your pet—and at least ¥1 (US$0.9)—to any branch. Your pet gets its own account book and a notebook to keep pictures and personal data in. The accounts can be used to save money for pet expenses like haircuts, illnesses and funerals.

Ouvrez un compte à votre animal à la banque japonaise Sanwa. Pour ce faire, présentez votre chouchou dans n'importe quelle agence et effectuez un versement d'au moins 1 ¥ (0,9 $ US): le cher trésor en ressortira nanti de son propre livret de comptes et d'un carnet permettant de ranger photos et documents personnels.

Bon prétexte pour constituer un compte-épargne dont les provisions couvriront les frais de toilettage, de vétérinaire et d'obsèques.

The US owner of the Shaggylamb Dog Boots company developed coats and booties to keep her sheepdogs from tracking dirt into the house. She also designs coats for cats and other pets. Her latest accessories include a weather-resistant cast for pets with injured limbs.

Pocket kitsch If you can't get enough of kitschy items, try the Hello Kitty credit card from Japan. Issued by the Daiichi Kangyo Bank (their motto: "The bank with a heart"), the credit card lets everyone know that you are the King or Queen of kitsch.

La fondatrice américaine de la compagnie Shaggylamb Dog Boots a lancé une ligne canine d'imperméables et de bottes, exploitant l'idée qu'elle avait eue pour ses propres chiens de berger afin qu'ils ne salissent pas la maison. Elle crée également des vêtements de pluie pour chats et autres animaux domestiques. Sa dernière trouvaille : un plâtre imperméable pour animaux souffrant de fractures.

Kitsch de poche Infatigables chasseurs de kitsch, cette carte de crédit japonaise Hello Kitty ne déparera pas votre collection. Délivrée par la banque Daiichi Kangyo (dont la devise est : « La banque qui a du cœur »), elle vous consacrera roi ou reine incontestés du vrai mauvais goût.

MUSIC FOR HEALTHY PETS
CRCI-20065

愛犬の為のストレス解消音楽

動物を愛する人と、ペットの為の精神栄養音楽

Stressed pets can now unwind with Music for Healthy Pets. "Cheerful but serene music is good for dogs and romantic music is good for cats," says Japanese veterinarian Norio Aoki.

Les animaux stressés peuvent désormais se détendre en écoutant ce CD intitulé *Music for Healthy Pets* (musique pour animaux de compagnie en bonne santé). « Un air joyeux mais serein fait le plus grand bien aux chiens ; pour les chats, une mélopée romantique convient mieux », indique le vétérinaire Norio Aoki.

More than 80 percent of dogs over 3 years old show signs of gum disease, according to the American Veterinary Dental Society Gum disease (or gingivitis) doesn't only cause bad breath—it can lead to tooth loss and perhaps even heart disease. Use Petrodex Dental Care Kit for Dogs to protect your canine friend. It comes complete with toothbrush, Original Flavor toothpaste with flouride, teeth cleaning pads and a finger brush.

Plus de 80 % des chiens présentent après 3 ans des signes d'infection gingivale ou gingivite, selon les statistiques de la Société américaine d'odontologie vétérinaire. Un mal à ne pas prendre à la légère : non seulement il charge l'haleine, mais il peut entraîner des chutes de dents, voire des troubles cardiaques. Allons, c'est votre meilleur ami – protégez ses gencives en utilisant le kit d'hygiène dentaire pour chiens Petrodex, vendu prêt à l'emploi, avec sa brosse à dents, son dentifrice fluoré au goût spécialement étudié (exigez le Original Flavor), ses tampons lave-dents et sa brosse à doigts.

Life is better with a furry friend. Pets give love, regardless of age, gender or sexual orientation. The Delta Society, USA, a pioneer in animal-assisted therapy, provides pets and their owners with training and certification for visits to nursing homes and hospitals. "I think this is good for people who need change and comfort," says Francie Jonson of Coquille, Oregon, who escorts a llama named Elizabeth Abiding Joy (Lizzie). "Llamas have big soft eyes that just look at you and say, 'I'm right here if you need me.' They're warm and fuzzy; people love that." But pets don't just offer unconditional affection or a reason to get out of bed in the morning. Research shows that being with them reduces your heart rate, blood pressure, and even cholesterol levels. At nursing home facilities in New York, Missouri and Texas, mortality rates went down by 25 percent within two years after animals were introduced, and medication costs dropped nearly US$3 per patient per day.

La vie est plus belle avec un ami poilu. Les animaux de compagnie aiment sans discrimination d'âge, de sexe ou de sexualité. Basée aux USA et pionnière dans le domaine de la zoothérapie, l'association Delta procure aux animaux et à leurs maîtres la formation et les permis nécessaires pour effectuer des visites aux malades dans les hôpitaux. « La présence d'un animal fait beaucoup de bien à tous ceux qui ont besoin de nouveauté, de réconfort, assure Francie Jonson, de Coquille (Oregon), qui escorte pour sa part un lama nommé Elizabeth Joie Eternelle – Lizzie pour les intimes. Les lamas ont de grands yeux doux, qui vous disent 'Si tu as besoin de moi, je suis là'. Ils sont tout chauds, tout poilus, les gens adorent ça. » Cependant, les animaux font bien plus que vous aimer ou vous fournir une raison de sortir du lit le matin. Des recherches ont prouvé leur effet salutaire sur le rythme cardiaque, la tension artérielle, voire le taux de cholestérol. Deux ans après l'introduction d'animaux dans les maisons de santé de l'Etat de New York, du Missouri et du Texas, les taux de mortalité ont chuté de 25 %, et les frais médicaux ont été réduits de 3 $US par patient et par jour.

Ants The combined weight of all the ants in Africa is more than that of all the continent's elephants. Worker ants are sterile females who work for their queen. See them toiling in your own ant farm. But since it's illegal to ship queen ants, resign yourself to seeing the colony die off after three months or so.

Fourmis Additionnez le poids de toutes les fourmis africaines : il dépassera celui de tous les éléphants du continent. Chez les fourmis, les ouvrières sont des femelles stériles affectées au service de leur reine. Observez ces tâcheronnes chez vous, en constituant votre propre foumilière. Sachez néanmoins que le transport des reines est strictement prohibé : attendez-vous donc à voir s'éteindre votre colonie après trois mois environ.

body
pour le corps

Diagnostic toilet paper, Japan
Papier toilette-diagnostique (Japon)

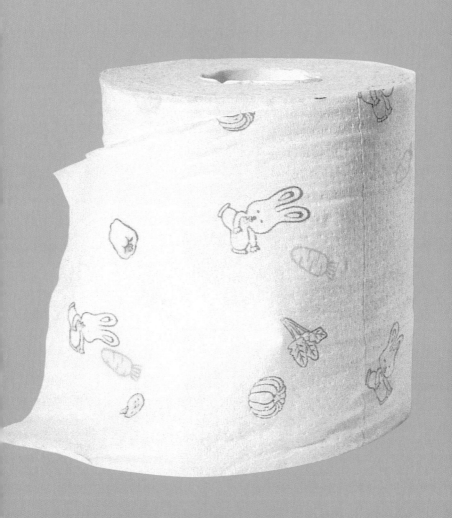

Charcoal does wonders for your teeth, say the manufacturers of India's Monkey Brand Black Tooth Powder. Despite its sooty color, charcoal powder "acts as bleach on tooth enamel, actually whitening the teeth." Add to the charcoal such local herbs as thymol, camphor, eucalyptus and clove, and you have "one of the best home remedies for toothache and bleeding gums."

Wood This is a very special tooth-brush, says Dr. Alberto Bissaro of the Piave toothbrush company in Italy. "Its handle is made of Italian maple wood. And no protected trees were cut down to make it." Instead, Piave uses discarded cuttings from the local furniture industry.

Le charbon de bois fait merveille en usage dentaire, clame le fabri-cant de Monkey Brand, poudre dentifrice noire indienne. Malgré sa couleur de suie, la poudre de charbon de bois « a une action dé-colorante sur l'émail et blanchit votre dentition très perceptible-ment ». Ajoutez quelques herbes locales – thym, camphre, eucalyp-tus et clou de girofle – et vous ob-tenez « un des remèdes maison les plus efficaces contre les rages de dents et les gingivites »

Bois Voilà un modèle très spécial, assure le Dr Alberto Bissaro, qui œuvre pour le fabricant de brosses à dents italien Piave. « Son manche est en érable d'Italie, et aucun arbre protégé n'a été abattu pour la fabriquer. » Chez Piave, on préfère utiliser les chutes de bois fournies par les entreprises de menuiserie locales.

MEDIO/MEDIUM

spazzolino in *LEGNO NATURALE* con *SETOLE MEDIE*

Ecologic®

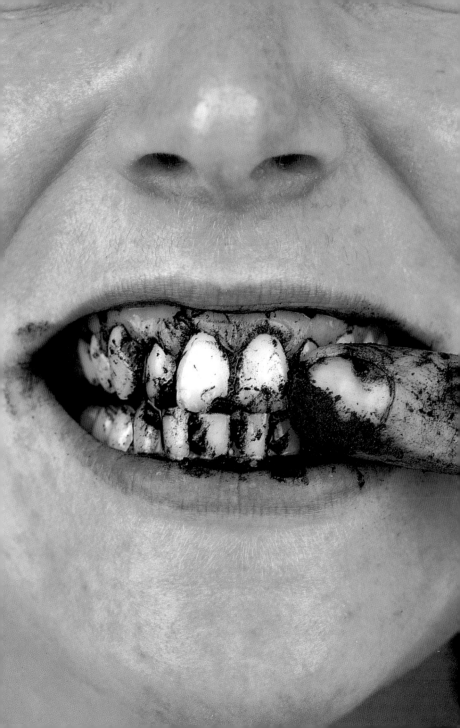

Toothbrushing twigs promote excellent dental hygiene. Scientists say twigs such as this *mushwagi* from Kenya contain powerful oils and abrasives (including silicon) that wear away stains. Simply gnaw on one end and use the resulting soft fibers as a brush.

La branchette-brosse à dents garantit une excellente hygiène dentaire. Les spécialistes le confirment : certaines plantes, tel ce rameau de *mushwagi* du Kenya, contiennent des huiles essentielles très agissantes et des abrasifs (dont la silice) qui suppriment les taches. Il suffit de ronger l'une des extrémités et d'utiliser le doux plumeau de fibres écrasées ainsi obtenu comme brosse à dents.

Stripes With annual international sales of US$486 million, Aquafresh ranks among the three best-selling toothpastes in all 65 countries where it's sold. Why is it so popular? Perhaps because Aquafresh sponsors the world's only professional car-racing dentist, Dr. Jack Miller. Or maybe it's the bubble gum-flavored Aquafresh toothpaste for kids. Or maybe it's their toll-free number for free dental advice. But probably it's just the stripes.

Rayures Avec un chiffre de ventes annuel atteignant les 486 millions de dollars US, Aquafresh se classe parmi les trois marques de dentifrice les plus achetées dans les 65 pays où elle est commercialisée. Pourquoi un tel succès? Peut-être parce qu'Aquafresh sponsorise le Dr Jack Miller, seul dentiste pilote de course professionnel dans le monde? Ou bien grâce au nouveau parfum chewing-gum d'Aquafresh pour enfants? Ou au numéro vert de la marque, un service-conseil dentaire gratuit? Mais peut-être est-ce juste une question de rayures...

Most smokers take up the habit between the ages of 12 and 16. But some are inhaling before they've left their mother's womb. Smokey Sue Smokes for Two demonstrates how many toxins an unborn child takes in from its mother's cigarettes. As the doll puffs away, the smoke passes into the jar below, which holds a lifelike model of a seven-month fetus. The more Sue smokes, the dirtier the water representing the placenta. This fetus model is for teenagers; another Smokey Sue, complete with blackening lungs, is available for younger children. Handle Smokey Sue with care: Unfiltered cigarettes burn her mouth.

Sprayed into the nostrils up to 32 times a day, Nicorette nicotine nasal spray is supposed to alleviate smokers' withdrawal symptoms and cravings.

La plupart des fumeurs ont grillé leurs premières cigarettes entre 12 et 16 ans. Il est cependant des individus qui inhalent de la fumée avant même d'avoir quitté le ventre de leur mère. Fifi-la-Fumeuse qui Fume pour Deux permet de visualiser toutes les toxines qu'absorbe un fœtus lorsque sa mère fume. Chaque fois que la poupée tire une bouffée de cigarette, la fumée est acheminée vers le bocal qui lui tient lieu de support, lequel contient un fœtus de 7 mois (très ressemblant). Plus Fifi fume, plus l'eau représentant le placenta se trouble. Ce modèle avec fœtus est destiné aux adolescents ; pour les plus jeunes, il existe un autre modèle de Fifi-la-Fumeuse, avec des poumons qui noircissent. Manipulez la poupée avec précaution : les cigarettes sans filtre lui brûlent les lèvres.

Vaporisé dans les narines (jusqu'à 32 fois par jour), le spray nasal Nicorette à la nicotine est censé atténuer les symptômes de manque et l'envie de fumer.

Halitosis (bad breath) kills status in Japan—and also the interest of your date. The Fresh Kiss portable halitosis meter measures exactly how bad your breath smells and offers advice on how to remedy the situation. Simply breathe into the meter. Three hearts on the display means you are clean— a black heart means trouble.

Une mauvaise haleine serait fatale à votre image au Japon (et ruinerait vos espoirs amoureux). Fresh Kiss, détecteur portable d'haleines fétides, mesurera la gravité de votre cas et vous indiquera comment y remédier. Soufflez dans l'appareil. Trois cœurs s'affichent ? Vous êtes irréprochable. Un cœur noir ? Agissez

Scraper Seventy-five percent of bad breath odor is caused by bacteria living on the tongue. Scrape them away with the Tidy Tongue, a plastic device that the manufacturers promise will leave you with "a healthier mouth and fresher breath"—as long as you scrape daily.

Grattoir Dans 75% des cas, une haleine fétide est imputable à des bactéries qui prolifèrent sur la langue. Faites place nette en récurant la vôtre avec Tidy Tongue (langue propre), un instrument en plastique qui vous assurera, ses fabricants le garantissent, « une bouche plus saine et une haleine plus fraîche » – à condition de l'utiliser quotidiennement.

Sperm "Just as a sperm penetrates an egg," reads the brochure, "Kevis [shampoo] penetrates the hair cuticle and forms a protective sheath around the hair shaft."

Sperme « Exactement comme un spermato-zoïde pénètre un ovule, lit-on sur la brochure, [le shampooing] Kevis imprègne la cuticule capillaire et enrobe le cheveu d'une gaine protectrice sur toute sa longueur. »

Soak in a vat of rice wine. Run a hot bath and add a little sake powder to get the fragrance of rice wine while bathing . Unlike the traditional Japanese drink, it is nonalcoholic.

Immergez-vous dans l'alcool de riz. En d'autres termes : faites couler un bain chaud et parfumez-le en y versant un peu de poudre de saké. Contrairement à la boisson traditionnelle japonaise, ce sel de bain est sans alcool.

Bird shit Some of the most beautiful people in Japan use bird feces to moisturize their skin. Nightingale Droppings is a traditional natural beauty product that can also be used to whiten your kimono.

Fiente Le secret des *beautiful people* au Japon? Ils s'hydratent la peau avec des déjections d'oiseau. La fiente de rossignol est un produit de beauté naturel traditionnel qui, incidemment, blanchira aussi votre kimono.

Dry Why would you need this dry mouth saline replacement gel? Sjogren's Syndrome is a rare condition that leaves you with no body fluids. It can mean that you have a dry mouth, increased yeast infections—and that you can't cry.

Sèche A quoi pourrait bien vous servir ce gel buccal salin de substitution ? Vous le sauriez si vous souffriez du syndrome de Sjogren, une maladie rarissime qui tarit la sécrétion de tous les fluides corporels. Imaginez : vous avez la bouche sèche, des mycoses à répétition, et impossible de vous tirer une larme.

Bugs Made with crushed red beetles from Chile and Peru, Diamant toothpaste from France tints gums a "healthy-looking shade of pink."

Bestioles La pâte dentifrice française Email Diamant est à base de scarabées écrasés en provenance du Chili et du Pérou. Grâce à elle, vos gencives prendront une belle teinte rose vif qui les fera paraître « éclatantes de santé ».

Skunk perfume was originally used by hunters so that deer couldn't smell them. Skunk scent is now packaged for domestic use in the USA. Some men even admit that the pungent smell of skunk is a turn-on.

Brise de mouffette Utilisée à l'origine par les chasseurs pour tromper l'odorat des cerfs, le parfum de mouffette est désormais vendu pour usage domestique aux Etats-Unis. Certains messieurs vous diront même que le fumet puissant du petit animal éveille l'appétit sexuel.

Sweat pads Watching a politician on TV raise her arm to wave to a crowd, Japanese housewife Nabuko Ogawa saw sweat stains. She also saw a business opportunity. "My mother thought that this was a problem all over the world," says Nabuko's son, translating for her over the phone. Now women everywhere can "say *sayonara* to sweat stains" with Nabuko's Trefeuille sweat-absorption pads. Made from "special 'French Pile' polyester," the pads sit in the armpits of your clothing, absorbing embarrassing excess perspiration before it hits your clothes. No wonder Nabuko, who sells 100,000 sets a year, is now a senior officer of the Japan Housewife Inventors League.

Tampons à sueur Un jour qu'elle regardait à la télévision une femme politique lever un bras pour saluer la foule, que ne vit pas la Japonaise Nabuko Ogawa, femme au foyer de son état? Des auréoles de transpiration! Et qu'entrevit-elle alors? Une occasion de faire des affaires. «Ma mère s'est dit que ce problème était universel», raconte le fils de Nabuko, traduisant au téléphone les propos de cette dernière. Désormais, toutes les femmes peuvent «dire *sayonara* aux taches disgracieuses sous les aisselles» grâce aux coussinets d'absorption Trefeuille mis au point par Nabuko. Confectionnés dans un polyester exclusif, le «feuilleté français», ils se calent sous les emmanchures et absorbent l'excès de sueur avant qu'il n'imbibe vos vêtements. Rien d'étonnant à ce que Nabuko, qui vend 100 000 paires de ces tampons par an, soit maintenant membre d'honneur de la Ligue japonaise des femmes au foyer inventeurs.

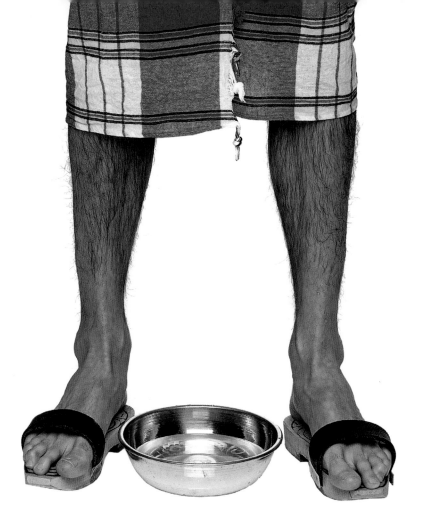

Steam clean "Clients rest in the sweating room for 10 minutes. Hot steam softens the skin. Then I rub the skin with a wash cloth to remove dead cells," says Riza Geniç, bath attendant at Cagaloglu Hamami, a Turkish bath. "I also give a massage." Wraparound towel, wooden clogs called *nalin*, and bowl included. Pamper yourself at Istanbul's oldest hammam, Galatasaray Hamami, built by Sultan Bayazit in 1481.

Nettoyage vapeur « Les clientes se détendent dix minutes en salle de sudation, le temps que la vapeur chaude leur amollisse la peau. Ensuite, je les frictionne avec un gant pour éliminer les cellules mortes, explique Riza Geniç, assistante de bain au hammam de Cagaloglu. Je fais aussi des massages. » Bassine, drap de bain et sabots de bois appelés *nalin* sont fournis par la maison. Allez vous faire dorloter au plus ancien hammam d'Istanbul, Galatasaray Hamami, édifié par le sultan Bayazit en 1481.

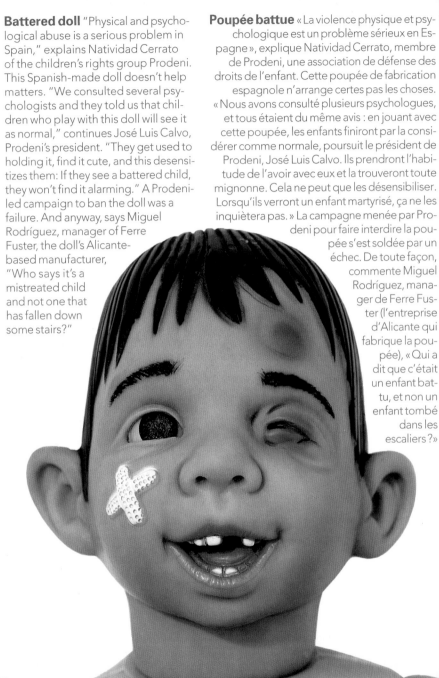

Battered doll "Physical and psychological abuse is a serious problem in Spain," explains Natividad Cerrato of the children's rights group Prodeni. This Spanish-made doll doesn't help matters. "We consulted several psychologists and they told us that children who play with this doll will see it as normal," continues José Luis Calvo, Prodeni's president. "They get used to holding it, find it cute, and this desensitizes them: If they see a battered child, they won't find it alarming." A Prodeni-led campaign to ban the doll was a failure. And anyway, says Miguel Rodríguez, manager of Ferre Fuster, the doll's Alicante-based manufacturer, "Who says it's a mistreated child and not one that has fallen down some stairs?"

Poupée battue « La violence physique et psychologique est un problème sérieux en Espagne », explique Natividad Cerrato, membre de Prodeni, une association de défense des droits de l'enfant. Cette poupée de fabrication espagnole n'arrange certes pas les choses. « Nous avons consulté plusieurs psychologues, et tous étaient du même avis : en jouant avec cette poupée, les enfants finiront par la considérer comme normale, poursuit le président de Prodeni, José Luis Calvo. Ils prendront l'habitude de l'avoir avec eux et la trouveront toute mignonne. Cela ne peut que les désensibiliser. Lorsqu'ils verront un enfant martyrisé, ça ne les inquiètera pas. » La campagne menée par Prodeni pour faire interdire la poupée s'est soldée par un échec. De toute façon, commente Miguel Rodríguez, manager de Ferre Fuster (l'entreprise d'Alicante qui fabrique la poupée), « Qui a dit que c'était un enfant battu, et non un enfant tombé dans les escaliers ? »

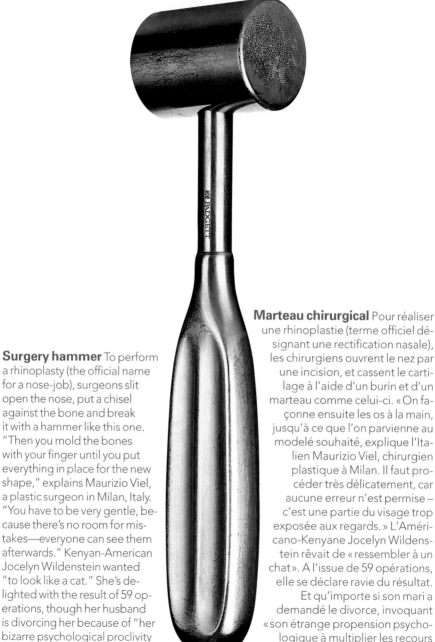

Surgery hammer To perform a rhinoplasty (the official name for a nose-job), surgeons slit open the nose, put a chisel against the bone and break it with a hammer like this one. "Then you mold the bones with your finger until you put everything in place for the new shape," explains Maurizio Viel, a plastic surgeon in Milan, Italy. "You have to be very gentle, because there's no room for mistakes—everyone can see them afterwards." Kenyan-American Jocelyn Wildenstein wanted "to look like a cat." She's delighted with the result of 59 operations, though her husband is divorcing her because of "her bizarre psychological proclivity to have continuing plastic surgery."

Marteau chirurgical Pour réaliser une rhinoplastie (terme officiel désignant une rectification nasale), les chirurgiens ouvrent le nez par une incision, et cassent le cartilage à l'aide d'un burin et d'un marteau comme celui-ci. « On façonne ensuite les os à la main, jusqu'à ce que l'on parvienne au modelé souhaité, explique l'Italien Maurizio Viel, chirurgien plastique à Milan. Il faut procéder très délicatement, car aucune erreur n'est permise – c'est une partie du visage trop exposée aux regards. » L'Américano-Kenyane Jocelyn Wildenstein rêvait de « ressembler à un chat ». A l'issue de 59 opérations, elle se déclare ravie du résultat. Et qu'importe si son mari a demandé le divorce, invoquant « son étrange propension psychologique à multiplier les recours à la chirurgie plastique ».

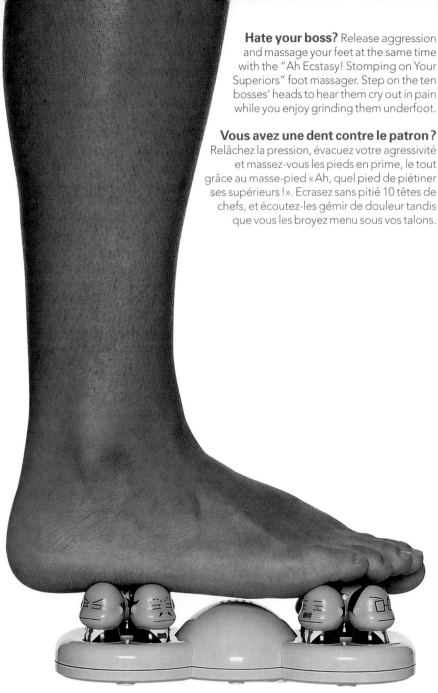

Hate your boss? Release aggression and massage your feet at the same time with the "Ah Ecstasy! Stomping on Your Superiors" foot massager. Step on the ten bosses' heads to hear them cry out in pain while you enjoy grinding them underfoot.

Vous avez une dent contre le patron ?
Relâchez la pression, évacuez votre agressivité et massez-vous les pieds en prime, le tout grâce au masse-pied «Ah, quel pied de piétiner ses supérieurs !». Ecrasez sans pitié 10 têtes de chefs, et écoutez-les gémir de douleur tandis que vous les broyez menu sous vos talons.

Ball A pacifier dipped in aniseed liqueur is used to calm crying babies in Spain. During ritual Jewish circumcisions the baby's pacifier is dipped in kosher sweet wine. But sugary liquids can rot an infant's primary teeth. Give your little one the Teether Ball. It squeaks when you squeeze it, smells of vanilla, and is washable.

Balle Bébé pleure-t-il ? Les Espagnols le calment à l'aide d'une tétine trempée dans de l'alcool anisé. Même procédé lors de la circoncision rituelle juive, la tétine étant cette fois trempée dans du vin doux casher. Néanmoins, les boissons sucrées peuvent carier les dents de lait. Optez donc pour cette balle perce-dents : elle est lavable, sent la vanille et couine lorsqu'on appuie dessus.

Sweat suit This plastic suit (plus a jar of mud) is supposed to burn off calories. "You sweat so much you literally turn the mud into a soup," says Lisa Silhanek, who bought her suit from New York's exclusive Anushka Day Spa. "I just step into the bag, smear the mud across my feet, legs and torso, and pull up the plastic suit to cover it all. The only tough part is spreading the mud across my back." For maximum effect, Lisa lies down and covers herself with heavy wool blankets. After 45 minutes (the mud should have reached 37°C by now), she jumps in the shower and washes it off. "The only problem," says Lisa, "is that the bathtub turns green."

Deodorant leaves

If commercial deodorants don't do the trick, try a traditional solution from the cattle-herding tribes of Kenya. Leleshwa leaves come from Kenya's most arid regions. Young men stick them under their armpits and hold them in place for several minutes. The leaves are used when visiting girls, especially after strenuous dancing or hiking. If leleshwa are not available where you live, try mint leaves (as we did for this picture): Effective, disposable, biodegradable and cheap.

Costume-sauna Cette combinaison en plastique (vendue avec son bidon de boue) est censée brûler les calories superflues. Comme l'explique Lisa Silhanek, qui a acheté la sienne chez Anushka Day Spa, une boutique ultra-chic de New York : « On transpire tellement là-dedans qu'on transforme littéralement la boue en soupe. J'entre dans le sac, je m'enduis les pieds, les jambes et le torse, et j'enfile la combinaison pour qu'elle me recouvre entièrement. La seule difficulté, c'est de s'étaler la boue dans le dos. » Pour un effet maximum, Lisa s'allonge et s'enveloppe d'épaisses couvertures de laine. Quarante-cinq minutes plus tard (dans l'intervalle, la boue devrait avoir atteint les 37°C), elle saute dans la douche et se décrotte soigneusement. « Le problème, avoue-t-elle, c'est que la baignoire devient verte. »

Feuilles déodorantes

Si les déodorants en vente dans le commerce ne font pas l'affaire, essayez une astuce traditionnelle des tribus de pasteurs kenyanes : les feuilles de *leleshwa*, venues tout droit des régions les plus arides du pays. Les jeunes gens se les collent sous les aisselles et les maintiennent ainsi quelques minutes. Ils ont recours à ce soin de toilette avant de rendre visite aux filles, particulièrement après une danse endiablée ou une longue marche. Pas l'ombre d'une feuille de leleshwa dans votre région ? Rabattez-vous sur les feuilles de menthe (comme nous l'avons fait pour cette photo) : efficaces, jetables, biodégradables et économiques.

Ninety percent of mouth cancer is caused by tobacco use. But with OraScreen, you can catch mouth cancer before it spreads. For easy detection, a simple series of mouthwashes stain any affected areas a bright blue.

Quatre-vingt-dix pour cent des cancers de la bouche sont provoqués par le tabagisme OraScreen vous permettra de déceler les premières adhérences avant qu'elles ne se propagent. Une simple série de bains de bouche successifs permet une détection aisée, les zones déjà atteintes apparaissant en bleu vif

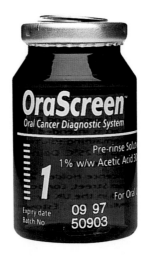

With 7.7 cigarettes smoked per person per day, the Japanese have found novel answers to some smokers' problems. The No-Cancer Holder is a plastic case that covers your cigarette, filtering out smoke and saving those around you from breathing it in.

7,7 cigarettes par personne et par jour : avec une telle consommation, les Japonais avaient quelque raison de chercher des réponses nouvelles aux problèmes de certains fumeurs. Voici l'une de leurs trouvailles : cet étui plastique anti-cancer recouvre votre cigarette, filtrant la fumée et épargnant ainsi les poumons de votre entourage.

Nipple lightener

"Do you care about having beautiful nipples while playing around with the boys?" asks the Liberty Company. "Do you wish to keep a divine body for your lover before the wedding?" In Japan, where pinkish Caucasian nipples are thought to be more beautiful than brown ones, women pondering these questions can turn to Liberty Virgin Pink, the country's most popular nipple lightening cream. Apply it daily and your nipples should lighten perceptibly within a few weeks. "The combined action of placenta and *Aloe vera* will slow down the production of melanin," promises the Libert brochure, "leaving your nipples a natural pink color."

薬用
Liberty
Virgin Pink
SPECIAL

e 65 g - NET W T.2.3OZ.

Décolorant pour mamelons

« Quand vous flirtez avec les garçons, songez-vous à la beauté future de vos mamelons ? s'enquiert la société Liberty. Souhaitez-vous garder un corps divin pour votre amant de cœur, avant le mariage ? » Au Japon, où les mamelons roses de type occidental sont plus prisés que les bruns, les femmes que tourmentent ces épineuses questions ont un recours : la crème Liberty « rose vierge », le plus en vogue des onguents éclaircissants pour mamelons. Appliquez-la chaque jour et vos aréoles s'éclairciront visiblement en quelques semaines. « L'action combinée du placenta et de l'aloe vera freinera la production de mélanine, promet la brochure de Liberty. Ainsi, vos mamelons prendront une couleur rose naturelle. »

UDDER CREAM

Sun and Frost
Protection

さとは
ウシ用!?

「酷暑の環境から酪農牛の
乳房を守るクリーム」を
元にヒト用に改良した
ボディクリームです。

Dairy farmers use creams as a softening agent on cow's teats after milking—and they were discovered to have the same softening effect on human skin. The Udder Cream has enjoyed an increase in popularity in Japan, where women massage the cream on their nipples.

Les éleveurs de l'industrie laitière utilisent des pommades pour assouplir les pis de leurs vaches après la traite. Mais un beau jour, que ne découvrit-on pas ? Que ces onguents avaient le même effet adoucissant sur la peau humaine ! Depuis, la crème pour mamelles connaît une popularité accrue au Japon, où les femmes l'appliquent sur leurs mamelons.

Feces odor tablets "We are entering an era in which people must be responsible for their odors," say the manufacturers of Etiquette, the pill from Japan for "people minding excrement smell." With more than 600,000 bottles sold in its first six months, Etiquette has found a special niche in the Japanese market: The company estimates that young women account for 40 percent of Etiquette's business. One customer, referred to as "Miss B," claims the pills have changed her life. "When I shared a hotel room," she says, "the odor was really embarrassing. I became constipated rather than going to the bathroom." According to the manufacturer, Etiquette's special mixture of green tea, mushrooms and sugar eliminates excrement odor by "eradicating the responsible elements during digestion." How confident is the company about its product? "After three or four days," its brochure says, "you'd have to put your nose in the excrement to smell it."

Cachets anti-odeurs pour les selles
« Nous entrons dans une ère où les gens devront assumer la responsabilité de leurs odeurs », entonne le fabricant d'Etiquette, la pilule japonaise destinée à « tous ceux qui se soucient de leur odeur fécale ». Avec plus de 600 000 boîtes vendues en six mois d'existence, ce produit semble avoir conquis un créneau spécifique du marché japonais. Selon les estimations du producteur, les jeunes femmes représentent en effet 40 % des consommateurs d'Etiquette. Et de citer « Mlle B. », cliente satisfaite dont ces comprimés ont changé la vie. « Quand je partageais une chambre d'hôtel, raconte-t-elle, l'odeur était vraiment embarrassante. Je préférais être constipée plutôt que d'aller aux toilettes. » Aux dires du fabricant, le mélange exclusif de thé vert, de champignons et de sucre qui compose ses pilules supprime les relents fétides en « éliminant les agents générateurs [de l'odeur] durant la digestion ». Jusqu'où va sa confiance en son produit ? « Après trois ou quatre jours, suggère la brochure, il vous faudra mettre le nez dans vos excréments pour sentir quelque chose. »

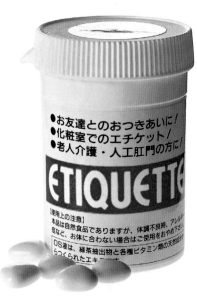

Energy In India, human feces may soon become a prized commodity. The social reform group Sulabh International has installed 3,000 public toilets throughout the country (men pay one rupee, women and children can go for free). Waste is channeled to 55 plants, where it is converted into "bioenergy" for cooking and electricity. "This is a new concept," says Sulabh director Bindeshwar Pathak. "It could be used in poor countries for hospitals and prisons, and in areas where there is no energy at all."

Energie En Inde, les excréments humains pourraient bientôt devenir une précieuse denrée. Le mouvement de réforme sociale Sulabh International a implanté 3000 toilettes publiques à travers le pays (les hommes paient une roupie, les femmes et les enfants entrent gratis). Les résidus collectés sont acheminés vers 55 usines où ils sont convertis en «bioénergie», utilisée pour la cuisine et la production d'électricité. «C'est un concept novateur, explique Bindeshwar Pathak, le directeur de Sulabh. Il pourrait trouver une application dans les pays pauvres, pour réduire les factures énergétiques dans les hôpitaux et les prisons, mais aussi dans les régions où il n'existe aucune source d'énergie.»

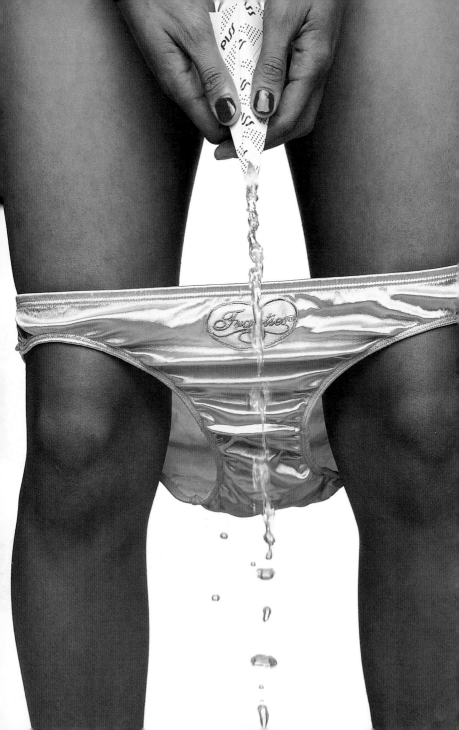

Urination funnel Now women can do it standing up with this simple paper cone. Sold in pharmacies and perfume stores throughout Venezuela, El Piss caters to women who are scared of contracting venereal diseases from dirty toilet seats. "Women love to use the cone," a Piss spokeswoman assured us, "especially those who work in the street and have to use public rest rooms." Aixa Sánchez is a satisfied Piss customer in Caracas. "It's easy to use," she says. "You just squeeze the cone to open it, push it up against your body and let fly. It feels a little strange at first, but it's fun." According to the spokeswoman, it's more than fun—it's a revolution: "A whole tradition is being overturned," she told us. "Our goal is to keep women everywhere from squatting down."

Entonnoir-urinoir La femme actuelle peut enfin uriner debout, grâce à ce simple cône en papier. Vendu en pharmacie et en parfumerie à travers tout le Venezuela, El Piss comblera toutes celles qui redoutent les germes vénériens sournoisement tapis sur les sièges W.C. crasseux. « Les femmes adorent utiliser notre cône, nous a affirmé la porte-parole de la société productrice, surtout celles qui travaillent dans la rue et doivent utiliser les toilettes publiques. » Aixa Sánchez est une cliente satisfaite de Caracas. « C'est facile à utiliser, assure-t-elle. Vous appuyez sur le cône pour l'ouvrir, vous vous le placez dans l'entrejambes, et vous ouvrez les vannes. Ça fait un peu drôle au début, mais c'est amusant. » C'est plus qu'amusant, renchérit la porte-parole susmentionnée : c'est une révolution – « le renversement de toute une tradition. Notre but est de faire en sorte que jamais plus les femmes n'aient besoin de s'accroupir. »

Urea (a derivative of urine) increases the ability of hardened skin tissue to absorb and retain moisture. Horse oil (from a horse's mane, tail and subcutaneous fat) is rich in linoleic acid and a powerful moisturizer. One cream contains both: Rub it on your elbows, knees, ankles, heels or wherever you have corns. Ideal for dishpan hands and chapped skin.

L'urée (dérivé de l'urine) aide l'épiderme desséché à absorber l'eau et à la fixer. Riche en acide linoléique, l'huile de cheval (extraite de sa crinière, de sa queue et de sa graisse sous-cutanée) est elle aussi un hydratant efficace. Or, voici une crème qui contient les deux : appliquez-la sur les coudes, les genoux, les chevilles, les talons ou toute autre partie calleuse du corps. Idéale pour la peau gercée et les mains abîmées par les vaisselles.

Sit Most toilets in India are squat toilets (a hole in the ground that you squat over). If you have a bad back or you're ill, you may not be able to squat. Buy a toilet seat stand to place over the hole for your use—it can easily be removed afterward so others in your family aren't forced to adapt to your new toilet habits.

Electric tablet If you have any qualms about picking through your own excrement, the Kremlin Tablet is not for you. So named because it was the favorite medicine of former Soviet president Leonid Brezhnev, the tablet is composed of two electrodes, a microprocessor and a handy battery checker. We're not too clear on the details (nor, for that matter, is the instruction manual), but the Kremlin Tablet seems to work something like this: Once swallowed, it settles in your digestive tract and starts emitting electrical impulses that cause your digestive muscles to contract. These contractions force "non-functioning areas" of the intestines to expel waste matter, leaving you with cleaner, healthier insides. The tablet's manufacturer, Komponent, also suggests inserting its product directly into the anus to alleviate chronic constipation. Either way, the pill passes naturally out of your system. The tablet can be used again and again. And that's where the part about the excrement comes in.

Asseyez-vous Le sous-continent indien ne connaît pratiquement que les W.C. « à la turque » (un trou ménagé dans le sol, au-dessus duquel il faut s'accroupir). Si vous souffrez du dos ou que vous êtes malade, c'est là une gymnastique qui pourrait vous devenir impossible. Offrez-vous ce siège toilette pliant, que vous placerez au-dessus du trou pour votre usage personnel – vous pourrez aisément le ranger ensuite, afin de ne pas forcer votre famille à s'aligner sur vos nouvelles mœurs excrétoires.

Pilule électrique Si l'idée de fouiller vos selles vous donne la nausée, la « pilule du Kremlin » n'est pas pour vous. Ainsi nommé parce qu'il fut le remède favori de l'ancien chef d'Etat soviétique Leonid Brejnev, ce comprimé

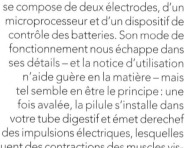

se compose de deux électrodes, d'un microprocesseur et d'un dispositif de contrôle des batteries. Son mode de fonctionnement nous échappe dans ses détails – et la notice d'utilisation n'aide guère en la matière – mais tel semble en être le principe : une fois avalée, la pilule s'installe dans votre tube digestif et émet derechef des impulsions électriques, lesquelles provoquent des contractions des muscles vis-céraux. Celles-ci obligent les « segments non-opérants » de l'intestin à évacuer les déchets, vous laissant ainsi la tripe purifiée et assainie. La firme Komponent, qui fabrique ce cachet, sug-gère également de l'introduire par voie rectale pour soulager la constipation chronique. De quelque extrémité qu'il vienne, il sera évacué par les voies naturelles. D'après notre cor-respondant à Moscou, la pilule du Kremlin est devenue l'un des traitements vedettes de la médecine parallèle, qui fait rage actuellement en Russie. Bien que son prix soit prohibitif, vous pourrez la réutiliser à volonté. D'où le pro-blème de fouilles évoqué plus haut.

In the 1950s, more than 95 percent of French homes sported bidets, largely as the result of public health campaigns. Today, they adorn less than half of Gallic bathrooms. Having trouble finding a bidet? Purchase portable Travel Washlet, a pocket-size fountain anus rinser. "Let's wash our butts. Let's wash them wherever we go," says manufacturer TOTO Corporation of Japan.

Dans les années 50, plus de 95 % des foyers français possédaient un bidet, essentiellement grâce aux campagnes de santé publique. A présent, pas même la moitié des salles de bains gauloises arborent encore cet ornement domestique. Impossible de dégoter un bidet ? Investissez dans un Travel Washlet, rince-anus de poche et de voyage. « Lavons-nous les fesses. Lavons-les où que nous soyons », professe le fabricant nippon, TOTO Corporation.

Dowsing isn't just about finding water. The ancient art can be used to detect minerals, pipes or cables. All it takes, according to the British Society of Dowsers, is a dowsing rod, patience and perseverance. Try out your dowsing skills with their beginner's kit; it includes a plastic dowsing rod and carrot-shaped wooden pendulum.

La radiesthésie ne se limite pas à la recherche d'eau. Cet art ancestral permet aussi de détecter minerais, câbles et tuyauteries. Rien de sorcier, assure la Société britannique de radiesthésie : il suffit d'une baguette de sourcier, de patience et de persévérance. Testez vos pouvoirs grâce à leur kit du débutant, qui comprend la baguette de rigueur (mais en plastique) et un pendule de bois en forme de carotte.

319

Best-selling At UK£4.13 (US$6.18) a packet, this moist toilet tissue (perfect for eyeglass wiping and makeup removal) was the most expensive in Britain. British consumers spent £300 ($480) a minute on Andrex toilet paper, making it the country's seventh biggest-selling product. Then Andrex manufacturer Kimberley-Clark merged with rival paper producer Scott. So the brand disappeared in a global marketing revolution, allowing the Scott brand to predominate.

Best-seller A 4,13£ (6,18$US) le paquet, ce lingettes humidifiées (parfaites pour essuye les verres de lunettes et ôter le maquillage furent un jour les plus chères de Grande Bretagne. Les consommateurs britanniqu consacraient 300£ (480$) par minute à l'acha de lingettes Andrex, longtemps numéro sept au palmarès des meilleures ventes d pays. Mais ces temps glorieux ne sont plus Kimberley-Clark, le fabricant d'Andrex, a fin par fusionner avec la concurrence – nommé ment, la firme Scott. L'article fut donc englout dans les remous d'une révolution marketing globale visant à favoriser la marque Scott

The last tree will disappear in 15 years if Brazilian mahogany (*S. macrophylla*) continues to be cut down at the present rate. In 1994 a proposal to control exports was blocked by Brazil, which is responsible for two-thirds of the world's production, and Bolivia, the other main producer. One Brazilian mahogany tree (average height, 30m) is worth US $25,000. The timber sells for approximately $1,000 per cubic meter, 25 percent more than the going rate of other hardwoods such as ash and maple.

Le dernier acajou brésilien disparaîtra dans quinze ans si cette essence (*S. macrophylla*) continue d'être abattue au rythme actuel. En 1994 fut émise une proposition internationale de contingentement des exportations : elle fut aussitôt bloquée par le Brésil, qui contrôle les deux tiers de la production mondiale, et la Bolivie, qui le talonne. Un acajou brésilien (qui atteint 30m de haut en moyenne) vaut 25000$US. On en tire un bois de construction qui se vendra environ 1000$ le mètre cube, soit à un cours 25% plus élevé que celui des autres bois durs, comme le frêne et l'érable.

Car toilet "I was stuck in a queue of traffic back in 1972," says UK inventor Cliff Conway. "I was sitting there with a protesting bladder, waiting for a ferry boat, and I thought, 'It's time somebody does something about this!'" Thirteen years and UK£16,000 (US$25,000) later, Cliff gave the world the Car Loo. When caught in thick traffic, just sneak the comfortable, molded plastic funnel (blue for men, pink for women) up to your crotch and relieve your aching bladder: A vacuum-sealed bag collects the result. "It's silent and easy to use, and there are no leaks or anything," says Cliff.

Toilettes de voiture « C'était en 1972, j'étais bloqué dans une file de voitures, en attendant un ferry, raconte leur inventeur, le Britannique Cliff Conway. Coincé avec une vessie qui protestait. J'ai pensé : 'Il est grand temps que quelqu'un trouve une solution à ce problème.' » Treize ans plus tard et plus pauvre de 16 000 £ (25 000 $ US), Cliff a tenu parole et offert à l'humanité le Car Loo : les cabinets de voiture. Vous êtes pris d'une urgence en plein embouteillage ? Calez-vous discrètement dans l'entrejambes ce confortable entonnoir en plastique moulé (bleu pour les hommes, rose pour les femmes), puis soulagez votre vessie endolorie. « Un sac scellé sous vide recueillera votre urine. « C'est silencieux et facile à utiliser, et il n'y a ni fuites ni autres désagréments », assure Cliff

Jingle bag "Of course I use Jingle Bags," says Laurie Montealegre of Diamond Laboratories in the Philippines. "You don't expect me to pee just anywhere, do you?" Diamond has been making the Jingle Bag, a "disposable mini pee toilet," since late 1995. What distinguishes the bag is a revolutionary new approach to waste management: A chemical inside the bag turns your pee into an innocuous granular gel. "Obviously, I can't tell you the name of the chemical," says Laurie, "but it's a loose powder compound." The bags do have one drawback, though: Some people think that at PHP 25 (US$4) they cost too much.

Sac à pipi « Bien sûr que j'utilise des poches Jingle ! se récrie Laurie Montealegre, des laboratoires Diamond, aux Philippines. Vous ne voudriez pas que je fasse pipi n'importe où, tout de même ?» Diamond fabrique le Jingle Bag, « mini-urinoir portatif », depuis fin 1995. Ce sac représente en soi une approche révolutionnaire de la gestion des déchets. Un produit chimique contenu dans la poche précipite en effet votre urine en un gel granuleux totalement inoffensif. « Je ne peux évidemment pas vous révéler le nom de ce produit, poursuit Laurie. Sachez seulement qu'il s'agit d'une poudre, un mélange de plusieurs substances. » Cependant, les poches Jingle ont un inconvénient : à 25 PPH pièce (soit 4 $ US), d'aucuns les trouvent un peu trop chères.

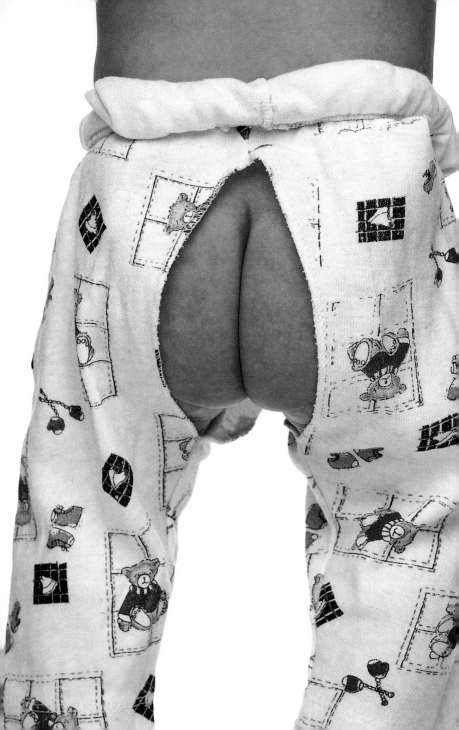

Training The average Western child is toilet trained at about age 2. In China and Tibet split pants help with toilet training. Children get their first pair when they learn to walk. Their urine and excrement run down their legs and make them aware of their bodily functions. Eventually they learn to squat while they excrete. And finally they learn to control their functions and squat in the right place. Easy.

Learn English while using the toilet. This toilet paper was created to help Japanese students of English utilize all their time in learning the language. There's a useful phrase on each sheet.

Apprentissage En moyenne, le petit Occidental achève son apprentissage de la propreté aux alentours de 2 ans. En Chine et au Tibet, les pantalons fendus aident les enfants à passer ce douloureux cap. Ils commencent à le porter dès leurs premiers pas. Ainsi, leur urine et leurs excréments leur coulent le long des jambes – rien de tel pour prendre conscience de ses fonctions métaboliques. Ils finiront par apprendre à s'accroupir durant l'excrétion, puis à contrôler leurs sphincters et à faire au bon endroit. Elémentaire.

Apprenez l'anglais aux W.-C. Ce papier toilette a été spécialement créé pour aider les anglicistes nippons à travailler leur langue sans pertes de temps inutiles. Chaque feuillet comporte un énoncé idiomatique utile.

Raw material The 21 million people of Tokyo expel about five million tons of sewage a day. The Tokyo Sewerage Bureau has been studying practical applications for this waste. One idea is the sludge-ash brick, made entirely from dehydrated sewer sludge. The bricks are pressed in a mold and heated to 1,000°C to burn off all organic matter. One 2.5kg brick costs US$6.

Matière première Les 21 millions d'habitants de Tokyo rejettent chaque jour quelque 5 millions de tonnes d'eaux usées. L'Office municipal des réseaux d'évacuation s'est donc attelé à une vaste tâche : étudier des mesures pratiques pour empêcher ce gaspillage. Parmi les idées novatrices de recyclage, voici la brique en cendre de vase entièrement fabriquée à partir de vase d'égout déshydratée : on comprime celle-ci dans un moule, puis on la fait cuire à 1 000°C de façon à calciner toutes les matières organiques. Une brique de 2,5kg est vendue au prix de 6$US

The Personal Commode ecology toilet is portable, biodegradable and can bear 453kg in weight. Great back-up for earthquakes, hurricanes, sewage disruptions and war zones. And you don't need to worry about attracting attention: It's camouflaged.

Avec ce siège W.-C. individuel, vous voici enfin équipé de toilettes écologiques, portatives, biodégradables, et pouvant supporter un poids de 453kg – en bref, le W.-C. de secours idéal en cas de tremblement de terre, d'ouragan, de problèmes d'évacuation ou dans les zones de conflit armé. Pas d'inquiétude, son camouflage vous évitera d'attirer l'attention.

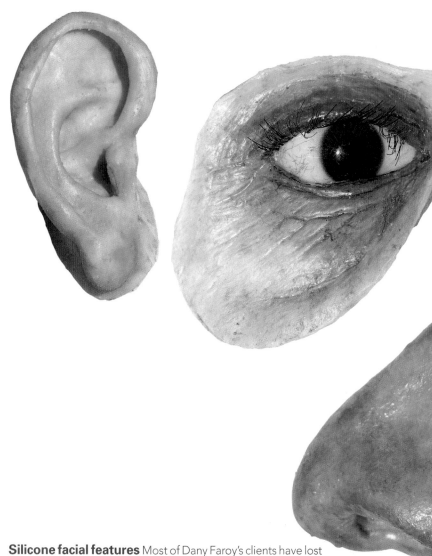

Silicone facial features Most of Dany Faroy's clients have lost
parts of their face to cancer. To replace the missing bits, they glue on these hand-
painted silicone noses, ears and eyes. Faroy, who is based in Paris, begins by taking an
impression of the patient's face. He consults old photos to get a sense of the missing features, then creates a wax mold, which he fills with silicone. "Noses are the most difficult,"
he confesses, "because they're right in the middle of the face. Sometimes I have to make
a whole series before getting one the patient likes." But Faroy's biggest challenge is
recreating the client's skin tone. "You try to match the lightest part of someone's skin," he
says. "The trickiest is someone who blushes easily, because the skin changes so fast."

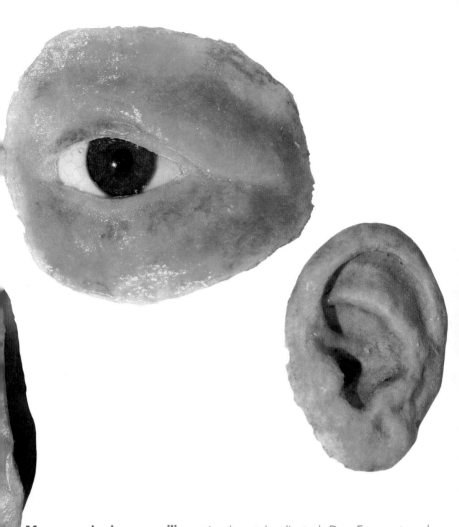

Morceaux de visage en silicone La plupart des clients de Dany Faroy ont perdu une partie du visage à la suite d'un cancer. Pour remplacer les morceaux manquants, ils se collent qui un nez, qui une oreille, qui un œil en silicone peints à la main, comme ceux présentés ici. Faroy, qui habite Paris, commence par prendre une empreinte du visage de ses patients. Il consulte de vieilles photos pour visualiser les traits manquants, puis modèle un moule en cire, qu'il remplit de silicone. « Le nez est ce qu'il y a de plus délicat à restituer, parce qu'il se trouve en plein milieu du visage, nous confie-t-il. Je dois parfois en faire toute une série avant d'obtenir une prothèse qui satisfasse le patient. » Cependant, le défi suprême consiste à retrouver la carnation exacte de la personne. « Il faut commencer par reproduire la teinte la plus claire, explique-t-il. Le plus difficile, c'est quelqu'un qui rougit facilement, parce que son teint change très vite. »

Headphones With a pair of Seashell Headphones, the sea is never far away. When you place them over your ears, the shells capture the echoes of noises around you, producing a soothing stereo sound not unlike that of rolling ocean waves. Don't wear the shells while driving or operating heavy machinery, though. Says co-creator Joyce Hinterberg, wearing the shells too long can "mess up your ability to locate sounds in space."

Ecouteurs Gardez la mer à portée de tympan, grâce à ce casque à écouteurs-coquillages. Placées sur les oreilles, les coquilles captent les échos des bruits environnants, produisant un son stéréo très apaisant qui n'est pas sans rappeler le murmure des vagues. Evitez cependant de porter ce casque au volant ou en manipulant de la machinerie lourde. Un usage prolongé, nous avertit Joyce Hinterberg, cocréatrice du concept, peut « altérer votre capacité à localiser les sons dans l'espace »

Ear cleaning tools In Kunming, China, "ear doctors" wave fluffy duck feather tools to entice passersby. For only Y2 (US$0.24), an ear doctor will spend 10 minutes cleaning you out with these metal spoons and rods (the feather is used for a quick polish, topping off a session of serious prodding and scraping).

Nécessaire de curage pour oreilles A Kunming, en Chine, c'est en agitant des outils duveteux en plume de canard que les « médecins des oreilles » attirent le chaland. Pour la modique somme de 2 Y (0,24 $ US), ils passeront dix minutes à vous nettoyer les oreilles, déployant moult cuillers et tiges métalliques (la plume n'étant utilisée que pour un polissage rapide, survenant après une série de curages et récurages approfondis).

Ear cleaners For the ultimate in reusability, the Ethiopian ear spoon is hard to beat. When not in your ear, it doubles as a decorative necklace.

Cure-oreilles La cuiller à oreilles éthiopienne est le *nec plus ultra* en matière de recyclabilité – quand elle n'est pas dans votre oreille, elle devient un élégant pendentif.

Plastic batons with cotton tips are popular in North America and Western Europe. They work rather like the Ethiopian ear spoon, but are less ecologically friendly (after use, you discard the whole tool).

Les bâtonnets de plastique ouatés sont communs en Amérique du Nord et en Europe de l'Ouest. Dans le principe, ils se rapprochent du modèle éthiopien – en moins écologique (car après usage, c'est l'instrument entier que vous jetez).

Sharp In India, professional ear cleaners need only these three tools. The spoon scoops out built-up dirt and wax, while the tweezers pluck any remaining scraps. For a final swabbing, ear cleaners use the metal spike, which they wrap in cotton.

Acérée En Inde, les nettoyeurs d'oreilles se satisfont de ces trois outils. La cuiller élimine les amas importants de crasse et de cérumen, la pince à épiler va déloger les dernières bribes. Et pour la touche finale : cette redoutable pointe en métal, que les professionnels auront soin d'entourer de coton.

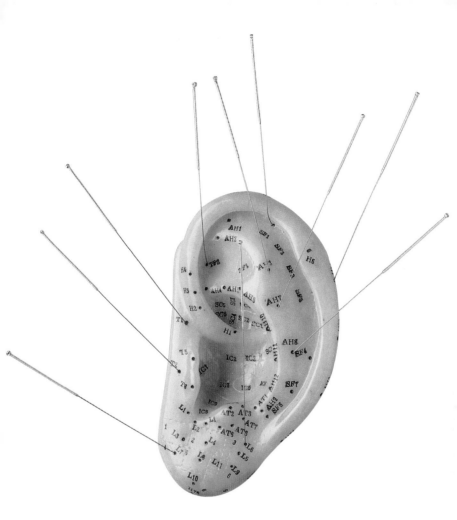

If you're obese and not needlephobic, try acupuncture. The oriental technique involves inserting needles into special pressure points on the body (including plenty on the ear). As long as you follow a balanced diet and submit to therapy, it should work. Somehow, sticking needles in your earlobes controls serotonin, a hormone believed to regulate appetite, taking away your desire to eat.

Si vous souffrez d'obésité mais pas de la phobie des aiguilles, essayez l'acupuncture. Cette technique orientale consiste à planter des aiguilles en des points précis du corps (bon nombre d'entre eux situés dans l'oreille). A condition de manger équilibré et de suivre le traitement avec régularité, vous devriez obtenir des résultats. Il semblerait que le fait de planter des aiguilles dans le lobe de votre oreille opère un contrôle de votre niveau de sérotonine – une hormone censée réguler l'appétit – ce qui résorbera vos fringales.

Armadillo tail If you have an earache, try sticking an armadillo tail in your ear, says Carlos Fernández, an animal dealer in Medellín, Colombia. "Heat the tip," he advises, "and insert into your ear until it cools. It's very soothing." And you'll clean your ears at the same time. "Sure, it comes out dirty" adds Fernández, "but you just wipe it off before using it again."

Queue de tatou Si vous souffrez d'une otite, essayez la queue de tatou, suggère le Colombien Carlos Fernández, marchand d'animaux à Medellín. « Chauffez le bout, puis introduisez-le dans votre oreille jusqu'à ce qu'il refroidisse. C'est très apaisant. » Et par la même occasion, vous éliminerez vos bouchons de cérumen. « Bien sûr, la queue ressort sale, poursuit Fernández, mais il suffit de l'essuyer, et on peut la réutiliser. »

Sacrifice Some Indian women weave braided extensions, called *veni*, into their hair for weddings and religious holidays. The human hair used to make the extensions comes from Hindu temples throughout southern India, especially from the Lord Venkateswara Temple in Tirupati, near Madras. During the summer, as many as 25,000 Hindus a day offer full heads of hair to Venkateswara to demonstrate their humility; 600 barbers, working around the clock in six-hour shifts, perform the services. The temple collects the hair and auctions it once a year. Most is sold abroad and used for wigs. Some is sold to regional wholesalers, who sell it to local hair vendors, who sell it at street markets throughout India.

Sacrifice Certaines Indiennes fixent à leurs cheveux de fausses tresses, appelées *veni*, à l'occasion de mariages ou de fêtes religieuses. Les cheveux humains utilisés pour confectionner ces postiches proviennent des temples hindouistes du sud de l'Inde, tout particulièrement du temple de Venkateswara à Tirupati, près de Madras. Durant l'été, ce sanctuaire voit défiler jusqu'à 25 000 fidèles par jour, venus sacrifier leur chevelure entière à Venkateswara en gage d'humilité ; 600 coiffeurs travaillent sur place sans relâche, s'agitant du ciseau par équipes tournantes qui se relaient toutes les six heures. Le temple recueille les cheveux et les vend aux enchères une fois par an – la plupart seront exportés pour approvisionner les perruquiers étrangers. Une partie du stock est cependant achetée par des grossistes locaux, qui les vendent eux-mêmes à des détaillants, qui les vendront sur les marchés à travers tout le pays.

Garlic shampoo maker Gordon Hecht claims that regular use of his unscented pure garlic oil shampoo will stop your hair loss by increasing blood flow to the hair follicles. "After you've showered, I can guarantee you will not find hair in your drain anymore."

Le concepteur de ce shampooing à l'ail, un certain Gordon Hecht, affirme que l'usage régulier de ce produit à l'essence d'ail vierge – non parfumée – arrête la chute des cheveux en intensifiant l'irrigation sanguine des follicules capillaires. « Je peux vous garantir qu'après la douche, vous ne trouverez plus un seul cheveu dans la bonde. »

Hair to Stay is the "world's only magazine for lovers of natural, hairy women." The magazine has explicit photographs of women's body hair—from underarm growth to chest hair—as well as stories of erotic encounters with hairy women.

A woman's placenta

isn't only nourishing for babies in the womb. Human afterbirth is good for everybody, says Japanese beverage maker Daio. Their 20ml Vita X drinks are enriched with placenta collected from hospitals. (The recommended dose is a bottle a day.) Multivitamin tablets, skin creams and shampoos also benefit from the amino acids, minerals and vitamins in cow or human placenta—or placenta made in a laboratory. Italian shampoo maker Bilba recently switched from animal to synthetic placenta.

BiLBA

SHAMPOO AL MIDOLLO E PLACENTA

pH 5,5 MAX

Tricotrattamento ristrutturante per capelli secchi o snervati da permanente, tinture o decolorazioni.

Hair to Stay («J'y pousse, j'y reste») est le «seul magazine au monde destiné aux amateurs de femmes poilues, au naturel». Il présente des photos explicites de pilosités féminines, des aisselles à la poitrine, accompagnées de récits narrant par le menu des rencontres érotiques avec dames velues.

Si le placenta humain est nourrissant pour le fœtus, il l'est pour tous, assure-t-on chez Daio, fabricant de boissons japonais, et notamment de Vita X, boisson aux extraits de placenta recueilli dans les hôpitaux (dose recommandée: une bouteille de 20 m par jour). Comprimés multivitaminés, crèmes de beauté et shampoings peuvent également être enrichis en acides aminés, minéraux et vitamines par adjonction de placenta bovin, humain – ou reconstitué. Bilba, fabricant italien de produits capillaires, vient ainsi d'abandonner le placenta animal au profit d'un équivalent de synthèse.

Hair To Stay

The world's only magazine for lovers of natural, hairy women

http://www.winterpublishing.com

ISSUE NINE
SPRING 1997
TEN DOLLARS
FOR SALE 3/15/97 TO 6/15/97

A human head louse's nits (eggs) can live for up to a week off the body. Don't give them a chance —zap them with the electrically charged Robi Combi comb, available at pharmacies in Israel.

Les lentes nichées dans une tête peuvent survivre une semaine en se nourrissant de notre corps. Ne leur laissez pas cette chance : exterminez-les grâce au peigne Robi, chargé électriquement. En vente dans les pharmacies en Israël.

Sindur In Nepal, don't make a pass at a woman with red vermilion powder (sindur) in the part in her hair—she's taken. Applied daily throughout married life, the mark can be 2 to 10cm long, according to personal preference.

Sindur Au Népal, ne faites pas d'avances à une femme qui s'est enduit la raie des cheveux de poudre rouge vermillon – elle n'est plus à prendre. Appliquée quotidiennement tout au long de la vie conjugale, cette marque peut mesurer de 2 à 10cm de long, selon les goûts.

Garlic is a common ingredient in local dishes and baldness remedies throughout Eastern Europe. In Serbia, fresh garlic rubbed regularly on bald spots is said to stimulate new hair growth. In Hungary, garlic cloves are crushed into a paste and mixed with paprika powder to make *rubefacientia*, a concoction said to quicken circulation in the scalp.

Ail Dans toute l'Europe de l'Est, l'ail est un ingrédient d'utilisation courante, non seulement pour la cuisine, mais aussi pour soigner la calvitie. Frottez-vous régulièrement les parties dégarnies avec de l'ail frais, et vous stimulerez la repousse des cheveux, dit-on en Serbie. En Hongrie, on prépare une purée d'ail que l'on mélange à du paprika pour préparer la *rubefacientia*, mixture censée activer la circulation sanguine dans le cuir chevelu.

Marmite, a salty mixture of yeast and vegetable extract, is usually spread on toast. But applied liberally to the scalp, marmite's rich blend of B-vitamins and thiamine is believed by some in the UK to restore hair growth. Some 18 million jars of marmite are sold there annually—it's not known how many are purchased for external use.

La Marmite, pâte à tartiner salée à base de levure et d'extraits de légumes, se déguste en général sur du pain grillé. Certains Britanniques sont cependant persuadés qu'en s'appliquant généreusement sur le crâne ce riche mélange de vitamines B et de thiamine, on peut réamorcer la pousse des cheveux. Il se vend chaque année près de 18 millions de pots de Marmite – mais on ignore combien d'entre eux sont destinés à un usage externe.

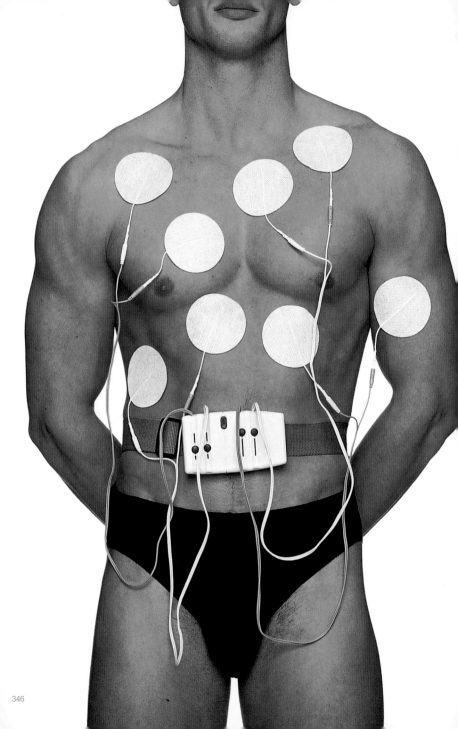

ideal for people too lazy to exercise, Slendertone's Gymbody 8 promises to "lift, shape and firm your muscles" in just three weeks—while you lie on the couch watching TV. Just slap the eight electrode patches onto the parts you want to trim, tighten the belt and flick the switch. The electrodes send electricity pulsating through your muscles, contracting and relaxing them 300 times during each 40-minute session. Unlike Slendertone's publicity brochures, we have no hesitation in pointing out that you'll probably never end up with a body like that of our model (he's not even wearing the electrodes correctly). We should also mention that no one really understands the effects of electricity on the human body .

Eating burns 72 calories an hour. Sleeping consumes about 50 (depending on your weight). You can't eat and sleep at the same time, but the manufacturers of Miracle Nights claim their tablets can help you lose weight while you're sleeping. The tablets contain sardine peptides, corn amino acids and cow liver extract, among other things.

Idéal pour les paresseux qui rechignent à faire de l'exercice, l'appareil Gymbody 8 de chez Slendertone promet de « gonfler, fuseler et raffermir vos muscles » en trois petites semaines – tout cela tandis que vous regarderez le feuilleton, vautré sur le canapé. Collez les huit patchs-électrodes sur les parties du corps que vous trouvez flasques, serrez la ceinture, appuyez sur l'interrupteur, et le tour est joué : les électrodes enverront dans vos muscles des impulsions électriques, induisant 300 contractions par séance de quarante minutes. Au risque de faire mentir la brochure publicitaire de Slendertone, nous préférons vous avertir : vous n'aurez sans doute jamais un corps semblable à celui de notre modèle (il n'a même pas placé ses électrodes correctement). Signalons en outre que nul ne connaît les effets réels de l'électricité sur le corps humain.

Manger brûle 72 calories par heure, dormir environ 50 (selon votre poids). Difficile, cependant, de manger et de dormir en même temps. Mais voici Miracle Nights, des comprimés capables de faire maigrir en dormant – clament les fabricants. Composition : peptides de sardine, acides aminés de maïs et extrait de foie de bœuf (entre autres ingrédients).

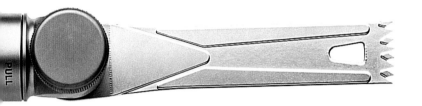

Cholesterol When you eat too much fatty food, your arteries can get clogged with cholesterol. Sometimes there's so much of it that it blocks the circulation of blood. When it affects the legs, amputation used to be the result, but now, thanks to the Hall Arterial Oscillator, your legs can be saved. The wire is inserted into the clogged artery, where it vibrates and scoops out the cholesterol, allowing your blood to circulate properly.

Cholestérol Mangez trop gras, et votre taux de cholestérol augmentera au point d'encrasser vos artères. Tant de graisse se dépose parfois sur les parois artérielles qu'elle finit par bloquer la circulation sanguine. Récemment encore, une obturation au niveau des jambes menait droit à l'amputation. Mais aujourd'hui, grâce à l'oscillateur artériel de Hall, vous avez une chance de les sauver. Le fil est inséré dans l'artère bouchée, où il se met à vibrer. Les ondes émises évacuent les amas de cholestérol, et le sang se remet à circuler.

Tea Lossing Weight Tea from Hong Kong contains a blend of herbs to help you burn fat and reduce absorption of fat through the intestines. It's basically diuretic and laxative. In other words, you drink it, stay home.

Slimming soap Soft Seaweed Deating [sic] Soap comes with some impressive endorsements. It has been granted the patent of the Chinese gymnastic team and, as it says on the label, has been "supervised by the State Traditional Chinese Medicine Science Cosmetic Institute of China." According to its man-facturers, the soap can "discharge the underskin fat out of human bodies, promote blood circulation and astringe the skin." Its "defating effects" come from its "strong permeability, rare elements of seaweed" and "special fragrance and rough surface." Give it some time, assures the smiling man on the packet, and "you will be surprised to find that your body has become slender and fit by the use of this product." One of more than 100 popular slimming products in China, Soft Seaweed Defating Soap has also caught on in Japan. Though the Japanese Health and Welfare Ministry insists the product has no scientifically based slimming properties, Japanese consumers bought more than 28 million bars in 1995.

Thé Ce thé amincissant de Hong Kong contient un mélange d'herbes qui contribuent à brûler les graisses et à en réduire l'absorption par les intestins. Ce n'est guère, en fait, qu'un diurétique doublé d'un laxatif. En d'autres termes, si vous en buvez, mieux vaut rester à la maison.

Savon amincissant La promotion de ce « savon doux anticellulite aux algues » n'est pas assurée par n'importe qui. D'une part, la marque exploite, sous licence, l'image de l'équipe chinoise de gymnastique. D'autre part, et selon les termes de l'étiquette, la mise au point du produit « a été supervisée par l'Institut d'Etat de cosmétologie traditionnelle chinoise ». Selon son fabricant, ce savon « élimine les amas graisseux sous-cutanés, améliore la circulation sanguine et a une action astringente sur la peau ». Ses « effets anti-peau d'orange » proviennent de sa « forte perméabilité », de ses « extraits d'algues rares », de son « parfum exclusif » et de sa « texture rugueuse ». Donnez-lui un peu de temps, explique le monsieur souriant sur l'emballage, et « vous serez surpris de voir à quel point votre corps se sera affiné et tonifié grâce à lui ». On compte en Chine plus d'une centaine de produits amaigrissants de consommation courante : ce savon n'en est qu'un parmi tant d'autres – à cela près qu'il a réussi à séduire les voisins. Le ministère japonais de la Santé et des Affaires sociales a beau s'évertuer à souligner que ses propriétés amincissantes ne sont pas prouvées scientifiquement, les consommateurs nippons s'entêtent : ils en ont acheté plus de 28 millions en 1995.

In Turkey, cherry stems —which have diuretic qualities—are thought to aid weight loss. Boil the stems until the water turns brown, remove them and drink. Then expect to visit the bathroom regularly, where you will excrete those unwanted kilos.

En Turquie, les queues de cerises, bie connues pour leurs vertus diurétiques, so réputées favoriser la perte de poids. Faite les bouillir jusqu'à ce que l'eau vire au bru puis filtrez et buvez. Attendez-vous ensui à de fréquents séjours aux toilettes, c vous laisserez vos kilos superflu

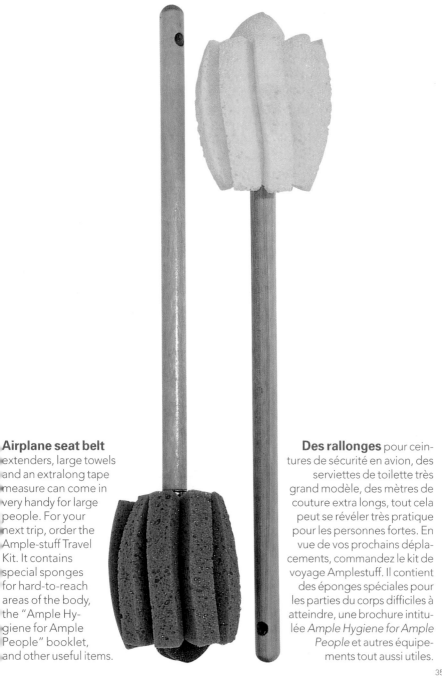

Airplane seat belt extenders, large towels and an extralong tape measure can come in very handy for large people. For your next trip, order the Ample-stuff Travel Kit. It contains special sponges for hard-to-reach areas of the body, the "Ample Hygiene for Ample People" booklet, and other useful items.

Des rallonges pour ceintures de sécurité en avion, des serviettes de toilette très grand modèle, des mètres de couture extra longs, tout cela peut se révéler très pratique pour les personnes fortes. En vue de vos prochains déplacements, commandez le kit de voyage Amplestuff. Il contient des éponges spéciales pour les parties du corps difficiles à atteindre, une brochure intitulée *Ample Hygiene for Ample People* et autres équipements tout aussi utiles.

Bionic arm It took researchers at Edinburgh Royal Infirmary's Bioengineering Centre, Scotland, nine years to develop the world's most advanced bionic arm. Scotsman Campbell Aird, who lost his right arm to cancer, has been chosen to test-drive it. "I don't have a stump, so it's attached to my shoulder by a Velcro strap," Campbell says. "To make it move, I just flex my shoulder and back muscles." Electrodes pick up the electricity from nerves in the patient's muscles and move the prosthesis accordingly. "The most difficult thing is combining two movements simultaneously," says chief engineer David Gow, "like the elbow and shoulder movements that are needed to open and close the hand. But it took Campbell only one day to get the hang of it." Weighing less than 2.5kg, the battery-powered arm is lighter than its flesh-and-blood equivalent. Still, it's not quite Terminator 2. "If someone wants a bionic limb like the ones in science fiction movies," says Gow, "they'll be disappointed. But if I had the budget that a film studio spends just to create the illusion of progress, I could actually make something happen." Science is still unable to replicate the intricate movements of human fingers, but for now, Campbell is happy with the real world's technology. "My new arm's steadier than a real one, so it's great for clay pigeon shooting," he says. "I've won 12 trophies this year."

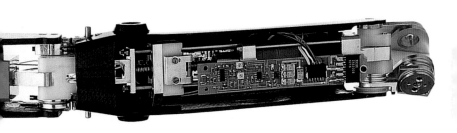

Bras bionique Il aura fallu neuf ans aux chercheurs du Centre de génie biologique de l'Hôpital royal d'Edimbourg pour mettre au point le bras bionique le plus perfectionné au monde. C'est l'Ecossais Campbell Aird, amputé du bras droit à la suite d'un cancer, qui fut choisi pour le tester. « Comme je n'ai pas de moignon, il est attaché directement à mon épaule par une bande Velcro, explique Campbell. Pour le faire bouger, je n'ai qu'à contracter les muscles de l'épaule et du dos. » Des électrodes captent le flux électrique provenant des nerfs musculaires du patient et actionnent la prothèse. « Le plus difficile est de synchroniser deux mouvements – par exemple ceux du coude et de l'épaule nécessaires à l'ouverture et à la fermeture de la main, reconnaît David Gow, l'ingénieur en chef. Pourtant, il n'a fallu qu'une journée à Campbell pour prendre le coup. » D'un poids inférieur à 2,5 kg, ce bras à piles est plus léger que son équivalent de chair et d'os. Cependant, nous sommes encore loin de *Terminator 2.* « Si on rêve d'un membre comme ceux qu'on voit dans les films de science-fiction, on ne peut qu'être déçu, prévient Gow. Mais si je disposais, moi, du budget qu'on donne à un studio de cinéma uniquement pour créer l'illusion du progrès, j'arriverais sûrement à quelque chose. » La science est encore incapable de reproduire les mouvements complexes des doigts de la main, mais, pour l'heure, Campbell se déclare satisfait de la technologie à sa disposition. « Mon nouveau bras est plus stable que le vrai, confie-t-il, et ça facilite les choses au ball-trap. Cette année, j'ai gagné douze trophées. »

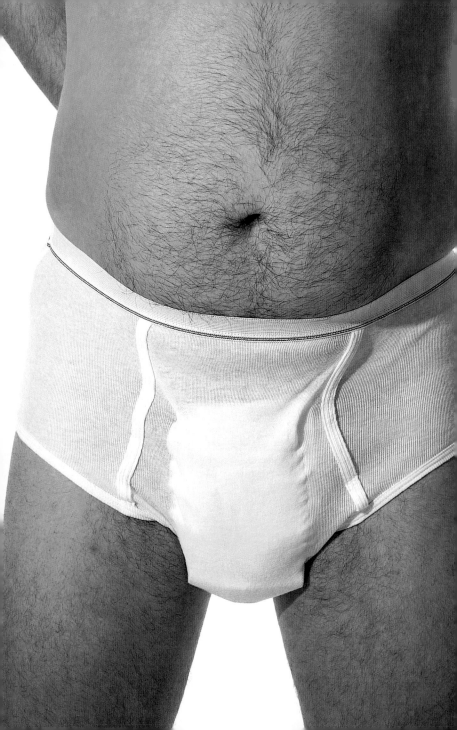

A 55cm bronze figure urinating is the most important statue in the most important city of the European Union. The Manneken Pis (meaning "boy pissing") in Brussels is naked here, but he has 570 different outfits—a municipal employee takes care of the wardrobe, which ranges from an Elvis Presley costume to formal wear for official occasions (every April 6, the anniversary of the entry of U.S. forces into World War I in 1917, he pisses in a U.S. Military Police uniform). The statue is of uncertain medieval origins: One theory is that it honors a boy who put out a fire that threatened the city—and the other theories are just as unlikely. The Manneken Pis now stands at the heart of a flourishing business. He has inspired more than 50 different souvenirs, and some of the 16 tourist shops near the statue sell upwards of 9,000 of them per year.

Your bladder can hold between 350ml and 550ml of urine. When it's about 200ml full, you start feeling the need to empty it. Because of childbirth, disease or age, some people cannot control the muscle that regulates urination. Others may have a weak bladder wall muscle. In either case, their bladders leak urine—a condition known as incontinence. Between 5 to 10 percent of the world's population are affected. With Rejoice, people who are incontinent can still lead a full, happy life. The pants come with removable pads that absorb released urine.

Une figurine en bronze de 55 cm en train d'uriner : tel est le monument de référence de la ville de référence de l'Union européenne. Le Manneken Pis (« gamin qui pisse ») de Bruxelles est certes nu ici, mais n'en dispose pas moins de 570 tenues différentes. Un employé municipal a été spécialement préposé à l'entretien de sa garde-robe, qui va du costume d'Elvis aux tenues d'apparat pour cérémonies officielles (le 6 avril, anniversaire de l'engagement américain dans la Première Guerre mondiale en 1917, il pisse en uniforme de la police militaire US). La statue a des origines médiévales, mais incertaines : entre autres théories invraisemblables, on prétend qu'elle commémore le souvenir d'un petit garçon qui éteignit un incendie menaçant la ville. Quoi qu'il en soit, le Manneken Pis fait marcher les affaires. Il a inspiré plus de 50 modèles de bibelots et, parmi les 16 magasins de souvenirs qui guettent le client aux abords de la statue, certains parviennent à vendre 9 000 Manneken Pis par an.

Votre vessie peut retenir 350 à 550 ml d'urine. Cependant, dès le seuil des 200 ml, vous ressentez le besoin de la vider. Or, sous l'effet des grossesses, de maladies ou du vieillissement, certaines personnes ne parviennent plus à contrôler le muscle régulant la miction. D'autres souffrent d'un manque de tonicité musculaire au niveau de la paroi de la vessie. Dans les deux cas, il se produit des fuites intempestives, un handicap désigné sous le nom d'incontinence et qui affecte 5 à 10 % de la population mondiale. Désormais, grâce à Rejoice, les incontinents retrouveront une existence heureuse et épanouissante. Ces culottes sont pourvues de protections absorbantes amovibles.

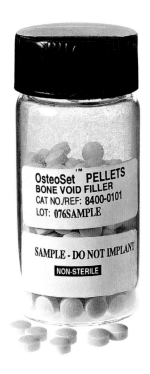

These calcium sulfate pellets, inserted into a damaged bone, act as a framework for new bone to grow around. Less painful and less complicated than a bone graft, the pellets are absorbed after eight weeks.

Ces pastilles de sulfate de calcium sont à implanter dans un os endommagé : elles agiront comme un tuteur autour duquel la substance osseuse pourra se reconstituer. Moins douloureuses et moins compliquées qu'une greffe osseuse, elles sont absorbées sans laisser de traces en huit semaines

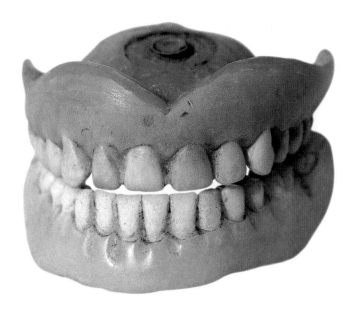

If you don't have time to make a dentist appointment—try visiting one of the thousands of street dentists in India. Services available include removing rotten teeth, filling cavities and fitting dentures— all at a fraction of the price charged by Western dentists.

Vous n'avez pas le temps de prendre rendez-vous chez le dentiste ? Consultez en passant un dentiste des rues – vous en trouverez des milliers en Inde. Les soins prodigués sont multiples, de l'arrachage de dents cariées au plombage, en passant par l'ajustement de dentiers – le tout pour une misère, comparé aux honoraires des praticiens occidentaux.

Tapa is a cloth made from the bark of the mulberry tree. It is used as a shroud in Tongan funeral ceremonies, but is also popular as a wedding gift. To buy tapa, you will need to visit the Kingdom of Tonga.

Le *tapa* est une étoffe confectionnée à partir d'écorce de mûrier. Les Tonga en font des linceuls pour les funérailles, mais c'est aussi un cadeau de mariage fort apprécié. Pour acheter le vôtre, rendez-vous au royaume de Tonga.

METTAG Body tags are used throughout the world by emergency and disaster-relief services. The tags use a four-color code and easily comprehensible symbols—the red rabbit means the patient is critical, the stylized cross means dead. Just tear off the strips that don't apply.

Les étiquettes corporelles METTAG sont utilisées dans le monde entier par les services de secours en cas d'urgence ou de catastrophe naturelle. Elles utilisent un code à quatre couleurs et des symboles facilement compréhensibles. Ainsi, le lapin rouge signifie que le patient se trouve dans un état critique, la croix stylisée qu'il est mort. Il suffit d'arracher les bandes inutiles.

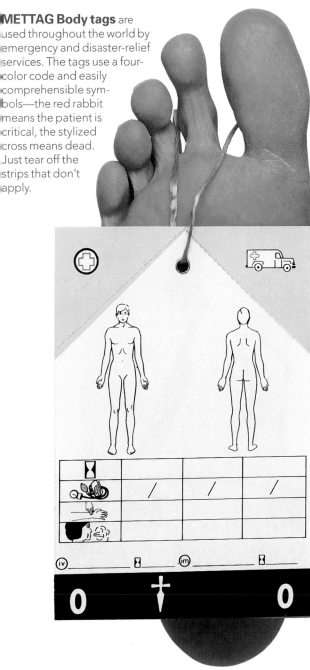

Snoring devices The world record for the loudest snore is 93 decibels (roughly equivalent to the sound of an idling motorcycle). Snoring occurs when air is unable to flow freely through the nose or mouth. To increase the flow, insert Nosovent, a small rubber device that flares open the nostrils: If you can't get the hang of Nosovent, try the Breathe Right nasal adhesive, which tapes right across the middle of the nose; the manufacturers claim it can open the nasal passages by as much as 31 percent. Yet another option is the Therasnore. Worn like a retainer in the mouth, it claims to prevent the tongue from dropping back in the throat, blocking your breathing passages while you sleep. If none of these products does the trick on its own, you could always try wearing all three (opposite).

Nose job "A beautiful nose in 30 seconds, with no surgery," promises the RULAV nasal corrector. As Gabriela Moreno Hidalgo, RULAV's Mexico spokeswoman, explains: "The little plastic bars stretch out the nostrils and lift up the tip of the nose, which is very attractive. You just pull down your upper lip and push the bars up into your nostrils." Our Mexican correspondent reports that the RULAV is most popular with Indians and *mestizos* (people with mixed blood), whose noses are considered flat by Caucasian standards. According to Gabriela, RULAV is also selling well in Brazil, Argentina and Japan. Should you have any further doubts, she volunteers a personal testimony: "I wear it all day long and only take it out at night. It's the perfect time to wash it."

Dispositifs antironflement Le record d monde de ronflement – en termes d'intensité atteint 93 décibels, soit à peu près le volum sonore d'une moto au ralenti. C'est en généra un passage défectueux de l'air à travers le ne ou la bouche qui provoque cet irritant phéno mène. Pour faciliter la ventilation, introduise dans votre nez un Nosovent, petite pièce d caoutchouc qui dilate les narines. Si vous n parvenez pas à vous y faire, essayez Breath Right (respirez bien), adhésif nasal qui se coll juste au milieu du nez. Ses fabricants le disen capable d'élargir les fosses nasales de 31 % Toujours pas à votre aise ? Il vous reste un dernière option : le Therasnore, que l'on port comme un appareil dentaire. Il est censé em pêcher la langue de tomber dans la gorge e d'obstruer les voies respiratoires pendant l sommeil. Et, si aucun de ces dispositifs ne fai d'effet à lui tout seul, rien ne vous empê che de combiner les trois (ci-contre.

Nez remodelé Façonnez-vous « u joli nez en trente secondes, sans ch rurgie », grâce au correcteur nasa RULAV. Comme l'explique Ga briela Moreno Hidalgo, porte parole de la firme au Mexique « les petites baguettes plas tique dilatent les narines e retroussent le bout du nez ce qui est très séduisant. suffit d'étirer votre lèvre su périeure et d'enfiler le barrettes dans vos nari nes. » D'après notre correspondante mexi caine, le Rulav est trè apprécié des Indiens et des *mestizos* (mé tisses), qui se trouvent le nez trop plat, impré gnés qu'ils sont des canons occidentaux. Il s vend très bien aussi au Brésil, en Argentin et au Japon, précise Gabriela. Pour ceu qui douteraient encore, elle ajoute so témoignage personnel : « Je le porte tout la journée et je ne l'enlève que la nuit c'est le bon moment pour le laver.

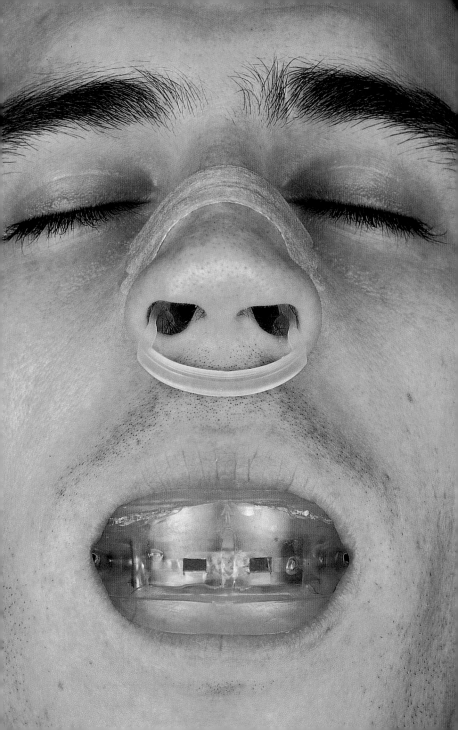

This doll has cancer (note the thinning hair and chest catheter typical of chemotherapy patients). If you have cancer too, Oncology Buddy will accompany you on visits to the hospital. Created by Marty Postlethwait when her 11-year-old son Miles asked for "a friend like me" after 30 operations, the Shadow Buddies come in 17 versions, including Ortho Buddy (with braces on both legs) and Diabetic Buddy (with syringe and insulin). Breast Cancer Buddy (with left or right mastectomy scar) helps mothers explain to their children what's happening to them, and offers an added comfort: Women who have had mastectomies cushion their hypersensitive skin by placing Buddy against the scar when they're wearing a car seat belt.

Cette poupée a le cancer (remarquez les cheveux clairsemés et le cathéter pectoral bien connus des malades suivant une chimiothérapie). Si toi aussi, tu souffres d'un cancer le Copain cancéreux sera à tes côtés lors de tes visites à l'hôpital. Les poupées Shadow Buddies furent créées par Marty Postlethwait lorsque son fils Miles – qui, à l'âge de 11 ans avait déjà subi 30 opérations – lui demanda « un copain comme moi ». Elles existent en 17 versions, dont le Copain Ortho (les deux jambes prises dans un appareil orthopédique) et le Copain diabétique (avec seringue et insuline). La Copine Cancer du sein (avec cicatrice de mastectomie sur le côté droit ou gauche) aide les mères à expliquer à leurs enfants ce qui leur arrive, et leur procure un confort supplémentaire : après une ablation du sein, elles protègeront en voiture leur peau hypersensible en plaçant leur Copine contre la cicatrice avant d'attacher la ceinture de sécurité.

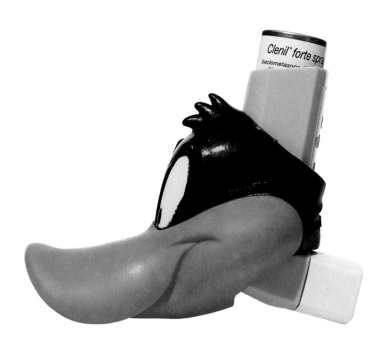

One in four Australian children have asthma—and the number is rising. Ventalin, a popular asthma medication, is to be inhaled during an attack but kids are sometimes embarrassed to take it in public. Puffa Pals are just the thing to help overcome embarrassment and make asthma cool. Just slide one over your Ventalin inhaler and it will be transformed into a wacky cartoon character like Bart Simpson or Daffy Duck.

Un enfant australien sur quatre souffre d'asthme – et leur nombre va croissant. Lorsqu'une crise se déclare, la plupart inhalent de la Ventoline, un médicament devenu le *vademecum* de tous les asthmatiques. Néanmoins, les jeunes malades ressentent parfois un certain embarras à sortir leur inhalateur en public. Mais voici Puffa Pals (les « copains pschitt pschitt ») : juste ce qu'il fallait pour les aider à surmonter leur gêne et faire de l'asthme une maladie sympa. Enfilez-en un sur votre inhalateur, et le voilà devenu un toon foldingue, tels Bart Simpson ou Daffy Duck.

Hand luggage It's a myth that your fingernails keep growing after you die: In fact, drying skin around the nails recedes, exposing more nail and giving an illusion of growth. In Korea, where corpses are expected to be presentable in the next life, fingernails and toenails are trimmed and the cuttings collected in two bags that are placed in the tomb.

Bagage à main Bien des gens croient dur comme fer que les ongles continuent à pousser après la mort. Pure fantaisie. En réalité, la peau qui les entoure sèche et se rétracte, mettant à nu une part plus importante de la surface cornée, et donnant ainsi l'illusion que l'ongle pousse. En Corée, on tient à ce que les défunts soient présentables pour leur passage en l'autre monde : on leur coupe donc les ongles des doigts et des orteils, et l'on rassemble les rognures dans deux petits sacs qui seront placés dans la tombe, aux côtés de la dépouille.

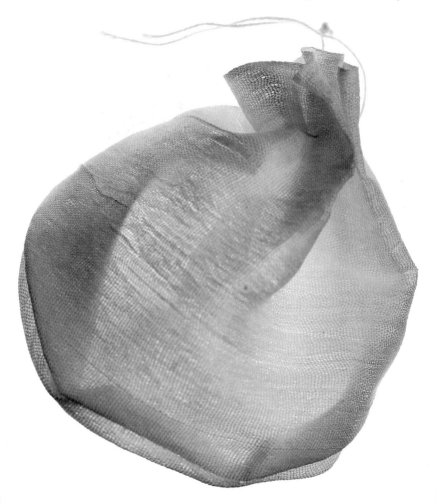

When you blow your nose
in Japan, always use a paper tissue—
it's bad manners to use a handkerchief.
Outside railway stations, tissues are
given away (many companies use the
packets as advertising space).

Ne vous mouchez jamais dans un
mouchoir en tissu au Japon : c'est tout à fait
inconvenant. Avis : à l'entrée des gares
ferroviaires, distribution gratuite de mou-
choirs en papier, socialement plus corrects
(et très utiles aux annonceurs, qui ont trouvé
là d'excellents supports publicitaires).

Steel soap "Gentle like a caress," steel soap cleanses your hands of lingering odors like garlic and tobacco. The steel reacts with the oils on your skin that entrap odors: Just wash with water and rinse.

Soap The ashes, animal grease and earthy nutrients in Colombian "soil-soap" are said to prevent dandruff and hair loss.

Savon en acier « Doux comme une caresse », il débarrasse vos mains des odeurs les plus tenaces, comme l'ail et le tabac. L'acier entre en réaction avec le sébum de la peau, sur lequel les odeurs ont une fâcheuse tendance à se fixer. A utiliser comme un autre savon : lavez simplement à l'eau, puis rincez.

Savon Les cendres, la graisse animale et les boues nutritives qui composent ce savon colombien à la terre sont réputées souveraines contre les pellicules et la calvitie.

Healing jars Designed to get your blood flowing like a "smoothly running stream," the Riosu Kuyatsuki (RK) suction cup system from Japan is marketed as the "The ideal vacuum device for your skin." Place the plastic suction cups wherever it hurts, pump a few times with a special syringe and leave for three to five minutes to "invigorate your body with healthy blood." The RK instruction manual says not to be alarmed by nasty circular bruises: They just mean the jars are doing their work.

Leech One of modern medicine's most sophisticated instruments, the leech assists in reconstructive surgery throughout North America and Europe. When a severed body part—a nose, for example—has been surgically reattached, specially farmed medicinal leeches are often applied to suck out excess blood, preventing swelling and clogging and enabling severed blood vessels to grow together again. A common medical tool until the 1800s, the leech was "rediscovered" about a decade ago. Prior to that, reattached body parts frequently turned black and died. Today an estimated one million leeches a year are sold to hospitals in some 30 countries, but the leech's powers aren't limited to high-tech surgery. Leech saliva contains a natural anesthetic (there's no pain as it sucks your blood) and a rich mix of healing enzymes, most of which scientists have yet to duplicate.

Ventouses Conçus pour faire circuler votre sang comme un « long fleuve tranquille », les globes de succion japonais Riosu Kuyatsuki (RK) vous sont présentés comme « le système d'aspiration idéal pour votre peau ». Placez les ventouses plastique sur la zone névralgique, pompez plusieurs fois avec la seringue prévue à cet effet, et laissez agir trois à cinq minutes pour « tonifier votre corps par un apport de sang frais ». La notice d'utilisation des RK recommande de ne pas s'inquiéter des hideux hématomes circulaires que vous laisseront les globes : elles indiquent simplement qu'ils ont fait leur effet.

La sangsue compte parmi les instruments les plus sophistiqués de la médecine moderne. Elle prête en effet son concours aux opérations de chirurgie réparatrice, en Europe et dans toute l'Amérique du Nord. Lorsqu'un organe amputé par accident – un nez, par exemple – est remis en place par le chirurgien, on applique fréquemment des sangsues médicinales, élevées tout spécialement pour cet usage, afin d'aspirer l'excédent de sang, de prévenir les œdèmes et la formation de caillots, et de permettre la revascularisation. Instrument médical courant jusqu'au siècle dernier, la sangsue fut « redécouverte » il y a une dizaine d'années. Avant son grand retour, il arrivait souvent que les parties du corps recousues se nécrosent et meurent. On estime aujourd'hui qu'un million de sangsues sont vendues chaque année aux hôpitaux de quelque 30 pays. Cependant, les vertus des sangsues ne se limitent pas à la chirurgie de pointe. Leur salive contient un anesthésiant naturel (on ne sent rien tandis qu'elles sucent le sang), ainsi qu'un riche mélange d'enzymes curatifs que les scientifiques n'ont, pour la plupart, pas encore synthétisés.

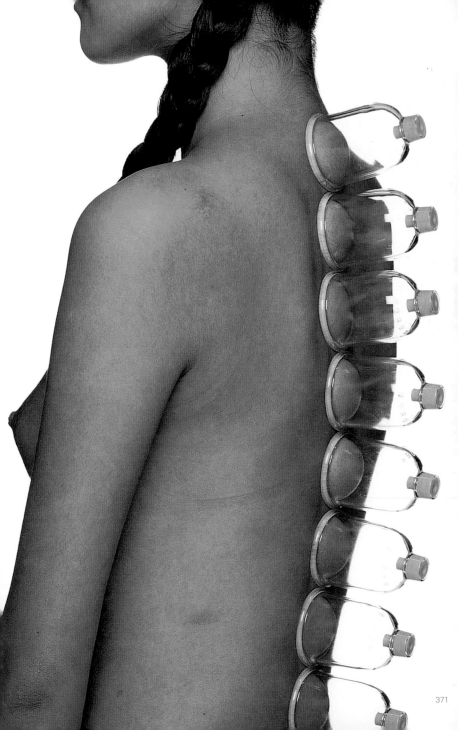

Air The Japanese company Daido Hokusan sells fresh air. Each portable can is stamped with the phrase, "A power plant that recharges human being," and contains about two minutes' worth of pure oxygen. Inhale 10 to 20 seconds' worth at a time for an energy boost at any time of the day (you can save the rest for later). Available in four flavors: natural, mild mint, super mint and green apple. For a city with a population of 12 million, the free air in Tokyo doesn't taste so bad. Levels of carbon monoxide (CO), sulfur dioxide (SO_2) and nitrogen oxides (NO) are relatively low. The worst air in the world can be sampled in Mexico City and Athens.

A tough piece of *chito*, dried donkey meat from Mexico, should keep your mouth occupied for half an hour. Have your chito powdered with hot chili: Mexicans, who eat some eight kilograms of chili per person per year, say it aids digestion, improves circulation and even relieves headaches.

Air La compagnie japonaise Daido Hokusan vend de l'air frais. Sur chaque canette portable, on peut lire la mention suivante : «Véritable centrale énergétique – recharge les batteries du corps humain.» Chacune contient environ deux minutes d'oxygène pur. Une inhalation de dix à vingt secondes, à tout moment de la journée, vous procurera un regain de tonus (vous pourrez garder le reste pour plus tard). Disponible en quatre parfums : nature, menthe douce, menthe forte et pomme verte. Pour une ville de 12 millions d'habitants, Tokyo n'a pourtant pas à se plaindre du goût de son air (libre). Les niveaux de monoxyde de carbone (CO), de dioxyde de soufre (SO2) et d'oxydes d'azote (NO) y restent relativement bas. Pour un échantillon de l'air le plus pollué du monde, allez plutôt faire un tour du côté de Mexico ou d'Athènes.

Un morceau de *chito* bien coriace (il s'agit de viande d'âne séchée, une spécialité mexicaine) devrait vous occuper la bouche pendant une demi-heure. Et tant que vous y êtes, faites saupoudrer votre chito de piment fort. Les Mexicains, qui consomment 8 kg de piment par personne et par an, prétendent qu'il facilite la digestion, améliore la circulation et soulage même les migraines.

Egg Nepalese eat half-cooked eggs to stay healthy (although Western doctors warn that eating more than two eggs a week clogs your veins with cholesterol). This fancy egg doesn't owe its heart shape to sophisticated computer graphics: We cooked it ourselves in five minutes. With the Dreamland cooking kit you can also cook yolks in other forms.

Œuf Pour garder la santé, les Népalais mangent des œufs mollets (mais attention : plus de deux œufs par semaine et le cholestérol vous bouchera les artères, avertissent les médecins occidentaux). Cet œuf sur le plat fantaisie ne doit pas sa forme en cœur à d'étourdissantes manipulations infographiques : nous l'avons fait cuire nous-mêmes en cinq minutes. Grâce à la batterie de cuisine Dreamland, tout devient possible : vous disposerez de multiples choix pour la forme de vos jaunes.

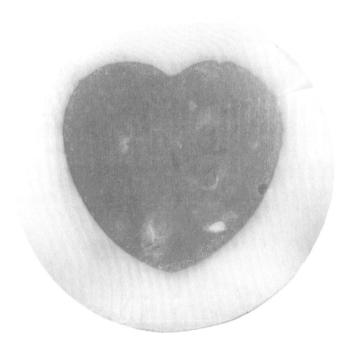

Portable heart "It's this or death," says Rémy Heym, spokesman for Novacor, the world's first portable heart pump. Because there are never enough heart donors to satisfy demand (only 2,600 for the three million Europeans with heart failure), Novacor is often a cardiac patient's only hope. Said heart patient Michel Laurent of Elancourt, France, "It's the reason I'm still around." Like other artificial hearts, the Novacor pump keeps blood circulating throughout the body. What makes it different is its size. While a previous generation of mechanical hearts confined patients to their beds, attached to clunky machines, the Novacor can be worn on a belt around the waist (rather like a Walkman). Two tubes through the chest connect the pump to the patient's failed heart. "As for the pumping noise," said Michel, "it's like your mother-in-law snoring—you get used to it." A bigger concern is the batteries: "I check them before I leave the house," Michel said. "And I always keep a spare set in the car."

Cœur portatif « C'est cela ou la mort », tranche Rémy Heym, porte-parole de Novacor – le premier fabricant mondial de pompes cardiaques portatives. Si l'on considère le déficit de donneurs au regard de la demande (2 600 dons de cœurs pour 3 millions de cardiaques en Europe), Novacor représente souvent le seul espoir du malade. « C'est grâce à ma pompe que je suis encore là », souligne Michel Laurent, un patient français d'Elancourt. A l'instar d'autres cœurs artificiels, la pompe Novacor assure la circulation sanguine dans l'organisme. Cependant, c'est par sa taille qu'elle se distingue. Alors que la génération précédente de prothèses cardiaques contraignait les patients à vivre allongés, reliés à de bruyantes machines, Novacor s'intègre à une ceinture qu'on attache autour de la taille (un peu comme un Walkman). Deux cathéters introduits dans la poitrine relient la pompe au cœur malade. « Le bruit ? C'est comme une belle-mère qui ronfle – on s'y fait », plaisante Michel. Le problème des piles lui cause plus de soucis : « Je les vérifie avant de sortir de chez moi, et j'en garde toujours un jeu de rechange dans la voiture. »

Allergy glasses If you suffer from hay fever, maybe you're just not wearing the right sunglasses. The makers of Airshield tinted shades claim that their "non-drug breakthrough" is more effective in managing the "distressing and unsocial symptoms of hay fever" than medication. Pop on a pair of Airshields and clip the battery-operated air pump onto your belt. A cleansing stream of filtered air will shoot out from tiny holes in the frames, blowing away nasty allergens and pollutants and creating "a pollen- and pollution-free zone around the eyes."

Lunettes antiallergiques Si vous êtes suje au rhume des foins, c'est peut-être que vous ne portez pas les lunettes de soleil adéquates Les créateurs des lunettes teintées Airshield soutiennent que ce « concept non médica menteux » obtient de meilleurs résultats que n'importe quelle médication dans le traite ment des « symptômes du rhume des foins éprouvants physiquement et gênants en société ». Enfilez vos Airshields, puis fixez la pompe à air (qui fonctionne à piles et n'excède pas la taille d'un baladeur) à votre ceinture. Un courant d'air filtré et purifiant jaillira de minus cules orifices cachés dans la monture, chassan les méchants allergènes et les vilains polluants pour ménager autour de vos yeux « un espace de pureté, sans pollution ni pollens »

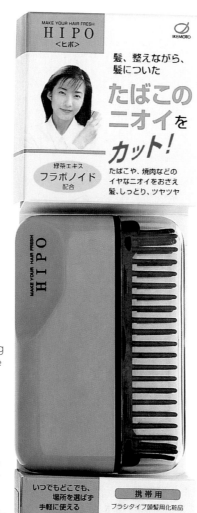

Comb "Because of cigarette smell," say Ikemoto, manufacturers of the Hipo comb, "young girls won't go to karaokes or gaming halls any more." During market research for the product, they found that Japanese women consider cigarette smoke the least desirable smell to have in their hair, followed by grilled beef and sweat. The Hipo comb's built-in strip of green tea extract removes bad odors, allowing the girls to sing and gamble at will. The Hipo's deodorant is effective for 18 months and it will keep your hair shiny (thanks to a built-in supply of silicone oil) for up to three years.

Peigne « L'odeur de cigarette dissuade désormais les jeunes filles de fréquenter les karaokés et les salles de jeu », souligne la société Ikemoto, fabricant du peigne Hipo. Durant les études de marché que mena cette entreprise en vue de lancer son produit, elle découvrit chez les Japonaises une terreur particulière pour les relents de tabac dans leurs cheveux – pires encore, à leur sens, que l'odeur de bœuf grillé ou de sueur. Heureusement, le peigne Hipo est muni d'un ruban déodorant aux extraits de thé vert qui élimine les pestilences capillaires, laissant ces demoiselles libres de chanter et de jouer autant qu'il leur plaira. Plus d'odeurs pendant dix-huit mois ! Et ce n'est pas tout : le peigne Hipo rehaussera trois ans durant le lustre de votre chevelure (grâce à sa réserve intégrée d'huile de silicone).

A drug without drugs is called a placebo. It contains only cheap and harmless substances such as lactose and sucrose, but it has been used to treat a wide variety of complaints, proving effective in a third of all cases. It works on the patients' minds, not on their bodies. A placebo (the name comes from a Latin word meaning "I shall please") is used in "blind" clinical trials of new drugs. Half the patients participating take the drug; the others are given a placebo. The trial is "blind" because patients do not know which pill they are being given. The idea is to prove that the new drug works. But this type of research, paid for by pharmaceutical companies, also shows how remarkably effective a drugless drug can be. In one trial, the common pain reliever paracetamol successfully treated 55 percent of those who took it. But among the other group, which had been given a placebo, 35 percent also reported pain relief. And while paracetamol began to wear off after one hour, the placebo did not. A patient's desire to get well is what makes the placebo work, rather than its ingredients. Placebos are particularly good for relief from pain, and there may be a chemical reason for this. The body produces natural pain inhibitors called endorphins, and unconscious stimulation of the endorphin system might explain why people taking a placebo feel less pain. It is the patient, not the placebo, that produces the endorphins, strengthens the immune system. A placebo may be the perfect pill, but the perfect medication lies in the mind.

Un médicament sans médicament s'appelle un placebo. Il ne contient que des substances bon marché et sans danger, tels le lactose et le saccharose ; pourtant, une vaste gamme de maux ont été soignés par placebo et dans un tiers des cas, le traitement s'est révélé efficace. De fait, ce genre de médication fonctionne dans la tête des patients, non dans leur corps. On utilise un placebo (ce nom dérive du latin « Je plairai ») lors des tests cliniques dits « aveugles » sur de nouveaux médicaments. La moitié des patients prennent le médicament, les autres un placebo, sans qu'aucun sache ce qu'on lui administre – d'où l'appellation de test « aveugle ». Le but de l'expérience est bien entendu de prouver que la nouvelle molécule opère. Cependant, ce type de recherche, financée par laboratoires pharmaceutiques, montre également à quel point un médicament sans médicament peut être efficace. Lors d'un test, on administra à des patients un analgésique courant, le paracétamol : 55 % d'entre eux signalèrent un soulagement effectif, mais 35 % des patients de l'autre groupe, ceux qui avaient pris un placebo, virent eux aussi la douleur se résorber. Et tandis que l'effet du paracétamol a commencé à se dissiper au bout d'une heure, celui du placebo s'est prolongé. L'efficacité des placebos tient non pas tant à leurs ingrédients qu'au désir du patient d'aller mieux. Ils sont particulièrement indiqués pour le traitement de la douleur, et il y a peut-être à cela une explication chimique. L'organisme produit en effet des inhibiteurs naturels de la douleur appelés endorphines. Le soulagement ressenti pourrait provenir d'une stimulation inconsciente de ce système d'auto-anesthésie. C'est donc le patient, et non le placebo, qui produit des endorphines ; c'est encore le patient qui renforce son système immunitaire. Le placebo est peut-être la pilule idéale, mais la médication parfaite réside dans la tête.

ertility Boniface Mponda water
icreases fertility. Produced by a
.aditional healer, it's gender-specific
o make sure you get the right one).
he potion is effective up to three
ears—when the bottle is half-empty,
mply refill with any water. The active in-
redients are probably the small stones
i the bottle, though Mponda was re-
ently exposed for forcing employees
o provide semen for his medicines.

Fécondité L'eau du guérisseur zimbabwéen
Boniface Mponda accroît la fertilité. Elle existe
en version homme ou femme (avez-vous la
bonne ?) et garde ses propriétés durant trois
ans (une fois la bouteille à moitié vide, rem-
plissez-la avec n'importe quelle eau). Son secret ? Sans doute les petits cailloux au fond du
récipient – quoique Mponda ait été récemment épinglé pour avoir forcé ses employés à
lui fournir du sperme pour ses remèdes.

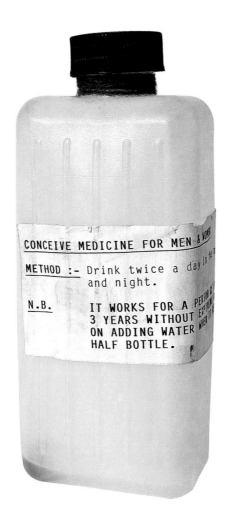

Mystery "Tripas del Diablo [Devil's Gut] powder can be used to stop any bad habits from drunkenness to smoking," according to the manufacturers. They claim that sprinkling the powder on salads will make your vices disappear. One word of caution—the ingredients are a mystery.

Mystère « La poudre Tripas del Diablo (tripes du diable) peut vous débarrasser de toutes vos mauvaises habitudes, de l'alcoolisme à la tabagie », aux dires des fabricants. Il vous suffira, soutiennent-ils, de saupoudrer vos salades de ce produit pour venir à bout de vos vices. Un mot de mise en garde : la composition de cette poudre reste un mystère.

TRIPAS DEL

DIABLO

Polvo Compuesto

Especial para aborrecer por completo el vicio de la Borrachera, uselo poniendo una pulgarada de polvo en las comidas

Smoking With the aluminum pocket ashtray from Japan, you need never worry about where to discard your butts. Just slip them into your pocket ashtray to dispose of at your leisure.

Tabagie Grâce à ce cendrier de poche en aluminium, de production japonaise, finis les problèmes de mégots que l'on ne sait pas où jeter. Glissez-les dans votre poche, vous viderez le cendrier quand vous en aurez le loisir.

Incontinence—the inability to control one's bladder muscles—affects about one in 20 people. Frequently brought on by prostate cancer or old age, incontinence can make even a walk around the block a physically and psychologically distressing experience. But with the Freedom Pak system for men, going out in public need never be stressful again. You roll a latex slip onto the penis and connect the long drainage pipe to a discreet 500ml leg bag that straps around the calf. At the end of the day, a quick flip of the bag's special "T-Tap valve" empties the urine right into the toilet.

L'incontinence – incapacité à contrôler les muscles de la vessie – affecte environ une personne sur vingt. Souvent causée par le vieillissement ou un cancer de la prostate, elle peut transformer un simple tour du pâté de maisons en véritable cauchemar physique et psychologique. *Pouvait*. Car, grâce au système Freedom Pak pour hommes de chez Mentor Urology Inc. (une société basée aux Etats-Unis), les sorties cessent dorénavant d'être des épreuves. Il suffit d'enrouler une feuille de latex (non représentée ici) autour du pénis, puis de relier le long cathéter à une poche discrète de 500 ml, qui s'attache autour du mollet. A la fin de la journée, une simple chiquenaude sur la valve spéciale « T-Tap » de la poche Freedom, et son contenu se vide directement dans les toilettes.

This potato could get you a few days' sick leave from the Israeli Defense Force (IDF). Just cut it in half, tie to your knee or shin and leave overnight. "Water inside the human cell tissue moves towards the potato," says Dr. Izaac Levy, formerly a medic for the IDF. "That causes the leg to swell." The fist-sized bump doesn't hurt, and lasts only a day or two—ideal for a weekend away.

Patate Soldats d'Israël, cette modeste pomme de terre peut vous faire obtenir une permission. Il suffit de la couper en deux, de vous l'attacher sur le genou ou le tibia et de laisser reposer une nuit. « L'eau contenue dans les tissus cellulaires est absorbée par la pomme de terre, si bien que la jambe enfle », explique le Dr Izaac Lévy, ancien médecin militaire dans l'armée israélienne. Vous voilà donc affublé d'une belle intumescence de la taille du poing, totalement indolore, qui se résorbera en un jour ou deux – parfaite, donc, pour s'offrir un petit week-end.

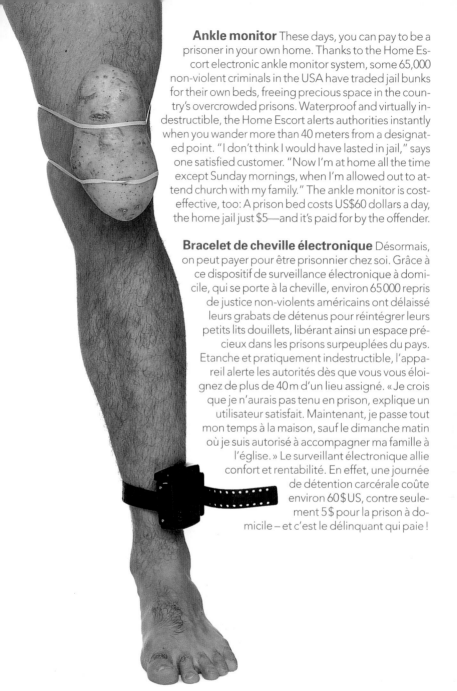

Ankle monitor These days, you can pay to be a prisoner in your own home. Thanks to the Home Escort electronic ankle monitor system, some 65,000 non-violent criminals in the USA have traded jail bunks for their own beds, freeing precious space in the country's overcrowded prisons. Waterproof and virtually indestructible, the Home Escort alerts authorities instantly when you wander more than 40 meters from a designated point. "I don't think I would have lasted in jail," says one satisfied customer. "Now I'm at home all the time except Sunday mornings, when I'm allowed out to attend church with my family." The ankle monitor is cost-effective, too: A prison bed costs US$60 dollars a day, the home jail just $5—and it's paid for by the offender.

Bracelet de cheville électronique Désormais, on peut payer pour être prisonnier chez soi. Grâce à ce dispositif de surveillance électronique à domicile, qui se porte à la cheville, environ 65 000 repris de justice non-violents américains ont délaissé leurs grabats de détenus pour réintégrer leurs petits lits douillets, libérant ainsi un espace précieux dans les prisons surpeuplées du pays. Etanche et pratiquement indestructible, l'appareil alerte les autorités dès que vous vous éloignez de plus de 40 m d'un lieu assigné. « Je crois que je n'aurais pas tenu en prison, explique un utilisateur satisfait. Maintenant, je passe tout mon temps à la maison, sauf le dimanche matin où je suis autorisé à accompagner ma famille à l'église. » Le surveillant électronique allie confort et rentabilité. En effet, une journée de détention carcérale coûte environ 60 $US, contre seulement 5 $ pour la prison à domicile – et c'est le délinquant qui paie !

Hormones Nobody knows exactly what causes aging, but one thing is sure: The body's hormone levels decline drastically with time. A course of HGH (human growth hormone) injections can give a 50-year-old the hormone levels of a 20-year-old, boosting the immune system and purportedly raising energy levels. Alternatively, try DHEA (the "youth steroid"), a natural hormone that boosts the immune system. The Optimal Health clinic on London's Harley Street offers a "turnaround" package of hormone therapy: Fly in on Monday and out on Friday, your prescription in your pocket.

Hormones Personne ne connaît la cau exacte du vieillissement, mais une chose e sûre : nos taux d'hormones déclinent spe taculairement avec l'âge. Qu'à cela n tienne : une bonne série d'injections à l'HF (hormone humaine de croissance), et le ci quantenaire fatigué retrouvera des ho mones de jeune homme, qui stimulero son système immunitaire et, à ce qu'on pr tend, décupleront son énergie. A défaut, e sayez le DHEA (le « stéroïde de jouvence une hormone non synthétique qui renforce vos défenses naturelles. La clinique « San optimale » de Harley Street, à Londres, pr pose un forfait « métamorphose » de cu hormonale : arrivée le lundi, départ le ve dredi, avec votre ordonnance en poch

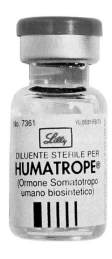

urtle cream You'll never go back to il of Olay once you've used this politically incorrect moisturizer. Made from e fat of an endangered species of rtles found in the Amazon region of razil, it's the wrinkle cream preferred by cal women. Though it's technically illeal to kill the turtles, a lack of inspectors akes it impossible to enforce the ban. e turtles are slaughtered to make oth skin cream and a tasty dish called ussom — served on the sly in some Belém de Pará's finest restaurants.

Crème de tortue Vous le jetterez au panier, votre Oil of Olaz, une fois que vous aurez essayé cette crème hydratante – politiquement fort incorrecte, au demeurant. Pour la confectionner, on utilise la graisse d'une tortue menacée d'extinction, et qui survit encore au fin fond de l'Amazonie brésilienne. C'est du reste le baume antirides préféré des coquettes du cru. Bien qu'il soit illégal de tuer ces tortues, la législation s'avère impossible à appliquer, en raison de la pénurie d'inspecteurs – d'autant qu'une fois trucidés, ces pauvres reptiles font double usage : leur graisse finira sur les épidermes, et leur chair agrémentera une savoureuse spécialité appelée le *mussom* – que l'on sert sous le manteau dans quelques-uns des plus grands restaurants de Belém de Pará.

The first recorded pharmaceutical use of marijuana was in China in 2727BC. Today, the drug is illegal in most countries, despite its proven ability to relieve arthritis pain, migraines and side effects from cancer and AIDS treatments. In San Francisco (and other locations in the USA), Cannabis Buyers' Clubs provided smoking rooms and marijuana to anyone who had a letter of diagnosis from their physician. Menu items included Merry Pills (capsules of marijuana soaked and heated in virgin olive oil) and Marijuana Tincture (leaves for those who wished to bake their own dishes). The San Francisco club was shut down by the California State Attorney.

La première trace d'usage pharmaceutique de la marijuana a été retrouvée en Chine et remonte à 2727 avant notre ère. De nos jours, cette drogue est illégale dans la plupart des pays, au mépris de ses vertus analgésiques avérées en cas de douleurs arthritiques, de migraines ou d'effets secondaires des traitements du cancer et du sida. A San Francisco (et dans quelques autres villes américaines) s'est constitué un Club des consommateurs de cannabis. Cette association s'est fixé pour tâche de fournir de la marijuana, mais également des fumoirs où la consommer, à toute personne pouvant produire un diagnostic écrit de son médecin traitant. Au menu : « pilules joyeuses » – gélules contenant de la marijuana trempée puis chauffée dans de l'huile d'olive vierge – et « teinture de marijuana », des feuilles à cuire pour ceux qui désirent mijoter leurs propres petits plats. Le club de San Francisco a cependant été fermé sur décision du département de la Justice californien

"I use it as a water pistol," explains Qian Zia, a 6-year-old from Kunming, China, of her syringe. In southwest China, the abundance of used syringes in the streets gives children hours of fun: They pick them out of garbage and squirt puddle water through them. Perhaps this toy's common because of the relatively high rate of drug use around here," reports our China correspondent. Although drug use in China was almost eradicated during the 1950s (thanks to summary executions of suspected dealers), the infamous Golden Triangle heroin-producing regions of Vietnam, Laos and Burma are relatively close by, and addicts as young as 8 have been found in towns on the Chinese border.

« C'est mon pistolet à eau », explique en désignant sa seringue Qian Zia, 6 ans, originaire de Kunming, en Chine. Dans le sud-ouest du pays, les rues jonchées de seringues usagées procurent aux enfants des heures de franche rigolade : ils les ramassent au milieu des détritus et pompent l'eau des flaques pour les remplir. « Dans cette région, l'usage de la drogue est relativement répandu. Cela explique sans doute que les seringues soient devenues un jouet banal », rapporte notre correspondant. La Chine a pourtant bien failli réussir à éradiquer le fléau de la drogue dans les années 50 (par exécution sommaire de toute personne soupçonnée de trafic), mais las ! Le Viêt Nam, le Laos et la Birmanie – les trois pôles producteurs du tristement célèbre Triangle d'or – ne sont pas loin et, dans les villes frontalières chinoises, on trouve des toxicomanes d'à peine 8 ans.

Packed with vitamins and other nutrients, the South American coca plant is the ba
sic ingredient in this fiesta of health products from Bolivia's Coincoca company. Coca
reportedly helps to lower blood pressure, kill tapeworms, ease heart and prostate
problems, boost the effectiveness of prescription medicines and, claims Coincoca presi
dent Reynaldo Molina Salvatierra, it can even "hold off the onset of AIDS for several
years." Coincoca's best-selling item is Cocaestet, a slimming agent that promises to me
tabolize carbohydrates, fats and uric acid. A dose of Coincoca's anti-cancer syrup
promises to "inhibit tumor growth," while Coincoca's heart syrup "regulates the
heart's rhythm." For venereal disease, Molina recommends Blood Tonic; to "im
prove sexual function," try Coca Syrup; and if you drink too much, a daily spoonful
of Alcoholism Syrup, mixed with your beverage of choice, "makes those given
to drinking reflect upon their addiction...generating a psychic and men
tal symbiosis which strengthens their character." But de
spite all the miracles Coincoca products supposedly
perform, there's one thing they can't do: Get past
customs officials. Since 1961 there has been an
almost worldwide ban on the sale of
coca products.

Regorgeant de vitamines et autres substances nutritives, la coca d'Amérique du Sud est l'ingrédient de base de ce festival de produits de soins proposés par la firme bolivienne Coincoca. On a en effet pu constater les multiples bienfaits de cette plante étonnante : elle contribue à juguler l'hypertension artérielle, tue le ver solitaire, soulage en cas de troubles cardiaques ou de prostatite, renforce l'action des médicaments, et peut même – soutient Reynaldo Molina Salvatierra, le président de Coincoca – « retarder de plusieurs années le développement du sida ». La compagnie réalise ses meilleures ventes sur le Cocaestet, un agent amincissant qui promet de favoriser la transformation des hydrates de carbone, des graisses et de l'acide urique. Quant aux sirop Coincoca, ils soignent tout : il en existe un contre le cancer, censé « arrêter la croissance des tumeurs », un autre pour le cœur, qui « régularise le rythme cardiaque ». Pour les maladies vénériennes, Molina recommande le Tonique sanguin ; pour « stimuler l'activité sexuelle », essayez le Sirop de coca. Enfin, si vous buvez trop, une cuillerée quotidienne de sirop antialcoolisme, mélangée à la boisson de votre choix, « induira celui qui s'adonne à l'alcool à réfléchir sur sa dépendance… en créant une symbiose entre psyché et mental qui fortifie le caractère ». Cependant, malgré tous les miracles prêtés aux produits Coincoca, il en est un qui reste hors de leur portée : franchir les douanes. Depuis 1961, il existe un interdit quasi-mondial sur la vente de produits à base de coca.

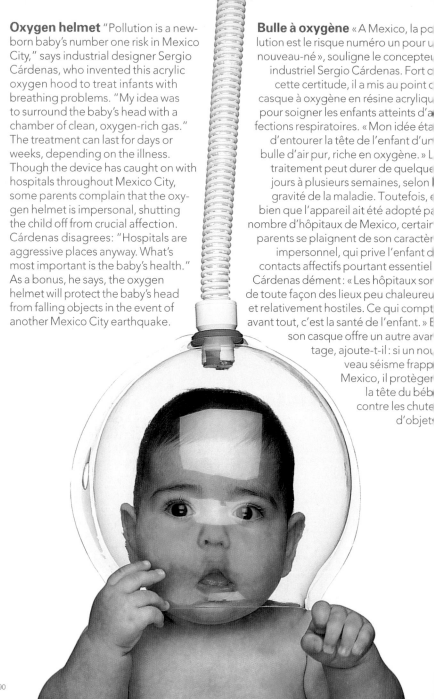

Oxygen helmet "Pollution is a new-born baby's number one risk in Mexico City," says industrial designer Sergio Cárdenas, who invented this acrylic oxygen hood to treat infants with breathing problems. "My idea was to surround the baby's head with a chamber of clean, oxygen-rich gas." The treatment can last for days or weeks, depending on the illness. Though the device has caught on with hospitals throughout Mexico City, some parents complain that the oxygen helmet is impersonal, shutting the child off from crucial affection. Cárdenas disagrees: "Hospitals are aggressive places anyway. What's most important is the baby's health." As a bonus, he says, the oxygen helmet will protect the baby's head from falling objects in the event of another Mexico City earthquake.

Bulle à oxygène « A Mexico, la po lution est le risque numéro un pour u nouveau-né », souligne le concepteu industriel Sergio Cárdenas. Fort d cette certitude, il a mis au point d casque à oxygène en résine acryliqu pour soigner les enfants atteints d'a fections respiratoires. « Mon idée éta d'entourer la tête de l'enfant d'ur bulle d'air pur, riche en oxygène. » L traitement peut durer de quelque jours à plusieurs semaines, selon l gravité de la maladie. Toutefois, € bien que l'appareil ait été adopté pa nombre d'hôpitaux de Mexico, certair parents se plaignent de son caractèr impersonnel, qui prive l'enfant d contacts affectifs pourtant essentiel Cárdenas dément: « Les hôpitaux sor de toute façon des lieux peu chaleureu et relativement hostiles. Ce qui compt avant tout, c'est la santé de l'enfant. » E son casque offre un autre avar tage, ajoute-t-il: si un nou veau séisme frapp Mexico, il protéger la tête du béb contre les chute d'objet

Escape hood The EVAC-U8 smoke hood is essential emergency gear for today's commuter. The luminous can (designed to glow in the dark) contains a hood made of Kapton, an advanced plastic that's heat-resistant up to 427°C. In the event of fire, nerve-gas attack or toxic leakage, you twist off the red cap, pull the hood over your head, fasten at the neck and breathe into the mouthpiece. The canister's "multi-stage, air-purifying catalytic filter" neutralizes any incoming toxic fumes, giving you 20 minutes to escape. Made in Canada, the EVAC-U8 has gained popularity in Japan since the Aum cult released poisonous sarin gas into the Tokyo metro in 1995. "It's light, portable, convenient and priced affordably," says MSA, the Japanese distributor of EVAC-U8. "Take it to work, school or shopping for a sense of safety."

Cagoule de survie Voici la cagoule antigaz EVAC-U8, équipement de secours indispensable à l'usager moderne des transports en commun. La boîte (luminescente, donc facile à repérer dans le noir) contient une cagoule en Kapton, un plastique révolutionnaire capable de résister à des températures de 427°C. En cas d'incendie, d'attaque au gaz paralysant ou de fuite toxique, dévissez le bouchon rouge, enfilez la cagoule, attachez-la autour du cou et respirez par l'embout. Le «filtre catalytique composite purificateur d'air» du conteneur neutralise n'importe quelle émanation toxique, vous laissant vingt minutes pour vous échapper. Fabriqué au Canada, EVAC-U8 fait un malheur au Japon depuis 1995, année où la secte Aum lâcha du gaz toxique sarin dans le métro de Tokyo. «Il est léger, facile à transporter, pratique et d'un prix abordable, énumère MSA, son distributeur au Japon. Emportez-le au travail, à l'école ou pour faire vos courses – où que vous soyez, vous vous sentirez en sécurité. »

Protective wear Coated with reflective copper particles, these clothes are designed to block the electromagnetic radiation (EMR) that emanates wherever there's electricity. "We're the first generation to be bombarded by all these EMR emissions," says Bruce Olive, founder of Shieldworks, the US-based company that makes the apron and scarf seen here. "Nobody really knows what their medical impact will be over time." Swedish researchers at the Karolinska Institute found that children living 50m or less from major power lines are twice as likely to develop leukemia. A recent Boston University Medical School survey in the USA suggests that women who work near mainframe computers are 43 percent more likely to develop breast cancer.

Be ready in the event of a nuclear war. Stock up your bunker with potassium iodide tablets. The tablets are used as anti-radiation medicine for nuclear wars or meltdowns.

Tenues de protection Grâce à leur revête ment en particules de cuivre réfléchissantes, c tablier et ce foulard arrêtent les radiations éle tromagnétiques (REM) produites par l'électr cité. « Nous sommes la première génération être bombardée par une telle quantité de REN signale Bruce Olive, fondateur de Shieldwork l'entreprise américaine qui produit les article présentés ici. Personne ne connaît vraiment leu impact à long terme sur la santé. » Des che cheurs suédois de l'Institut Karolinska ont dé tecté un risque de leucémie multiplié par deu pour les enfants vivant à moins de 50 m de ligne à haute tension. Une enquête récente mené aux Etats-Unis par la faculté de médecine d l'université de Boston corrobore du reste ce inquiétants résultats : il semblerait en effet que chez les femmes travaillant à proximité de grc ordinateurs ou de processeurs centraux, l risque de cancer du sein soit accru de 43 %

Soyez fin prêt pour le prochain conflit ato mique, en stockant dans votre bunker de l'ic dure de potassium en pastilles. Il s'agit d'u médicament antiradiations, fort utile en cas d guerre nucléaire ou de fusion de réacteu

Phone condom Talking on the phone can be bad for your health. In one study, scientists found flesh-eating Beta Strep bacteria living in the mouthpiece of a New York pay phone. Though the chances of contracting diseases from a phone might seem pretty slim, you can never be sure. That's why Elizabeth Wilkes, of Gardenia, USA, created Clean Call disposable telephone covers. Designed so that "no part of the user's body need ever come into contact with the phone," the tissue covers come in a variety of colors. Clean Call is "ideal for persons who are concerned about coming into contact with the phone because of cleanliness." According to Elizabeth, "People who work in offices, where they sometimes use other workers' phones, have purchased covers to use right in the workplace."

Préservatif téléphonique Parle au téléphone peut nuire à votre santé. Une étude scientifique n'a-t-elle pas détecté la présence de streptocoques bêta sur le combiné d'un téléphone public ? Certes, les risques de contracter une maladie au contact d'un téléphone peuvent paraître infimes, mais on ne sait jamais. C'est pourquoi Elizabeth Wilkes, une Américaine de Gardenia, a créé les Clean Call (appels propres), des housses jetables pour téléphone. Conçues afin qu'« aucune partie du corps n'entre plus en contact avec le combiné », ces enveloppes en tissu existent en plusieurs coloris. « Idéales pour ceux que l'idée de toucher un téléphone rebute pour des raisons d'hygiène », stipule la brochure. D'après Elizabeth, « certaines personnes sont amenées au bureau à utiliser les téléphones de leur collègues. Elles n'ont pas hésité à utiliser mes housses sur leur lieu de travail. »

By mail Condoms were at one time prohibited in England, so people used to have them sent from France by mail. That's how the condom came to be called the French letter.

Par la poste Les préservatifs furent longtemps proscrits en Angleterre. Aussi les gens s'arrangeaient-ils pour se les faire envoyer de France, par courrier. C'est pourquoi on en vint à désigner le préservatif à mots couverts, sous le nom de « lettre française ».

Japanese schoolchildren are strongly advised to buy one of these fireproof cushion hoods. In fact, some schools insist that they do. In the event of fire or earthquake, students pop open the cushion (usually tied to their desk chairs), fold it over their heads and tie with the ribbon. "The cushions were developed after the war, when people would wet normal cushions and use them to protect themselves against fire bombs," a spokesman at Tokyo's City Hall Catastrophe Center told us. "But they're not going to protect your head in an earthquake—the best thing you can do is get under a table." With regular earthquake safety programs on TV, and several compulsory safety drills a year, most Japanese have some idea of what to do if a big quake strikes. "Once a week you can feel the earth shake in Tokyo," says our Japan correspondent. "It's worrying, but you get used to it."

Pure well water from Japan keeps for several years in this steel can. Keep it handy for emergencies like earthquakes.

Les écoliers japonais sont fortement encouragés à se procurer une de ces capuches matelassées ignifugées, que certains établissements ont rendues quasi-obligatoires. En cas d'incendie ou de tremblement de terre, les enfants n'ont plus qu'à se saisir du bonnet (généralement fixé à leurs chaises), à l'ouvrir et à se l'attacher sur la tête à l'aide du ruban prévu à cet effet. « Ces capuchons protecteurs ont été mis au point après la guerre – à l'époque, les gens mouillaient des coussins et s'en coiffaient pour se protéger des bombes à incendie, raconte un porte-parole du Bureau des sinistres à la mairie de Tokyo. Toutefois, ils ne suffiront pas en cas de tremblement de terre – le mieux à faire, alors, c'est de se cacher sous une table. » Matraqués d'émissions télévisées sur les mesures à prendre en cas de séisme, surentraînés grâce aux nombreux exercices de sécurité obligatoires chaque année, la plupart des Japonais ne seraient pas pris au dépourvu si un tremblement de terre majeur survenait. « A Tokyo, la terre tremble une fois par semaine, rapporte notre correspondant sur place. C'est inquiétant, mais on s'y habitue. »

Cette eau de puits pure en provenance du Japon se préservera plusieurs années dans sa boîte en acier. Gardez-la à portée de main pour les cas d'urgence et autres séismes.

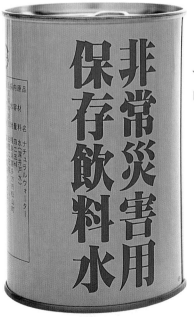

Home radiation kit If there's nuclear radiation in your backyard, this handy Kearny Fallout Meter (KFM) will detect it. Invented for survivors of a nuclear blast, the KFM can be assembled in only 1 1/2 hours "by the average untrained family," according to the US-based manufacturer. That's welcome news for French Polynesians, who don't have to wait for a nuclear attack to put their KFMs to good use: Since 1966, France has carried out more than 200 nuclear tests in the area. Although high cancer rates have been documented in populations near test sites in Australia and Kazakhstan, no such data exists in French Polynesia. The year the tests started, publication of public health statistics mysteriously stopped.

Radiomètre domestique S'il y a de la radioactivité dans votre jardin, il vous sera facile de la détecter au moyen de ce pratique et élégant compteur à scintillations (Kearny Fallout Meter). Conçu pour les éventuels survivants d'une catastrophe nucléaire, le KFM peut être monté en une heure et demie à peine, « par une famille ordinaire, sans formation spécifique », précise son fabricant américain. Enfin, une bonne nouvelle pour les Polynésiens français, qui trouveront bon usage à leur KFM sans avoir à attendre une attaque nucléaire. Depuis 1966, la France a en effet mené plus de 200 essais atomiques dans cette région du globe. Or on a enregistré une recrudescence de cancers chez les populations vivant à proximité d'autres sites d'essais nucléaires – c'est le cas notamment en Australie et au Kazakhstan. En Polynésie française, mystère : aucun chiffre n'apparaît. L'année même où commençaient les essais, la publication de statistiques médicales était inexplicablement interrompue.

Safety shoes are worn by workers cleaning up hazardous radioactive material (or handling it in laboratories). They're made of lightweight vinyl and sponge for a quick getaway from contaminated areas, and they're also easy to wash. If your safety shoes become dangerously radioactive, seal them immediately in a steel drum and bury in a concrete vault for eternity.

Ces chaussures de protection sont celles portées par le personnel chargé de nettoyer du matériel radioactif souillé (ou d'en manipuler en laboratoire). Fabriquées en vinyle poids plume et en éponge, elles permettent d'évacuer d'un pied leste en cas d'alerte. De surcroît, elles sont lavables : pas de souci d'entretien. Si d'aventure les vôtres ont été contaminées, placez-les sans plus tarder dans un caisson en acier, qu vous scellerez puis ensevelirez à jamais dans un caveau de béton.

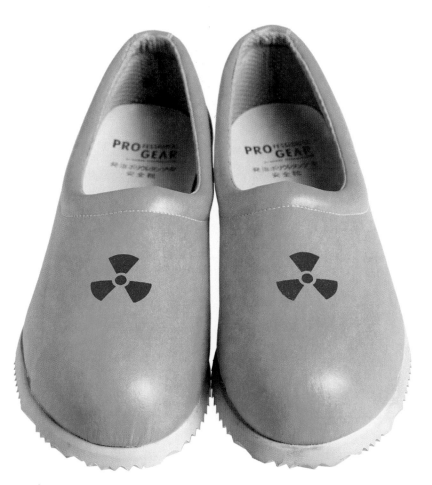

Want to have sex? Go ahead. But only if you use latex rubber condoms. They are the only condoms that prevent the transmission of HIV. Phallus-shaped glass cylinders are dipped in processed rubber. Then the condoms are powdered or lubricated, dried, inspected thoroughly and rolled. Generally, 996 out of 1,000 condoms must pass a leak test (they use water), or the entire batch is rejected. An electronic current is passed through condoms to check for holes and thin spots, and randomly selected samples are stretched to 1.5m or inflated with 40 liters of air. Testing condoms and destroying faulty ones accounts for about a third of manufacturing costs. Some ordinary condoms make black men's penises look beige or pink. No one wants his penis to change color. This black condom can help solve the problem.

Envie de vous envoyer en l'air? Faite donc – mais pas sans préservatifs en latex seuls capables d'empêcher la transmissio du VIH. Mais comment les fait-on? En plon geant des cylindres de verre en forme d phallus dans du caoutchouc liquide traité Une fois formés, les préservatifs sont talqué ou lubrifiés, séchés, inspectés minutieuse ment, puis roulés. Dans chaque lot, une pro portion moyenne de 996 préservatifs sur 1 00(doivent réussir le test de détection des fuite (on utilise de l'eau), sinon tout le lot es rejeté. Et ce n'est pas tout: chaqué préservatif est exposé à un faisceau électronique afin de détecter le trous et les irrégularités de surface (en particulier les zones plu minces), et des échantillon prélevés au hasard sont étiré jusqu'à 1,50m ou gonflés avec 40 litres d'air. Tous ces tests e destructions d'éléments défec tueux représentent près d'u tiers du coût de fabrication Mais pourquoi limiter vos exi gences à des critères de soli dité? Car si vous êtes noir certains préservatifs ordinaire donneront à votre pénis un ridicule couleur beige ou rose Personne ne souhaite que sa verge change de couleur Ce préservatif noir pourra vous tirer d'embarras

Skin-whitening cream This cosmetic contains hydroquinone, a bleaching agent that slows down production of melanin, the skin's natural defense against ultraviolet rays and cancer. As the concentration of melanin pigment decreases, the skin becomes lighter. Eventually, the skin gets lumpy and patchy with exposure to the sun. The damage is irreversible. In 1980, the South African government set a maximum limit of two percent on hydroquinone in the product. The UK, USA and Nigeria quickly followed. The market for skin-whiteners in South Africa is worth US$20 million per year.

Crème éclaircissante pour la peau Ce cosmétique contient de l'hydroquinone, agent décolorant qui ralentit la production de mélanine – défense naturelle de la peau contre les rayons ultra-violets et le cancer. Au fur et à mesure que la concentration en pigments de mélanine décroît, la peau devient plus claire… avant de se couvrir de bosselures et des taches au contact du soleil. Le dommage est irréversible. En 1980, le gouvernement sud-africain a limité à 2 % le taux légal de concentration en hydroquinone du produit – la Grande-Bretagne, les Etats-Unis et le Nigeria s'alignant prestement sur cette réglementation. Signalons que le marché des crèmes éclaircissantes en Afrique du Sud pèse annuellement 20 millions de dollars.

One spritz of vanilla-flavored Spray-N-Wake Caffeine Stimulant Spray gives you the caffeine equivalent of a cup of coffee. Chocolate mint-flavored Spray-U-Thin, popular in Russia, claims to be an appetite suppressant and breath freshener in one.

Une seule bouffée de stimulant caféiné Spray-N-Wake, arôme vanille, fournit un apport en caféine équivalent à une tasse de café. Quant au Spray-U-Thin arôme menthe-chocolat, très en vogue en Russie, il allie censément deux fonctions : couper l'appétit et rafraîchir les haleines chargées.

Formerly known as "Darkie" or "Black Man," this toothpaste from Thailand, made by Colgate and popular in China and India, now has a new name.

Autrefois connu sous le nom de « Darkie » (moricaud) ou « Black Man », ce dentifrice thaïlandais (à gauche), produit par Colgate et très consommé en Inde et en Chine, a été prudemment rebaptisé.

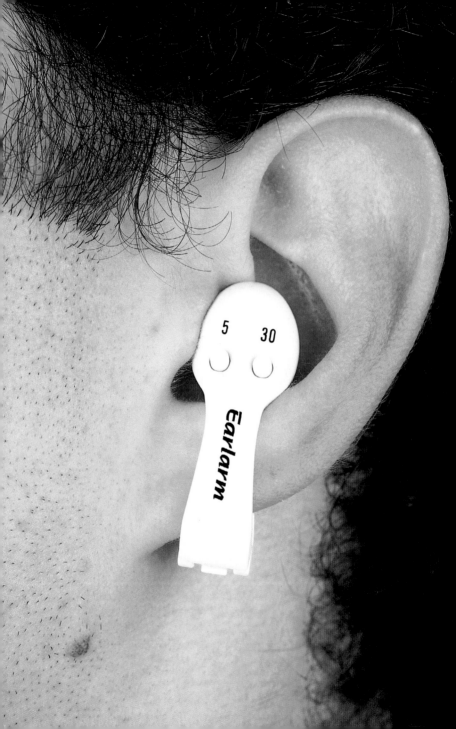

Ear alarm A short nap can work wonders, say scientists who study sleep patterns. Especially in a place like Japan, where *karoshi* (death by overwork) and *jisatsu-karoshi* (suicide from overwork) are on the rise. In Tokyo, where street crime is low, taking a nap in public is relatively safe. The only real risk is not waking up on time. Luckily, Japan's exhausted workers can now rely on the Earlarm, a tiny timer that can be set to go off after as little as five minutes or as long as eight hours. The Earlarm, says the instruction sheet, is also popular with homemakers who want to catch a few winks while waiting for eggs to boil.

Adapting Lauda Air crew manager Elena Nasini is allowed to spend no more than 100 hours a month airborne. In order to function socially when home in Italy, she tries not to adapt to other time zones. Other tips from frequent flyers: Take melatonin, avoid excessive food or alcohol, and catnap frequently. Or order the Jet Lag Combat Kit. The Jet Lag Light Visor regulates light stimulus and keeps your light patterns adjusted to those in your destination.

Miniréveil auriculaire Une courte sieste peut faire des merveilles, affirment les spécialistes des cycles du sommeil – surtout dans un pays tel le Japon, où l'on compte de plus en plus de décès dus au *karoshi* (mort par surmenage) ou au *jisatsu-karoshi* (suicide consécutif au surmenage). A Tokyo, où la petite délinquance est limitée, un bon somme dans un lieu public ne présente pas grand risque, hormis celui de ne pas se réveiller à l'heure. Heureusement, les travailleurs japonais épuisés peuvent maintenant s'en remettre à Earlarm, un minuscule réveil qui vous laissera dormir de cinq minutes à huit heures. Earlarm, précise la brochure, est aussi apprécié des ménagères qui souhaitent piquer du nez sans remords tandis que les œufs durcissent.

Adaptation Chef de bord à la compagnie Lauda Air, Elena Nasini a un service limité à cent heures de vol par mois. Afin de ne pas renoncer à toute vie sociale lorsqu'elle rentre chez elle, en Italie, elle essaie de ne pas s'adapter au décalage horaire dans les pays où son métier l'amène. Autres conseils fournis par les habitués des vols long-courrier : prenez de la mélatonine, évitez les excès et faites de fréquents petits sommes. Sinon, procurez-vous ce Jet Lag Light Visor, une visière protectrice « de combat » qui régule les stimuli lumineux et vous maintient dans un schéma d'exposition à la lumière calqué sur celui de votre destination.

Eye It takes 20 hours to make this fake eye. Patrick Bordet, of Vichy, France, works closely with patients who have suffered eye loss. Each new eye is custom-built and hand-painted to perfectly match the patient's other one. "We are never finished, as far as giving our patients back their lost confidence," says Bordet. "Our greatest reward is the fulfillment and dignity our patients recover in the eyes of others when they wear our eyes."

Shades On hot Zimbabwe afternoons, Timothy Mandisyeuza sets up shop on a street corner outside the Montagu Shopping Center in downtown Harare. An expert with pliers, he twists stiff strands of wire together to make these handsome sunglasses. Because lenses cost so much, Mandisyeuza avoids them altogether. Instead, he attaches shades cut from plastic juice bottles to the tops of the frames. Mandisyeuza, who sells two or three pairs a day, says people want his glasses because "they're something people thought man could not make with his own hands."

Œil Il faut vingt heures pour réaliser cette prothèse oculaire. Patrick Bordet, un prothésiste français de Vichy, travaille en étroite collaboration avec des patients ayant tous à déplorer la perte d'un œil. Chaque prothèse est fabriquée sur mesure et peinte à la main, de façon à reproduire exactement l'œil restant du client. « Lorsqu'il s'agit de redonner à nos patients la confiance en eux qu'ils ont perdue, le travail est sans fin, déclare Bordet. Notre plus grande récompense, c'est le sentiment d'accomplissement et la dignité qu'ils retrouvent aux yeux des autres quand ils portent nos prothèses. »

Lunettes de soleil Par les chauds après-midi zimbabwéens, Timothy Mandisyeuza installe son échoppe au coin d'une rue, devant le centre commercial de Montagu, en plein centre-ville de Harare. Virtuose de la pince, Timothy entortille des fils métalliques rigides pour fabriquer ces élégantes lunettes de soleil. Comme les verres sont trop chers, Mandisyeuza y a complètement renoncé. Il leur substitue des minivisières en plastique, qu'il découpe dans des bouteilles de jus de fruit et fixe sur le haut de la monture. Les affaires marchent : il en vend bien deux ou trois paires par jour. Selon lui, le produit plaît parce que « les gens n'en reviennent pas qu'on puisse faire des lunettes comme ça, à la main ».

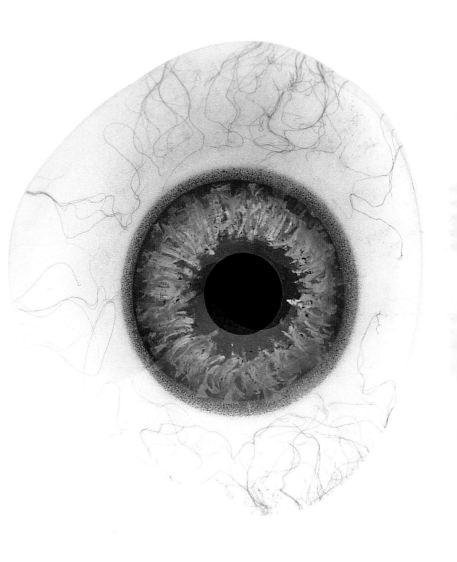

Dye Dip your finger in this purple dye, and it will be stained for at least 72 hours. Also available in red, green and "invisible" varieties, the dye is used to ensure fair elections by preventing people from voting twice. Election dye like this one, made by the British company De La Rue, has assisted the democratic process in India, Burundi and Rwanda, among other countries. It made one of its most recent appearances at the September 1996 elections in Bosnia. "If the voter has no right index finger," read the instructions posted in Bosnian polling stations, "the next available finger should be inked, following this sequence: thumb, finger three, four, five. If the voter has no right hand, use the same sequence on the %left. If the voter has no fingers, the ink requirement is waived." An invisible spray (right), is used in refugee camps to keep people from signing up twice for food ration cards. A blue light shows who has already received their rations. Refugee officials sometimes have to dip their finger in the non-toxic ink, then lick it, to combat rumors that it causes sterility and other health problems.

Electoral Stain (ES/A/Purple)
100 ml
Contains Silver Nitrate, Tetrahydrofurfuryl alcohol

Instructions for use.
1 Ensure voter's finger is clean and free from grease.

2 Insert finger of voter into from centre hole to second knuckle.

3 Replace lid when not in use.

4 Shake jar periodically.

Irritating to eyes.
Keep locked and out of reach of children.

De La Rue Identity Systems Limited
De La Rue House
Basingstoke
United Kingdom, RG22 4BN
Tel: +44 1256 29122
Fax: +44 1256 608299

DeLaRue

Teinture Trempez votre doigt dans cette encre violette, et il restera taché durant au moins soixante-douze heures. Egalement disponible en rouge, vert et « sympathique », ce colorant est utilisé pour garantir la légalité des scrutins en empêchant les gens de voter deux fois. La teinture électorale (celle-ci est fabriquée par l'entreprise britannique De La Rue) a ainsi soutenu le processus démocratique dans plusieurs pays, notamment en Inde, au Burundi et au Rwanda. Elle est réapparue tout récemment, lors des élections de septembre 1996 en Bosnie. « Si le votant n'a pas d'index à la main droite, indiquent les affichettes apposées dans les bureaux de vote bosniaques, on teindra le doigt existant le plus proche, selon l'ordre suivant : pouce, majeur, annulaire, auriculaire. Si le votant n'a pas de main droite, suivre le même ordre pour la main gauche. Si le votant n'a pas de doigts, on prononcera la prescription du marquage. » Même procédé dans les camps de réfugiés, où l'on utilise un spray invisible (ci-contre) pour empêcher les gens de retirer deux cartes de rationnement. En exposant la peau à une lumière bleue, on détecte la tache prouvant que la personne a déjà reçu son dû. Les responsables des camps doivent parfois tremper eux-mêmes leur doigt dans cette encre non toxique et le lécher, pour couper court à la rumeur selon laquelle le produit nuirait à la santé, notamment à la fécondité.

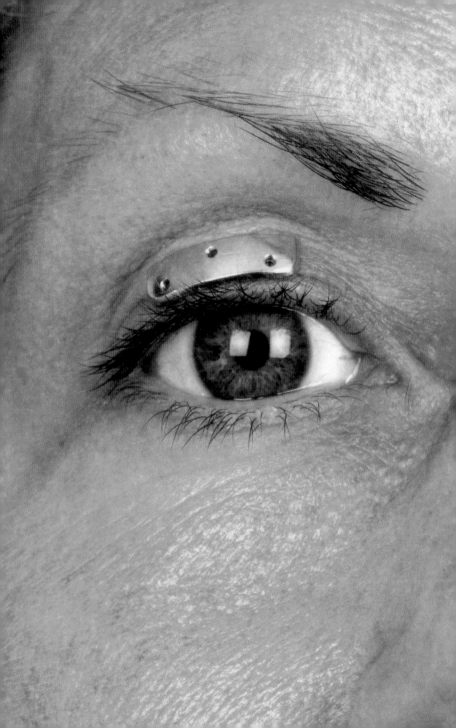

Tanning pills Get a glowing tan—without leaving the house. The potent blend of canthaxanthin (a coloring used to brighten egg yolks) and beta-carotene (a pigment found in carrots) in these pills dyes your skin—from the inside. While their controversial side effects (including possible damage to bone marrow, eye retinas, kidneys and blood) have led authorities to ban them in some countries, dedicated users agree: Tanning pills are the simplest way to a deep, even color —without any unsightly tan lines.

Eye weights Available in four flesh-tone colors, the MedDev Corporation's metallic eyelid weights are the leading treatment for lagophthalmos, a partial facial paralysis that prevents people from closing their eyes. "While the muscle that opens the eye still works," explains US ophthalmologist Richard Jobe, "the muscle that closes the eye does not." Permanently open, the eye dries up, risking irritation or even total blindness. Before the weights were developed in 1972, the only way of treating lagophthalmos was to sew the eyes partially together. Now, with these handy external weights (secured with hypoallergenic tape), the eyelids fall naturally whenever the wearer relaxes her eye-opening muscles. "Most people are very happy to have them," says Jobe. "I've opened up eyelids that had been sewn together, and loaded them with weights. The patients just can't stop thanking me."

Pilules autobronzantes Oui, vous pouvez obtenir un joli hâle cuivré sans mettre le nez dehors. Ces comprimés contiennent un dosage suractivé de canthaxantine (colorant utilisé pour intensifier la couleur du jaune d'œuf) et de bétacarotène (pigment présent dans les carottes) qui colore votre peau – de l'intérieur.

Bien que certains pays aient décidé de les interdire, inquiets de leurs éventuels effets secondaires (entre autres sur la moelle épinière, la rétine, les reins et le sang), les inconditionnels n'en démordent pas : à leurs yeux, ces pilules bronzantes sont le moyen le plus simple d'obtenir un bronzage intense et uniforme – sans aucune marque disgracieuse de maillot.

Leste-paupières Disponibles en quatre tons pour les assortir à votre carnation, les poids métalliques pour paupières produits par MedDev Corp. constituent le traitement de pointe de la lagophtalmie, une paralysie faciale partielle qui empêche la fermeture des paupières. « Les muscles qui ouvrent les yeux fonctionnent toujours, explique l'ophtalmologue américain Richard Jobe, mais ceux qui les ferment deviennent inopérants. » Cette ouverture ininterrompue entrave la lubrification de l'œil, qui s'irrite, ce qui peut entraîner une cécité totale. Avant la mise au point de ces lests, en 1972, le seul traitement de la lagophtalmie consistait à coudre partiellement les paupières. A présent, grâce à ces poids d'usage externe, fort pratiques puisqu'ils se fixent à l'aide d'une bande sparadrap hypoallergénique, les paupières retombent automatiquement quand le patient relâche ses muscles d'ouverture. « La plupart des malades en sont très satisfaits, assure Jobe. J'ai rouvert des paupières qui avaient été ligaturées pour leur fixer des lests. Mes patients n'arrêtent pas de me remercier. »

Virgins' tea Yin Zhen White Tea is one of the most expensive teas in the world. We're not sure if experts can taste it, but each leaf has been handpicked by young Chinese virgins in the province of Fujian. It sells for US$900/kg.

Thé des vierges Le thé blanc Yin Zhen compte parmi les plus chers du monde. Et pour cause : chaque feuille est récoltée à la main par de jeunes vierges (les experts font-ils réellement la différence ?) de la province de Fujian. Comptez 900 $ US le kilo

Like a virgin Venezuelan Dr. Angel Salas spends most of his day performing elementary plastic surgery: skin pleats, liposuction, breast enlargements. Occasionally he is called upon to do something rather special. "Surgery to reconstruct virginity is simple but very meticulous," he says. If the operation is performed one month before a wedding, and the freshly made virgin doesn't ride horses or bikes until the big day, her groom won't be disappointed on their "first night." He need never know.

Comme une vierge Le Dr Angel Salas, qui exerce au Venezuela, passe le meilleur de ses journées à pratiquer des opérations de chirurgie plastique élémentaires : traitement des rides, liposuccion, étoffement des seins. Mais à l'occasion, on fait appel à lui pour des interventions un peu plus particulières. « La reconstitution chirurgicale de l'hymen est une opération simple mais qui réclame un travail très minutieux », indique-t-il. Si elle est pratiquée un mois avant le mariage, et que notre pucelle de fraîche date ne monte pas à cheval ou à bicyclette jusqu'au grand jour, son époux ne sera pas déçu par la nuit de noces. Et qui ira l'affranchir ?

If you want a firmer bust, try freezing it. The Belgian makers of Bust'Ice claim you can "strengthen and harden your breasts" with their gel-filled plastic bra in a matter of weeks. Place the bra in your freezer until the cups harden, strap it on for just five minutes a day, and watch as the "tonic action" of the cold begins to lift your breasts. "Indispensable for all women," says the manufacturer's brochure, Bust'Ice comes with special instructions for avoiding freezer burn.

Removable nipples

"give an attractive hint of a real nipple" to breast prosthetics, according to Gerda Maierbacher of German manufacturers Amoena. Worn by women who have undergone a mastectomy (breast removal), the nipples look great with bikinis or thin dresses. "They're glued to the skin and held in place by the fabric," says Maierbacher, "So there's no danger of them sliding around or falling off, even while you're swimming."

Vous souhaitez raffermir votre buste essayez de le geler. Car les fabricants belges de Bust'Ice sont formels : en quelques jours à peine, leur soutien-gorge en plastique rempli de gel aura « renforcé et raffermi votre poitrine ». Placez-le dans votre congélateur jusqu'à ce que les bonnets durcissent, portez-le cinq minutes par jour seulement, et observez « l'action tonifiante » du froid tandis que, peu à peu, elle rehausse vos seins. Bust'Ice – « indispensable à toutes les femmes », proclame la notice – est accompagné d'instructions spéciales afin d'éviter les engelures.

Les mamelons amovibles

en silicone donnent aux prothèses mammaires « l'aspect séduisant de véritables seins », assure Gerda Maierbacher au nom du fabricant allemand de cet article, la société Amoena. Utilisés par les femmes ayant subi une mastectomie (ablation du sein), ils sont du plus bel effet sous un Bikini ou une robe légère. « On les colle à même la peau, et le tissu les maintient ensuite à leur place, poursuit Maierbacher. Aussi, pas de danger qu'ils tombent ou se déplacent – même quand vous nagez. »

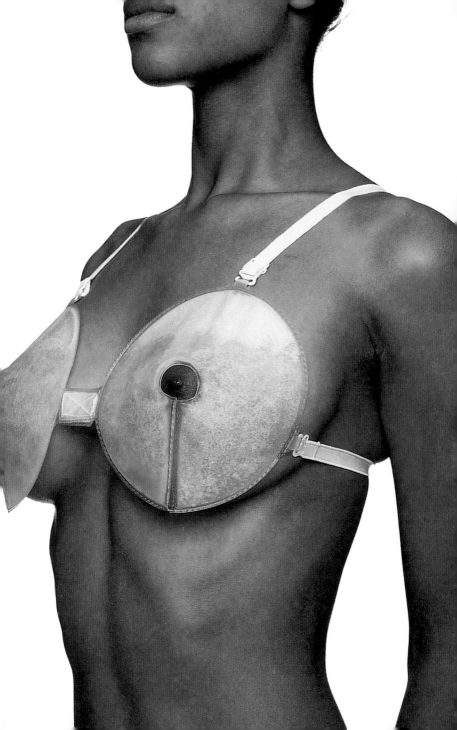

The Kegelcisor might be the most versatile device in this book. By inserting the stainless steel rod into the vagina, says the brochure, and flexing the pubococcygeus muscle (the same muscle one flexes to control the bladder), women can strengthen the pelvic region and intensify their orgasms. But that's not all, say the US manufacturers. The Kegelcisor (named after Howard Kegel, the scientist who first discovered the sexual potential of the pelvic muscle) is also supposed to improve bladder control, increase vaginal lubrication, ease childbirth pain and improve postpartum sex. And there's more: "Though our research is incomplete," says the brochure, "a number of people have reported that by exercising the portion of the pubococcygeus surrounding the anus, they have, in a short period of time, eliminated some forms of hemorrhoids." However you decide to use your Kegelcisor, you can sterilize it afterward by tossing it in the dishwasher or simply boiling it in hot water. "In either case," warns the catalog, "allow sufficient cooling time" before using again.

Le Kegelcisor est peut-être l'appareil le plus polyvalent de ce catalogue. En introduisant cette tige d'acier inoxydable dans le vagin, explique la brochure, et en contractant le périnée (le muscle qui contrôle la vessie), les femmes peuvent tonifier la ceinture pelvienne et augmenter l'intensité de leurs orgasmes. Mais ce n'est pas tout : d'après son fabricant américain, le Kegelcisor (du nom d'Howard Kegel, le savant qui découvrit le potentiel sexuel du périnée) améliorerait la continence urinaire et la lubrification vaginale, atténuerait les douleurs de l'accouchement et faciliterait la reprise des rapports sexuels dans la période postnatale. Et pour couronner le tout : « Bien qu'une recherche approfondie nous manque encore à ce sujet, poursuit la brochure, certaines personnes nous ont signalé qu'en exerçant la partie du périnée entourant l'anus, elles ont rapidement éliminé certains types d'hémorroïdes. » Quelle que soit la façon dont vous emploierez votre Kegelcisor, il vous suffira de le stériliser ensuite en le glissant dans le lave-vaisselle ou simplement en le faisant bouillir. « Dans les deux cas prévient le catalogue, laissez refroidir avant réutilisation. »

"**Finger tools** are jewelry with a purpose," says Dutch creator Martien Van Der Velden. "They're designed to tickle and to hurt a little, but they're mainly meant to get your fantasies going." Each tool has a specific purpose, Martien explains. The "Radar," shaped like a pizza cutter, is for gliding all over the body: "You can use it to make a little journey over the nipples, the clitoris or even the head of the penis." The "Fingerling" was designed for female masturbation: "It lets a bit of the finger come through the top, and the hard silver tip is good for rubbing." Martien found inspiration for the "Roller" from a tube of roll-on deodorant; "Pins" is modeled on a showerhead; and the "Squeeze" is loosely based on a bottle cap. The tools don't come with a money-back guarantee, but Martien and her husband personally test each new design. "Our favorite is the Radar," Martien divulges. "We use other tools, too, but that's a bit of a secret."

« **Les dés d'amour** sont des bijoux joignant l'utile à l'ornement, explique leur créatrice, Martien Van Der Velden. Ils sont conçus pour chatouiller, faire mal en douceur, mais avant tout, pour vous permettre de concrétiser vos fantasmes. » Chaque outil a une application particulière, indique-t-elle. Le « Radar », dont la forme évoque une pelle à pizza, a pour vocation d'être promené sur tout le corps : « Vous pouvez l'utiliser pour faire un petit voyage sur le bout des seins, sur le clitoris ou même sur le gland. » Le « Fingerling », quant à lui, a été spécialement étudié pour la masturbation féminine : « Il laisse dépasser le bout du doigt, et l'extrémité en argent se prête bien au frottement. » Pour le « Roller », Martien s'est inspirée d'un stick déodorant. Le « Pins » imite un pommeau de douche, le « Squeeze » rappelle vaguement une capsule de bouteille. Vous ne disposerez pas d'une garantie « satisfait ou remboursé », mais soyez assuré que Martien et son mari essaient personnellement chaque nouvelle création. « Nous avons un petit faible pour le Radar, avoue Martien. Nous utilisons aussi d'autres outils, mais ça, c'est notre secret. »

Electric tongue With its plump, soft lips and textured vinyl tongue, the FunTongue promises "the orgasmic experience of your life!" Advertised as the "first sensual aid that feels and acts like a real tongue," FunTongue offers a variety of speed settings and licking actions (up and down, side to side, in and out, or a little of each), ensuring that "oral sex will never be the same again." You can even press a button for squirts of realistic saliva. Co-inventor Teresa Ritter of Virginia, USA, says the FunTongue is the result of hard work and hours of testing. "We even had meetings with animatronics specialists from a theme park to figure out how to make it move like a real tongue," she says. And the makers are still working to improve it: Eight new tongue attachments (including one that's "real long and curly") will hit the market soon, along with an inconspicuous FunTongue carrying case. That way, Ritter says, "you can take it with you everywhere."

Langue électrique Avec ses lèvres douces, pulpeuses, et sa langue en vinyle, noduleuse à souhait pour plus de sensations, la « langue de joie » (Fun Tongue) vous promet « l'expérience orgasmique de votre vie ! » Ce gadget s'affiche comme « le premier accessoire érotique à procurer les sensations d'une véritable langue en bougeant de manière naturelle ». Fun Tongue est pourvue de plusieurs vitesses et modes de léchage (vertical, latéral, dedans-dehors et mixte) grâce auxquels « le cunnilingus ne sera plus jamais le même ». Aucun détail n'a été oublié : pressez un bouton, et vous déclencherez des giclées de salive tout à fait réalistes. Teresa Ritter, Américaine de Virginie et co-inventeur du produit, le présente comme le fruit d'un dur labeur et de longues heures d'expérimentation. « Nous avons même rencontré les experts en animation électronique d'un parc à thème, pour mettre au point un mouvement de langue aussi authentique que possible », précise-t-elle. Et le fabricant travaille encore à son amélioration : huit nouveaux modelés de langues (dont un « extra long et extra courbe ») seront lancés prochainement sur le marché, ainsi qu'une discrète mallette de transport. Ainsi, se réjouit Ritter, « on pourra l'emporter partout ».

Vulva puppet Having trouble locating your clitoris (or your partner's)? Get a vulva puppet, a soft velvet and satin toy in striking colors. The package includes a detailed map of a woman's erogenous zones. Just US$75 could improve your sex life forever.

Vulve chiffon Vous avez du mal à localiser votre clitoris – ou celui de votre partenaire? Procurez-vous une vulve en chiffon. Il s'agit d'un splendide jouet rembourré en velours et satin chamarrés, livré avec une carte détaillée des zones érogènes de la femme. Ne manquez pas cette occasion d'accéder enfin au plein épanouissement sexuel – pour à peine 75 $US.

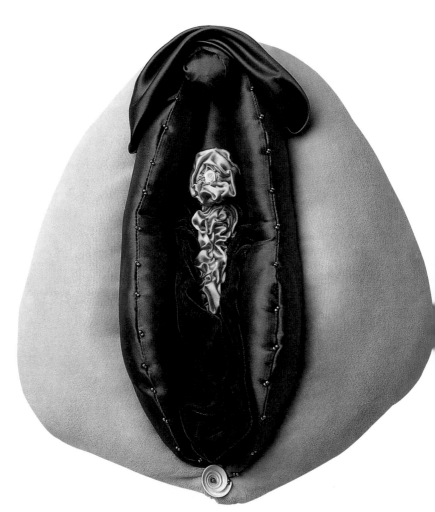

Genital mutilation tool This steel and goatskin scythe is used to "circumcise" young girls of Kenya's Kikuyu tribe. Nobody knows how many girls worldwide are subjected to female circumcision (more accurately known as genital mutilation), but in some African countries including Somalia and Sierra Leone), it's about 90 percent. The procedure, an important puberty rite in these counries, is usually carried out on girls aged four to 12. The scythe (or sometimes a sharpened stone or rusty razor) is used to slice off the clitoris and scrape away part of the labia. In the most extreme cases, the vulva is then sewn together with thorns or thread, leaving a small hole for urine and menstrual blood to pass through. The whole operation is performed without anesthetic. Many people (including some mutilated women) believe circumcision keeps women pure until marriage (an "uncircumcised" woman often has little chance of finding a husband). Others think it's barbaric: Mutilated women sometimes become severely infected and need to be cut or ripped open to have sexual intercourse or give birth.

Outil de mutilation génitale Cette petite faucille en acier et peau de chèvre est utilisée pour exciser les demoiselles de la tribu Kikouyou, au Kenya. On ignore, à échelle mondiale, la proportion de filles soumises à cette mutilation génitale, mais dans certains pays africains (dont la Somalie et la Sierra Leone), elle avoisine les 90 %. Cette opération, qui constitue dans ces régions un important rite de passage pubertaire, est pratiquée d'ordinaire sur des fillettes âgées de 4 à 12 ans. La serpette ci-contre (parfois remplacée par une vulgaire pierre aiguisée, voire un rasoir rouillé) est employée pour trancher le clitoris et détacher une partie des lèvres. Dans les cas les plus extrêmes, le sexe est ensuite ligaturé à l'aide d'épines ou cousu au fil, en préservant deux étroits passages pour l'urine et le sang menstruel. Le tout sans anesthésie. Bien des gens (y compris des mutilées) croient que l'excision préserve la pureté des femmes jusqu'au mariage (une jeune fille non excisée aura souvent peu de chances de trouver un mari). D'autres qualifient au contraire cette pratique de barbare, d'autant que les mutilées contractent fréquemment des infections graves, et qu'il est souvent nécessaire de les inciser – ou de les déchirer – pour qu'elles puissent avoir des rapports sexuels ou accoucher normalement.

421

Suspicion Do you suspect that your partner is having sex with other people? Check undergarments or sheets for sperm stains with the Semen Check Spray kit. Simply spray Solution A onto the suspicious area, let it dry for a minute and then spray with Solution B. Semen spots will turn bright blue. "Your own private detective in a spray bottle" is available from Safety Detective Agency in Japan.

Soupçons Vous soupçonnez votre parte naire d'infidélité ? Ayez-en le cœur net : vérifie si ses sous-vêtements et ses draps ne porten pas de traces de sperme, à l'aide du spray dé tecteur Semen Check. Vaporisez un peu de l solution A sur l'endroit suspect, laissez séche une minute, puis vaporisez la solution B. Le taches de sperme vireront au bleu vif. « Votre détective-privé-dans-un-spray » est en vent à la Safety Detective Agency, au Japon

Stained There is a demand in Japan for girls' dirty underwear. Customers used to be able to get them from street vending machines in Tokyo. Nowadays shops sell them, and they're not easy to locate. Often clandestine businesses are run from private flats. This is the normal procedure: The client gives ¥2,000 (US$19) to a dealer, who passes clean undies on to the girl; she disappears behind a curtain to change. The girl is then given a further ¥3,000 (US$28) from the client, who is handed her old underpants in a plastic bag. The client will sometimes get a photograph of the girl thrown in.

Tachées Il existe au Japon une demande pour les sous-vêtements sales de jeunes filles. Tout récemment encore, les clients de Tokyo pouvaient s'en procurer à des distributeurs automatiques installés en pleine rue. De nos jours, plus moyen : ils ne se vendent plus que dans certaines boutiques, au demeurant fort difficiles à localiser. Un trafic clandestin s'est donc organisé, souvent à partir d'appartements privés. Voici la procédure classique : le client donne 2000¥ au dealer, lequel confie des dessous propres à la fille ; celle-ci disparaît derrière un rideau pour se changer ; elle reçoit ensuite 3000¥ de plus du client en échange de sa lingerie sale, qu'on aura enveloppée dans un sac plastique – avec parfois une photo de la fille glissée à l'intérieur, en bonus.

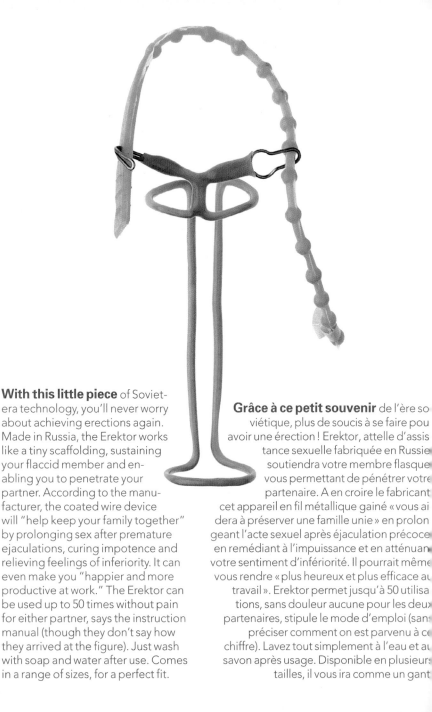

With this little piece of Soviet-era technology, you'll never worry about achieving erections again. Made in Russia, the Erektor works like a tiny scaffolding, sustaining your flaccid member and enabling you to penetrate your partner. According to the manufacturer, the coated wire device will "help keep your family together" by prolonging sex after premature ejaculations, curing impotence and relieving feelings of inferiority. It can even make you "happier and more productive at work." The Erektor can be used up to 50 times without pain for either partner, says the instruction manual (though they don't say how they arrived at the figure). Just wash with soap and water after use. Comes in a range of sizes, for a perfect fit.

Grâce à ce petit souvenir de l'ère soviétique, plus de soucis à se faire pou avoir une érection ! Erektor, attelle d'assistance sexuelle fabriquée en Russie soutiendra votre membre flasque vous permettant de pénétrer votre partenaire. A en croire le fabricant cet appareil en fil métallique gainé « vous ai dera à préserver une famille unie » en prolon geant l'acte sexuel après éjaculation précoce en remédiant à l'impuissance et en atténuan votre sentiment d'infériorité. Il pourrait même vous rendre « plus heureux et plus efficace au travail ». Erektor permet jusqu'à 50 utilisa tions, sans douleur aucune pour les deux partenaires, stipule le mode d'emploi (sans préciser comment on est parvenu à ce chiffre). Lavez tout simplement à l'eau et au savon après usage. Disponible en plusieurs tailles, il vous ira comme un gant

*"**Myembe** makes you feel like a virgin again,"* says Evelyn Muyimane, a traditional healer and pharmacist in Johannesburg, South Africa. Ground from the root of the myembe tree, the powder is mixed with water and spread inside the vagina. The result is tight, dry sex. "That's how men and women like it here," says Evelyn. "It's part of our culture." Myembe and similar drying potions can be found in traditional markets throughout southern Africa. "I don't know how it works," Evelyn says of the sawdust-like powder, "but it does. If you don't believe me, try it and see for yourself."

« **Avec le myembe, on se sent** de nouveau comme une vierge », résume Evelyn Muyimane, guérisseuse traditionnelle et pharmacienne à Johannesburg. Une fois moulue, la racine de l'arbre myembe est mélangée à de l'eau, puis appliquée à l'intérieur du sexe. Résultat : un vagin rétréci et sec, et les sensations afférentes pendant l'amour. « C'est comme ça qu'on l'aime ici, les hommes comme les femmes, assure Evelyn. C'est notre culture qui veut ça. »
On trouve le myembe et d'autres potions asséchantes sur tous les marchés traditionnels d'Afrique australe. « Je ne sais pas comment ça marche, avoue Evelyn à propos de cette poudre semblable à de la sciure, mais ça fonctionne. Si vous ne me croyez pas, essayez donc vous-même. »

ZhiTong Gao

中國重慶中藥廠出品

虎骨麝香止痛膏

HUGUSHEXIANG

Tiger parts

Many Korean and Taiwanese men think eating tiger penises will aid their sexual performance. In 1994, the *Atlantic Monthly* magazine reported that US$20,000 could buy tiger soup for 15 persons in certain Taiwanese restaurants. The tiger population in the world has dropped from 100,000 in 1900 to 5,000 today. Suggestions that tiger farms should be set up are rejected by the animal conservation group Traffic. You need large numbers of animals to establish farms, it says. With three subspecies already extinct, tiger populations could never stand the strain.

Sexe de tigre

Les Coréens et les Taiwanais sont nombreux à penser qu'en mangeant des pénis de tigres, ils feront des prouesses au lit. En 1994 – rapporte le magazine *Atlantic Monthly* – on servait des soupes au pénis de tigre dans certains restaurants de Taïwan, moyennant 20 000 $US pour 15 personnes. Or, si l'on comptait 100 000 tigres dans le monde en 1900, il n'en reste aujourd'hui que 5000. Il a été suggéré de recourir à l'élevage, solution à laquelle s'oppose catégoriquement Traffic, un comité de défense des animaux. Car, souligne-t-il, la formation des cheptels nécessiterait une ponction trop importante sur les population de tigres sauvages. Considérant que trois sous-espèces sont déjà éteintes, les pauvres bêtes qui subsistent encore n'y résisteraient pas.

Can't afford Viagra? Try ca-
ruba tree bark. "It's Brazilian Viagra," says Tereza Maciel, 52, who
sells bark, herbs and animal parts
from the Amazon. "Grind it up
and put it in water or juice or milk
or anything, and it will get you
good and hard down below."

**Le Viagra n'est pas dans
vos moyens?** Essayez l'é-
corce de caroubier. «C'est le
Viagra brésilien, assure Tereza
Maciel, 52 ans, qui vend des
écorces, des plantes et des
morceaux d'animaux en
provenance d'Amazonie.
Broyez-la et mélangez-la
avec de l'eau, du jus de fruit,
du lait ou n'importe quoi
d'autre. Ça vous rendra bien
dur par en dessous. »

Privacy shelter Lack of privacy can destroy a marriage, counselors say. Surrounded by children, mom and dad just don't get a chance to work on their relationship. With this sturdy privacy shelter (designed to conceal camping toilets) they can escape into a world of their own—without leaving the room.

Sperm Human sperm counts have decreased by up to 50 percent over the last half-century, a Danish study recently concluded. Though scientists argue over the causes of this decline, most agree that environmental pollution is a factor. Before the quality of human sperm deteriorates any further, perhaps the people of the world should start exchanging body fluids and stocking up for the future. A good sperm donation (like the specimens in this aluminum container) contains at least 60 million sperm per ml. A minimum of 70 percent must be healthy (no double heads or double tails) and at least 40 percent should be motile—otherwise they can't swim freely up to the egg.

Un peu d'intimité Le manque d'intimité peut détruire un mariage – de l'avis même des conseillers matrimoniaux. Entourés d'enfants papa et maman n'ont tout simplement plus assez de temps à consacrer à leur couple. Grâce à ce solide abri protégeant des regards indiscrets (conçu à l'origine pour dissimuler les lieux d'aisance en camping), ils pourront réintégrer leur bulle et retrouver une vie privée sans même devoir quitter la pièce

Sperme En un demi-siècle, la concentration de gamètes dans le sperme humain a chuté de 50 % : c'est là ce que révèle une étude danoise récente. Si les points de vue des scientifiques divergent quant aux raisons possibles de ce déclin, la plupart admettent néanmoins que la pollution de l'environnement y contribue pour partie. Avant que le mal ne progresse, peut-être les peuples du monde devraient-ils songer à échanger et à stocker leur semence, afin d'être prêts à affronter l'avenir. Un don de sperme qui se respecte (comme les spécimens présentés dans ce conteneur en aluminium) contient au bas mot 60 millions de spermatozoïdes par millilitre, dont au moins 70 % doivent être sains (pas de bicéphalie ni de double queue) et 40 % mobiles – sinon, comment nageraient-ils jusqu'à l'ovule ?

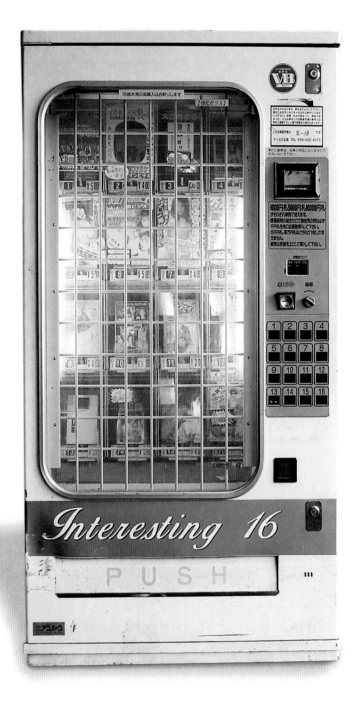

430

Sex machine Some people are just too embarrassed to buy pornography. Now, thanks to specialized vending machines, porn lovers living in Tokyo need never be ashamed again. Located throughout the city, they dispense videotapes for between ¥3,000 to ¥5,000 (US$28-$47). And they don't only sell tapes, either—they also dispense sex toys. You can find such items as Nasty Schoolgirl Pussy (a battery-operated vagina complete with "oozing juices" for ¥3,000, or $28) and the Carry-Anywhere Mini-Hole (no description necessary, for ¥2,000, or $19).

Penis cage The Kablok is, according to its manufacturers, "the first impenetrable and flexible chastity cage." The Kablok—made of steel wire and bronze rings—locks behind the testicles, making it "really impossible to take off."

Machine à sexe C'est par pur embarras que d'aucuns se privent d'acheter de la pornographie. Désormais, grâce à ces distributeurs automatiques spécialisés, plus de honte à avoir pour les amateurs de X – à condition d'habiter Tokyo. Disséminées à travers toute la capitale, ces machines dispensent des vidéos moyennant 3000 à 5000¥ (28 à 47 $US). Mais elles vendent plus que cela : on y trouve aussi un choix de jouets sexuels, depuis la « chatte de petite collégienne vicieuse » (un vagin à piles avec sécrétions intégrées, à 3000¥, soit 28$) jusqu'au « minitrou portatif » (à 2000¥, soit 19$ – nous vous passons le descriptif).

Cage à pénis Ses fabricants sont formels : le Kablok constitue « la première cage de chasteté flexible et inviolable ». Assemblage de fils d'acier et d'anneaux de bronze, il se verrouille derrière les testicules, ce qui le rend « absolument impossible à enlever ».

The foreskin is more than a little piece of flesh: It's a human rights issue. At least that's what NORM (the US-based National Organization for Restoring Men) says. Now, thanks to NORM's efforts, circumcision is no longer permanent: Thousands of "amputated" men have "restored." The process begins with the Restore Skin System, a long elastic band that tapes to the head of the penis. By fixing the other end of the band to a stationary object and stepping backward, a circumcised man can actually loosen the skin at the tip of his penis. "This stage usually takes only a few months," says R. Wayne Griffiths, of NORM. When the skin has stretched enough, it's time for the Foreballs. The budding foreskin is pulled over the smaller of the stainless steel balls and taped around the connecting rod. The Foreballs can be left to dangle for as long as you like. Eventually, some men also turn to the PUD (Penis Uncircumcising Device). Weighing in at 340g (equivalent to a small coconut), the PUD features a drainage pipe that enables users to urinate without removing the device. Wayne thinks it's well worth the effort: "I have restored, and it is wonderful. Not only am I more comfortable, but sex is now full of delightful sensations."

Le prépuce représente plus qu'un vulgaire petit morceau de chair : c'est un sujet qui relève des droits de l'homme. Voilà en tout cas la position que défend aux Etats-Unis l'Organisation nationale pour la restauration du prépuce (NORM). Désormais, grâce aux efforts de NORM, la circoncision n'est plus définitive : des milliers d'hommes « amputés » ont été « reconstitués ». Le traitement commence avec le Restore Skin System (système de reconstitution de la peau), une longue bande élastique dont une extrémité se colle à la base du gland. En fixant l'autre bout à un objet fixe et en reculant, un homme circoncis peut sensiblement distendre la peau de son pénis. « Cette phase ne prend que quelques mois », précise R. Wayne Griffiths, lui-même membre de NORM. Quand la peau est devenue suffisamment lâche, il est temps de passer aux Foreballs. Le prépuce renaissant est étiré et enfilé sur la plus petite des deux billes d'acier inoxydable, puis fixé autour de la tige de liaison. On portera ainsi les Foreballs, en les laissant pendre pour que le poids agisse, aussi longtemps qu'on le souhaite. En fin de parcours, certains hommes recourent même au PUD (Penis Uncircumcising Device, appareil à décirconcir). D'un poids avoisinant les 340 g (soit l'équivalent d'une petite noix de coco), il est pourvu d'un drain permettant aux utilisateurs d'uriner sans l'ôter. Wayne est persuadé que le résultat vaut l'effort : « J'ai moi même été reconstitué, et c'est extraordinaire. Pas uniquement au niveau du confort – en faisant l'amour, je découvre à présent des sensations délicieuses. »

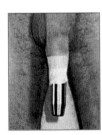

Apparently, some Chinese people think this is what a black man looks like. The Chinese-made "Black Power Doll," bought in Catena di Villorba, Italy, has exaggerated facial features and a penis a third of its height. "I do not know if black people are always represented with large penises," says Peter Kanyandango of the Institute of Ethics and Development Studies in Kampala, Uganda. "But in a racist approach to understanding black people, they're generally not being recognized as fully human, and are seen to have no full control over their sexual impulses. The black man's power is physical, because he's thought to be intellectually inferior." Hence the common stereotype that black men have big penises and large sexual appetites. In reality, according to a survey by condom manufacturer Durex, Africans rank far below the French, Australians and Germans for number of sexual partners. Now can someone explain the tartan?

Apparemment, voilà comment certains Chinois imaginent un Noir. Fabriquée en Chine et achetée à Catena di Villorba, en Italie, cette poupée « Black Power » présente des traits négroïdes exagérés, et son pénis mesure un tiers de sa taille. « Je ne sais pas si on représente toujours les Noirs avec de grands sexes, nous dit Peter Kanyandango, de l'Institut d'études éthiques et de développement de Kampala, en Ouganda. Mais les racistes ne les reconnaissent jamais comme des êtres humains à part entière. Ils les croient incapables de contrôler totalement leurs pulsions sexuelles. Le pouvoir du Noir est physique, parce qu'on le considère comme inférieur intellectuellement. » D'où le stéréotype du Noir doté d'un membre avantageux et d'un grand appétit sexuel. Or, d'après une enquête réalisée par Durex, fabricant de préservatifs, les Africains ont bien moins de partenaires sexuels que les Français, les Australiens ou les Allemands. Et puis, dites, pourquoi le tissu écossais ?

Educational Every 90 seconds, a woman dies during pregnancy or childbirth. Contaminated water and inadequate medical care are partly responsible—but so is the Roman Catholic Church, which forbids its one billion followers to use contraceptives. According to the World Society of Labor and Delivery, the number of maternity deaths worldwide could be halved by the introduction of effective family planning methods. Contraception would be especially helpful in Africa, home to 90 million Catholics and some of the world's highest maternal mortality rates (one in seven Somali women die, compared to one in 17,000 Italians). Referred to by its South African manufacturer as a Wooden Willie, this phallus is ideal for teaching proper condom use. In Zimbabwe, a vigorous sex education program using the willies has led 40 percent of local women to adopt some form of contraception.

Educatif Toutes les quatre-vingt-dix secondes, une femme meurt en couches ou en cours de grossesse. On peut certes attribuer ces décès à la qualité de l'eau et à une insuffisance de soins médicaux, mais l'Eglise catholique n'a-t-elle pas sa part de responsabilité, elle qui interdit la contraception à un milliard de fidèles? Selon l'Association internationale de l'accouchement, il est possible de réduire de moitié le nombre de décès mondiaux liés à la maternité, en instaurant un système efficace de planning familial. La contraception serait particulièrement utile en Afrique, où vivent 90 millions de chrétiens, et où le taux de mortalité maternelle est l'un des plus élevés au monde (une Somalienne sur sept meurt enceinte ou en couche, contre une Italienne sur 17 000). Ce phallus, surnommé Bite-en-Bois par son fabricant sud-africain, est l'accessoire idéal pour enseigner l'usage correct du préservatif. Au Zimbabwe, où l'on a mené de main ferme une campagne d'éducation sexuelle à l'aide de ces pénis de bois, 40% des femmes ont résolu d'adopter une forme ou une autre de contraception.

Relief Sometimes called "the sitter's disease," hemorrhoids—painfully inflamed blood vessels clustered around the rectum—afflict more than half the over-50-year-olds in the USA. Although a lack of dietary fiber may bring on the condition, a sedentary lifestyle doesn't help. This doughnut-shaped hemorrhoid cushion can relieve discomfort (the hole alleviates pressure on the rectum, reducing itching and bleeding), but it can't do much for boredom.

Soulagement Egalement connues sous le nom de « mal des assis », les hémorroïdes tourmentent plus de la moitié des Américains après 50 ans. Il s'agit d'une inflammation douloureuse des vaisseaux sanguins autour de l'orifice rectal, causée bien souvent par une alimentation pauvre en fibres. Cela dit, un mode de vie trop sédentaire n'aide guère. Ce coussin circulaire spécial hémorroïdes, troué en son centre, procure un certain soulagement (le trou allège la pression exercée sur le rectum, attenuant démangeaisons et saignements). Que cela ne vous dispense pas de quitter de temps à autre votre chaise : le coussin n'a guère d'effet sur l'ennui.

Arousal meter This steel band can measure a man's erection. Known as the Barlow gauge, it's a vital part of the "PPG" (penile plethysmograph), a sexual arousal test invented in Cold War Czechoslovakia to identify homosexuals. These days, you're more likely to find it attached to an inmate's penis in any prison that uses the PPG to assess sex offenders. US-based Behavioral Technology, makers of the "portable sex offender system," describe the PPG test procedure: "The client is seated in a comfortable chair in a small room. In complete privacy the client places a strain gauge sensor on his penis." Then, "the client is exposed to a number of stimuli which have been carefully selected by the therapist to simulate real-life cues that elicit deviant action." In other words, the prisoner is shown photographs or videos that might turn him on: A pedophile might watch videos of scantily clad children; a convicted rapist might be shown aggressive sex. The steel band expands and contracts with the circumference of the offender's penis, measuring his sexual response. The British Prison Service claims the PPG is the most efficient way of assessing sex offenders' progress. Prisoner reform groups say the test is neither very accurate (prisoners can masturbate beforehand) nor very useful (just because someone is aroused, doesn't mean he will act on it). Besides, they say, it's an invasion of privacy, and sometimes abused (the test has reportedly been administered to convicts serving life sentences for non-sexual offenses). "It was the most degrading, dehumanizing experience of my life," comments one lifer. "And when you've been locked in a cell for 23 hours a day with a toilet bucket, that's saying something."

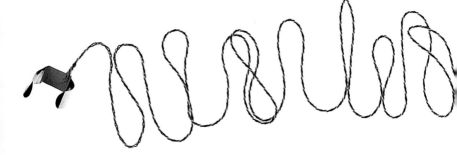

Erectomètre Ce fil d'acier permet de mesurer l'érection d'un homme. Connu sous le nom de « jauge de Barlow », c'est un élément essentiel du PGP (pléthysmographie pénienne), un test d'excitation sexuelle mis au point en Tchécoslovaquie durant la guerre froide afin d'identifier les homosexuels. De nos jours, vous avez plus de chances d'en trouver un attaché au pénis d'un détenu, dans l'un des établissements pénitentiaires qui utilisent le PGP pour évaluer les pulsions des agresseurs sexuels. Ecoutons la société américaine Behavioral Technology – fabricant du « détecteur portable d'agresseurs sexuels » – nous décrire le déroulement d'un test PGP. « Le client est installé sur une chaise confortable, dans une petite pièce. En toute intimité, il place sur son pénis le capteur de la jauge, déjà sous tension. » A la suite de quoi « il est soumis à une série de stimuli soigneusement choisis par le thérapeute pour simuler des situations de la vie réelle susceptibles de provoquer des actions déviantes ». En clair, on montre au prisonnier des photos ou des vidéos propres à l'exciter sexuellement : un pédophile pourra visionner des images d'enfants à demi nus ; quant au violeur avéré, on l'abreuvera de scènes de sexe agressives. Le ruban métallique se relâche et se resserre selon la circonférence pénienne du délinquant, mesurant par là sa réaction sexuelle. Le British Prison Service soutient que le PGP est le moyen le plus efficace d'évaluer l'évolution des agresseurs sexuels. Un point de vue que ne partagent pas les associations de défense des droits des prisonniers : pour elles, ce test n'est ni très fiable (le détenu peut s'être masturbé avant la séance) ni très utile (ce n'est pas parce que quelqu'un est excité qu'il va passer à l'acte). De plus, ajoutent-elles, il constitue une violation de l'intimité, perpétrée parfois de façon abusive (il est arrivé qu'il soit administré à des détenus condamnés à perpétuité pour des délits non-sexuels). « Ça a été l'expérience la plus dégradante, la plus déshumanisante de ma vie, commente l'un d'eux. Et si je vous dis ça alors que je reste enfermé dans une cellule vingt-trois heures par jour, avec un seau à chiottes comme vis-à-vis, ce n'est pas des paroles en l'air. »

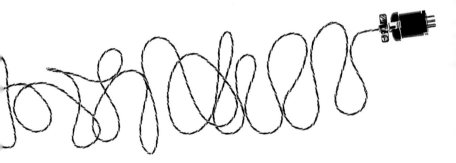

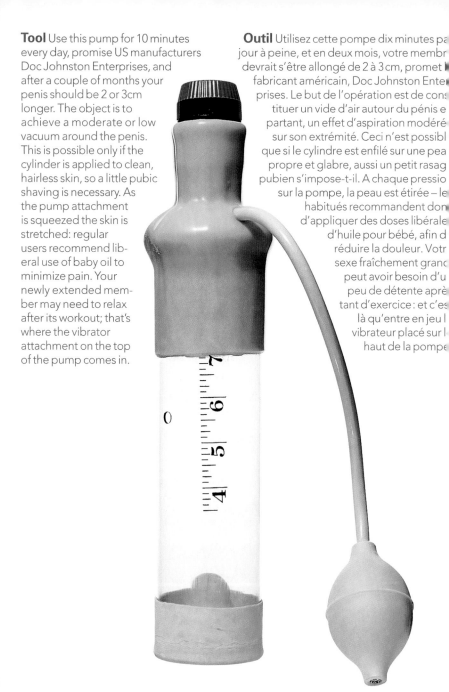

Tool Use this pump for 10 minutes every day, promise US manufacturers Doc Johnston Enterprises, and after a couple of months your penis should be 2 or 3cm longer. The object is to achieve a moderate or low vacuum around the penis. This is possible only if the cylinder is applied to clean, hairless skin, so a little pubic shaving is necessary. As the pump attachment is squeezed the skin is stretched: regular users recommend liberal use of baby oil to minimize pain. Your newly extended member may need to relax after its workout; that's where the vibrator attachment on the top of the pump comes in.

Outil Utilisez cette pompe dix minutes pa jour à peine, et en deux mois, votre membr devrait s'être allongé de 2 à 3 cm, promet fabricant américain, Doc Johnston Enter prises. Le but de l'opération est de cons tituer un vide d'air autour du pénis e partant, un effet d'aspiration modéré sur son extrémité. Ceci n'est possibl que si le cylindre est enfilé sur une pea propre et glabre, aussi un petit rasag pubien s'impose-t-il. A chaque pressio sur la pompe, la peau est étirée – le habitués recommandent don d'appliquer des doses libérale d'huile pour bébé, afin d réduire la douleur. Votr sexe fraîchement grand peut avoir besoin d'u peu de détente aprè tant d'exercice : et c'es là qu'entre en jeu l vibrateur placé sur l haut de la pompe

Bull testicles are considered a man's dish throughout South America. In Argentina, calves are sometimes castrated at roundups called *fiestas de huevos* (ball parties). The huevos are sliced, seasoned with paprika, sprinkled with flour and fried in butter and oil until golden. The testicles of the youngest bulls are said to be the tastiest.

Les testicules de taureau? Un plat viril, un plat pour les hommes, les vrais, pense-t-on dans toute l'Amérique du Sud. En Argentine, les veaux sont quelquefois castrés lors de rassemblements appelés *fiestas de huevos* (ou « fêtes des couilles »). Une fois coupés, lesdits huevos sont débités en tranches, assaisonnés au paprika, saupoudrés de farine et frits dans du beurre ou de l'huile jusqu'à ce qu'ils dorent. Plus le taurillon est jeune, dit-on, plus ses testicules ont de goût.

Ecoyarn organic tampons
contain no chemicals, bleaches
or pesticides. Nor—unlike most
tampons—do they contain dioxin, a
chlorine by-product that probably increases the risk of cancer and infertility
when it enters the vagina, one of the
most absorbent organs in the body.

60 percent of women use tampons
during their menstrual period (five tampons a day, five days a month for 38
menstruating years makes a lifetime
total of about 11,400). Synthetic
fibers in tampons can cause
toxic shock syndrome, a
rare but often fatal infection.

Les tampons organiques Ecoyarn n
contiennent ni produits chimiques, ni chlore, r
pesticides, ni dioxine– et c'est ce dernier poin
qui les différencie de la plupart des tampon
Ce dérivé du chlore accroît très probablemen
les risques de cancer et de stérilité, la mu
queuse du vagin étant l'une des plu
perméables du corps humair

60% des femmes utilisent des tampon
durant leurs règles. A raison de cino
tampons par jour, cinq jours pa
mois, sur 38 ans de cycle
menstruels environ, o
parvient à une consom
mation globale d
11 400 tampons sur l
durée d'une vie. Signa
lons en passant que le
fibres synthétiques utilisée
pour leur fabrication peuven
causer l'apparition d'un syndrome d
du « choc toxique », infection rarissim
mais hélas, bien souvent fatale

Save tampon money, the environment and possibly your health, with the natural rubber Keeper Menstrual Cup. The 5cm bell-shaped cup sits just inside the vagina and collects menstrual blood. After about six hours, remove and rinse.

Economisez sur l'achat de tampons hygiéniques tout en sauvegardant l'environnement – voire votre santé – grâce à cette cloche de rétention menstruelle en caoutchouc naturel. D'un diamètre de 5cm et de forme évasée, elle s'insère dans le vagin pour recueillir les écoulements sanguins. Après six heures environ, retirez et rincez.

Do you recycle? Try reusing your sanitary napkins. With reusable sanitary pads from Canada, you never need to buy pads or tampons again. After use, simply place the soiled pad in the washing machine, hang up to dry and reuse during your next menstrual cycle.

Jamu is a herbal drink from Indonesia made from plants, grasses, minerals, fungi, roots, barks and animal parts. Mix with an egg, two kinds of wine, a cup of sweet tea and a piece of candy. It's reputed to cure just about anything, and can be found everywhere in Indonesia. We got the menstrual pain-relieving version from Bali.

Etes-vous un adepte du recyclage Alors, essayez de recycler aussi vos serviette hygiéniques usagées. Grâce à ces protection réutilisables, fabriquées au Canada, finis le achats de serviettes et de tampons. Aprè utilisation, mettez simplement la protectio souillée à la machine à laver et étendez-l pour la faire sécher : elle est prête à l'emplo pour vos prochaines règles

Le *jamu* est une infusion indonésienn contenant une incroyable variété d'ingré dients : plantes, herbes, minéraux, cham pignons, racines, écorces et morceau d'animaux. Additionnée d'un œuf, de deu sortes de vin, d'une tasse de thé sucré et d'un caillou de sucre candy, on la considère e Indonésie comme le remède universel. Su place, vous en trouverez absolument partout La nôtre a été achetée à Bali. Il s'agirai d'une variante spécifique, souveraine dit-on, en cas de douleurs menstruelles

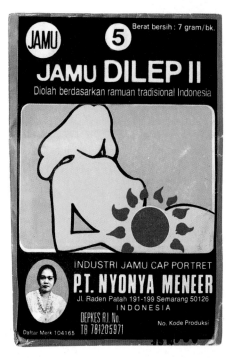

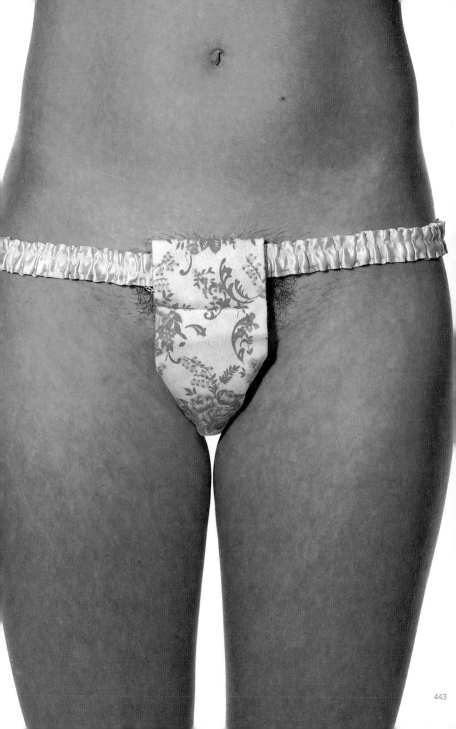

Never trust a pregnant woman,

say supermarket security staff in Colombia. "A female shoplifter's favorite technique is the fake belly," explains Carlos Echeverry, who works for a Bogotá supermarket chain. "They pose as if they were pregnant, then fill up their fake bellies with our products." The hollow bellies are attached with elastic and worn under loose clothing with side openings for easy access.

Childbirth kit Four hundred babies a year are born in traffic jams in Bangkok (the most congested city in the world). The emergency childbirth kit issued by the Save the Children charity in Bangladesh includes a plastic bowl, soap, antiseptic and half of a razor blade. Since March 1997, the Thai Red Cross has provided one-day midwifery courses for the Bangkok traffic police. Officers learn to time contractions, ease the baby out and seal the umbilical cord with an elastic band.

Ne vous fiez jamais à une femme enceinte,

avertit le personnel de surveillance des supermarchés en Colombie. « La technique préférée des voleuses à l'étalage est le ventre factice, explique Carlos Echeverry, qui travaille pour une chaîne de grande distribution à Bogotá. Elles se font passer pour des femmes enceintes, et elles remplissent leur faux ventre avec nos marchandises. » Ces coques creuses s'attachent à l'aide d'un élastique et se portent sous des vêtements amples, fendus sur les côtés pour faciliter l'accès au ventre.

Kit d'accouchement

Chaque année, 400 bébés naissent dans les embouteillages de Bangkok (la ville la plus congestionnée au monde). D'où l'utilité de ce kit d'accouchement d'urgence. Distribué au Bangladesh par l'association caritative Save the Children, il comprend un bol en plastique, du savon, un désinfectant et une demi-lame de rasoir. Cependant, deux précautions valent mieux qu'une : depuis mars 1997, la Croix-Rouge thaïlandaise assure des formations d'assistance obstétricale d'une journée aux agents de la circulation de Bangkok. Ceux-ci apprennent à mesurer la fréquence des contractions, à aider le bébé à sortir et à obturer le cordon ombilical avec un élastique.

Breast milk is the most ecologically sound food available to humans. It is also the best protection against infant infection, passing a mother's antibodies directly to her child. Because it is free, no one can make any money on it, so some milk companies have been trying to market artificial baby milk in its place. Their most successful strategy is to donate free supplies of artificial milk to hospitals in poor countries. As a child feeds on hospital milk, its mother's natural supply dries up from disuse; by the time they leave the hospital, mother and child are completely dependent on artificial baby milk. In Brazil, where this can of Nestlé Nestogeno comes from, artificial milk can be a young family's most expensive food purchase, absorbing a fifth of the weekly income. Because they can't afford adequate supplies, mothers are frequently forced to dilute the artificial milk. The United Nations Children's Fund (UNICEF) estimates that 1.5 million children die each year because they weren't breastfed.

Le lait maternel est l'aliment le plus écolo gique dont dispose l'humanité. Il s'agit aus de la meilleure protection possible contre le maladies infantiles, puisqu'il transmet directe ment au nourrisson les anticorps de la mère Mais voilà : il est gratuit, et ne rapporte dor rien à personne. Outrées de ce constat, ce taines marques de lait multiplient les effort pour imposer des laits de synthèse pour béb censés le supplanter. Leur stratégie la plu opérante : distribuer gratuitement du lait artifi ciel dans les hôpitaux des pays pauvres. L'en fant étant nourri au biberon durant le séjour l'hôpital, le lait de sa mère se tarit, faute d'êtr utilisé : ainsi, quand ils rentrent chez eux, l mère et son bébé sont totalement déper dants de produits de synthèse. Au Brésil, d'o provient cette boîte de Nestogeno Nestlé, l lait en poudre peut représenter la plus gross dépense alimentaire dans le budget d'u jeune ménage et absorber un cinquième d son revenu hebdomadaire. Ne pouvant s permettre d'en acheter en quantité suffisante les mères se voient souvent contraintes d'a longer les biberons à l'eau. D'après l'UNICEF 1,5 million d'enfants meurent chaque anné faute d'avoir été nourris au sein

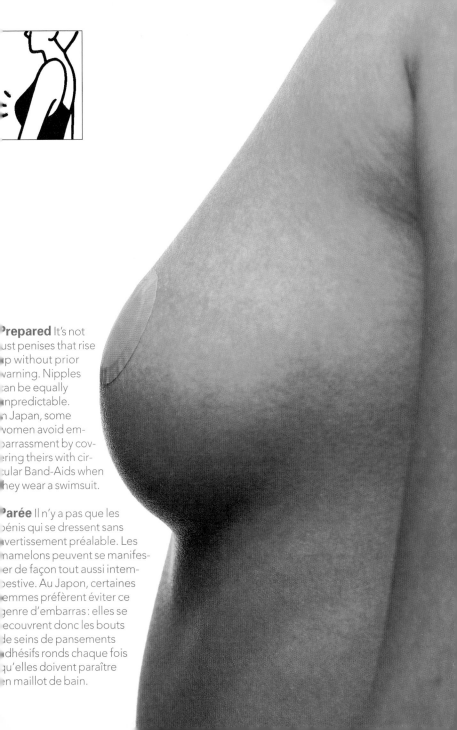

Prepared It's not
just penises that rise
up without prior
warning. Nipples
can be equally
unpredictable.
In Japan, some
women avoid em-
barrassment by cov-
ering theirs with cir-
cular Band-Aids when
they wear a swimsuit.

Parée Il n'y a pas que les
pénis qui se dressent sans
avertissement préalable. Les
mamelons peuvent se manifes-
ter de façon tout aussi intem-
pestive. Au Japon, certaines
femmes préfèrent éviter ce
genre d'embarras : elles se
recouvrent donc les bouts
de seins de pansements
adhésifs ronds chaque fois
qu'elles doivent paraître
en maillot de bain.

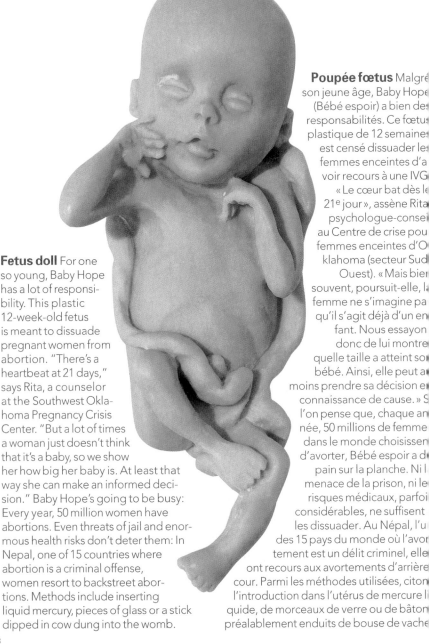

Fetus doll For one so young, Baby Hope has a lot of responsibility. This plastic 12-week-old fetus is meant to dissuade pregnant women from abortion. "There's a heartbeat at 21 days," says Rita, a counselor at the Southwest Oklahoma Pregnancy Crisis Center. "But a lot of times a woman just doesn't think that it's a baby, so we show her how big her baby is. At least that way she can make an informed decision." Baby Hope's going to be busy: Every year, 50 million women have abortions. Even threats of jail and enormous health risks don't deter them: In Nepal, one of 15 countries where abortion is a criminal offense, women resort to backstreet abortions. Methods include inserting liquid mercury, pieces of glass or a stick dipped in cow dung into the womb.

Poupée fœtus Malgré son jeune âge, Baby Hope (Bébé espoir) a bien des responsabilités. Ce fœtus plastique de 12 semaines est censé dissuader les femmes enceintes d'avoir recours à une IVG. « Le cœur bat dès le 21e jour », assène Rita, psychologue-conseil au Centre de crise pour femmes enceintes d'Oklahoma (secteur Sud-Ouest). « Mais bien souvent, poursuit-elle, la femme ne s'imagine pas qu'il s'agit déjà d'un enfant. Nous essayons donc de lui montrer quelle taille a atteint son bébé. Ainsi, elle peut au moins prendre sa décision en connaissance de cause. » Si l'on pense que, chaque année, 50 millions de femmes dans le monde choisissent d'avorter, Bébé espoir a du pain sur la planche. Ni la menace de la prison, ni les risques médicaux, parfois considérables, ne suffisent les dissuader. Au Népal, l'un des 15 pays du monde où l'avortement est un délit criminel, elles ont recours aux avortements d'arrière cour. Parmi les méthodes utilisées, citons l'introduction dans l'utérus de mercure liquide, de morceaux de verre ou de bâton préalablement enduits de bouse de vache.

irst drink From the
moment you're born, you
can be just like mom and
drink out of a Pepsi bottle.
Munchkin Bottling Inc.
introduced brand-name
plastic baby bottles in
1992 with the slogan "A
bottle a Mother Could
Love." The new 6cl size
has silicone nipples and
tapered for little hands.

Premier verre Dès ta
naissance, tu peux faire
comme maman et boire
ton lait dans un biberon
Pepsi. Ce fut en 1992 que
la compagnie Munchkin
Bottling Inc. eut la lumineuse idée de lancer des
biberons plastique ornés
de noms de marques. Slo-
gan de promotion : « Un
biberon qui fera craquer les
mamans. » Le nouveau
format de 6 cl est doté de
tétines en silicone et
parfaitement adapté
aux petites menottes.

Alternate breasts when feeding a baby, so one doesn't dry up. This tip comes from Betsy and Ponchi, two dolls used in Peru to teach children about gestation, birth and breast-feeding. The handmade dolls come with a pouch that holds a small baby doll to simulate pregnancy and birth. A snap on the baby doll's mouth lets you attach it to the breast soon after birth.

Changez de sein à chaque tétée pour évit que l'un d'eux ne se tarisse. Tel est le type c conseils prodigués par Betsy et Ponchi, de poupées péruviennes de fabrication artisana utilisées pour initier les enfants aux secrets c la grossesse, de l'accouchement et de l'allait ment. Livrées avec une pochette renfermant u petit poupon, pour simuler la grossesse et naissance. Un bouton-pression sur la bouch du bébé permet de l'accrocher au sein c sa mère juste après sa mise au mond

Meet Kar Kar (with bra) and her sexual partner Tak Tak. Designed in 1997 by the Family Planning Association of Hong Kong (FPAHK) as part of a sex education campaign, the dolls fit together to demonstrate intercourse. Tak Tak ("tak" means "moral" in Cantonese) and Kar Kar ("kar" means family) have similar faces so children understand the equality of the sexes. "Tak Tak and Kar Kar can be used to perform a puppet show on topics like giving birth [hence Kar Kar's baby dangling from her vagina], knowing one's private parts, and puberty changes," explains David Cheng of the association. A valuable service: Parents polled in one Hong Kong survey turned out to be too ignorant about sex to teach their children the facts of life. According to a FPAHK 1996 youth sexuality study, 78 percent of children in Hong Kong learn about sex from pornography and the mass media.

Voici Kar Kar (avec le soutien-gorge) et Tak Tak, son partenaire sexuel. Conçues en 1997 par le planning familial de Hong Kong (FPAHK) pour sa campagne d'éducation sexuelle, les deux poupées s'emboîtent pour permettre une démonstration de rapport sexuel. Tak Tak (*tak* signifie « moral » en cantonais) et Kar Kar (« la famille ») ont des visages identiques, afin d'apprendre aux enfants l'égalité des sexes. Comme l'explique David Cheng, du planning familial, « Tak Tak et Kar Kar permettent d'aborder par de petits spectacles de marionnettes des sujets comme l'accouchement [d'où le bébé qui se balance à l'orifice vaginal de Kar Kar], la connaissance de son corps et les changements qui s'opèrent à la puberté. » C'est rendre un fier service aux parents : un sondage réalisé à Hong Kong a révélé chez eux une étonnante ignorance en ce domaine. Ils sont donc mal placés pour apprendre à leur progéniture les choses de la vie. Et d'après une étude sur la sexualité des jeunes menée par le FPAHK en 1996, 78 % des enfants de Hong Kong n'ont d'autre source d'éducation sexuelle que la pornographie et les média.

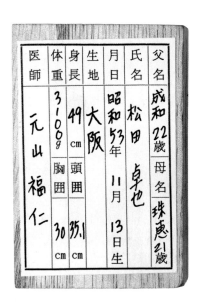

医師 体重 身長 生地 生月日 氏名 父名

元山福仁 3100g 49cm 大阪 昭和53年 11月 13日生 松田卓也 成和22歳 母名 珠恵21歳

胸囲 30cm 頭囲 35.1cm

Stump The umbilical cord usually shrivels up and falls off newborns two to three weeks after birth. In Japan, mothers save the stump of the dried cord in a small wooden box along with a few strands of the baby's hair. If the child becomes seriously ill, the cord is ground up into powder and given to the baby as a powerful medicine.

Moignon Le cordon ombilical se des sèche et se détache du nombril en génér deux à trois semaines après la naissance Au Japon, les mères le recueillent dan un petit coffret de bois renfermant aus quelques mèches de cheveux du bébé. E cas de maladie grave, le cordon est rédu en poudre et administré à l'enfant. Il s'ag rait, pense-t-on, d'un puissant remède

"**I bought a cricket** for my baby," says Ma Yanan, mother of a 1-year-old in Beijing, but maybe it was just an excuse, since now I'm too old to have crickets for myself." Many Chinese mothers give their children crickets in minuscule bamboo cages to keep them entertained. Other moms complain that the crickets are so noisy it distracts them more than the kids.

« **J'ai acheté un grillon** pour mon bébé, confie la Pékinoise Ma Yanan, mère d'un enfant de 1 an, mais c'était peut-être juste un prétexte, puisque maintenant je suis trop vieille pour en avoir un rien qu'à moi. » Afin d' amuser le petit, nombre de mères chinoises lui offrent un grillon dans une minuscule cage de bambou. D'autres en ont par-dessus la tête de ce bruit de crécelle, qui les distrait dans leur travail bien plus qu'il n'é-gaye leur rejeton.

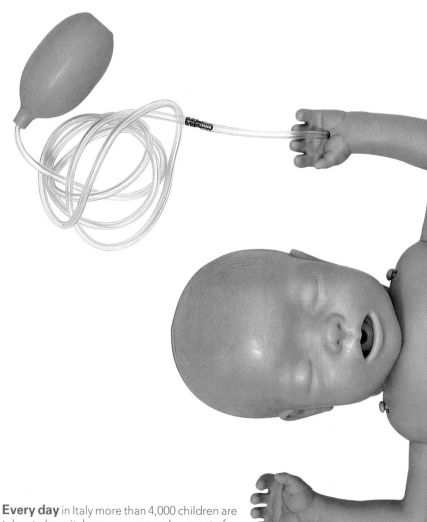

Every day in Italy more than 4,000 children are taken to hospital emergency wards—most of them because of accidents (like choking on small toy parts) that could have been avoided. You can save a baby's life if you know what to do in an emergency. Learn how to resuscitate a baby (the technique differs from that used on adults) with Resusci®Baby—a 57cm version of Resusci Anne, a mannequin made by Norwegian manufacturer Laerdal. It's used worldwide to teach people mouth-to-mouth respiration and heart massage—techniques to treat heart attack victims. Resusci®Baby comes with an electronic Skillguide that tells you if you've succeeded in restarting baby's heart or if you need more practice. It comes complete with carrying case, extra faces and disinfectant wipes.

Chaque jour, en Italie, plus de 4000 enfants sont transportés aux urgences – victimes, pour la plupart, d'accidents domestiques aisément évitables (comme s'étouffer en avalant de petites pièces détachées d'un jouet). Or, on peut sauver la vie d'un bébé si l'on sait lui apporter les premiers secours. Apprenez à ranimer un tout-petit (les techniques diffèrent de celles pratiquées sur les adultes) grâce à Resusci®Baby, une version réduite (57 cm) de Ressusci Anne, mannequin adulte grandeur nature fabriqué en Norvège par la firme Laerdal et utilisé dans le monde entier pour enseigner le bouche à bouche et le massage cardiaque (premiers soins aux victimes de crises cardiaques). Le testeur électronique d'aptitude qui accompagne Resusci®Baby vous indiquera si vous avez réussi à faire repartir le cœur de l'enfant, ou si vous manquez encore de pratique. Livré avec trousse de secours, visages de rechange et compresses désinfectantes.

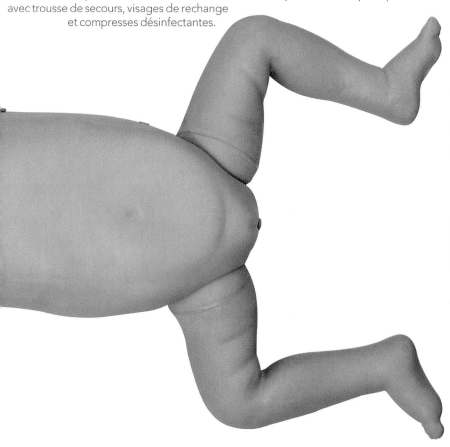

Abortion tool "Anyone here been raped and speak English?" Many women were asked this question by scoop-hungry journalists reporting on Serb atrocities in Bosnia-Herzegovina. The calculated use of rape as a war weapon made front-page headlines as reports came in that soldiers were acting upon the orders of their superiors. Systematic rape in designated camps was part of a Serbian "ethnic cleansing" program. The exact number of victims has been hard to verify. In 1992, the Bosnian Serb leader Radovan Karadzic guessed at 13 rapes; the Bosnian government claimed 50,000. During the conflict, abortions in Sarajevo hospitals outnumbered births by three to one. Some aborted out of fear for the future; others out of dread at the thought of giving birth to the child of a rapist. With this curette, the operation takes just a few minutes.

Curette à avorter «Y a-t-il quelqu'un ici qui ait été violée et qui parle anglais?» Nombreuses furent les femmes à se faire aborder de la sorte par des journalistes assoiffés de scoops sur les atrocités commises par les Serbes en Bosnie-Herzégovine. La pratique calculée du viol en tant qu'arme de guerre fit la une des journaux quand les reporters levèrent le voile: les soldats, découvrait-on, agissaient sur ordre de leurs supérieurs. Le viol systématique, pratiqué dans des camps de prisonniers spécifiquement désignés, s'intégrait à un programme plus large de «nettoyage ethnique» entrepris par les Serbes. Difficile, néanmoins, de connaître le nombre exact de victimes. En 1992, le leader serbe bosniaque Radovan Karadzic hasarda le chiffre de 13 viols – le gouvernement bosniaque parlait de 50000. Toujours est-il que durant le conflit, on comptait trois avortements pour une naissance dans les hôpitaux de Sarajevo. Certaines femmes interrompaient leur grossesse par crainte de l'avenir, d'autres par dégoût à l'idée de donner naissance à l'enfant d'un violeur. Avec cette curette, l'intervention ne prend que quelques minutes.

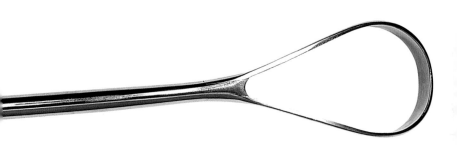

Education This model is used by the Inter-African Committee (IAC) to educate people to stop the practice of female genital mutilation (FGM). The degrees of mutilation practiced vary according to geographical area, so the kit has interchangeable parts that can be used as required. Center: childbirth in a woman who has been infibulated or severely excised (the opening tears unless it is cut, causing severe hemorrhage). Counter clockwise from top left: normal female genitalia; after *sunna*, when the clitoris has been removed (the mildest form of FGM); after excision, when the prepuce of the clitoris and the labia majora have been cut off; after infibulation, when the whole clitoris and labia majora as well as some of the labia minora have been cut off and the two sides of the vulva stitched together (leaving an opening just big enough for the passage of urine and menstrual blood); a swollen infibulation scar (this form of scar tissue is called keloid); normal childbirth. In areas where it has conducted sensitization programs, the IAC noted that people speak more openly about FGM and that many mothers have decided not to have their daughters mutilated.

Education Ces moulages sont utilisés par le Comité interafricain (CIA) pour convaincre les populations de renoncer à la mutilation génitale féminine (MGF). Les degrés auxquels celle-ci se pratique varient selon les zones géographiques ; aussi le kit se compose-t-il de pièces interchangeables, adaptées aux différents besoins. Au centre : l'accouchement chez une femme ayant subi une infibulation ou une excision sévère (l'orifice vaginal se déchire, à moins d'une incision, causant de sérieuses hémorragies). En haut à gauche, puis dans le sens des aiguilles d'une montre : sexe féminin intouché ; après le *sunna* ou ablation du clitoris (la forme la plus bénigne de MGF) ; après excision, qui consiste à enter à la fois le prépuce du clitoris et les grandes lèvres ; après infibulation : cette fois, on a tranché le clitoris, les grandes lèvres et les petites lèvres, puis on a ligaturé la vulve (en préservant une ouverture juste assez grande pour permettre le passage de l'urine et du sang menstruel) ; cicatrice tuméfiée d'infibulation (formant une boursouflure fibreuse du nom de chéloïde) ; accouchement normal. Dans les régions où il a mené ses campagnes de sensibilisation, le CIA a pu observer que les individus s'ouvraient plus facilement sur le sujet ; d'autre part, les mères étaient plus nombreuses à décider d'épargner à leur fille toute mutilation.

soul
pour l'esprit

ARINDI
MANO
PODEROSA

ESTE AEROSOL NO
CONTIENE FLUORCARBONOS
QUE DAÑE LA CAPA
DE OZONO

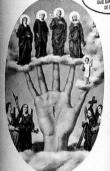

AGITESE BIEN

ANTES DE USARSE
LEA LAS INSTRUCCIONES AL LADO
ANTES DE USARLO.
CONTENIDO BAJO PRESION
PESO NETO 320 g.

Fatherly love More than 850 million Roman Catholics worldwide regard the Pope as the "earthly representative of Jesus Christ." They also believe that he's infallible when speaking on moral matters. If they get the chance to meet him, they address him as "Your Holiness," and kiss his ring. And even though he is Europe's only absolute monarch, once a year the Pope bends down to wash, dry and kiss the feet of 12 priests in an act of humility. The official Pope John Paul II all-day lollipop is sold at St. Peter's Square in Rome.

Amour paternel Plus de 850 millions de catholiques du monde entier considèrent le Saint-Père comme « le représentant sur Terre de Jésus-Christ ». Ils le croient également infaillible sur les questions de moralité. S'ils ont l'insigne honneur de le rencontrer, ils lui donnent du « Votre Sainteté » et baisent l'anneau qu'il porte à son doigt. Seul monarque absolu d'Europe, Sa Sainteté n'en fait pas moins acte d'humilité une fois l'an, en s'agenouillant devant 12 prêtres pour leur laver, sécher et embrasser les pieds. La sucette officielle du pape Jean-Paul II se vend sur la place Saint-Pierre, à Rome. Longue durée garantie : vous en avez pour la journée.

Prayer doll Claude Sinyard owns a construction business in Florida, USA. On the side he produces these praying dolls: "My objective is to teach children to pray and to build unity. I have a young lady here in Jacksonville who makes them, and I've sold several hundred. We buy the clothes from all over the place, and some people give us the clothes that their children have outgrown. I don't want them to look like a Raggedy Ann— children don't want to see something dirty and filthy. The dolls come with pamphlets with different verses and songs in their own language, whether they be Muslim, Buddhist, Christian, whatever. They can be used to teach a child moral values: Don't lie, don't cheat, walk through life with pride in yourself— the ethics which give children the strength to go out and face the world."

Poupée-qui-prie L'Américain Claude Sinyard dirige une entreprise de BTP en Floride. A ses heures perdues, il produit également ces poupées qui prient. « Mon but est d'apprendre aux enfants à prier et à vivre en harmonie. C'est une jeune femme d'ici, de Jacksonville, qui me les fabrique, et j'en ai vendu des centaines. Nous achetons les vêtements un peu partout, et il se trouve toujours des gens pour nous donner ceux que leurs enfants ne peuvent plus porter. Je ne veux pas qu'elles aient l'air miséreuses, les enfants n'aiment pas ce qui est laid et sale. Nous les vendons accompagnées de versets et de cantiques dans plusieurs langues, adaptés à chaque religion – musulmane, bouddhiste, chrétienne ou autres. Elles permettent d'enseigner les valeurs morales : ne pas mentir, ne pas tricher, avancer dans l'existence en étant fier de ce qu'on est – tous les repères qui donnent à l'enfant la force d'affronter le monde. »

Expired Roman Catholic communion wafers (also known as hosts) are believed to be transformed into the body of Jesus Christ during mass. In 1998, the European Union ruled that packages of the wafers must be labeled with expiry dates—like all other food. And though food poisoning isn't a threat, colds might be transmitted during the ceremony when worshippers shake hands or embrace as a sign of peace. The average North American suffers from six colds per year—and most of them aren't Catholics.

Périmées Aux yeux des catholiques, les hosties sont transmuées en corps du Christ durant la communion eucharistique. En 1998, l'Union européenne a rendu obligatoire l'étiquetage des emballages d'hosties, avec mention d'une date limite de consommation – comme sur toute denrée comestible. Si les fidèles ne risquent guère l'empoisonnement alimentaire, ils courent d'autres dangers, par exemple de se transmettre des rhumes lorsqu'ils se serrent la main ou se donnent l'accolade en signe de paix durant les services. Il est vrai que le Nord-Américain moyen s'enrhume six fois par an – et la plupart ne sont pas catholiques.

ABCs The Hebrew alphabet has 22 characters. If you aren't one of the world's five million Hebrew speakers, learn with Osem's kosher chicken-flavored Alef-bet alphabet soup. Aleph is the first letter of the Hebrew alphabet.

Abécédaires On recence dans le monde 5 millions de personnes parlant l'hébreu, et connaissant donc sur le bout des doigts leur alphabet hébraïque, qui compte 22 caractères. Si pour vous, l'hébreu est encore de l'hébreu, comblez vos lacunes en dégustant le bouillon de poule kasher Alef-bet de chez Osem, dont les pâtes figurent les lettres de l'alphabet. Tenez, apprenez toujours la première : *aleph*.

Pilgrims During the Hajj (or pilrimage to Mecca in Saudi Arabia), that each Muslim is required to make at least once in a lifetime, the devout circle the Ka'aba (a square black building built by Abraham) seven times counterclockwise, before walking back and forth seven times between two nearby hills, Safa and Marwah. The practice is called Sa'i, and symbolizes Hagar's desperate search for water. Tradition says a spring of water (Zam Zam) suddenly sprang up from the earth here, saving her life and that of her son Ismail ("Ishmael" to Jews and Christians), father of all Arabs. Pilgrims today drink the water (or take it home) in the belief that it can heal. This prayer rug pictures Mecca, and is used by Muslims five times a day.

Pèlerins Durant le Hadj (le pèlerinage à La Mecque, en Arabie Saoudite) que chaque musulman se doit d'accomplir au moins une fois au cours de sa vie, les fidèles tournent sept fois autour de la Kaaba (une bâtisse noire et carrée qu'Abraham construisit de ses mains) dans le sens inverse des aiguilles d'une montre, avant d'effectuer sept allers et retours entre deux collines voisines, Safa et Marwah. Ce rituel, appelé le *sa'i*, symbolise le parcours de Agar désespérée, quêtant de quoi étancher sa soif. La tradition veut qu'une source (Zam Zam) ait soudain jailli de la terre à cet endroit, sauvant la vie de la pauvre femme et de son fils Ismail (Ismaël pour les chrétiens), père de tous les Arabes. Aujourd'hui, les pèlerins s'abreuvent de cette eau censée guérir de tous les maux, et en rapportent fréquemment chez eux. Ce tapis de prière, qui figure La Mecque, est utilisé par les musulmans cinq fois par jour.

Catholic priests on the move can say mass anywhere with this portable mass kit, a briefcase equipped with crucifix, chalice, ceremonial cloth, wine and water flasks, and even battery-powered candles.

Les prêtres catholiques en déplacement peuvent désormais célébrer l'office en tous lieux, grâce à ce kit de messe portatif : il s'agit d'une mallette contenant un crucifix, un calice, une nappe d'autel, des flacons de vin et d'eau, sans oublier les bougies à piles.

Water Bodies in water decompose four times faster than those in soil. Softened by liquid, body tissues are eaten by fish and aquatic insects (they start by nibbling on the eyelids, lips and ears). In India, the practice of water burial is so common (about 3,000 whole bodies and 1,800 tons of partially burnt cremation remains are thrown into the river Ganges every year) that the government instituted a novel clean-up project. Unfortunately, the 28,820 turtles raised to consume the decomposing flesh have already been eaten by locals. This flask contains water from the Ganges, which is sacred to Hindus.

Eau En milieu aqueux, les corps se décomposent quatre fois plus vite que dans la terre. Ramollis par le liquide, les tissus sont dévorés par les poissons et les insectes aquatiques – qui s'attaquent d'abord aux morceaux de choix, paupières, lèvres et oreilles. En Inde, on a coutume de livrer les dépouilles mortelles aux eaux du fleuve. Cet usage est si répandu (près de 3 000 corps entiers et 1 800 tonnes de restes partiellement incinérés sont jetés dans le Gange chaque année) que le gouvernement a instauré un plan original d'épuration : un lâcher de tortues aquatiques dévoreuses de chair décomposée. Malheureusement, les 28 820 tortues spécialement élevées à cet effet ont déjà été mangées par les habitants. Ce flacon contient de l'eau du Gange, sacrée pour les hindous

Jesus speaks Hindi. A postage stamp showing the nail wound on Christ's hand was issued in India to commemorate his birth 2,000 years ago. In a country of almost one billion inhabitants, where only 23 million are Christians, the Rs3 (US$0.07) stamp can help spread the Christian word—and it will also get a standard letter from Mumbai to Calcutta. Buy the stamp at the General Post Office in Mumbai, India.

Jésus parle hindi. Un timbre-poste figurant les stigmates sur la main du Christ est paru en Inde pour commémorer le deuxième millénaire de sa naissance. Or, sur près de un milliard d'habitants, le sous-continent ne compte que 23 millions de chrétiens. Ce petit timbre à 3 RUPI (0,07 $ US) aidera donc à propager la foi chrétienne – et, incidemment, à expédier une lettre ordinaire de Mumbai à Calcutta. Achetez-le au bureau de poste central de Mumbai.

Nuns of the convent of St. Rita, based in Cascia, Italy, shop for their underwear at religious underwear suppliers in Rome. St. Rita's nuns prefer the Cross Your Heart model from Playtex (Item 346) in beige. It's unlikely St. Rita herself was so well supported during her lifetime—she's the saint of desperate causes. She is invoked against bleeding, infertility, loneliness, tumors and unhappy marriage. Not only was Rita's husband unfaithful to her, he also beat her up. When he was murdered in a vendetta, Rita was at long last free to pursue her childhood dream and become a nun.

Les moniales de l'ordre de sainte Rita, basé à Cascia, en Italie, achètent leurs dessous chez des fournisseurs romains spécialistes des sous-vêtements religieux. Leur soutien-gorge préféré est le Cœur Croisé de Playtex (article 346), préférablement en couleur beige. Il est peu probable que sainte Rita ait été aussi bien soutenue durant sa vie – elle est la sainte des causes désespérées, celle qu'on invoque contre les saignements, la stérilité, la solitude, les tumeurs et les mariages malheureux. Car la pauvre femme fut affublée d'un mari non seulement infidèle, mais violent, qui la battait comme plâtre. Il finit par mourir, assassiné lors d'une vendetta, et Rita fut enfin libre de réaliser son rêve d'enfance en se faisant nonne.

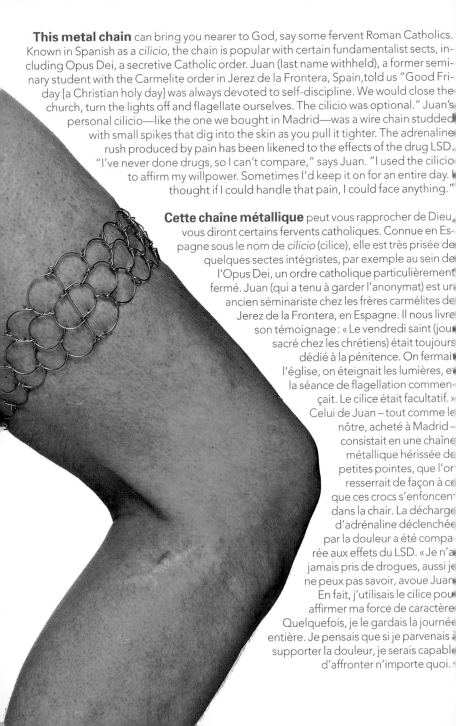

This metal chain can bring you nearer to God, say some fervent Roman Catholics. Known in Spanish as a *cilicio*, the chain is popular with certain fundamentalist sects, including Opus Dei, a secretive Catholic order. Juan (last name withheld), a former seminary student with the Carmelite order in Jerez de la Frontera, Spain, told us "Good Friday [a Christian holy day] was always devoted to self-discipline. We would close the church, turn the lights off and flagellate ourselves. The cilicio was optional." Juan's personal cilicio—like the one we bought in Madrid—was a wire chain studded with small spikes that dig into the skin as you pull it tighter. The adrenaline rush produced by pain has been likened to the effects of the drug LSD. "I've never done drugs, so I can't compare," says Juan. "I used the cilicio to affirm my willpower. Sometimes I'd keep it on for an entire day. I thought if I could handle that pain, I could face anything."

Cette chaîne métallique peut vous rapprocher de Dieu, vous diront certains fervents catholiques. Connue en Espagne sous le nom de *cilicio* (cilice), elle est très prisée de quelques sectes intégristes, par exemple au sein de l'Opus Dei, un ordre catholique particulièrement fermé. Juan (qui a tenu à garder l'anonymat) est un ancien séminariste chez les frères carmélites de Jerez de la Frontera, en Espagne. Il nous livre son témoignage : « Le vendredi saint (jour sacré chez les chrétiens) était toujours dédié à la pénitence. On fermait l'église, on éteignait les lumières, et la séance de flagellation commençait. Le cilice était facultatif. » Celui de Juan – tout comme le nôtre, acheté à Madrid – consistait en une chaîne métallique hérissée de petites pointes, que l'on resserrait de façon à ce que ces crocs s'enfoncent dans la chair. La décharge d'adrénaline déclenchée par la douleur a été comparée aux effets du LSD. « Je n'ai jamais pris de drogues, aussi je ne peux pas savoir, avoue Juan. En fait, j'utilisais le cilice pour affirmer ma force de caractère. Quelquefois, je le gardais la journée entière. Je pensais que si je parvenais à supporter la douleur, je serais capable d'affronter n'importe quoi. »

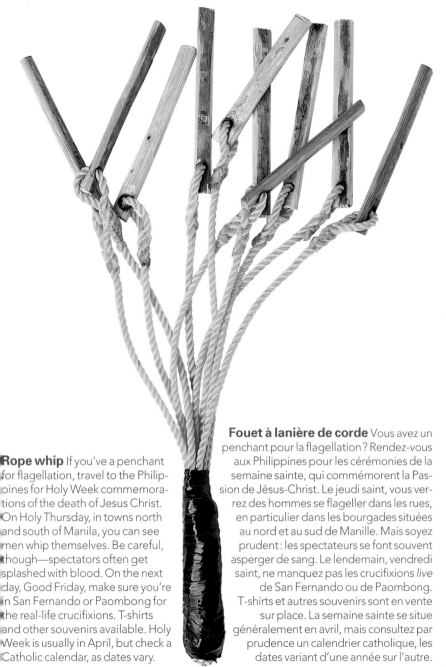

Rope whip If you've a penchant for flagellation, travel to the Philippines for Holy Week commemorations of the death of Jesus Christ. On Holy Thursday, in towns north and south of Manila, you can see men whip themselves. Be careful, though—spectators often get splashed with blood. On the next day, Good Friday, make sure you're in San Fernando or Paombong for the real-life crucifixions. T-shirts and other souvenirs available. Holy Week is usually in April, but check a Catholic calendar, as dates vary.

Fouet à lanière de corde Vous avez un penchant pour la flagellation ? Rendez-vous aux Philippines pour les cérémonies de la semaine sainte, qui commémorent la Passion de Jésus-Christ. Le jeudi saint, vous verrez des hommes se flageller dans les rues, en particulier dans les bourgades situées au nord et au sud de Manille. Mais soyez prudent : les spectateurs se font souvent asperger de sang. Le lendemain, vendredi saint, ne manquez pas les crucifixions *live* de San Fernando ou de Paombong. T-shirts et autres souvenirs sont en vente sur place. La semaine sainte se situe généralement en avril, mais consultez par prudence un calendrier catholique, les dates variant d'une année sur l'autre.

Miracle God can help you lose weight! First Place is a Christ-centered health and weight-loss program that advocates changing lives through Bible study, prayer and exercise. They promote fitness weeks and seminars, the *Praise Aerobic* video and the *Praise Workout* audio tape, "a refreshing one-hour tape of contemporary Christian music for exercising."

Miracle Dieu peut vous aider à perdre du poids ! Découvrez First Place, un programme spécifique conçu pour vous faire maigrir et recouvrer la santé par le Christ. Changez de vie, recommande-t-il, et pour ce faire, trois règles d'or : étudier la Bible, prier et faire de l'exercice. Assistez à des séminaires sur le fitness, suivez un stage d'une semaine ou commandez la cassette vidéo Praise Aerobic (aérobic de dévotion). A moins que vous ne préfériez la cassette audio Praise Workout – « une heure de musique chrétienne contemporaine revigorante pour faire de l'exercice. »

INTEGRITY MUSIC® FITNESS

STEP INTO
PRAISE
STEP AEROBIC WORKOUT

A unique 80-minute step aerobic workout set to upbeat, contemporary songs from Integrity Music that strengthens your body and refreshes your spirit.

Prayer beads serve as a counting device for several religions: Buddhists use 108 beads, Muslims count on 99 and some Christians on 150. Materials include bone, wood, glass, jet and metal. Partial to plastic? Get a credit card rosary. You can finger the bumps on it rather than the beads. But don't mix it up with your credit cards—you might stick it in an automatic banking machine by mistake.

Les grains des rosaires servent aussi à compter : les bouddhistes disposent pour cela de 108 grains, les musulmans de 99, et certains chrétiens de 150. Parmi les matériaux utilisés, citons l'os, le bois, le verre, le jais et le métal. Un petit faible pour le plastique ? Procurez-vous un rosaire-carte de crédit. Vous passerez vos doigts sur les bosses au lieu de dévider des grains. Mais ne la rangez pas avec vos cartes bancaires, vous risqueriez de l'introduire par mégarde dans un distributeur automatique.

The smoking saint of Mexico is St. Hermano San Simón. If you need a favor, buy a statue of the saint and light two cigarettes—one for him and one for you. If you want to quit smoking, simply light a cigarette for him and ask for his help.

Saint-qui-fume Le Mexique a son saint fumeur : Hermano San Simón. Pour obtenir une faveur, achetez une statue à son effigie et allumez deux cigarettes. Vous fumerez l'une et lui offrirez l'autre. Si vous souhaitez arrêter de fumer, contentez-vous d'une cigarette pour lui, et implorez son aide.

Fire Worried about finding a lover? Buy a *gualicho* (lucky charm) candle. Etch your name on the candle along with the name of the lover you desire, dip the candle in honey, and burn a piece of paper covered with your names in the candle's flame. Once the sheet is consumed, your love is guaranteed.

Flamme Vous désespériez de trouver un amoureux ? Plus d'inquiétudes, avec les bougies *gualicho* (charme porte-bonheur). Gravez votre nom sur la bougie, ainsi que celui de la personne convoitée, plongez-la dans le miel, puis faites brûler à sa flamme un morceau de papier où vous aurez également inscrit vos deux noms. Amour garanti une fois le feuillet consumé.

477

Prayer sprayer For best results, say a prayer after freshening the air with House Blessing deodorant aerosol spray. There's a prayer printed on the can for first-time users.

Spray de prière Pour optimiser la portée de vos oraisons, ne priez pas sans avoir rafraîchi l'air avec ce désodorisant en spray de «bénédiction domestique». Que les novices se rassurent : une prière est imprimée sur le vaporisateur pour la première utilisation.

INDIO
PODEROSO
BENDICION AL HOGAR
De AMOR
ATRACCION
DESODORANTE PARA LA CASA

ADVERTENCIA
CONTENIDO BAJO PRESION.
Vea, el panel deal lado para mas precaucion
antes de usarlo. NET WT. 12 OZ. 353 ML

"A shrine must come from the heart in order to weave a thread of communication between the maker and the beholder." These words of advice come from Ralph Wilson, who conducts shrinemaking workshops around North America. No time to attend a workshop? Buy a kit that includes everything you need to whip up an altar to your idol.

«Un autel doit venir du cœur, pour tisser un lien de communication entre qui l'a fait et qui le regarde.» Tel est le conseil de Ralph Wilson, qui organise dans toute l'Amérique du Nord des ateliers où l'on apprend à fabriquer soi-même son propre autel. Pas le temps d'y assister? Achetez en kit tout le nécessaire pour bricoler prestement un autel à votre idole.

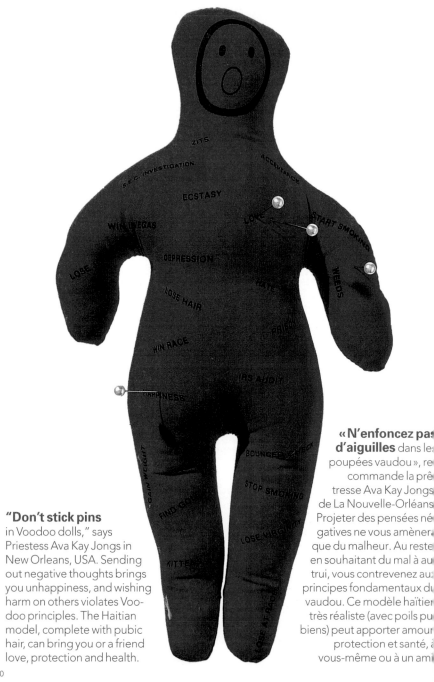

"Don't stick pins in Voodoo dolls," says Priestess Ava Kay Jongs in New Orleans, USA. Sending out negative thoughts brings you unhappiness, and wishing harm on others violates Voodoo principles. The Haitian model, complete with pubic hair, can bring you or a friend love, protection and health.

« N'enfoncez pas d'aiguilles dans les poupées vaudou », recommande la prêtresse Ava Kay Jongs de La Nouvelle-Orléans. Projeter des pensées négatives ne vous amènera que du malheur. Au reste, en souhaitant du mal à autrui, vous contrevenez aux principes fondamentaux du vaudou. Ce modèle haïtien très réaliste (avec poils pubiens) peut apporter amour, protection et santé, à vous-même ou à un ami.

Pope John Paul II bottle opener

We found our opener at the official Vatican gift shop, where we asked about their profits. "The majority goes to the Vatican and a part goes to the missions," said the helpful Sister Ambrosina. "Does the Pope use this opener?" we asked the Vatican Press Office. "That is a ridiculous question," they snapped and promptly hung up.

Tire-bouchon du pape

Nous avons trouvé notre tire-bouchon Jean-Paul II dans le magasin de souvenirs officiel du Vatican. Profitant de notre visite, nous nous sommes enquis des bénéfices réalisés par la boutique. « La plupart des profits de nos ventes sont reversés au Vatican, le reste est distribué aux missions », a expliqué la serviable sœur Ambrosina. « Est-ce que le pape utilise ce tire-bouchon ? » avons-nous ensuite demandé au service de presse du Vatican. « C'est une question ridicule ! » ont-ils rétorqué, avant de nous raccrocher au nez

Star of David yo-yo The yo-yo was first patented in 1932 by Donald F. Duncan of Los Angeles, USA. He didn't invent it himself; the toy is thought to have originated in China, around 500 BC. King David had this star on his shield by 1000 BC.

L'Etoile de David en yo-yo Le yo-yo fut breveté en 1932 par Donald F. Duncan, de Los Angeles, quoiqu'il n'en fût pas l'inventeur – on pense en effet que ce jouet vit le jour en Chine, aux alentours de l'an 500 avant notre ère. Quelque cinq siècles plus tôt, le roi David portait cette étoile sur son bouclier.

Green Man The Egyptian government has a monopoly on imported alcoholic drinks and limits sales to the tourist venues. A bottle of genuine Scotch whisky costs at least E£150 (US$43, equivalent to an average monthly wage). Cheaper buys (at £30, or $9) are imitations of Western spirits, such as Jonny Black, Good Gin and Happy Queen. These drinks are also known as Shorbat Al Ahmar (or "red drink") and are made with poor-quality alcohol, coloring and quinine. Cheapest of all are drinks like Ferro China The Green Man. The label claims the drink eases digestion; the Cairo shopkeeper promises that it is "good for your sex drive."

L'Homme Vert Le gouvernement égyptien s'est arrogé un monopole sur les boissons alcoolisées d'importation, et en limite la vente aux lieux fréquentés par les touristes. Une bouteille d'authentique Scotch Whisky coûte au bas mot 150 £ EG (43 $ US) soit l'équivalent d'un mois de salaire moyen). On peut certes se soûler à meilleur marché (pour 30 £ EG, soit 9 $) en achetant des alcools frelatés, imitations d'alcools occidentaux, tels que Jonny Black, Good Gin et Happy Queen. Egalement connus sous le nom de shorbat al ahmar (ou « boissons rouges »), ils sont fabriqués à partir d'alcool de mauvaise qualité, de colorants et de quinine. Au bas de l'échelle des prix, on trouvera entre autres Ferro China, The Green Man (L'Homme Vert). A en croire l'étiquette, cette boisson facilite la digestion, mais ce n'est pas tout. Le commerçant du Caire chez lequel nous l'avons achetée jure ses grands dieux qu'elle est « très bonne pour réveiller l'appétit sexuel »

Azan alarm clock Muslims pray five times a day, and this clock reminds them when to do so. As the time approaches, red lights inside the temple minarets flash and a voice from inside the battery-operated clock wails a melodious, "Allah Akbar" (God is great).

Réveil « Azan » Les musulmans devant prier cinq fois par jour, mieux vaut qu'ils disposent d'un aide-mémoire. C'est là précisément la fonction de ce réveil-mosquée à piles. Lorsque approche l'heure, de petits voyants rouges clignotent à l'intérieur des minarets, tandis qu'une voix s'élève des tréfonds du mécanisme pour moduler un mélodieux « Allah Akbar » (Dieu est grand).

Miracle Six teenagers in Medjugorje, Bosnia-Herzegovina, claim the Virgin Mary visited them almost every evening at dinnertime from 1981 to 1991. The Madonna usually appeared in the center of a floating sphere of bright light, wearing a gray dress and a white veil, sometimes holding an infant. After the apparitions, which lasted from one to 45 minutes, the teenagers dictated Mary's messages to local Franciscan priests, who frequently had to correct her grammar. Now pizza parlors, espresso bars, souvenir shops and new hotels crowd Medjugorje, catering to more than a million pilgrims a year. Though the visitations stopped in 1991, the remote farming village of 3,000 continues to draw US$70 million a year in tourist revenues. The six former teenagers responsible for this economic miracle occasionally sign autographs.

Miracle Six adolescents de Medjugorje, e Bosnie-Herzégovine, affirment que la Vierg Marie leur est apparue presque tous les soirs l'heure du dîner entre 1981 et 1991. La Madon se montrait d'ordinaire au centre d'une sphèr lumineuse resplendissante, revêtue d'une rob grise et d'un voile blanc, et tenant parfois u enfant dans ses bras. A la suite des apparitions dont la durée variait de une à quarante-cinq m nutes, les jeunes gens dictaient les message de Marie aux frères franciscains de la localité qui devaient fréquemment corriger sa gram maire. Aujourd'hui, Medjugorje s'est rempli de pizzerias, de cafés, de boutiques de souve nirs et autres hôtels flambant neufs. C'est qu'il a force pèlerins à satisfaire : ils sont plus de u million à défiler chaque année sur le site. Bie que les visitations se soient interrompues e 1991, ce village reculé de 3000 âmes se gorg donc toujours de la manne touristique, à raiso de 70 millions de dollars par an. Les six adoles cents – aujourd'hui bien grandis – respor sables de ce miracle économique signer encore à l'occasion quelques autographes

Apparition In 1858, the Virgin Mary appeared in Lourdes, France, and, according to the Roman Catholic Church, led 14-year-old Bernadette Soubirous to drink from a nearby grotto spring. Today, five million pilgrims a year kneel at the spring, kiss a statue of the Virgin, dunk themselves and drink. (During droughts, take-away is limited to one glass.) The sick ones are hoping for a miracle cure and about a dozen a year proclaim themselves healed: Some carry medical certificates to prove it. "It's not the water that cures, it's your faith," notes sanctuary employee Pierre Adias. That may be why spring officials decided to take no chances. In 1995, the sanctuary's Medical Bureau began to purify the holy water with chlorine, sand filters and antimicroorganism UV heat lamps. You can buy water to take home from the gift shops.

Apparition 1858 : la Vierge Marie apparaît à Lourdes et – si l'on en croit l'Eglise catholique – engage une fillette de 14 ans, du nom de Bernadette Soubirous, à boire l'eau d'une source s'écoulant d'une grotte voisine. Aujourd'hui, 5 millions de pèlerins s'agenouillent chaque année devant la sainte source, embrassent la statue de la Vierge, se trempent dans le bassin et s'y abreuvent (en période de sécheresse, l'eau à emporter est rationnée : pas plus d'un verre par personne). Parmi eux, de nombreux malades venus dans l'espoir d'une guérison miracle – car on compte en moyenne douze miraculés par an. Certains portent sur eux des certificats médicaux avérant les faits. « Ce n'est pas l'eau qui soigne, c'est la foi », précise Pierre Adias, un employé du site. Raison de plus pour ne prendre aucun risque, semblent penser les gestionnaires. En 1995, l'Office de contrôle sanitaire a commencé à purifier l'eau bénite au moyen de chlore, de sable filtrant et de lampes à UV anti-microorganismes. Ramenez en souvenir un peu d'eau bénite : vous en trouverez dans toutes les boutiques de cadeaux.

Bingo fever is common among young women in the UK. More than three million people play each week, making it the nation's most popular group leisure activity, especially for females in their early 20s. Some play every night. Mecca, one of the bigger chains of bingo halls, has 131 clubs in the UK and seven in the south of Spain (to cater for British expatriates). Their club in Dewsbury seats 1,076 and employs people to teach newcomers the game. Before a night of bingo, bathe in Chama Dinheiro lotion from Brazil and you are sure to increase your chances of winning (so the package claims).

La fièvre du bingo est une maladie très courante chez les petites Anglaises. Plus de trois millions de Britanniques s'adonnent chaque semaine à ce jeu, et ce chiffre record en fait l'activité récréative de groupe la plus courue du pays, surtout chez les femmes d'une vingtaine d'années. Certaines jouent tous les soirs. L'une des plus grosses chaînes de salles de bingo, Mecca (La Mecque), gère 131 clubs au Royaume-Uni et sept dans le sud de l'Espagne (pour les ressortissants britanniques). Celui de Dewsbury, qui peut accueillir 1076 joueurs, s'est doté d'un personnel chargé d'initier les novices. Avant une folle nuit de bingo, inondez-vous de lotion Chama Dinheiro, fabriquée au Brésil, et vous serez sûrs de faire sauter la banque (vous assure-t-on sur l'emballage).

Conteúdo: 100 ml

ÁGUA AROMÁTICA PARA

BANHO
CHAMA DINHEIRO

Launder your money at the
zeniarai benten (money washing
shrine) in Kamakura, Japan. Give your
yen bills and coins a good scrub while
you pray. Legend has it that the money you rinse in the shrine's springwa-
ter pool will soon return to your wallet
many times over. You're provided with
a bamboo basket to use for the wash.

Venez lessiver votre argent au *zeniarai
benten* (sanctuaire de purification des mon-
naies) de Kamakura, au Japon, et frottez bien
vos yens – pièces ou billets – sans oublier la
prière de rigueur. La légende veut que l'argent
rincé à l'eau de cette source sacrée se multiplie.
Un panier en bambou est fourni pour la lessive.

The powerful hand Christ's hand is a popular icon of the pagan Santería movement. Santería is a fusion of African religion and Catholicism, a result of bringing slaves to Cuba between the 16th and 19th centuries. The hand protects you from all undesirables, be they in human or spirit form.

La Main toute-puissante La main du Christ est une icône populaire du Santería, culte païen résultant d'une fusion entre religion africaine et catholicisme après l'arrivée d'esclaves à Cuba, entre le XVIᵉ et le XIXᵉ siècles. La main vous protège des indésirables quels qu'ils soient, humains ou esprits.

Fortune soap Ads for soap are the same the world over. They promise that using a bar of Brand X every day will change your life. Use Brand Y and you'll become instantly attractive to the opposite sex. Use Brand Z and your financial worries will be over. These soaps from Venezuela claim to be just as magical.

Savon porte-bonheur Les publicités pour savons sont les mêmes dans le monde entier. Elles promettent qu'un usage quotidien de la marque X changera votre vie. Utilisez Y, et soudain le sexe opposé ne saura plus vous résister. Achetez Z, et finis vos tracas financiers. Ces savons du Venezuela sont tout aussi magiques que la concurrence.

Message Chinese fortune cookies were invented in the USA. This one was packaged in Germany and contains a trilingual message (English, French, Italian). To ease global marketing, messages have been revised—gender-specific sentences and references to Confucius have been removed.

Message Les beignets-prédiction chinois sont en réalité une invention américaine. Celui-ci, conditionné en Allemagne, contient un message trilingue (en anglais, français et italien). Pour faciliter la globalisation du marché, les messages ont été revus et corrigés – plus de distinction de sexes, plus de références à Confucius.

About nine million Italians watch TV every Saturday night, hoping to get rich. TV personality Raffaella Carrà gives away billions of lire (19 billion, or US$9.6 million, in 1999) in her very own lottery, while also reuniting long-separated relatives or friends, in addition to singing and dancing for the viewer. A limited offer of 3,000 statuettes of the so-called Lady of Luck, together with a CD of her hits, is available at record stores in Italy for Lit100,000 ($52).

Près de neuf millions d'Italiens restent rivés à leur téléviseur le samedi soir, dans l'espoir de devenir riches. Vedette du petit écran, Raffaella Carrà anime sa propre loterie télévisée. Elle y distribue des milliards de lires (19 milliards en 1999, soit 9,6 millions de dollars US), y orchestre des retrouvailles entre parents ou amis perdus de vue, sans oublier de chanter et danser pour les téléspectateurs. Une statuette à l'effigie de la présentatrice, qu'on surnomme « Madame chance », est distribuée en offre limitée – attention : 3000 exemplaires seulement – avec le CD de ses plus grands succès. Disponible dans tous les magasins de disques en Italie, au prix de 100 000 LIT (52 $).

Teddy Bear's nurturing skills are in great demand in the field of law and order. In Los Angeles, USA, PD "Police Department" Bear rides around in police cars, ready to comfort traumatized children. At the Memphis Sexual Assault Resource Center, meanwhile, Teddy helps abused children get used to testifying in court: They practice in a miniature courtroom (complete with judge's hammer, desk, and benches) populated by bears. "Sex offenders come in two categories," says Walter Gentile, who works with pedophiles in a northern Italian prison. "There are the rich men who are well organized, using erotic tourism and Internet sites featuring toy giveaways to attract children. But men from poor backgrounds don't need toys to get children— they just abuse their own at home."

Il a accompagné des millions d'enfants dans leur sommeil. A présent, les talents éducatifs de Teddy l'ours en peluche sont largement sollicités aux Etats-Unis dans le domaine de l'ordre public. A Los Angeles, le Nounours policier patrouille la ville dans les voitures de police, prêt à réconforter les enfants en état de choc. On le retrouve au Centre d'aide aux victimes de violences sexuelles de Memphis, où il prépare les enfants agressés à témoigner devant la Cour. Les jeunes victimes répètent dans une salle d'audience miniature, peuplée de nounours (rien n'y manque, ni le marteau du juge, ni les écritoires, ni les bancs des jurés). « Il y a deux catégories de délinquants sexuels, explique Walter Gentile, qui s'occupe de pédophiles dans une prison d'Italie du Nord : les riches et les pauvres. Les premiers sont bien organisés, ils utilisent les relais du tourisme érotique et les sites Internet qui proposent des jouets promotionnels destinés à appâter les victimes. Les seconds n'ont pas besoin d'attirer les enfants : ils violent les leurs, à la maison. »

Transportation In Chile, dead babies are buried with a pair of white wings, made from paper or chicken feathers glued onto a cardboard base. Not having had the chance to commit sin, babies are thought to be *angelitos*, or little angels. Attached to the baby's back with elastic bands, the wings will help the child fly to heaven.

Transport Lorsqu'un bébé meurt au Chili, il est enterré avec deux ailes blanches faites soit en papier, soit en plumes de poulet collées sur une découpe de carton. N'ayant pu commettre de péché, le bébé est considéré comme un petit ange ou *angelito*. Attachées au dos de l'enfant par des élastiques, ces ailes l'aideront à s'envoler vers le paradis.

"**Michael had asked** if he could go play at the playground. About 10 minutes later we couldn't see any of the children there any more. We started looking immediately for him because he never wandered off. Some time passed and we called the police. By that night, there were hundreds of people out helping us look. Plus, the local radio stations broadcast a description of him and what he was wearing. But nothing surfaced. I was a wreck. We are angry for the time that they have taken away from us, but most importantly, we want him returned to us. It is your worst nightmare. I believe that he is [alive], it is my mother-ly instinct. I pray for him. I have specifically not changed my tele-phone num-ber because he knew his telephone number and I am hoping that he will re-member. He may put it in the back of his mind and when he is ready it will sur-face and he will know. I constantly find myself looking for him." Crystal Duna-hee's son disappeared at age 5 on March 24, 1991, in Victoria, Canada.

«**Michael avait demandé** s'il pouvait alle s'amuser sur le terrain de jeu. Dix minutes plus tard, il n'y avait plus personne là-bas, tous le enfants étaient partis. On s'est tout de suite mis à sa recherche, parce que d'habitude, il ne s'éloignait jamais. Après un certain temps, on a appelé la police. Le soir même, des cen taines de gens sont venus nous aider à cher cher. En plus, les radios locales diffusaient son signalement, en indiquant ce qu'il portait Mais aucune trace. J'étais complètement dé vastée. Nous sommes en colère, bien sûr, pou le temps qu'on nous vole et qu'on aurait pu passer avec lui. Mais ce que nous voulons surtout, c'es qu'on nous le rende C'est notre pire cauchemar Je sui per sua dé qu'il es [vivant] mor instinct ma ternel me le dit Je prie pour lui J'ai fait exprès de ne pas changer de numéro de télé phone, parce qu'il le savait par cœur. J'espère toujours qu'il s'en souvien dra. Peut-être l'a-t-il range quelque part, dans un coin de sa tête ? Le moment venu, ça ressurgira, et il saura. Je me surprends conti nuellement en train de le chercher.» Le fils de Crystal Dunahee a disparu le 24 mars 199 à Victoria (Canada). Il avait 5 ans

A Song for
MICHAEL DUNAHEE

Amigo
Desapareceu
no dia 03 de março de 1994
(021) 220-9903 / 220-9009

MARIA APARECIDA
APOLINÁRIO

Gone Most missing children are runaways. Only two out of every 100 missing children are abducted by strangers. (But one in five of these is likely to be killed within 48 hours). Interpol (an international network of police forces) coordinates search efforts for missing children. It also maintains a database and an archive of pictures of missing and abducted children on behalf of its 177 member countries. Local attempts to locate disappeared children include photos on milk cartons in the USA, on cigarette packages in Brazil, and on cassette tapes in Canada (opposite).

Disparu Les enfants disparus sont en majorité des fugueurs. Seuls 2 sur 100 sont enlevés par des étrangers (mais parmi eux, un sur cinq est susceptible d'être tué dans les quarante-huit heures). Interpol (réseau international de police) coordonne les recherches, gère une base de données et archive les photos des enfants portés disparus ou victimes de rapt dans ses 177 pays membres. Parmi les initiatives prises ici ou là pour tenter de localiser les intéressés, citons la diffusion de photos sur les emballages de produits divers, bricks de lait aux Etats-Unis, paquets de cigarettes au Brésil et boîtiers de cassettes au Canada (ci-contre).

Birth-control pills 94 million women worldwide can tell what day it is from their contraceptive packaging: The pill, an oral contraceptive that uses synthetic hormones to fool the body into thinking it's already pregnant, must be taken on a strict schedule to be effective. In Japan, this popular family planning method was illegal until 1999. Authorities said it encouraged sexual promiscuity and was dangerous (the pill has been linked with heart disease and breast cancer). Some 200,000 Japanese women got around the restrictions, though: Doctors prescribed the pill for menstrual disorders, but only the high-dosage varieties that carry the biggest health risks.

Pilule contraceptive 94 millions de femmes dans le monde suivent les jours de la semaine sans l'aide du calendrier, par un simple regard à leur plaquette de pilule. Ce contraceptif oral – dont le principe est de tromper le corps au moyen d'hormones synthétiques, l'induisant à croire qu'une grossesse est déjà en route – doit être pris à heure fixe pour garder toute son efficacité. Au Japon, cette méthode populaire de planning familial est demeurée illégale jusqu'en 1999. Les autorités estimaient en effet qu'elle encourageait la promiscuité sexuelle, et présentait en outre des dangers (on a établi un lien entre la pilule et le cancer du sein ou certaines maladies cardiovasculaires). Quelque 200 000 Japonaises parvenaient néanmoins à contourner ces restrictions. Ainsi, les médecins avaient le droit de prescrire la pilule pour des troubles menstruels, mais hélas, uniquement les plus dosées, donc celles présentant le plus de risques pour la santé.

Triphasil®-28
(levonorgestrel and
ethinyl estradiol tablets)

Stylish clock This clock was purchased in New York City's Chinatown for US$10. "Time is a central focus within Christianity," reports an anonymous priest at St. Martin-in-the-Fields church in London. "The present is very important—you're not meant to worry about the past or the future, but to take responsibility for your life now. Even so, puritan theologists probably wouldn't approve of the use of Christ's image in this way." Perhaps they'd prefer the Virgin Mary version? (It's the same price.)

Horloge de style Cette horloge a été achetée 10$US dans le quartier de Chinatown, à New York. «Le temps est au centre des préoccupations de la chrétienté, nous fait remarquer un prêtre anonyme de l'église St-Martin-in-the-Fields, à Londres. Le présent nous importe particulièrement – nous ne sommes pas censés nous soucier du passé ou de l'avenir, mais prendre en main notre vie d'aujourd'hui. Quoi qu'il en soit, des théologiens puritains n'apprécieraient sans doute pas une telle utilisation de l'image du Christ. » Peut-être lui préféreraient-ils la version «Vierge Marie » ? Elle coûte le même prix.

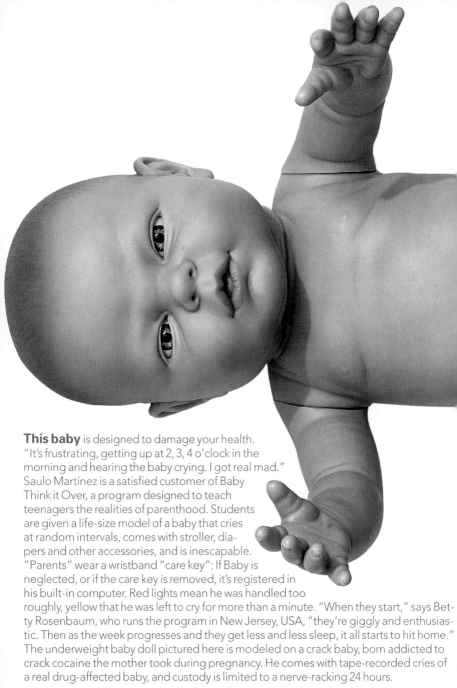

This baby is designed to damage your health. "It's frustrating, getting up at 2, 3, 4 o'clock in the morning and hearing the baby crying. I got real mad." Saulo Martínez is a satisfied customer of Baby Think it Over, a program designed to teach teenagers the realities of parenthood. Students are given a life-size model of a baby that cries at random intervals, comes with stroller, diapers and other accessories, and is inescapable. "Parents" wear a wristband "care key": If Baby is neglected, or if the care key is removed, it's registered in his built-in computer. Red lights mean he was handled too roughly, yellow that he was left to cry for more than a minute. "When they start," says Betty Rosenbaum, who runs the program in New Jersey, USA, "they're giggly and enthusiastic. Then as the week progresses and they get less and less sleep, it all starts to hit home." The underweight baby doll pictured here is modeled on a crack baby, born addicted to crack cocaine the mother took during pregnancy. He comes with tape-recorded cries of a real drug-affected baby, and custody is limited to a nerve-racking 24 hours.

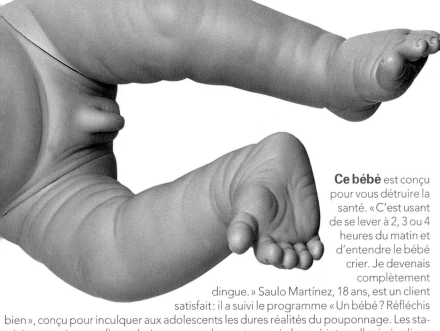

Ce bébé est conçu pour vous détruire la santé. « C'est usant de se lever à 2, 3 ou 4 heures du matin et d'entendre le bébé crier. Je devenais complètement dingue. » Saulo Martínez, 18 ans, est un client satisfait : il a suivi le programme « Un bébé ? Réfléchis bien », conçu pour inculquer aux adolescents les dures réalités du pouponnage. Les stagiaires se voient confier un baigneur grandeur nature qui pleure à intervalles irréguliers, livré avec poussette, couches et autres accessoires. C'est alors que le piège se referme : impossible de lui échapper. Les « parents » portent en effet autour du poignet une « clé de soins » ; si Bébé est négligé ou si la clé n'est pas portée, l'ordinateur incorporé de notre marmot l'enregistre aussitôt, et l'alarme est donnée : voyant rouge s'il a été malmené, voyant jaune si on l'a laissé pleurer plus d'une minute. « Lorsqu'ils commencent, raconte Betty Rosenbaum, qui dirige le programme aux Etats-Unis, dans le New Jersey, ils n'arrêtent pas de pouffer et sont pleins d'enthousiasme. Et puis la semaine avance, les retards de sommeil s'accumulent, et ils commencent à comprendre. » Le baigneur rachitique représenté ici est la réplique d'un bébé toxicomane, présentant dès la naissance une dépendance au crack que sa mère consommait durant la grossesse. Il est fourni avec un enregistrement des cris que pousse un vrai bébé toxico-dépendant. Pour ce modèle, la garde est limitée à vingt-quatre heures – très éprouvantes pour les nerfs.

Heart Throbber makes other parts of your body throb before you feel it in your heart. UK manufacturer Ann Summers describes this vibrator as "dainty and soft, a clitoral stimulator a lady will always cherish."

Le «pulse-cœur» (Heart Throbber) doit son nom plus à sa forme qu'à sa fonction. Car il fait vibrer une tout autre partie de votre corps, quoique l'effet finisse sans doute par atteindre votre cœur. Ann Summers décrit ce vibrateur comme « doux et délicat. Un stimulateur clitoridien qu'une femme chérira toujours. »

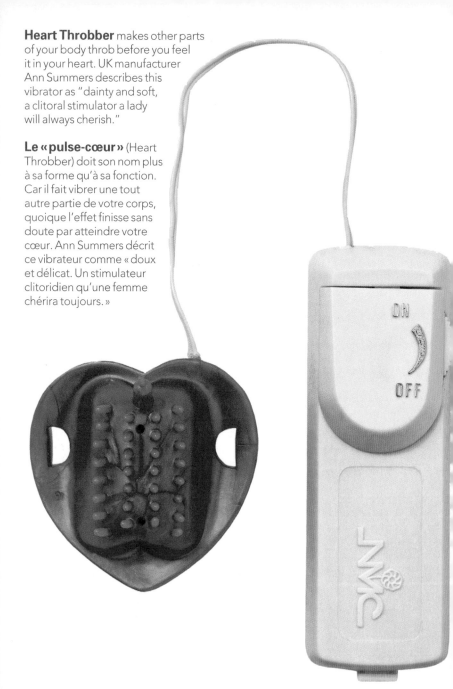

Sick of being single? Tired of listening to your workmates arranging dinner dates when you're facing a lonely evening at home? Try convenient Boyfriend-In-A-Box. Guaranteed not to lie, cheat on you or talk with his mouth full. He comes complete with his own instruction manual, portrait shot, data sheet and notes that you can leave in strategic places.

Ecœurée d'être seule ? Lasse d'entendre vos collègues fixer leurs rendez-vous du soir alors que, vous, vous passerez la soirée seule entre quatre murs ? Pourquoi ne pas prendre un « petit-ami-dans-une-boîte » ? Avec lui, pas de problèmes : il ne ment pas, il est fidèle, et il ne parle pas la bouche pleine. Livré avec son mode d'emploi, sa photo, tous les détails utiles sur sa personne, et quelques billets doux de sa main que vous aurez soin de laisser traîner çà et là.

Human breast milk safely provides essential fatty acids needed to develop brain cells in newborn babies—and it's cheap, too. To make sure you'll have enough milk for your baby visit the Chichigami-Sama (tit shrine) in Kiyone, Japan. On the wall, leave a pair of cloth breasts attached to a votive plaque.

Le lait maternel procure à peu de frais les acides gras essentiels au développement cellulaire du cerveau chez le nouveau-né. Pour vous assurer de belles montées de lait et un bébé repu, faites un pèlerinage au Chichigami-Sama (Temple des nichons) de Kiyone, au Japon. Vous laisserez sur le mur une paire de seins en chiffon, accrochée à une plaque votive.

Up until the 1970s, the Australian government had a policy of assimilating Aboriginal children into "European society" by taking them from their families and placing them in orphanages or with white foster families. These children are now known as the "Stolen Generations." The Bindi doll represents a typical Aboriginal child. Aboriginal children are better able to identify with their culture and origins with their dark-skinned Aboriginal doll.

Jusqu'aux années 70, le gouvernement australien menait une politique d'assimilation des enfants aborigènes dans la « société européenne ». La tactique consistait à les arracher à leur famille pour les placer en orphelinat ou dans des familles d'accueil. On qualifie aujourd'hui ces enfants de « générations volées ». La poupée Bindi figure un enfant aborigène type. Armé d'une poupée de couleur, à son image, le petit Aborigène sera mieux à même à s'identifier à sa culture et à ses origines.

Touch the "universe" in the hand of the Virgin of Montserrat, the patron saint of Cataluña. Every year, two million pilgrims come to kiss the orb in her hand in a small chapel in the monastery of Montserrat, near Barcelona, Spain. The statue dates from the 12th century, and oxidation over the centuries caused the pigment on her face and hands to darken (she's now nicknamed "La Moreneta," or "The Dark One"). The Moreneta souvenir icon glows in the dark.

Touchez «l'univers» dans la main de la Vierge de Montserrat, sainte patronne de la province espagnole de Catalogne. Chaque année, deux millions de pèlerins confluent vers le monastère de Montserrat, près de Barcelone, et défilent dans la petite chapelle où trône la Madone, pour embrasser le globe qu'elle tient à la main. La statue date du XIIe siècle et, au cours des siècles, l'oxydation a fait foncer le pigment sur son visage et ses mains (ce qui lui vaut aujourd'hui le surnom de «la Moreneta» ou «la Noiraude»). Cette icône souvenir de la Moreneta luit dans le noir.

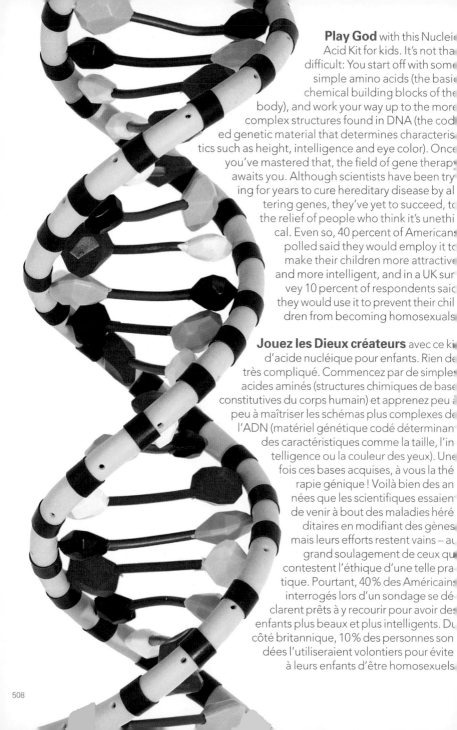

Play God with this Nucleic Acid Kit for kids. It's not that difficult: You start off with some simple amino acids (the basic chemical building blocks of the body), and work your way up to the more complex structures found in DNA (the coded genetic material that determines characteristics such as height, intelligence and eye color). Once you've mastered that, the field of gene therapy awaits you. Although scientists have been trying for years to cure hereditary disease by altering genes, they've yet to succeed, to the relief of people who think it's unethical. Even so, 40 percent of Americans polled said they would employ it to make their children more attractive and more intelligent, and in a UK survey 10 percent of respondents said they would use it to prevent their children from becoming homosexuals.

Jouez les Dieux créateurs avec ce kit d'acide nucléique pour enfants. Rien de très compliqué. Commencez par de simples acides aminés (structures chimiques de base constitutives du corps humain) et apprenez peu à peu à maîtriser les schémas plus complexes de l'ADN (matériel génétique codé déterminant des caractéristiques comme la taille, l'intelligence ou la couleur des yeux). Une fois ces bases acquises, à vous la thérapie génique ! Voilà bien des années que les scientifiques essaient de venir à bout des maladies héréditaires en modifiant des gènes, mais leurs efforts restent vains – au grand soulagement de ceux qui contestent l'éthique d'une telle pratique. Pourtant, 40 % des Américains interrogés lors d'un sondage se déclarent prêts à y recourir pour avoir des enfants plus beaux et plus intelligents. Du côté britannique, 10 % des personnes sondées l'utiliseraient volontiers pour éviter à leurs enfants d'être homosexuels.

Sara is the Islamically correct Barbie. Conceived by the Children's Cultural Promotion Center (CCPC) in Iran as part of a drive to combat "the catastrophic effects of Barbie culture," she has an extensive wardrobe of traditional Iranian costumes. Identified by the CCPC as a fake, this doll was put on sale throughout Iran after plans to produce Sara were leaked to a local manufacturer. With her hair clearly in view under her skimpy scarf and her waistline visible, she blatantly contravenes the Islamic dress code. In Tehran, where Islamic law is more strictly enforced than in the rest of Iran, a woman who repeatedly dressed like this in public would face imprisonment or a whipping by state police.

Voici Sara, la Barbie « islamiquement correcte ». Conçue en Iran par le Centre de promotion culturelle pour enfants (CCPC) dans le but de combattre « les effets dévastateurs de la culture Barbie », elle possède une vaste garde-robe de costumes traditionnels iraniens. Seulement voilà : celle présentée ici n'est pas la vraie Sara. Reconnue par le CCPC comme un faux, elle a été commercialisée dans tout le pays par un fabricant local qui, grâce à quelques « indiscrétions », avait eu vent du projet Sara. Avec ses cheveux bien visibles sous son voile trop fin et sa robe qui marque sa taille, elle contrevient effrontément au code vestimentaire islamique. A Téhéran, où l'application de la loi islamique est plus stricte que dans le reste du pays, une femme qui persisterait à se montrer en public dans une telle tenue risquerait la prison ou le fouet – par les bons soins de la police d'Etat.

This Star of David slinky in the colors of the Israeli flag is produced by Jewish Educational Toys, Chicago, USA. To use, place the plastic slinky at the top of a flight of stairs and watch it "walk" down, coiling and uncoiling from stair to stair. Just how educational is that? "It's a novelty item," admits cofounder Joseph Blumberger, "but it strengthens Jewish identity." Unfortunately for Joseph, the market for his slinky is shrinking: Worldwide, the Jewish population is in decline (40 percent of Jews now marry non-Jews), and sales are likely to slump even in Israel. Arabs—who now have twice as many children as Jews—are expected to become the majority in Israel within a few decades. Maybe a slinky in the shape of Palestine (the Palestinian national symbol) would be more of a money-spinner.

Ce ressort magique en étoile de David aux couleurs du drapeau israélien, est produit par Jewish Educational Toys, à Chicago. Placez-le en haut des escaliers et regardez-le descendre en rebondissant de marche en marche. Quelle est sa valeur éducative? «C'est un simple gadget, admet Joseph Blumberger, cofondateur de la société, mais il renforce le sentiment d'identité juive.» Hélas pour lui, le marché s'amenuise, la communauté juive étant sur le déclin (40% des Juifs épousent des non-Juifs). D'où une chute prévisible des ventes, même en Israël où, d'ici quelques décennies, les Arabes – qui ont deux fois plus d'enfants que les Juifs – seront probablement majoritaires. Peut-être un modèle en forme de Palestine (le symbole national palestinien serait-il un meilleur filon?

The **Bible** is the best-selling book of all times—it's estimated that more than six billion have been printed in over 2,000 languages. To start your child early, get the *New Baby's Bible*—a cloth book of favorite biblical stories. It comes with a handle for portability. Also available: *Baby's First Prayers*.

La Bible est le plus grand best-seller de tous les temps – selon les estimations, elle aurait été publiée à plus de 6 milliards d'exemplaires dans plus de 2000 langues. Evangélisez votre enfant dès le berceau, en lui achetant la *New Baby's Bible*, un livre en tissu pour découvrir les plus belles histoires de la Bible. Sa poignée permet une préhension facile. Egalement disponible chez le même éditeur : le *Baby's First Prayers*, un bréviaire à l'usage des tout-petits.

Tick juice is used in black magic love rituals in Venezuela. If you want the object of your desire to stick to you like a tick, chant the following incantation, included in the package: "Oh beautiful tick, I want love to stick to me like you do to a cow." Then drink a small amount of the liquid and wait for your true love to find you.

Le jus de tique trouve toute son utilité dans les rituels amoureux de la magie noire, au Venezuela. Considérons l'objet de vos désirs : vous ne répugneriez pas à le voir s'accrocher à vous comme une tique ? En ce cas, récitez l'incantation suivante (étourdis, n'ayez crainte, vous la retrouverez sur l'emballage) : « Ô gracieuse tique, je veux que l'amour s'agrippe à moi comme tu t'agrippes à une vache. » Buvez ensuite une ou deux gorgées du breuvage et attendez que l'âme sœur vienne vous débusquer.

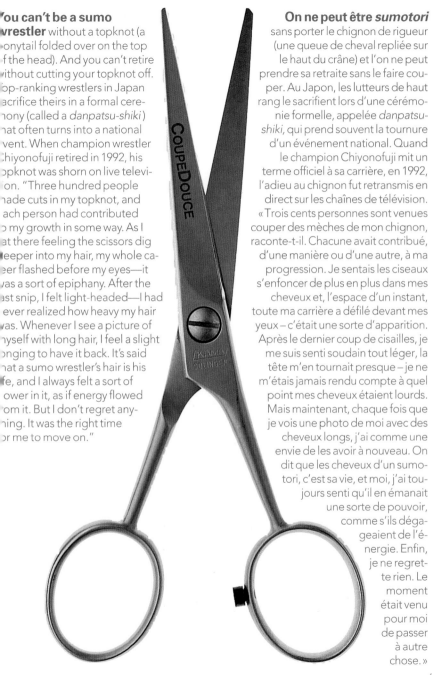

You can't be a sumo wrestler without a topknot (a ponytail folded over on the top of the head). And you can't retire without cutting your topknot off. Top-ranking wrestlers in Japan sacrifice theirs in a formal ceremony (called a *danpatsu-shiki*) that often turns into a national event. When champion wrestler Chiyonofuji retired in 1992, his topknot was shorn on live television. "Three hundred people made cuts in my topknot, and each person had contributed to my growth in some way. As I sat there feeling the scissors dig deeper into my hair, my whole career flashed before my eyes—it was a sort of epiphany. After the last snip, I felt light-headed—I had never realized how heavy my hair was. Whenever I see a picture of myself with long hair, I feel a slight longing to have it back. It's said that a sumo wrestler's hair is his life, and I always felt a sort of power in it, as if energy flowed from it. But I don't regret anything. It was the right time for me to move on."

On ne peut être *sumotori* sans porter le chignon de rigueur (une queue de cheval repliée sur le haut du crâne) et l'on ne peut prendre sa retraite sans le faire couper. Au Japon, les lutteurs de haut rang le sacrifient lors d'une cérémonie formelle, appelée *danpatsu-shiki*, qui prend souvent la tournure d'un événement national. Quand le champion Chiyonofuji mit un terme officiel à sa carrière, en 1992, l'adieu au chignon fut retransmis en direct sur les chaînes de télévision. « Trois cents personnes sont venues couper des mèches de mon chignon, raconte-t-il. Chacune avait contribué, d'une manière ou d'une autre, à ma progression. Je sentais les ciseaux s'enfoncer de plus en plus dans mes cheveux et, l'espace d'un instant, toute ma carrière a défilé devant mes yeux – c'était une sorte d'apparition. Après le dernier coup de cisailles, je me suis senti soudain tout léger, la tête m'en tournait presque – je ne m'étais jamais rendu compte à quel point mes cheveux étaient lourds. Mais maintenant, chaque fois que je vois une photo de moi avec des cheveux longs, j'ai comme une envie de les avoir à nouveau. On dit que les cheveux d'un sumotori, c'est sa vie, et moi, j'ai toujours senti qu'il en émanait une sorte de pouvoir, comme s'ils dégageaient de l'énergie. Enfin, je ne regrette rien. Le moment était venu pour moi de passer à autre chose. »

Loneliness As the patron saint of spinsters, St. Anthony is used in many rituals by single Brazilian women. Boil a statue of St. Anthony in a pot of beans and tell him that if he doesn't find you a husband, you'll boil him again.

Solitude Patron des vieille filles, saint Antoine s'intègr à maints rituels en pratiqu chez les célibataires brés liennes. Faites bouillir ur statue du saint dans ur marmite de haricots menacez-le de renouvel le supplice s'il ne vou trouve pas de ma

ST. CLARE OF ASSISI
PATRON OF TELEVISION
PROC. BY PIUS XII · 2-17-1958

Watching television
is the fastest-growing
leisure activity in the world.
And Americans—who set
viewing trends—devote
more time to watching TV
than to any other activity
except sleeping and work-
ing. Keep a statue of St.
Clare on top of your TV
set. In 1958 she was de-
clared patron saint of television by Pope Pius XII:
On her bedroom wall, she
saw an image of a priest
celebrating mass.

La télévision est l'activité
de loisir connaissant l'essor
le plus rapide au monde. Les
Américains – qui donnent
toujours le ton en matière de
tendances audiovisuelles – lui
consacrent plus de temps qu'à
toute autre activité, hormis le
sommeil et le travail. Installez
une statue de sainte Claire sur
votre téléviseur. Elle fut consa-
crée sainte patronne de la
télévision en 1958, par le
pape Pie XII. Il faut dire
qu'elle avait vu paraître, sur
le mur de sa chambre,
l'image d'un prêtre
célébrant la messe.

515

Black Santa Claus Usually pictured as an overweight white man wearing a red suit, Santa Claus now comes in other colors. This black version is from the USA, where 12.6 percent of the population is of African-American descent. At some US shopping malls, you can even have your photo taken with a black Santa, a sign that African-Americans are on their way to being taken seriously as consumers.

Père Noël noir Représenté le plus souven comme un vieil obèse chenu, revêtu d'un co tume rouge, le père Noël existe aujourd'h dans d'autres coloris. Cette version noire nou vient des Etats-Unis, où 12,6 % de la popul tion est d'origine afro-américaine. Dans ce tains centres commerciaux américains, c peut même se faire prendre en photo ave un père Noël noir – signe que les Afro-Amér cains sont en passe d'être enfin pris au sérieu en tant que catégorie de consommateur

Ganesh There are about 33 million gods in the Hindu pantheon. Lord Ganesh is one of the most popular— and one of the chubbiest. His paunch contains all known universes. It's also a symbol of success, which is why he's the patron god of Hindu businessmen. Fond of sweets (he usually has some in one of his four hands) Ganesh is also the god of wisdom and remover of obstacles. And the trunk? His dad Shiva— one of Hinduism's three central deities— chopped his real head off by mistake and promised to replace it with the next living creature that came along. It happened to be an elephant.

Ganesh Quelque 33 millions de dieux peuplent le panthéon hindou. Mais le peuple a ses favoris, parmi lesquels Ganesh, l'un des plus chéris – et des plus dodus. Il est vrai que son ventre contient tous les univers connus. Il est également symbole de réussite, ce qui explique que les hommes d'affaires hindous l'aient choisi comme protecteur. Ganesh a un fort penchant pour les sucreries (d'ordinaire, il tient quelques bonbons dans l'une de ses quatre mains). C'est pourtant le dieu de la sagesse et celui qui élimine les obstacles. Pourquoi cette trompe d'éléphant ? Sachez que son père Shiva – l'une des trois déités centrales de l'hindouisme – lui avait tranché la tête par mégarde, mais il avait promis de la remplacer par celle du premier être vivant qui se présenterait. Ce fut un éléphant.

El Ekeko is Ecuador's god of luck and plenty. The El Ekeko ceramic figure comes with written instructions: "You should hang representations of your wishes on him, and you will have absolute certainty that your desires will be realized. It is also said that you should light a cigarette and the first breath should go in his mouth. We wish you the best of luck when you acquire El Ekeko for your home or your best friends."

El Ekeko est le dieu de la chance et de l'abondance de l'Equateur. Cette figurine de céramique à l'effigie de la divinité est vendue avec notice d'utilisation : « Accrochez sur le dieu des objets représentant vos désirs, et vous pouvez être assurés qu'ils seront exaucés. Il est également dit que vous devez allumer une cigarette et souffler la première bouffée dans sa bouche. Tous nos vœux vous accompagnent si vous achetez El Ekedo pour votre foyer ou vos meilleurs amis.

The Buddhist *haizara* (ashtray) from Japan is a trendy item. Jizo Sama (Sanskrit for "womb of the earth") is one of the many reincarnations of the Buddha. He is traditionally associated with all forms of human suffering, particularly that of children. Whenever a child dies, a commemorative Jizo is often placed in temples or by the roadside. It is not considered blasphemous to represent the Buddha in this way.

Cet *haizara* (cendrier) bouddhiste nous vient du Japon, où il semble très en vogue. Jizo Sama (qui en sanskrit signifie « entrailles de la terre ») est l'une des nombreuses réincarnations du Bouddha, traditionnellement associée à toutes les formes de souffrance humaine, en particulier celle des enfants. Lorsqu'un enfant meurt, on dépose fréquemment un Jizo commémoratif dans un temple ou au bord d'une route. Précisons que représenter le Bouddha de cette façon n'est pas un blasphème.

Wax replicas of eyes, hearts, breasts, teeth and other body parts are sold at the Mount Mary Church in Mumbai, India. People praying for cures simply choose the replica corresponding to the ailing body part, say a prayer and place the replica on the altar as an offering. Feeling better already? Take the full body replica home as a souvenir.

Répliques en cire Yeux, cœurs, seins, dents : voilà quelques-uns des organes en cire que l'on peut acheter en Inde, plus précisément à l'église du Mont-Marie, à Mumbai. Les fidèles venus implorer la guérison choisissent une réplique de l'organe atteint et la déposent sur l'autel, accompagnant leur offrande d'une prière. En cas de guérison instantanée, ramenez-la tout de même chez vous, en souvenir.

If only everyone had a magic wand. The muchila , a whisk made from a cow's tail, is used both in medicine and in witchcraft. Bush doctors in Zambia use it to heal heart problems and other illnesses. While reciting incantations, the doctor passes it over your chest and then tugs it back toward himself to draw the evil spirits out. For angina pains, your doctor might also prescribe a small bag of powder to lick when your chest pains flare up.

Si seulement tout le monde avait sa baguette magique ! Le *muchila*, un fouet confectionné avec une queue de vache, s'utilise aussi bien en médecine qu'en sorcellerie. En Zambie, les guérisseurs s'en servent entre autres pour traiter les problèmes cardiaques. Tout en récitant des incantations, le médecin fait glisser le fouet sur votre torse, puis le replie vers lui pour extirper de votre corps les esprits néfastes. En cas d'angine de poitrine, votre homme-médecine peut aussi vous prescrire un petit sachet de poudre, que vous lècherez lorsque la douleur se réveillera.

The Sacred Heart of Jesus Christ (Son of God—for most Christians, at least) is a Roman Catholic image that represents his love for mankind. To make prayer a more intense experience, burn Extrascentsory cherry blossom incense.

Le Sacré Cœur de Jésus Christ (fils de Dieu – pour la majorité des chrétiens, tou au moins) est une icône catholique symbo lisant l'amour que le Sauveur porta au hommes. Pour exalter vos élans spirituel lors de la prière, brûlez de l'encens de fleurs de cerisier Extrascentsory

INCIENSO
INCENSE

SAGRADO CORAZON
DE JESUS
SACRED HEART
OF JESUS

Boton de Cereza
Cherry Blossom

20 VARITAS
STICKS

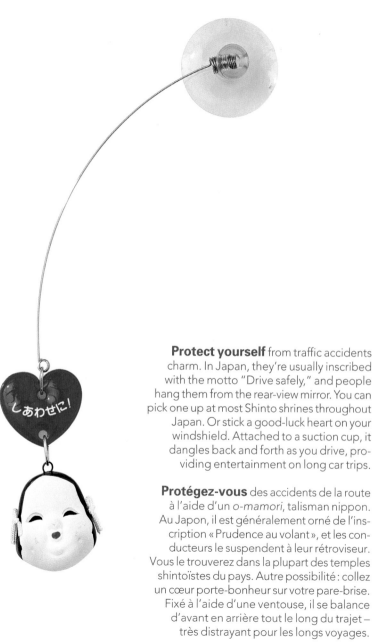

Protect yourself from traffic accidents charm. In Japan, they're usually inscribed with the motto "Drive safely," and people hang them from the rear-view mirror. You can pick one up at most Shinto shrines throughout Japan. Or stick a good-luck heart on your windshield. Attached to a suction cup, it dangles back and forth as you drive, providing entertainment on long car trips.

Protégez-vous des accidents de la route à l'aide d'un *o-mamori*, talisman nippon. Au Japon, il est généralement orné de l'inscription « Prudence au volant », et les conducteurs le suspendent à leur rétroviseur. Vous le trouverez dans la plupart des temples shintoïstes du pays. Autre possibilité : collez un cœur porte-bonheur sur votre pare-brise. Fixé à l'aide d'une ventouse, il se balance d'avant en arrière tout le long du trajet – très distrayant pour les longs voyages.

If there's something not quite right in your life, rudraksha beads might help. They're seeds from the fruit of the rudraksha tree that grows in Indonesia (where there are only 80 of them) and in Nepal and India. Buddhists and Hindus rely on the beads as an aid to meditation (this *mala* of 32 beads is used by Hindus), but anyone can benefit from them. You just need to get the kind that's best for you. Every bead has a certain number of clefts that corresponds to its properties: Beads with one or 12 clefts will increase your serotonin levels (and relieve depression); others can control blood pressure and improve concentration. You should start feeling the effects within 90 days. To be sure your beads are the real thing, drop them in water. If they sink, they're genuine—if they float, you've been swindled.

Lord Vishnu, Hindu protector of the universe, is believed to be manifest in a slippery black rock known as the *saligram*, found on the banks of the Gandak River in Nepal. Worshiped by Nepalese, these stones can be bought outside the Pashupatinath Temple in Kathmandu.

Si quelque chose ne vous satisfait pas dans l'existence, les perles *rudraksha* vous seront peut-être de quelque secours. Il s'agit de graines récoltées dans le fruit du rudraksha, un arbre qui ne pousse qu'en Indonésie (où il en reste 80 à peine), au Népal et en Inde. Bouddhistes et hindous comptent beaucoup sur ces perles pour les aider dans leur méditation (ce *malla* de 32 grains est en usage chez les hindous), mais elles sont bénéfiques à tout le monde : il suffit de vous procurer le type de rudrakshas qui vous convient. En effet, chaque perle comporte un certain nombre de fissures, correspondant à ses propriétés. Celles fendillées une ou 12 fois accroîtront vos niveaux de sérotonine (d'où un effet antidépresseur). D'autres réguleront votre tension artérielle ou amélioreront votre concentration. Les premiers effets devraient se faire sentir au bout de quatre-vingt-dix jours. Pour détecter les imitations, jetez vos perles dans l'eau : si elles coulent, elles sont authentiques ; si elles flottent, vous avez été dupé.

Le Seigneur Vishnu, protecteur de l'univers dans le panthéon hindou, se matérialise, croit-on, sous la forme d'un caillou noir et glissant, le *saligram*, que l'on trouve sur les rives du Gandak, une rivière du Népal. Objets de culte pour les Népalais, ces galets sont en vente devant le temple Pashupatinath de Katmandou.

Talisman Muslims believe the Angel Gabriel revealed the Koran to the Prophet Muhammad, who was illiterate, almost 1,400 years ago. The most recited book in the world, the Koran has been memorized by many Muslims. Carry your own miniature edition of the Holy Book around your neck in a talisman, or amulet, as some Muslims do in Bosnia Herzegovina. Or get your *hodža* (priest) to write some sacred inscriptions on paper for you to read to protect you from sickness, bad luck and spells.

Talisman Selon les musulmans, ce fut l'ange Gabriel qui révéla le Coran au prophète Mahomet – lui-même illettré – il y a près de mille quatre cents ans. Ce livre étant le plus récité au monde, bien des musulmans le savent par cœur. Portez-le en sautoir, en version miniature, à l'intérieur d'un talisman ou d'une amulette : il s'agit là d'une vieille pratique musulmane bosniaque. Ou demandez à votre *hodža* (prêtre) de vous coucher sur papier quelques sourates à réciter pour vous prémunir contre la maladie, la malchance et les mauvais sorts.

"Ladies and gentlemen, the captain announces that in a few minutes, *insh'allah* [if Allah is willing], we shall land." So goes the pre-landing announcement on Air Pakistan flights. To ensure that God is willing and your flight is a safe one, why not take along a guardian angel, in bracelet, earring, pendant, or lapel pin form. Also available: the good bowling guardian angel.

« Mesdames et messieurs, le commandant de bord vous informe que dans quelques minutes, *inch'allah* [si Allah le veut], nous allons atterrir. » Ainsi est formulée l'annonce d'atterrissage sur les vols de la compagnie Air Pakistan. Pour être vraiment sûr que Dieu le veut et que le vol est sans danger, autant porter sur soi son ange gardien – en bracelet, en boucles d'oreilles, en sautoir ou épinglé au revers du veston. Egalement disponible : l'ange gardien du bon bouliste.

These Chinese paper dolls can be cremated with you and will be your servants in the next life. You can generally find them in stores in the Chinese community in any major city. Ours were purchased in Los Angeles, USA, in a shop that sells a range of paper possessions to use in the afterlife. Choose from objects such as paper yachts, houses and even jewelry.

Ces poupées chinoises en papier sont destinées à être incinérées avec vous : elles vous tiendront lieu de servantes dans votre prochaine vie. On les trouve d'ordinaire dans toutes les grandes villes du monde – il suffit de faire un tour chez les commerçants du quartier chinois. Celles-ci ont été achetées à Los Angeles, dans une boutique qui propose toute une gamme d'articles en papier pour agrémenter votre au-delà. Offrez-vous par exemple un yacht ou une maison – et pourquoi pas des bijoux ?

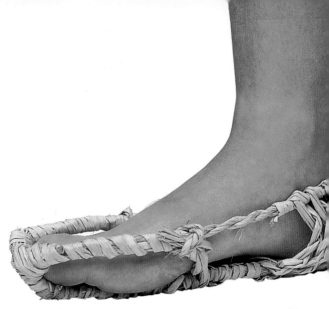

Mortuary footwear In Korea, both mourners and corpses wear these disposable straw sandals with white linen suits (costing as much as US$1,000 in specialty funeral shops). In the Kupres area of Bosnia Herzegovina (where guests entering a house are given a pair of *šarci*, or house socks), special burial šarci are knitted for the dead. The socks pictured here are šarci for the living: Burial socks (with black heels) are homemade and cannot be purchased. In Chile, the dead dispense with shoes altogether: Burying the dead barefoot, it's believed, will give them a chance to relax in the next life.

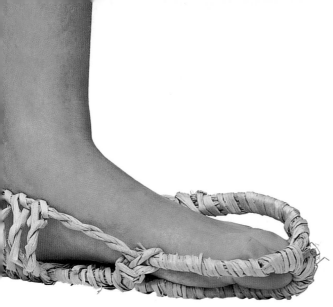

Chaussons mortuaires En Corée, pas de discrimination entre les défunts et ceux qui les pleurent : tous portent ces sandales de paille jetables et des costumes de lin blanc (qui coûtent parfois jusqu'à 1 000 $ US dans les boutiques d'articles funéraires). Dans la région de Kupres, en Bosnie Herzégovine, on offre une paire de *šarci* (chaussettes d'intérieur) à tout hôte franchissant le seuil de la maison. Aucune raison, donc, que l'on ne tricote pas des *šarci* aux défunts. Celles représentées ici sont destinées aux vivants, les chaussons d'enterrement se distinguant par leurs talons noirs. Si les premières se trouvent dans le commerce, les seconds sont invariablement confectionnés à la maison. Au Chili, le défunt doit se passer carrément de chaussures. On estime en effet qu'un mort enterré pieds nus pourra mieux se détendre dans l'autre vie.

Sugar skulls and *pan del muerto* (bread of the dead) are eaten in Mexico to celebrate the Dia de los Muertos, or Day of the Dead, on November 1 and 2, when Mexicans believe that souls come back from heaven, hell or purgatory to visit their families. *Calaveras de azucar* (sugar skulls) and miniature coffins are also used to decorate homes and graves.

Cow Take three *waribashi* (wooden chopsticks), snap them in half, and stick them in an eggplant (four for the legs and two for the ears). You've just made a cow that your ancestor can sit on. You'll need more of them to accommodate all your ancestors (cucumbers make good horses). They will be visiting you during the three-day annual O Bon in Japan—the Buddhist Day of the Dead, usually August 13-16—when bonfires are lit and paper lanterns float down rivers to symbolize the return of loved ones.

Têtes de mort en sucre et *pan del muerto* (pain des morts) : tels sont les mets traditionnels dégustés au Mexique pour célébrer le *Día de los Muertos*, ou jour des Morts, les 1er et 2 novembre. Car à ces dates, les âmes mortes reviennent du paradis, de l'enfer ou du purgatoire pour rendre visite à leurs familles. Les *calaveras de azucar* (têtes de mort en sucre) sont également utilisées, ainsi que des cercueils miniature, pour décorer la maison et les tombes.

Vache Prenez trois *waribashi* (baguettes en bois), cassez-les en deux et plantez-les dans une aubergine (quatre morceaux pour les pattes et deux pour les oreilles). Vous venez de confectionner une magnifique vache, sur laquelle votre ancêtre pourra s'asseoir. Il vous en faudra un certain nombre pour installer tous vos aïeux (songez aux concombres, qui font des chevaux très convenables). Etant si bien reçus, ils ne manqueront pas de vous rendre visite durant les trois jours de la fête O Bon – célébration bouddhiste des morts – qui a lieu chaque année au Japon, en général du 13 au 16 août. On y allume des feux de joie et des lanternes en papier qu'on fait flotter sur les rivières, pour symboliser le retour des chers disparus.

The oak tree plays a vital role in Britain's ecosystem, supporting 280 insect species (more than any other tree). In honor of the oak, the British natural burial center AB Welfare and Wildlife Trust suggests placing an acorn in the hand of the deceased. If planted more then 10cm deep, though, an acorn has no chance of germinating.

Le chêne joue un rôle primordial dans l'écosystème britannique : il assure en effet la survie de 280 variétés d'insectes, plus que n'importe quelle autre espèce arborée. Pour rendre honneur au chêne, le Centre britannique des inhumations naturelles (AB Welfare and Wildlife Trust) suggère de placer un gland dans la main de chaque défunt. On n'a oublié qu'un détail : un gland planté à plus de 10 cm de profondeur n'a aucune chance de germer.

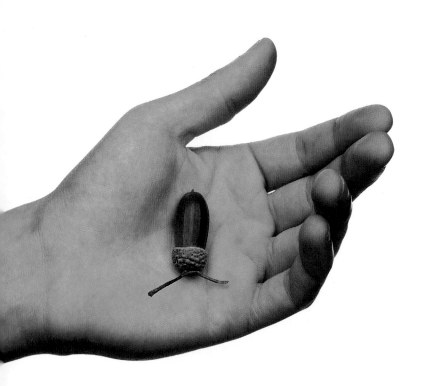

"He was 23 years old. I have five children, but he was special. He was very religious, and signed up for military service. It wasn't long afterward that he was sent away. He gave me a photograph of himself in uniform. If he became a martyr, he wanted it to be put on his tombstone. They said he was shot. I tried not to let my grief show. I would get up in the middle of the night and sit in the kitchen, looking at his photograph, and would cry and cry. It was his mission for God. When it's martyrdom, you can tolerate it. He's alive. He's not dead. After he was martyred, a lot of people stopped talking to me. They must have been jealous. I hated it when people offered their condolences. But when they congratulated me, I was pleased. They named a road near here after him—Martyr Saeed Baghdarnia. I feel a lot of pride. I have a friend whose three sons were martyred. It makes you embarrassed to make a fuss when there's just one." The son of Fatemeh Baghdarnia of Tehran, Iran, was killed in the 1980-88 "holy war" with Iraq.

«Il avait 23 ans. J'ai cinq enfants, mais celui-ci n'était pas comme les autres. Il était très pieux, et il s'était engagé dans l'armée. On l'a envoyé au front peu de temps après. Il m'a donné une photo de lui en uniforme, en disant que s'il mourait en martyr, il voulait qu'elle soit mise sur sa tombe. Quand on m'a annoncé qu'il avait été tué, j'ai essayé de ne pas montrer ma peine. Je me levais au milieu de la nuit, et je restais assise dans la cuisine, à pleurer tant et plus en regardant sa photo. Mais c'était sa mission devant Dieu. Quand il s'agit de martyre, on accepte mieux. Il vit toujours. Il n'est pas mort. Après son sacrifice, beaucoup de gens ne m'ont plus adressé la parole, sans doute par jalousie. D'ailleurs, j'avais horreur des condoléances. Mais quand on me félicitait, ça me faisait plaisir. Ils ont baptisé une rue de son nom, pas loin d'ici – rue du Martyr-Saeed-Baghdarnia. J'en suis très fière. J'ai une amie dont les trois fils sont morts en martyrs. Ça vous donne un peu honte d'avoir fait tant de cas d'un seul. » Le fils de Fatemeh Baghdarnia, Iranienne de Téhéran, est tombé lors de la « guerre sainte » qui opposa le pays à l'Irak de 1980 à 1988.

Necklace This do-not-resuscitate necklace could mean the difference between life and death. Available only to members of the Nederlandse Vereniging voor Vrijwillige Euthanasie (the Dutch euthanasia society), it reads "Do Not Resuscitate" in Dutch. The necklace is worn by people who would rather die than live in a coma or in the last stages of terminal illness. Although refusing treatment has been a legal right in the Netherlands since 1995, it's not always recognized. "I don't know if I should tell you this," says NVVE's Jonne Boesjes, "but ambulance staff policy is to ignore DNR necklaces. They say they can't be sure whether the necklace really belongs to that person, and anyway, they don't want to waste precious time figuring it out." Since NVVE members are required to keep a separate DNR statement with them at all times, some members forgo the necklace altogether. On arrival at the hospital, the medical staff can read the statement and still have time to terminate treatment. "And besides," says Jonne, "the necklace isn't exactly beautiful, is it?"

Collier Ce collier pourrait à lui seul exprimer la différence entre la vie et la mort. Réservé aux seuls membres du Nederlandse Vereniging voor Vrijwillige Euthanasie (association hollandaise pour l'euthanasie volontaire), il porte l'inscription « Ne pas ressusciter » (en néerlandais). Ceux qui arborent ce médaillon souhaitent signaler qu'ils préfèrent mourir plutôt que d'être maintenus en vie dans un coma profond ou en phase terminale d'une maladie incurable. Depuis 1995, le refus de soins est reconnu aux Pays-Bas comme un droit imprescriptible du malade. Cependant, il n'est pas toujours respecté. « Je ne sais pas si je devrais vous dire ça » confie Jonne Boesjes, membre de la NVVE, mais la politique du personnel ambulancier est d'ignorer ces colliers. Leurs arguments sont toujours les mêmes : comment être sûrs qu'ils appartiennent vraiment au blessé ? Et, de toute façon, où trouveraient-ils le temps de s'en assurer ? » Deux précautions valant mieux qu'une, on demande aux membres de la NVVE d'avoir en permanence sur eux une déclaration écrite complémentaire, si bien que certains ont abandonné leur collier. Le personnel soignant peut prendre connaissance du document dès l'hospitalisation, et dispose encore d'assez de temps pour interrompre les soins. « D'ailleurs, remarque Jonne, ce n'est vraiment pas terrible comme bijou, vous ne trouvez pas ? »

Cryonics involves freezing your dead body in liquid nitrogen, storing it upside down at -196°C and waiting until scientists in the future have conquered terminal diseases. You will then be thawed, repaired and restored to immortal life. For now, there's no way of undoing the damage that freezing causes to cell tissue (one scientist says revival is about as likely as turning a hamburger back into a cow). Cryonicists hope that nanotechnology (whereby minuscule computers repair the body's cell tissue) will help out. Some cryonicists are so optimistic about their future lives, they're even investing in cryonic suspension for their pets.

La cryoconservation consiste à congeler votre cadavre dans de l'azote liquide et à le conserver, tête en bas, à une température de -196°C, jusqu'au jour de grâce où la science aura vaincu les maladies mortelles. Vous serez alors décongelé, remis en état et rendu à la vie, cette fois pour l'éternité. Pour l'heure, la médecine est encore incapable de soigner les lésions cellulaires causées par la congélation (selon un scientifique, la résurrection d'un corps congelé est à peu près aussi réalisable que de retransformer un hamburger en vache). Les « cryonistes » fondent cependant tous leurs espoirs sur la nanotechnologie (qui met en jeu de minuscules ordinateurs capables de réparations au niveau du tissu cellulaire). Certains d'entre eux sont si optimistes quant à leur vie future qu'ils envisagent de faire congeler leurs animaux de compagnie.

I have read and understand the informed consent found in the Directional Insert {1} and I am authorizing Home Access Health Corporation to test the attached blood spot sample for antibodies to HIV-1.

_____ _____
(Home Access Code Number)   (Date)

YOU _MUST_ COMPLETELY FILL
THE CIRCLE WITH BLOOD!

L NCET
DI POSAL

8

The AIDS test

is actually a test for HIV antibodies. These are molecules produced by the immune system to attack foreign substances like a virus or bacteria. When you get tested, a small amount of your blood is mixed with some chemicals. If HIV antibodies are present the mixture turns yellow. Test for the HIV virus in the privacy of your own home with the mail-in test kit offered by the Home Access Health Corporation in the USA. You mail in a small amount of blood and they mail you the results.

Le test de dépis tage du sida es

en réalité destiné déceler les ant corps du VIH. s'agit de molécule produites par le sys tème immunitaire pour attaquer le corps étrangers, tel les virus et les bacté ries. Lors du test une petite quantité de votre sang es mélangée à de substances chi miques. En cas de présence d'anti corps VIH, le mélange vire au jaune. Réalise votre test de chez vous, en toute intimité, grâc au kit par correspondance que vous fournir la société américaine Home Access Healt Corporation (société pour un accès à la sant à domicile). Il vous suffira de leur envoyer u échantillon de votre sang, et les résultat vous parviendront par retour de courrier

Last will and testament

Ready to be signed, witnessed and sworn anywhere you go. Make sure you're "of sound and disposing mind and memory." US$6.25, including envelope.

Testament Prêt à signer, à attester et à contresigner par témoins en quelque lieu que vous vous trouviez. Assurez-vous, le moment venu, que vous êtes « sain d'esprit et en pleine possession de vos facultés ». 6,25 $US, enveloppe comprise.

HENRY & BEAVER
ATTORNEYS AT LAW
937 WILLOW STREET
P. O. BOX 1140
LEBANON, PA 17042-1140

leisure
loisirs

Deux chevaux car, Senegal
Deux-chevaux (Sénégal)

Footballs are made from available materials in Zambia—usually rags, paper or packaging materials—stuffed in a plastic bag and bound with string. A store-bought regulation ball would cost US$40, or one month of the average worker's wages.

Les ballons de foot zambiens sont fabriqués avec les moyens du bord – en général à l'aide des chiffons, de papier ou de matériau d'emballage que l'on bourre dans un sac plastique, en liant le tout avec de la ficelle. Un ballon réglementaire acheté en magasin coûterait 40$ US, soit un mois de salaire moyen.

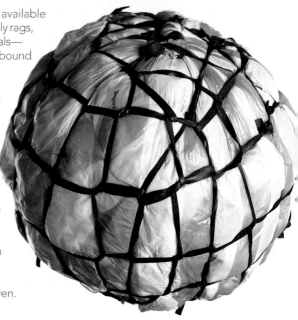

Takra balls, from South east Asia, traditional woven from wicker, ar now sometimes mad from plastic. Players us their heads, knees and fee to volley the ball over a ne

Les balles de *takr* en osier tressé ne se trouver qu'en Asie du Sud-Est. Aujou d'hui, elles existent égalemer en matière plastique. Les joueur frappent la balle du genou, du pied o de la tête, l'objectif étant de franchir un file

Odd A sweatshirt stuffed with a pink nightgown and stitched with pentagonal patches to resemble a regulation football makes this rag football from Senegal.

Etrange Ce ballon de football sénégalais en chiffons est confectionné à partir d'un sweat-shirt, lui-même bourré avec une chemise de nuit rose et cousu de pièces pentagonales afin d'avoir l'aspect d'un ballon réglementaire.

Kaba Kick (left) is russian roulette for kids. The player points the gun at his or her own head and pulls the trigger. Instead of bullets, a pair of feet kick out from the barrel (which is shaped like a pink hippo). If the gun doesn't fire, the player earns points.

Le Kaba Kick est la roulette russe des enfants. Comme le veut la règle, on pointe l'arme sur sa tempe et on appuie sur la gâchette – ceci près qu'au lieu d'une balle, c'est un pair de pieds qui émerge du canon (lui-même en forme d'hippopotame rose). Pour chaque coup à vide, le joueur marque des points.

The FX-Stinger fires foam missiles almost 10m, to the accompaniment of six different electronic battle sounds. It was purchased in Hong Kong, China

Le FX Stinger lance des missiles en mousse à près de 10m, tandis qu'en fond sonore la bataille fait rage (six options de bruitages électroniques disponibles). Nous l'avons déniché à Hong Kong, en Chine.

"**When a police** officer enters the favela and sees a child running with a kite," says Jo, a teacher in Rio de Janeiro's favelas, or slums, "he thinks the child's playing. But he's actually working in the drug trade." *Olheiros* (watchers) are employed by drug traffickers in Brazil to stand at favela entrances or on rooftops. "If they see anything suspicious," reports Jo, "they fly a kite. The colors are a code: Yellow means police are coming, red means everything's under control. When police raid the favela, there's no one there—everyone's been warned by the kite a long time before." The job pays R$200 (US$170) a week, but it has its drawbacks: "If a child-informer gets distracted and the police arrest the traffickers, the child risks being killed," says Jo. "This is his job and he has to take responsibility."

« **Si un officier de police** pénètre dans la *favela* et qu'il voit un enfant courir avec un cerf-volant, explique Jo, instituteur dans les bidonvilles de Rio de Janeiro, il le croira en train de jouer. En réalité, le gamin travaille pour les trafiquants de drogue. » Les *olheiros* (sentinelles) sont chargés par les dealers de monter la garde, soit à l'entrée des *favelas*, soit depuis les toits. « S'ils voient quelque chose de suspect, poursuit Jo, ils font voler leur cerf-volant. Les couleurs sont codées : jaune si les flics arrivent, rouge si tout va bien. Quand la police débarque, elle ne trouve plus personne : il y a belle lurette que les cerfs-volants ont donné l'alarme. » Cet emploi de vigile rapporte 200 R (170 $ US) par semaine, mais il a ses inconvénients. « Si une jeune sentinelle se laisse distraire et que la police arrête les trafiquants, l'enfant risque la mort, ajoute Jo. C'est son travail, il doit en assumer les responsabilités. »

ORDEM E PROGRESSO

Playing cards Ever since their economy collapsed early in 1997, Albanians have been heading overseas to nearby Italy. The 12- to 24-hour passage across the Adriatic costs illegal immigrants US$250-600. To keep entertained during the trip, get a pack of these plastic playing cards. Since some boats don't dock—they stay offshore to avoid immigration authorities—you may have to swim to land. Fortunately, the cards are 100 percent waterproof.

Cartes à jouer Depuis l'effondrement de leur économie, au début de l'année 1997, les Albanais quittent en masse leur pays pour chercher une vie meilleure chez leurs voisins italiens. La traversée de la mer Adriatique, qui dure de douze à vingt-quatre heures, coûte aux migrants clandestins entre 250 et 600$US. Pour chasser l'ennui durant le voyage, procurez-vous ce jeu de cartes plastifiées. Comme certains bateaux n'accostent pas – ils restent au large pour éviter d'avoir affaire aux services d'immigration – vous serez peut-être contraint de finir la traversée à la nage. Heureusement, ces cartes sont 100% imperméables.

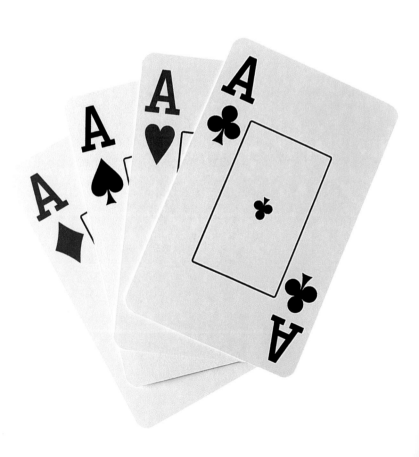

Marbles Every day, 16 million of these small glass balls roll out of Mega Marble's Mexican factory, heading for children's pockets in 50 countries worldwide. In Afghanistan, though, where marble games have been played since antiquity, the marble's future is not bright: A year after the Islamist Taliban movement came into power in 1996, playing marbles was denounced as being "un-Islamic" and having "consequences such as betting and deprivation from education," according to a missive from the Cultural and Social Affairs Department. Other illegal pastimes include playing musical instruments and flying kites.

Billes Chaque jour, 16 millions de ces billes de verre sortent de l'usine mexicaine Mega Marble pour atterrir dans les poches des enfants de 50 pays. Mais en Afghanistan, où ce jeu existe depuis l'Antiquité, son avenir paraît bien compromis : un an après la prise de pouvoir du mouvement islamiste des Talibans, en 1996, une circulaire du ministère des Affaires culturelles et sociales le dénonçait déjà comme « anti-islamique », lui reprochant « d'inciter aux jeux d'argent et de détourner des études ». Bien résolus à pourfendre le vice jusque dans ses derniers retranchements, les Talibans ont prohibé d'autres loisirs tendancieux, comme jouer d'un instrument de musique ou faire voler un cerf-volant.

Pato, the national sport of Argentina, is similar to polo. The ball is sewn into a six-handled leather harness. Players mounted on horseback swoop to grab the ball from the ground and pass it to one of their three teammates or throw it through the opponents' goal, a hoop 1m in diameter. The ball can be tossed only with the right hand. Pato means "duck" in Spanish. When the game was devised, in the 17th century, the ball was a live duck. It was encased in a leather sack which had two or more handles. The duck's head and neck, which protruded from the sack, could also be used as a handle.

Le *pato*, sport national argentin, n'est pas sans rappeler le polo, à ceci près que la balle est cousue dans un harnais de cuir à six poignées. Il se joue à cheval, le but des joueurs étant de s'emparer du ballon à la main, soit pour le passer à l'un de leurs trois coéquipiers, soit pour l'expédier dans les buts adverses – un arceau d'un mètre de diamètre. La balle ne peut être lancée que de la main droite. Signalons que pato signifie « canard » en espagnol. A ses origines, qui remontent au XVIIe siècle, ce sport se pratiquait en effet avec un canard vivant, enfermé dans un sac de cuir muni de deux poignées ou plus. La tête et le cou de l'infortuné volatile, qui dépassaient du sac, assuraient le cas échéant deux prises supplémentaires.

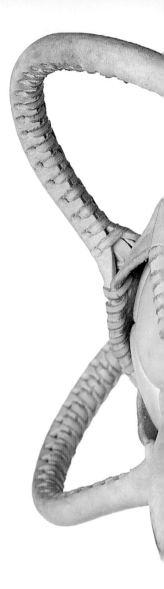

19th hole With the help of American and Japanese investments, a new golf course opens every two weeks in Thailand. As rice fields become fairways, entire farming communities are displaced, leaving plenty of teenage girls available for work. Taking advantage of favorable exchange rates, golfers usually hire three caddies each: The homeliest lugs the golf clubs, another carries the umbrella and folding chair, and the prettiest provides massages between holes. After the game, caddies routinely offer the "19th hole." Sexual services earn them in a few minutes what they would ordinarily make in a month.

Dix-neuvième trou Grâce à l'apport de capitaux américains et japonais, il s'ouvre en Thaïlande un nouveau terrain de golf toutes les deux semaines. A mesure que les rizières reculent au profit des fairways, des communautés rurales entières sont déplacées, laissant derrière elles un bataillon de jeunes filles en quête d'emploi. Profitant de cette main-d'œuvre et d'avantageux taux de change, les golfeurs louent habituellement trois caddies chacun : la plus fade de ces demoiselles charrie les clubs de golf, une autre se charge de l'ombrelle et du siège pliant, et la plus jolie assure les séances de massage entre les trous. A la fin de la partie, les caddies ne manquent pas, bien sûr, de proposer le « 19e trou ». Ces services sexuels leur rapportent en quelques minutes ce qu'elles gagneraient d'ordinaire en un mois.

Makeup Every year, over 50,000 tons of agrochemical poisons are applied to the 25,000 golf courses worldwide. The Global Anti-Golf Movement organizes campaigns against a land-grabbing sport which uses up valuable land that could be used to grow food. If you don't care about food but want to improve your golf course or lawn's appearance, try using quick and easy Lawn Makeup. It covers up unattractive dry or brown patches on your lawn while saving on water bills.

Maquillage Chaque année, plus de 50 000 tonnes de poisons agrochimiques sont répandus sur les 25 000 terrains de golf que compte la planète. Le Mouvement global antigolf mène une campagne active contre ce sport qui s'accapare d'énormes superficies de terre arable, substituant ainsi d'inutiles pelouses aux cultures vivrières. Si vous n'avez cure des ressources alimentaires, mais souhaitez améliorer l'aspect de votre terrain de golf ou de votre gazon, essayez ce maquillage pour pelouse : il camouflera en un tournemain les hideuses plaques brunes ou desséchées sans alourdir vos factures d'eau.

OZONE FRIENDLY
OZONE SÛRETÉ

Lawn makeup

Sprays away brown spots instantly

Will not wash off
Environmentally safe

Net Wt. 10.5 oz (300 g)

WARNING!
Contents under pressure
Read carefully on back panel

Made entirely from tiny strips of cigarette packaging, this collage (left) is just one of many prize-winning cigarette pack creations by Japanese homemaker Kyoko Sugita. "The hat was the most difficult part," Kyoko explains. "Out of all the cigarette brands produced by Japan Tobacco (the country's largest cigarette maker), only the little seal on the top of HI-LITE packs had the color and texture I needed. I ended up using about 300 packs for the hat alone."

Entièrement réalisé à partir d'étroites bandelettes découpées dans des emballages de cigarettes, ce collage (à gauche) n'est qu'une des nombreuses créations à base de paquets de cigarettes réalisées par Kyoko Sugita (Japonaise et femme au foyer), créations qui lui ont du reste valu plusieurs récompenses officielles. « C'est le chapeau qui m'a donné le plus de fil à retordre, explique Kyoko. Parmi toutes les marques de cigarettes de la Japan Tobacco [le plus gros fabricant de cigarettes du pays], seul le petit timbre papier sur le haut des paquets de HI-LITE avait la couleur et la texture que je cherchais, si bien qu'il m'aura fallu près de 300 paquets, uniquement pour le chapeau. »

"I invented the Fuzzy Felt Storyboard in 1995," says British police sergeant Rod Maclennan, who used to work at Southwark's Child Protection Centre in London. "Interviewing children was sometimes difficult: They would try to explain something, but they couldn't, and they didn't have the skills to draw it. " How can you draw intercourse? But you can show it. Today, the Storyboard is used in all 27 Child Protection Centres in London.

« J'ai inventé le tableau d'images en feutrine en 1995, nous dit l'officier de police Rod Maclennan, qui a travaillé plusieurs années à Londres, au Centre de protection de l'enfance de Southwark. Interroger les enfants devenait souvent un casse-tête. Ils voulaient expliquer quelque chose, mais ils n'arrivaient ni à l'exprimer, ni à le dessiner. Techniquement, comment voulez-vous dessiner un rapport sexuel, à leur âge ? Par contre, vous pouvez le montrer. » Aujourd'hui, le tableau de feutre est utilisé dans la totalité des 27 Centres de protection de l'enfance de Londres.

Shit makes a great fertilizer for plants. If you can't stand the smell but still want the stuff gardeners swear by, try a Doo Darling. These friendly creatures are made of feces collected from zoo animals and heat-treated to make them safe and odorless. The addition of a little hard gypsum gives them a "smooth, handsome appearance and an earthy appeal." Dissolves when watered to fertilize your plants and lasts about a year.

Merde On ne fait pas de meilleur engrais – moyennant quelques menus inconvénients. Si vous avez le nez sensible mais rechignez à priver vos azalées d'un tel fortifiant – d'autant que les jardiniers ne jurent que par le caca – optez pour les Doo Darlings. Ces attendrissantes créatures sont modelées à partir d'excréments d'animaux collectés dans les zoos et chauffés de façon à tuer les germes et les odeurs. L'addition de quelques cristaux de gypse leur procure un « aspect lisse, agréable, et un petit côté rustique tout à fait attrayant ». Ils se dissolvent sous la pluie ou à chaque arrosage et nourriront vos plantes pendant près d'un an.

Art In 1961, Italian conceptual artist Piero Manzoni sold cans of his own excrement. Each can, which contained one ounce of pure feces, cost US$32 (the price of gold that year). Now his cans of "merde d'artiste" (artist's shit) fetch $75,000 a piece. As for the price of gold, it peaked at US$850 in 1980.

Art En 1961, l'artiste conceptuel italien Piero Manzoni a vendu des conserves de ses propres excréments. Chaque boîte contenait une once de pures selles et coûtait 32 $ US (l'équivalent du cours de l'or cette année-là). Aujourd'hui, ses conserves de « merde d'artiste » s'évaluent à 75 000 $ pièce. Quant au prix de l'or, il a atteint sa valeur record en 1980 – soit un modeste 850 $.

Face card
US lawyer H. Russell Smith says card-playing is an important part of African-American social life. He and his colleague James Foster were tired of playing with cards that didn't look like them, so in 1988 they devised Black Royalty cards. Each face card features a figure representing one of a range of black cultural and social styles. Smith says blacks and whites alike are so accustomed to the white faces on ordinary cards that they often fail to notice that these cards have black figures.

Figures L'Américain H. Russell Smith, avocat à Détroit, affirme que les jeux de cartes occupent une place prépondérante dans les loisirs des Afro-Américains. Las d'utiliser des cartes auxquelles ils ne pouvaient s'identifier, son collègue James Foster et lui-même ont conçu en 1988 les cartes Black Royalty, où chacune des figures représente un type de personnage propre à la culture et à la société noires. Smith remarque du reste que Blancs et Noirs sont tellement habitués aux figures blanches que bien souvent, ils ne remarquent même pas qu'ils ont en main des honneurs noirs.

Tyson is the first black gay doll. The manufacturers, Totem, deny that he's modeled on a living person, but that hasn't stopped Mike Tyson (a US heavyweight boxer) from threatening legal action unless the dolls are withdrawn from the market.

Voici Tyson, la première poupée noire et gay. Totem, le fabricant, a beau nier farouchement s'être inspiré d'une personne réelle, le vrai Mike Tyson (boxeur poids lourd américain de son état) n'en a pas moins menacé l'entreprise de poursuites judiciaires si elle ne retire pas la poupée de la vente.

Steiner doll The gender-free doll is based on the educational teachings of Rudolf Steiner, the Austrian founder of a religious movement called Anthroposophy (which "recognizes that all individuals embody a higher spiritual being"). Steiner dolls have no features or personality (to encourage a child's imagination to create them). As the child develops, so does the doll. Babies play with a rudimentary figure made from a sheet, while toddlers' dolls are blessed with limbs and a head. They're the opposite of Barbie: As one Steiner dollmaker says, "an adult fantasy which is totally inappropriate for the development of a young child."

Poupée Steiner Cette poupée sans sexe s'inspire des principes pédagogiques de l'Autrichien Rudolf Steiner, père de l'anthroposophie (mouvement religieux « reconnaissant en tout individu l'incarnation d'un être spirituel supérieur »). Affublées d'un visage sans traits, les poupées Steiner sont soigneusement dépersonnalisées (afin de stimuler l'imagination de l'enfant, qui inventera lui-même les éléments manquants). Elles évoluent vers une plus grande complexité, de façon à suivre le développement de l'enfant. Ainsi, les nourrissons s'amusent avec une figurine rudimentaire confectionnée à partir d'un morceau de drap. Dès leurs premiers pas, ils reçoivent une poupée beaucoup mieux dotée – avec tête, bras et jambes. En bref, Mlle Steiner est l'exacte antithèse de Barbie, « un fantasme d'adulte, totalement inopérant dans le développement du jeune enfant », s'indigne un fabricant de poupées Steiner.

Flirty "Pink portrays the femininity and innocence of little girls. It's a happy color associated with nurturing, warmth and growth. It's soft and calming. It's also fun. We don't have any research into why women embrace pink more than men, but it has to do with flowers and all sorts of feminine types of romantic inspirations. Where red is sexy, pink is flirty. For a little girl, pink is very flattering. Pink is accepted all over the world. There were studies done in prisons with men which involved lifting weights. When they put men into a pink room, they weren't as strong—they couldn't lift the barbells. Pink makes men weak, maybe that's why they only use it with women's toys," says Lisa Herbert, a color consultant at Pantone Consulting Services (the makers of the pink used in Barbie merchandise), New Jersey, USA.

Charmeur « Le rose évoque la féminité et l'innocence des petites filles. C'est une couleur gaie, qu'on associe à la maternité, à l'affection, à la croissance. Elle est douce, apaisante et drôle. Aucune recherche n'a encore été entreprise pour comprendre pourquoi les femmes étaient plus attirées par le rose que les hommes mais, en tout cas, il doit exister un lien avec les fleurs et toutes les formes purement féminines d'inspiration romantique. Alors que le rouge est sexy, le rose est charmeur. Il va vraiment bien aux petites filles. Partout dans le monde, il est perçu de la même façon. Lors d'expériences en milieu carcéral, on a demandé à des détenus de soulever des poids. Lorsqu'on les installait dans une pièce rose, leur force diminuait : ils n'arrivaient pas à décoller les haltères du sol. Le rose affaiblit les hommes, ce qui explique peut-être pourquoi ils ne fabriquent que des jouets de filles dans cette couleur », nous explique Lisa Herbert, conseillère coloriste pour Pantone Consulting Services (concepteurs du « rose Barbie ») dans le New Jersey (Etats-Unis).

Homosexual doll Carlos is a Puerto Rican homosexual living in New York City, USA. He is 28 years old, 53 cm tall and anatomically correct, if rather generously endowed. He's involved with a sailor called Billy. Carlos is the latest in an honorable tradition of gay dolls that began with the 1978 launch of Gay Bob (he was hidden in a cardboard closet from which he could be "outed"). By contrast, Carlos is sexually uninhibited, sports classic homoerotic leather gear and comes packaged in a transparent box with his pants down. He avoids homophobics: A 1998 study at the University of Washington, USA, found that 18 percent of American men admitted to having physically assaulted a person they thought was gay.

Poupée homo Agé de 28 ans, Carlos est un Portoricain homosexuel de New York, haut de 53 cm et anatomiquement correct, quoique plutôt bien monté. On lui connaît une liaison avec un marin du nom de Billy. Carlos est le dernier en date d'une honorable lignée de poupées homos, née lors du lancement de Gay Bob en 1978 (ce dernier était dissimulé dans un placard en carton dont il pouvait être « sorti » – « sortir » signifiant « virer sa cutie » dans le jargon gay américain). Comparé à son prédécesseur, Carlos est sexuellement plus désinhibé. Arborant la classique panoplie tout cuir homo-érotique, il est vendu dans un étui plastique transparent, pantalon baissé. Ses ennemis mortels : les homophobes. Selon une étude menée en 1998 par l'université de Washington, 18 % des hommes américains avouent avoir déjà agressé physiquement une personne qu'ils soupçonnaient d'homosexualité.

Jesus doll Jesus "Lord of All," a posable action hero, carries a detachable basket of loaves and fishes. His mission is to remind children in "today's world of man-made super-heroes" of "Bible individuals who were genuine heroes, performing the work God had for them," according to his packaging. He can feed more than 5,000 people with just five loaves of bread and two fishes (John 6:1-13). He can also "Teach About Sharing," "Talk About Miracles" and "Help Children Understand Stewardship." The Lord of All is not suitable for young Christians un-der three years, due to his "Small Parts" (they're a choking hazard).

Poupée Jésus Ce Jésus-Christ, « Notre Seigneur à tous » et, en l'état présent, mannequin d'action articulé, est équipé d'un panier amovible empli de pains et de poissons. Sa mission : rappeler au bon souvenir des en-fants nés « dans ce monde moderne peuplé de super-héros d'opérette » l'exis-tence « de personnages bibliques qui furent, eux, des héros authen-tiques, et accom-plirent la tâche que Dieu leur avait assi-gnée » – lit-on sur l'emballage. Ca-pable de nourrir plus de 5 000 affa-més avec cinq miches de pain et deux pauvres poissons (Jean VI : 1-13), Notre Seigneur à tous peut aussi « nous enseigner le partage », « parler de mi-racles » et, ce qui ne gâte rien, « apprendre aux en-fants à gérer un budget ». Notons cependant qu'il ne convient pas aux jeunes chrétiens de moins de 3 ans, en raison de ses accessoires, que l'enfant risquerait d'avaler.

If you see a mine, stop. Stand still and call for help. If no one comes, retrace your steps to where you came from. Mark the spot with a stick, stones or a piece of cloth, and inform an adult. To avoid mines, never take a shortcut through unfamiliar territory. If you see dead animals in an area, it's probably mined. Be careful when washing clothes: Heavy rains can dislodge mines from the earth and carry them downstream. Never enter an area that has mine warning signs: Mines and munitions can stay active for 50 years. (In Laos, which was bombed every eight minutes between 1965 and 1973 by US forces, millions of tons of bombs are still waiting to explode). PS: The Polish-made Strategic Mine Field Game pictured requires players (age 7 and over) to cross mined enemy territory by guessing the coordinates of a secret path to safety. Nice toy. Not much use in a minefield.

Si vous voyez une mine, arrêtez-vous, ne bougez plus et appelez à l'aide. Personne ne vient ? Retournez sur vos pas. Marquez l'endroit à l'aide d'un bâtonnet, de pierres ou d'un lambeau de tissu, et allez avertir un adulte. Afin d'éviter les mines, ne prenez jamais de raccourci si vous ne connaissez pas bien le secteur. Si vous repérez des carcasses d'animaux, dites-vous que le site est probablement miné Faites bien attention en lavant du linge à la rivière : les pluies diluviennes peuvent déterrer les mines et les entraîner jusqu'aux cours d'eau, où le courant les emporte. Ne pénétrez jamais dans une zone signalée par des panneaux « zone minée » : mines et munitions restent actives cinquante ans (au Laos, qui fut bombardé toutes les huit minutes par les forces américaines entre 1965 et 1973, des millions de tonnes de bombes attendent encore d'exploser). PS : dans ce Jeu stratégique du champ de mines, fabriqué en Pologne, les joueurs (à partir de 7 ans) doivent traverser sains et saufs un territoire ennemi miné en découvrant les coordonnées secrètes d'un chemin sûr. Amusant.. Mais peu utile sur un champ de mines

Only 1.4 percent of the soldiers in the US Army were women in 1970; in 1995 the figure stood at 11.8 percent. Barbie's military career began in 1989. She has served as an officer, pilot and Thunderbird squadron leader. Here she appears as a fully qualified army medic. Her authentic uniform is based on those worn by the 101st Airborne Division during the Gulf War. Barbie is ready for any emergency, with two handy medical shoulder bags and a large, white hairbrush.

A peine 1,4 % des forces armées américaines s'étaient féminisées en 1970. En 1995, on comptait dans les rangs 11,8 % de femmes. Quant à la carrière militaire de Barbie, elle a commencé en 1989. Elle fut tour à tour officier, pilote et chef d'escadron Thunderbird, mais apparaît ici en médecin militaire diplômé. Son uniforme reproduit fidèlement celui porté par la 101e division aéroportée lors de la guerre du Golfe. Barbie pourra faire face à n'importe quelle urgence, avec ses deux sacoches médicales très fonctionnelles et sa grande brosse à cheveux blanche.

Concentration camp Polish artist Zbigniew Libera created this Lego Concentration Camp in 1996. "The idea of making something out of Lego was because it teaches social things to children," he explains. "Nothing is individual in Lego. In concentration camps too, they tried to create and give shape to people." Construction required some ingenuity: Zbigniew found the skeletons in old Lego Pirates kits, while the gray bricks were specially made by Lego Poland. The camp's most notorious real-life counterpart, meanwhile presented its own logistic challenges. Although the initial complex of Auschwitz-Birkenau was meticulously planned by an architecture graduate of Germany's famous Bauhaus design school, the Nazis never perfected it, according to Professor Robert Jan van Pelt, author of *Auschwitz: 1270 to the Present*. The Birkenau gas chambers, for example, were housed in two converted cottages before custom-made crematoria (gas chambers and ovens combined) were built.

Even then, there was room for improvement. "It's actually very easy to kill people," points out Professor van Pelt. "The difficult part is getting rid of their corpses. And the Germans always wanted to kill more people than they could incinerate." By the end of the war, while the gas chambers could kill 7,000 people a day, the ovens could burn only 4,756.

This work of Zbigniew Libera has been sponsored by

LEGO SYSTEM

Camp de concentration L'artiste polonais Zbigniew Libera créa ce camp de concentration Lego en 1996. « J'ai eu l'idée de réaliser un objet dans ce matériau parce que Lego constitue une sorte de leçon sociale pour l'enfant, explique-t-il. Avec Lego, pas d'électron libre – chaque élément est solidaire d'un tout. Dans les camps de concentration aussi, on a tenté de déconstruire et reconstruire l'individu. » Le montage a requis une certaine ingéniosité : les squelettes proviennent de vieux kits de pirates Lego, et les briques grises ont été spécialement réalisées par Lego Pologne. En réalité, la gestion d'Auschwitz-Birkenau, le plus célèbre des modèles dont s'inspire la version Lego, a elle aussi posé des problèmes lo-

gistiques. Malgré une conception initiale méticuleuse par un architecte diplômé de la célèbre école allemande du Bauhaus, les nazis ne l'adaptèrent jamais vraiment à leurs besoins, selon le Pr Robert Jan van Pelt, auteur de l'ouvrage *Auschwitz de 1270 à nos jours*. Ainsi, les chambres à gaz de Birkenau se trouvaient à l'origine dans deux pavillons reconvertis à cet effet. Ce n'est que par la suite que l'on construisit des fours crématoires *ad hoc* (avec chambres à gaz et fours combinés). Même alors, tout n'était pas parfait. « Tuer, c'est très facile, observe le Pr van Pelt. La difficulté, c'est de se débarrasser des corps. Et les nazis ont toujours voulu massacrer plus de gens qu'ils ne pouvaient en incinérer. » A la fin de la guerre, les chambres à gaz tuaient jusqu'à 7 000 personnes par jour, alors que les fours n'en brûlaient que 4 756.

Young girls in Uganda play at being mother with simple dolls like this one made from banana leaves. Elsewhere, dolls with baby bottles and disposable diapers cater to young girls' nurturing instincts. And the boys? If they're under three, they'll probably play along. After that, no chance: By then, says Dr. Malcolm Watson, a psychologist at Brandeis University, USA, children have understood whether they're a boy or girl. "They start to do everything possible to make that clear." That usually means boys will dump a baby doll for a GI Joe. "Of course parents socialize them too—they're not going to give their son a frilly baby doll —but it's also children who socialize themselves by copying their peers. Once a boy's friends say, 'Boys don't play with dolls, girls do,' then it's all over."

Les petites Ougandaises jouent à la maman avec des poupées toutes simples comme celle-ci, confectionnées en feuilles de bananier. Ailleurs dans le monde, ce sont des baigneurs avec biberon et couches jetables qui procurent aux petites filles de quoi cultiver leur instinct maternel. Et les garçons, direz-vous ? Avant 3 ans, ils se joindront probablement au jeu. Ensuite, aucune chance : passé cet âge, nous explique le Dr Malcolm Watson, psychologue à l'université de Brandeis, aux Etats-Unis, l'enfant a déjà compris s'il est une fille ou un garçon. « Et il commence à faire tout son possible pour le montrer. » La plupart du temps, cela signifie que le petit garçon laissera choir la poupée pour se tourner vers Big Jim. « Bien sûr, se parents contribuent largement à le 'sexuer' – ils ne vont tout de même pas donner à leur fils une poupée à fanfreluches – mais les enfants se socialisent aussi par eux-mêmes en imitant leurs pairs. Il suffit qu'un garçon s'entende dire par les petits copains : 'C'est pas les garçons qui jouent à la poupée, c'est les filles' et les dés sont jetés.

Blow Water has strong surface tension. That means water molecules try to stick together. When soap is added to water, it loosens the molecules: A surface of soapy water stretches instead of breaking apart. You make a bubble by blowing at and expanding a surface of soapy water until it closes around the air. Tiffany & Co. sells this sterling silver bubble blower in the children's section of its New York, USA, jewelry store. A silver wand doesn't blow better bubbles, but it will set you apart from all the other children.

Souffle L'eau présente une forte tension de surface – en d'autres termes, les molécules d'eau s'efforcent toujours de rester groupées. Ajoutons du savon, et soudain la cohésion moléculaire se relâche, si bien qu'une surface d'eau savonneuse s'étend au lieu de se rompre. Par conséquent, comment forme-t-on une bulle de savon ? En soufflant sur une surface d'eau savonneuse, qui va tout d'abord se dilater, puis se refermer autour de l'air. Tiffany & Co. vend ce souffleur de bulles en argent massif au rayon enfant de sa prestigieuse joaillerie de New York. Non que l'argent fasse de meilleures bulles, mais l'instrument permettra à son fortuné propriétaire de sortir résolument du lot.

TIFFANY & CO. 925 STERLING

Rubber "I know the thickness pretty well," says Marius Malherbe, who's been working with rubber for more than two years. He gets his supply of truck tire innertubes from a garage in Yeoville, South Africa. It all started with a travel bag for his son; the technique was extended to purses, rucksacks, jackets and hats. He refuses to spend money for any of his raw materials and uses crushed tins, bottle tops and reflectors to decorate the rubber creations. In eight to 10 hours, Malherbe can whip up a skirt like this one, which sells for R150 (US$3.50). "People are more environmentally conscious these days," he observes, "but you still get the out-of-towners who see it at a market and say: 'Ooh man, look at this! It's made out of junk.'"

Elephant dung, sugar cane or banana leaves—we recycle anything with fiber," says the Paper Making Trust (PAMET) of Malawi. Their dung paper is made up of equal parts of elephant droppings and recycled cardboard. A percentage of the proceeds goes to the Wildlife Society of Malawi.

Caoutchouc « Je connais très bien sa résistance », assure Marius Malherbe, qui travaille le caoutchouc depuis plus de deux ans. Pour ce faire, il se fournit en chambres à air de camion dans un garage de Yeoville, en Afrique du Sud.
Tout a commencé par un sac de voyage qu'il réalisa pour son fils ; puis il étendit sa technique aux sacs à main, sacs à dos, vestes et chapeaux. Refusant de dépenser un sou pour ses matières premières, il recycle boîtes de conserves écrasées, bouchons de bouteille et rétroviseurs pour décorer ses créations en caoutchouc. En huit ou dix heures, Malherbe vous assemble une jupe comme celle-ci, qu'il vend 150R (3,50 $ US). « De nos jours, les gens sont plus conscients des problèmes d'environnement, observe-t-il, mais vous aurez toujours des provinciaux qui, en voyant ça sur un marché, vont faire : 'Oh, dis donc, regarde-moi ça ! C'est fait avec des ordures !' »

« **La bouse d'éléphant,** la canne à sucre, les feuilles de bananier... Nous recyclons toutes les matières fibreuses », explique le Paper Making Trust (PAMET). Basée au Malawi, cette société propose un papier composé à moitié d'excréments d'éléphant, à moitié de carton recyclé. Les bénéfices des ventes sont en partie reversés à l'Association pour la défense de la nature du Malawi.

Helicopter Nguyen Anh Tuan makes toy helicopters from Coca-Cola cans at his workshop in Ho Chi Minh City, Vietnam. Tuan needs four or five cans to make one toy helicopter. He and his staff of family members make 10 to 15 a day. They would have to produce about 285 helicopters a second to keep up with the number of Coke cans discarded daily worldwide.

Hélicoptère Dans son atelier de Ho Chi Minh-ville, au Viêt Nam, Nguyen Anh Tuan fabrique de petits hélicoptères à partir de ca nettes de Coca-Cola – en moyenne, quatre cinq par jouet. Avec la contribution de sa fa mille, qu'il a mise au travail, il atteint une pr duction de 10 à 15 hélicoptères par jour. Ma nous sommes loin du compte : il leur faudra produire près de 285 hélicoptères par second pour recycler toutes les canettes de Coc jetées chaque jour dans le monde

Cot cot briefcases from Dakar, made from scrap metal and finished with flattened soda cans and old newspaper, are named after Senegal's former foreign minister Jean-Pierre Cot, who carried one to cabinet meetings.

Les valises Cot Cot de Dakar, entièrement fabriquées en ferraille – canettes de soda aplaties et vieux journaux assurant la finition – doivent leur nom à l'ancien ministre des Affaires étrangères du Sénégal, Jean-Pierre Cot, que l'on voyait toujours arriver en Conseil des ministres une valise semblable à la main.

It took just 16 hours to make this versatile paper curtain. Add a few more chains (this one has 24, each with 48 links) and it becomes a room divider. Popular in the Philippines, paper curtains are a great way to get rid of garbage: If you smoked 15 cigarettes a day, this curtain would use up a year's worth of empty packs.

Il aura fallu exactement seize heures pour fabriquer cette portière multi-usages en papier. Ajoutez-y encore quelques chaînes (celle-ci en comporte 24, chacune composée de 48 maillons) et vous obtiendrez une cloison amovible. Populaires aux Philippines, les rideaux de papier n'ont pas leur pareil pour vous débarrasser de vos détritus : en supposant que vous fumiez 15 cigarettes par jour, celui-ci peut absorber un an de paquets vides.

Fashioned out of aluminum foil from cigarette packs, this decorative flower is perfect for brightening up a religious altar. The design comes from Laos, but similar flowers adorn images of the Virgin of Guadalupe, a popular religious icon in Mexican homes.

Réalisée avec le papier d'aluminium contenu dans les paquets de cigarettes, cette fleur décorative est parfaite pour égayer un autel religieux. Il s'agit d'un modèle laotien, mais on utilise au Mexique des floraisons très semblables pour orner la Vierge de Guadalupe, icône domestique très populaire localement.

Young designer Armando Tsunga, 10, uses Madison and Kingsgate brand cigarette packs to add a dash of color to his wire creations. A train sells for Z$10 (US$1). Stop by the Chitungwiza township in Harare, Zimbabwe, to see his other pieces.

Jeune designer de 10 ans, le Zimbabwéen Armando Tsunga utilise des paquets de cigarettes Madison et Kingsgate pour ajouter une touche de couleur à ses créations en fil de fer. Un train comme celui-ci vous coûtera 10ZS (1 $US). Faites un détour par le district urbain de Chitungwiza, à Harare, pour découvrir ses autres créations.

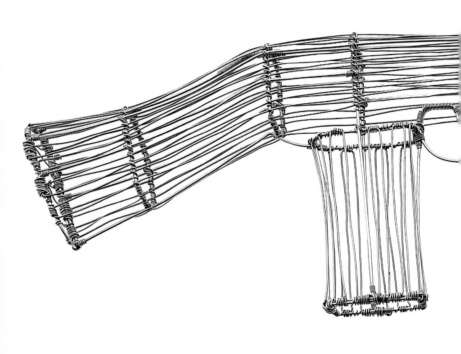

What is war for? Humans spend US$1 trillion a year on war. If you earned $10,000 a day (the going rate for Claudia Schiffer), it would take you almost 300,000 years to make that much money. Governments say military spending is an investment in the future. What could that possibly mean? This wire AK-47 was purchased in the township of Tafara, just outside Harare, Zimbabwe.

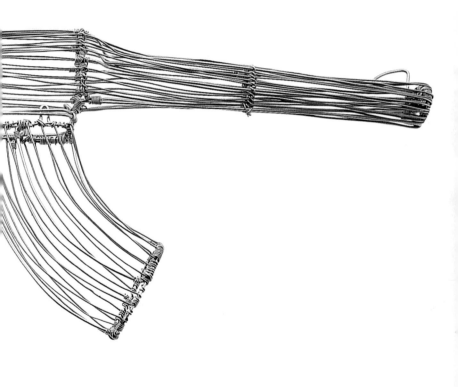

Ça sert à quoi, la guerre? Le genre humain y consacre pourtant mille milliards de dollars US par an. A supposer que vous gagniez 10000$ par jour (comme le top-modèle Claudia Schiffer), il vous faudrait près de 300000 ans pour parvenir à cette somme. Les gouvernements considèrent les dépenses militaires comme un investissement d'avenir. Mais que diantre entendent-ils par là? Ce fusil AK-47 en fil de fer a été acheté à Tafara, dans la banlieue de Harare, au Zimbabwe.

Homemade The armored personnel carrier was modeled on the
UN/Uruguayan peacekeeping
vehicles patroling Angola in 1996.
It was purchased from street kids in
Kuito and has wheels made from
discarded flip-flops.

Fait main Ce véhicule blindé pou
transport de troupes reproduit ceux dar
lesquels patrouillaient les casques bleu
uruguayens stationnés en Angola en 199
Nous l'avons acheté à des enfants de
rues à Kuito. Notez que les roues ont ét
découpées dans de vieilles tong

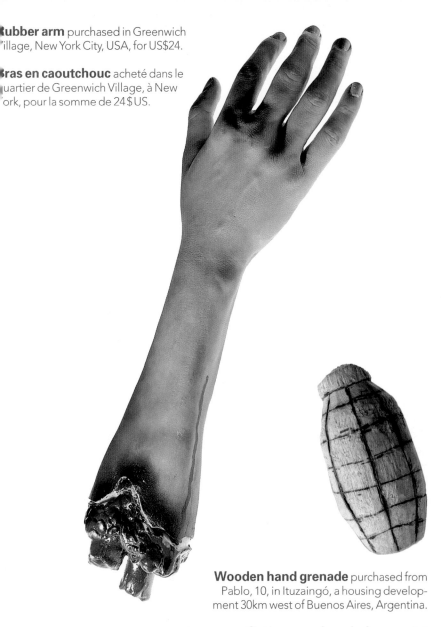

Rubber arm purchased in Greenwich Village, New York City, USA, for US$24.

Bras en caoutchouc acheté dans le quartier de Greenwich Village, à New York, pour la somme de 24 $ US.

Wooden hand grenade purchased from Pablo, 10, in Ituzaingó, a housing development 30km west of Buenos Aires, Argentina.

Cette grenade en bois nous a été vendue par Pablo, un petit Argentin de 10 ans, à Ituzaingó, une cité située à 30km à l'ouest de Buenos Aires.

Perang periam bleduk is a street game in Jakarta, Indonesia, in which opposing teams compete to make the loudest blast. (You score extra points when you hit someone on the other team.) The meter-long cannon, made from bamboo, fires stones and dirt clods (left). The fuse is made from carbide, an explosive carbon compound. Or choose a handgun carved from the soft trunk of a banana tree, which shoots sewing needles up to 5m and was purchased on the street from Ari, age 10.

Le *perang periam bleduk* est un jeu d'équipe indonésien qui se pratique dans les rues de Jakarta. C'est à qui produira la plus forte déflagration (avec points de bonus pour qui parvient à toucher un membre de l'équipe adverse). Ce canon en bambou long de un mètre (à gauche) tire des pierres et des mottes de terre. L'amorce est en carbure, composé explosif à base de charbon. Tant qu'à vous armer, procurez-vous aussi un pistolet sculpté dans un bois tendre de bananier, et capable de propulser des aiguilles à coudre à 5 m. Nous avons acheté le nôtre au petit Ari, 10 ans.

An Action Packed *NEW* Board Game on Refugees & Landmines

RVN FOR YOUR LIFE

Having trouble throwing grenades straight? Improve your skills with authentic practice hand grenades, manufactured by Hoover in the USA— good, clean fun for the whole family.

23,000,000 people are refugees. Learn about life as a refugee with the board game Run For Your Life! Players have to get from their village to a refugee camp; obstacles include land mines and indiscriminate artillery attacks.

Vous n'êtes pas doué pour le lancer de grenade? Améliorez vos performances grâce à ces authentiques grenades à main, fabriquées par Hoover aux Etats-Unis – un sain divertissement pour toute la famille.

On compte dans le monde 23 000 000 de réfugiés. Grâce au jeu de société Run For Your Life! (sauve-qui-peut), le quotidien de ces malheureux n'aura bientôt plus de secret pour vous. Les joueurs doivent quitter leur village pour atteindre un camp de réfugiés, en surmontant bien sûr de multiples obstacles, de la mine antipersonnel aux tirs aveugles d'artillerie.

583

"Yob" is British slang for hooligan. A yob's misson is to support his chosen football team at all costs. This may entail causing mayhem at football matches worldwide, or injuring and insulting supporters of rival football teams. His accessories are a baseball bat, brick, ice-cream cone, can of spray paint, and rude gesture (the two-fingered "V" sign). A yob likes to travel (15 percent of football-related arrests take place outside the UK). He's also an accomplished singer. According to the National Criminal Intelligence Service, the number of arrests for indecent chanting, such as "You're going home in a fucking ambulance," has increased threefold.

« Yob » désigne un hooligan en argot britannique. La mission de ce sympathique personnage consiste à soutenir l'équipe de football de son choix… par tous les moyens. Entre autres, en semant la panique lors des matchs, chez lui comme à l'étranger, ou en abreuvant de coups et d'insultes les supporters des équipes adverses. Il est inséparable de ses accessoires : batte de base-ball, brique, cornet de glace, peinture en bombe et gestuelle grossière (en particulier le signe « V », formé avec deux doigts, la paume de la main tournée vers soi, qui signifie « Va te faire… »). Le yob aime les voyages (15 % des arrestations liées au football ont lieu hors du Royaume-Uni). C'est aussi un chanteur accompli. Selon les services de renseignements judiciaires britanniques, le nombre d'interpellations pour « incitations chantées à la violence » (par exemple en entonnant « Vous allez tous rentrer chez vous en ambulance, bandes de… ») a triplé cette saison.

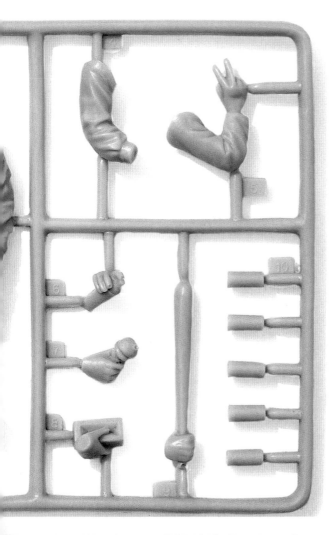

Move over, Barbie! Meet Licca. Rika "Licca" Kayama, 11 years old, Taurus, is a fifth-grader at Shirakaba Elementary School in Japan. Her father Pierre is French and is an orchestra conductor, her sisters are twins named Miki and Maki and her mother is a fashion designer. Over the last 30-or-so years, Licca has evolved: Her head has shrunk and her breasts and curves have filled out. She comes in many different models, including a McDonald's hamburger flipper (although she's actually too young to work there legally).

Au placard, Barbie ! Car voici Licca. Rika « Licca » Kayama (âgée de 11 ans et née sous le signe du Taureau) est en 5e année à l'école primaire de Shirakaba, au Japon. Son père, Pierre, est français et chef d'orchestre ; elle a deux sœurs jumelles, Miki et Maki, et sa mère est styliste de mode. Au cours des trente dernières années, Licca a bien évolué : son visage s'est affiné, sa poitrine s'est arrondie, sa silhouette féminisée. Elle existe dans de nombreux modèles, dont la Licca serveuse chez McDonald's (bien qu'au Japon, elle n'ait pas l'âge légal pour travailler).

Shopping for a dildo
in Japan might prove to be
difficult if you want one that
looks like the "real thing."
According to the manager
of PIN-PIN, an adult toy shop
in Tokyo, practically all dildos
made in Japan have faces and
are shaped to look like a figure. "There's no demand for
realistic sex toys," he continues, "They look too much like
what it is." Models include
likenesses of Sumo wrestlers,
princes, kings, dolphins and
kokeshi (traditional dolls from
the Tohoku province
of northeast Japan).

**Si vous cherchez un
godemiché** ressemblant,
vous aurez du mal à le trouver
au Japon. D'après le directeur
de PIN-PIN, une boutique de
jouets pour adultes de Tokyo,
ceux de fabrication nippone se
présentent le plus souvent sous
la forme de petits personnages. « Nous n'avons pas de
demande pour les jouets
sexuels réalistes, poursuit-il. Ils
évoquent trop explicitement
ce qu'ils sont. » Grand choix
de modèles, entre autres
lutteurs de sumo, princes et
rois, dauphins et *kokeshi*
(poupées traditionnelles de
la province de Tohoku,
au nord-est du Japon).

Paper This clock from the Paper Gift Shop in Kuala Lumpur, Malaysia, is burned at the graveside: Sending loved ones into the next life with gifts is an important Taoist practice. The radio is a special feature designed by shopowner Kevin K.C.Choi. "It's for household use," explains Kevin. "People need to know the time, and enjoy listening to music. We also have paper watches that they can wear on their wrist."

Papier Cette pendule achetée à la Boutique du cadeau en papier, à Kuala Lumpur (Malaisie), sera brûlée aux abords d'une tombe : chez les taoïstes, il est important que les êtres chers partent pour l'au-delà inondés de cadeaux. Quant à la radio, il s'agit d'un modèle exclusif, conçu par Kevin K.C.Choi, le propriétaire du magasin. « Elle est conçue à usage domestique, explique Kevin. Les gens ont besoin de savoir l'heure et aiment aussi écouter de la musique. Nous proposons également des montres-bracelets en papier. »

Fruit The Ecotime clock can run on mineral water or even on Coke, as we discovered. It requires no batteries (2.5 billion batteries—and their poisonous contents—are discarded every year in the USA). Instead use the Horloge de Volta, which runs on oranges, apples, bananas and virtually anything that contains natural acids. Simply connect a circuit between the displays and the two fruits or vegetables of your choice.

Fruit L'horloge Ecotime fonctionne à l'eau minérale – et même au Coca Cola, avons-nous découvert. Nul besoin de piles (ce qui est heureux : 2,5 millions de piles gorgées de produits toxiques sont jetées chaque année aux Etats-Unis). Mais peut-être préfèrerez-vous l'horloge de Volta, qui s'alimente à l'orange, à la pomme, à la banane, ou tout autre végétal contenant des acides naturels. Il vous suffira de constituer un circuit en reliant les appareils à deux fruits ou légumes de votre choix.

A video baby doesn't require much looking after. He/she exists only on a 30-minute video tape and need only interrupt your busy schedule for a few minutes a day—in fact, whenever you feel like picking up the remote control. Nappy-changing and meal-time duty are performed by an anonymous pair of adult hands, while your clothes stay clean and your patience untried. Should the baby's face start to crumple, the electronic background music is turned up to drown out any objectionable noises. Video Baby will stay good-tempered and cute until the tape wears out.

Un bébé vidéo ne demande guère de soins. Il ou elle existe uniquement sur une cassette de trente minutes, et n'interrompra votre emploi du temps surchargé que quelques instants par jour – de fait, chaque fois que l'envie vous prendra d'empoigner la télécommande. Changer ses couches, le nourrir, toutes ces corvées sont effectuées par deux mains d'adulte anonymes, ce qui épargnera vos vêtements et votre patience. Le visage de Bébé se plisse et se renfrogne dangereusement ? La musique de fond électronique persiste et le volume monte, afin de couvrir tout hurlement intempestif. Le bébé vidéo restera sage et rieur jusqu'à usure de la cassette.

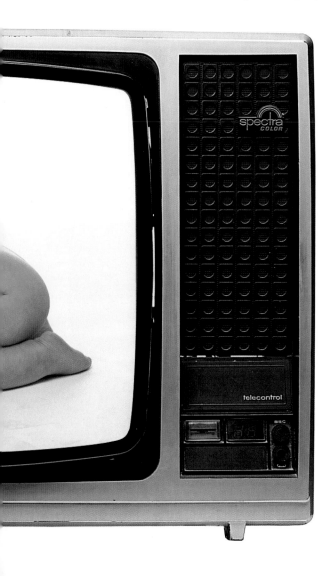

Sleep Some people count sheep to put themselves to sleep, but why stop there? Get closer to sheep with the Sheep Face Pillow. Lie on your stomach with your face in the pillow for five minutes a day: It stimulates acupressure points in your face.

Sommeil Pourquoi se limiter à compter de lointains moutons pour s'endormir ? Rapprochez-vous de la bête en vous couchant dessus : cet oreiller en forme de mouton stimule certains points faciaux de *shiatsu*. Il suffit de s'allonger sur le ventre cinq minutes par jour, le visage contre l'oreiller.

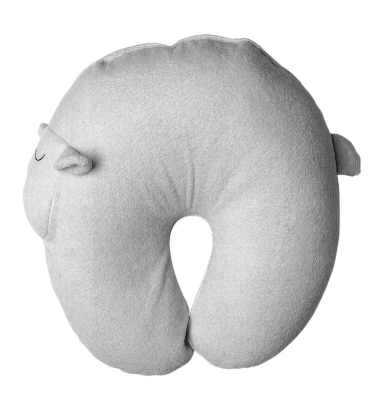

In Kenya, men from the Turkana tribe never leave home without a small wooden stool that doubles as a pillow. It also preserves their elaborate hairdos while they sleep. Carved of hardwood, the headrests are light and easy to carry—they have leather handles. Some are decorated with figures of animals.

Au Kenya, les hommes de la tribu Turkana ne sortent jamais sans leur tabouret de bois qui, en cas de petit somme, tient également lieu d'oreiller. Car il ne s'agit pas de déranger leur coiffure sophistiquée durant leur sommeil ! Taillés dans un bois dur, ces appuie-tête sont légers et faciles à transporter, grâce à leurs poignées de cuir. Certains sont même décorés d'animaux.

Kimonos have been traditional Japanese attire for 2,000 years. The basic shape hasn't changed, but innovations are always welcome. His and Hers kimono coverlets are great for cozy nights at home. They're ideal for anyone with allergies—the stuffing is antibacterial, mite-resistant and odor-resistant.

Le kimono demeure la tenue traditionnelle au Japon. En deux mille ans d'existence, il n'a pas changé de coupe – ce qui n'empêche en rien les innovations. Ces kimonos couvre-lit « Elle et Lui » sont parfaits pour passer de douillettes nuits chez soi. Leur garnissage traité antibactéries, antimites et antiodeurs convient particulièrement aux personnes sujettes à des allergies.

Kompakt brand sleeping bags can be compressed into a ball not much larger than your palm. The three-season model, Kompakt 195, is suitable for temperature extremes of +15° and -12° C.

Les sacs de couchage Kompakt sont si compressibles qu'une fois repliés, ils forment une boule guère plus grande que la paume de votre main. Le modèle trois saisons, Kompakt 195, convient pour les températures extrêmes, de +15 à -12°C.

Visit the judge, pay alimony and decide who gets the dog—in The Divorce Game, the winner is the person who loses their wedding ring the quickest. Designed as therapy for the recently divorced, it's also great family fun.

Passez devant le juge, payez la pension alimentaire et décidez qui gardera le chien : dans le jeu de société « The Divorce Game », le gagnant est le joueur qui se débarrasse le plus vite de son alliance. Conçu dans un but thérapeutique, à l'intention des nouveaux divorcés, ce jeu amusera toute la famille.

Lonely heart The days of pickup lines are over thanks to Lovegety. First, purchase the Lovegety appropriate for your gender. Next, switch to the right setting (choose among "Let's talk," "Let's get to know each other" or the more racy "Let's go sing karaoke"). Walk around. When someone of the opposite sex with a Lovegety switched to the same setting walks by, your alarm will sound. With a million Lovegetys in circulation in Japan (most owned by high school students) your chances of making some new acquaintances are pretty good. "I think it's a fun project," says Takeya Takafuji of manufacturers Airfolk. And although no marriages have been reported, "some people have found a very close relationship."

Cœur solitaire Dépassée, la drague par téléphone! Horriblement has-been! Car voici Lovegety. Tout d'abord, procurez-vous un Lovegety correspondant à votre sexe. Ensuite, sélectionnez votre programme (vaste choix de rubriques, de l'anodin « Parlons » ou « Faisons connaissance » au plus piquant « Chantons ensemble un karaoké »). A présent, allez faire un tour. Lorsqu'une personne du sexe opposé ayant branché son Lovegety sur le même programme croisera votre chemin, votre appareil se mettra à sonner. Un million de Lovegety sont actuellement en circulation au Japon (la plupart entre les mains de lycéens) : cela vous laisse donc de multiples occasions de rencontres. « Je trouve l'idée très amusante », déclare Takeya Takafuji, de la société Airfolk, qui produit ce gadget. Bien qu'aucun mariage n'ait pour l'heure été signalé, « certaines personnes ont tissé des liens très étroits ».

Can't find the words to end a relationship? C-Ya cards come to the rescue with messages like "I guess I'm stubborn when it comes to my heart. I'm sorry—you were right all along. You're not what I want. C-Ya."

Vous voulez rompre, mais comment l dire? Les cartes C-Ya («à la prochaine» viennent à la rescousse, avec des message bien sentis. Exemple: «Quand il s'agit du cœur je m'entête. Mes excuses – tu avais raison. C n'est pas toi que je cherche. A la prochaine!

Candy Women give chocolates to men on Valentine's Day in Korea. On White Day (March 14) men give candy to women. And if you don't get anything on either of those days, you can treat yourself to ja-jang noodles on Black Day (April 14). You could also console yourself with this Korean white heart lollipop.

Sucreries Le jour de la Saint-Valentin, les Coréennes offrent du chocolat aux Coréens. Pour le Jour blanc (le 14 mars), c'est aux hommes de leur rendre la pareille (cette fois, les bonbons sont de rigueur). Si on vous oublie ces jours-là, vous pourrez toujours vous faire une gâterie pour le Jour noir (le 14 avril) en vous achetant des nouilles *ja-jang*. Une autre petite consolation, tenez : cette sucette coréenne toute blanche, en forme de cœur.

Aboriginal children rarely need toys to distract them—they're much more in contact with their caregivers than children in Western cultures. One of the few things they play with are boab nuts, which babies use as a rattle.

Les enfants aborigènes ont rarement besoin de jouets pour se distraire, étant plus entourés que ceux des cultures occidentales. On leur en offre quelques-uns tout de même, par exemple des noix de baobab, qui leur servent de hochet.

"I'm your friend Brushy Brushy, I'll keep your teeth shiny and bright, please brush with me every day, morning, noon and night!" This catchy jingle from a singing toothbrush might convince your child to brush: Almost half of all 7-year-olds in the USA have a cavity. Yucky Yucky, the talking medicine spoon, is also available.

« Je suis ton amie Brushy Brushy (Bross' Bross'). Avec moi, tes dents resteront bien blanches et brillantes. Utilise-moi tous les jours, matin, midi et soir !» Votre enfant se laissera peut-être convaincre par ce jingle accrocheur, entonné par une brosse à dents chantante. Il serait temps : aux Etats-Unis, près de la moitié des enfants de 7 ans ont une carie. Egalement disponible : Yucky Yucky (Beurk Beurk), la cuillère à sirop parlante.

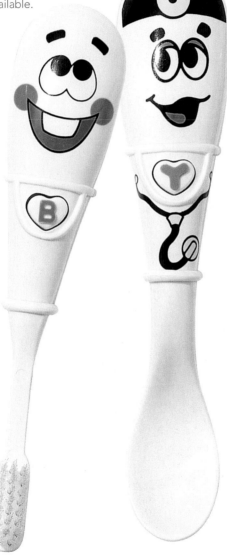

Save while you play with this no-nonsense piggy bank (right). Adorned with pictures of Hindi film stars, it's a miniature of the lockable steel cupboards found in the bedrooms of many middle-class Indian homes. Children need secrets to develop their own identity, say psychologists. And with the majority of Indian families living in one room, the minicupboard offers children a few precious centimeters of privacy. A more high-tech security system is the US-made Intruder Alarm, ideal for affluent American children: A recent survey found that 75 percent have their own room, 59 percent have their own TV sets and almost half have video recorders. The Intruder Alarm—complete with battery holder, three resistors, rubber band and sandpaper—can protect possessions from unwanted visitors. Simply connect the alarm to a window, door or box: As soon as a parent or thief breaks the circuit, the alarm sounds.

Economisez en vous amusant, grâce à cette inviolable tirelire (à droite). Ornée de photos de stars hindi, elle reproduit en miniature les placards de fer à verrou que l'on trouve communément en Inde dans les chambres à coucher de la classe moyenne. Les enfants ont besoin de secrets pour bâtir leur identité affirment les psychologues. Sachant que la majorité des familles indiennes vivent dans une pièce unique, ces mini-placards procurent aux enfants quelques précieux centimètres d'espace privé. Vous cherchez un système de sécurité plus high-tech ? Choisissez cette alarme anti-intrus fabriquée aux Etats-Unis idéale pour les enfants nantis de la société américaine – selon une étude récente, 75 % d'entre eux auraient leur propre chambre 59 % leur téléviseur personnel, et près de la moitié disposent de magnétoscopes. Livré avec boîtier à piles, trois résistances, bande élastique et papier de verre, ce dispositif protègera vos biens des indésirables. Reliez-le à une fenêtre, une porte ou même une boîte Dès qu'un intrus – parent ou voleur – traverse le circuit, l'alarme se déclenche

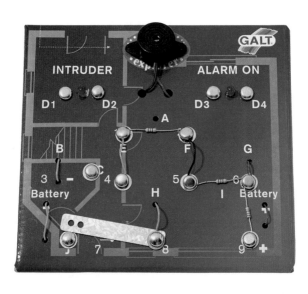

Cockroaches Some 40,000 auto rickshaw drivers roam the outskirts of Mumbai, India. Don't expect to get a lift into town, though. Their vehicles, also known as "cockroaches," are extremely polluting and are not allowed within 14km of the city center. The wooden Nepalese model was purchased in Kathmandu. The plastic version is from Mumbai.

Cafards Quelque 40 000 rickshaws sillonnent les faubourgs de Mumbai, en Inde. Cependant, ne vous attendez pas à ce qu'ils vous emmènent en ville. Ces véhicules, également connus sous le nom de « cafards » et extrêmement polluants, ne sont pas autorisés dans un périmètre de 14 km autour du centre. A gauche, un modèle réduit en bois de fabrication népalaise, acheté à Katmandou. La version plastique vient par contre de Mumbai.

Fast This can overtake a truck. On mountain roads in Colombia, carts made of wood mounted on ball bearings reach speeds of 110kph. Some *balineristas* (cart drivers) are professionals, ferrying spare parts to broken-down trucks or transporting goods. But Mauricio Pérez, who made this model, does it for kicks, participating in the annual cart race in Medellín. "This cart's mediocre. For this year's competition we've got a bigger and more refined one." The fastest carts use heavy truck ball bearings, scavenged from rig repair shops, and carefully selected wood. "Usually at least two people crew each cart, so for 140kg the cart has to be strong and built aerodynamically." Drivers dig their heels into the road to brake (Mauricio recommends wearing work boots), or rig up a brake system by nailing strips of car tires to the front axle. Helmets are optional: On Route 5 near Ibagué, the most popular balinerista haunt, there's an accident every day, and about 35 people die each year.

Express Ce chariot en bois est capable de dépasser un camion. Montés sur roulement à billes, ces petits bolides atteignent des vitesses de 110km/h sur les routes de montagne de Colombie. Certains *balineristas* (charretiers) sont des professionnels : ils convoient des pièces détachées jusqu'aux camions en panne sur la route, ou transportent des marchandises. Mais pas Mauricio Pérez : créateur du modèle présenté ici, il conduit ces tombereaux par amour du risque, et participe du reste chaque année à la course de charrettes de Medellín. « Celle-ci est médiocre, précise-t-il. Cette année, nous en aurons une plus grosse, plus perfectionnée. » Les carrioles les plus rapides utilisent des roulements à billes de poids lourds – récupérés chez des réparateurs de semi-remorques – ainsi qu'un bois sélectionné. « Les équipages sont d'au moins deux personnes, ce qui fait un poids de 140kg. Il faut donc que la carcasse soit à la fois solide et aérodynamique. » D'ordinaire, les conducteurs freinent avec les talons (Mauricio recommande les bottes de chantier) ou s'improvisent un système de freinage en clouant sur l'essieu avant des lanières découpées dans des pneus. Port du casque optionnel. Sachez néanmoins que sur la route 5, près d'Ibagué – le repère des balineristas – les chariots provoquent en moyenne un accident par jour… et tuent 35 personnes par an.

Zapatista Since the insurrection of 1994, the traditional hand-sewn - figurines of Mexico's Chiapas state have acquired the fashion habits of the Zapatista guerillas: black ski mask, bandolier across the chest, bandana and rucksack. At the Indian market of San Cristobal de las Casas (where this one was purchased), the dolls are believed to outnumber the estimated 4,000 guerillas in the mountains. Then there's the crossbow from Mexico City, used to play *guerritas* (little war), in which contestants fire corks at one another.

Zapatiste Depuis l'insurrection de 1994, les figurines traditionnelles cousues main du Chiapas, au Mexique, se sont mises à la mode du guérillero zapatiste : passe-montagne noir, cartouchière en bandoulière, bandana et sac à dos. Au marché indien de San Cristobal de las Casas (où celle-ci a été achetée), on compte, dit-on, plus de poupées qu'il n'y a de guérilleros dans les montagnes (leurs forces sont estimées à 4000 hommes).Et si vous vous trouvez à Mexico, cette arbalète vous sera indispensable pour jouer aux *guerritas* (guéguerre) et vous bombarder de bouchons.

Propaganda Irene Sáez has had several jobs, including Miss Venezuela, Miss Universe, mayor, doll and presidential candidate. Her fame got her elected mayor of a wealthy Caracas suburb in 1992. During her first term, rubbish collection improved and police patroled the streets on golf buggies ("Irene carts"). When she ran for a second term, she won 95 percent of the vote. Her mortal enemy is the dastardly Hugo Chávez. Not content with staging a military coup in 1992, he accused Irene of encouraging idolatry when she released her plastic play image in 1995 . She recently tamed her flowing tresses into a more mature, "presidential" chignon.

Propagande Irene Sáez a eu de multiples professions, entre autres Miss Venezuela, Miss Univers, maire poupée et candidate aux élections présidentielles. Sa célébrité lui valut sa victoire aux élections municipales de 1992 dans une riche banlieue de Caracas. Durant son premier mandat le ramassage d'ordures s'est amélioré, et la police s'est mise à patrouiller les rues en buggies de golf (surnommés « charrettes Irene ») Lorsqu'elle se représenta pour un second mandat, elle obtint 95 % des suffrages. Ennemi mortel l'ignoble Hugo Chávez Non content de fomenter un coup d'Etat en 1992, il a accusé Irene d'encourager l'idolâtrie, au moment même où elle lançait sur le marché une poupée à son image, en 1995. Madame Sáez vient enfin de se résoudre à dompter ses luxuriantes tresses et à adopter le chignon – une coiffure plus « présidentielle ».

Mascot Mintzoa comes from the Basque country, a semi-autonomous region between northwest Spain and southwest France. She's the mascot of Euskal Herritarrok (formerly Herri Batsuna). The political wing of the Basque separatist movement is campaigning for freedom from Spanish and French rule and for the revival of Euskara, the Basque national language. She squeaks charmingly when squeezed. But don't be seduced. The guerilla separatist group ETA (Basque Homeland and Freedom), linked to Euskal Herritarrok, has murdered 800 people over the last 30 years. Not to mention the occasional kidnapping (they kept prison guard José Antonio Ortega Lara in a hole underground for almost two years).

Mascotte Mintzoa nous vient du Pays basque, une région partiellement autonome située de part et d'autre de la frontière franco-espagnole. C'est la mascotte d'Euskal Herritarrok (ex-Herri Batsuna), l'aile politique de la guérilla séparatiste basque, qui milite pour l'émancipation du peuple basque, refuse le joug politique de la France et de l'Espagne et se bat pour la réhabilitation de l'euskara, la langue nationale basque. Elle couine délicieusement lorsqu'on la presse entre ses doigts. Mais ne tombez pas sous le charme. L'ETA (Patrie basque et Liberté), groupuscule terroriste dont Euskal Herritarrok fut longtemps la plate-forme politique légale, a massacré 800 personnes au cours des trente dernières années. Pour ne rien dire des rapts qu'il pratique à l'occasion (il a laissé moisir dans un trou, sous terre, durant près de deux ans, le gardien de prison José Antonio Ortega Lara).

Cigarettes Scientists have identified about 4,000 chemicals in cigarette smoke, at least 60 of which are carcinogenic. Grab a candy bar or soft drink instead. On the packaging, you'll find the ingredients. You might not recognize them all (what's the E338 in Coca-Cola, for example?), but at least you can find out more about them. Most governments think people have a right to know what they're eating and drinking—and most manufacturers comply. Not cigarette makers, though. With the help of well-paid lawyers and sympathetic politicians, tobacco companies have managed to keep their cigarette recipes trade secrets, even though smoking is the biggest cause of preventable deaths worldwide. In 1994, under massive public pressure, US cigarette companies jointly released a list of 599 tobacco additives (13 of which are banned in the USA for use in food)—but without specifying which additives were used in which brands, and in what quantities.

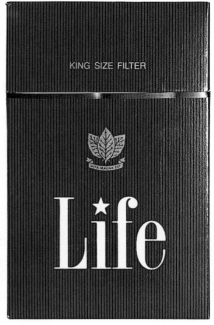

Cigarettes Les scientifiques ont identifié près de 4 000 produits chimiques dans la fumée de cigarette, dont 60 au moins sont cancérigènes. Allons, soyez raisonnables, rabattez-vous sur les confiseries ou les sodas. A tout le moins, les ingrédients sont indiqués sur l'emballage. Certes, vous ne les reconnaîtrez peut-être pas tous (qu'est-ce que le E 338 dans le Coca-Cola, par exemple ?), mais rien ne vous empêche de vous renseigner. La plupart des gouvernements estiment les citoyens en droit de savoir ce qu'ils mangent ou boivent, et la plupart des industriels se plient à cette exigence – mais pas les producteurs de cigarettes. Avec l'appui d'avocats grassement rémunérés et de politiciens complaisants, ils sont parvenus à préserver leurs secrets de fabrication, bien que le tabagisme soit la première cause évitable de mortalité dans le monde. En 1994 – sous la pression massive de l'opinion – les exploitants américains ont fini par se résoudre à publier une liste commune de 599 additifs (dont 13 s'avèrent interdits dans l'alimentation aux Etats-Unis) – mais en se gardant bien de stipuler lesquels sont utilisés dans quelle marque et en quelle quantité.

Heads of state constitute almost a third of the world's cigar smokers. According to popular myth, cigars are rolled on the thighs of maidens. In truth, Cuban factory workers roll them by hand. To relieve the tedium and help them keep up with current affairs, the rollers get someone to sit at a desk and read to them from books and newspapers. The ritualistic blending, drying and rolling of a single cigar takes about 100 days. It is smoked in about two hours. Just before US President John F. Kennedy signed the decree banning Cuban cigars from the USA in 1962, he sent an aide to buy up 2,000 of his favorite brand.

Toasted tobacco powder from Mozambique, *rapé* (Portuguese for snuff) is often used with a *mulala* (cleaning stick) to obtain shiny white teeth. The powder is also sniffed during marriage ceremonies as a symbol of the union between the families.

Les chefs d'Etat représentent à eux seuls près d'un tiers des fumeurs de cigares dans le monde. Selon une légende populaire, les cigares sont roulés sur les cuisses de jeunes vierges. En réalité, ce sont les ouvriers des manufactures cubaines qui les roulent à la main. Pour éviter qu'ils se lassent et pour les tenir au courant de l'actualité, un préposé à l'épanouissement ouvrier vient s'asseoir à un bureau pour leur faire la lecture de livres et de journaux. La procédure rituelle de fabrication d'un cigare – mélange, séchage et roulage – dure une bonne centaine de jours. Deux petites heures, et il est fumé. Juste avant que le président américain John F. Kennedy ne signe le décret interdisant les cigares cubains aux Etats-Unis, en 1962, il prit soin d'envoyer l'un de ses assistants lui acheter 2000 cigares de sa marque préférée.

La poudre de tabac grillée, autrement dit le *rapé* (tabac à priser en portugais), s'utilise fréquemment au Mozambique en complément du bâton de *mulala* (la brosse à dents locale) pour blanchir et faire briller les dents. On la prise également lors des cérémonies de mariage, pour symboliser l'union entre les deux familles.

In the central park in Harare, Zimbabwe, a bottle sand timer like this one determines the length of time children can use the playground rides. When the sand has dropped (it takes three minutes), it's time to buy a new 10 Zimbabwe cents (US$0.01) ride ticket. In the UK, education experts say children now enjoy half the breaktime their parents had. And in Japan, children are now actually taught playtime and conversation skills lost through too much time spent on technology.

Au parc central de Harare (capitale du Zimbabwe), c'est un sablier semblable à celui-ci qui fixe le temps imparti aux enfants pour utiliser les équipements du terrain de jeu. Quand tout le sable est descendu (ce qui prend trois minutes), il faut racheter un ticket à 10 cents (0,01 $US). Selon les spécialistes britanniques de l'éducation, les enfants jouiraient à notre époque de deux fois moins de temps de récréation que leurs parents au même âge. Au Japon, on en est même arrivé à enseigner aux enfants l'art de jouer et de converser, facultés qu'ils ont perdues en consacrant la quasi-totalité de leur temps à la technologie

Splash out on a Rolex
(US$105,000 for the platinum version), and you're buying a slice of horological history. Rolex was the first wristwatch to be granted a precision certificate from the Royal Greenwich Observatory in 1914. The Rolex Oyster (a fake one is shown here) was the first-ever waterproof watch: Since 1926, it has swum the English Channel, climbed Mount Everest and dived 610m underwater. Rolexes are available in 26 languages, including Arabic, and come with a "Superlative Chronometer" seal from the Swiss Chronometry Control Office in Geneva. All in all, we're not surprised they're popular. Nor is the Los Angeles Police Department in the USA: It has a team of detectives specialized in Rolex thefts.

En craquant pour une Rolex (105,000 $US le modèle en platine), vous vous offrirez une tranche d'histoire horlogère. La Rolex fut en effet la première montre-bracelet à obtenir un certificat de précision de l'Observatoire royal de Greenwich, en 1914. La Rolex Oyster (dont une contrefaçon vous est présentée ici) fut la première montre étanche. Depuis 1926, elle a traversé la Manche à la nage, escaladé l'Everest et plongé à une profondeur de 610 mètres. Les Rolex existent en 26 langues, dont l'arabe, et sont vendues marquées du sceau « Chronomètre sans égal » délivré par le Bureau suisse de contrôle de la chronométrie, à Genève. Leur popularité n'a donc pas de quoi nous étonner – et ne surprend pas non plus la police de Los Angeles, qui dispose d'une équipe de détectives spécialisés dans le vol de Rolex.

Amex It's black, it's understated, it's stylish. It's the American Express Centurion card—available by invitation only. Members must earn at least UK£150,000 (US$234,000) yearly and be among the highest spenders (the top 1 percent) of American Express cardholders. With no preset spending limit, cardholders have hired private jets for weekend jaunts and bought £50,000 ($78,000) Bentley cars on whims—but there's more to the card than simple spending power. "Having a Centurion card is the equivalent of having [supermodel] Cindy Crawford on your arm," says Doug Smith of the American Express office in London. "It gets you into private clubs that no one else can get into, it gets you into restaurants that are booked up months in advance." If you want a black card, Doug recommends that you apply for one of the company's less exclusive cards, spend heavily, and hope for an invitation. But don't be disappointed if the company never calls. As Doug points out, "It's not for everyone."

Amex Elle est noire, sobre, élégante : c'est la carte Centurion d'American Express – délivrée exclusivement sur invitation. Pour accéder au cénacle, vous devez jouir d'un revenu minimal annuel de 150 000 £ (234 000 $ US), détenir une carte American Express, et faire montre d'une prodigalité record (seuls les 1 % les plus dépensiers sont éligibles). Fort d'un crédit illimité, vous aurez par exemple loué des jets privés pour partir en week-end, ou acheté sur un coup de tête des voitures Bentley à 50 000 £ (78 000 $). Cependant, cette carte signifie plus qu'un pouvoir d'achat. « Posséder une Centurion, c'est comme avoir à son bras Cindy Crawford [le top-modèle], assure Doug Smith, de l'agence American Express de Londres. Elle vous ouvre les portes de clubs privés où personne d'autre ne pénètre, de restaurants qui affichent complet des mois à l'avance. » Vous voulez vous aussi votre rectangle noir ? Doug recommande de postuler d'abord pour une carte moins exclusive de la compagnie, de dépenser sans compter, et d'attendre cœur battant une invitation. Mais n'allez pas pleurer si ce coup de téléphone n'arrive jamais. Comme le souligne Doug, « Ce n'est pas vraiment pour tout le monde. »

Golliwog Since his birth in the 1800s, Golliwog has entertained millions of children, decorated millions of jam jars (he's the mascot for the UK-based Robertsons' jam company) and infuriated millions of adults. "It's a stereotypical image of a black face," says Chris Mayant of the UK's Commission for Racial Equality. Nor does Golliwog's name endear him to many people: "Wog," which probably arose from "Working On Government Services" armbands worn by Egyptians during colonialism, is a racist insult in the UK. Anti-Golliwog feeling has compelled our hero to keep a much lower profile these days. But he still survives (we found this one in Australia).

Golliwog Depuis sa création, au début du XIXe siècle, Golliwog a amusé des millions d'enfants, orné des millions de pots de confiture (c'est la mascotte du fabricant britannique Robertsons) et mis en rage des millions d'adultes. « C'est la caricature d'un visage de Noir », souligne Chris Mayant, de la Commission britannique pour l'égalité des races. Son nom de « Golliwog » lui attire tout autant d'inimitiés : « wog » – sans doute une allusion aux brassards « Working on Government Services » (service d'Etat) portés par les Egyptiens durant la période coloniale – signifie aussi « moricaud » en Grande-Bretagne. Le sentiment anti-golliwog qui prévaut aujourd'hui oblige notre héros à faire profil bas. Mais il a la vie dure (nous avons trouvé celui-ci en Australie).

Happy Meal Girl comes complete with plastic McDonald's cheeseburger, fries and an unidentified soft drink. She can survive solely on junk food, unlike a real child who, living entirely on high-fat, low-fiber Happy Meals, is likely to die prematurely from cancer, heart disease, obesity or diabetes. Her aim is to make junk food appealing to 3-year-olds. Already, 30 percent of McDonald's 38 million daily visitors are children. With the aid of a US$2 billion advertising budget, Happy Meal Girl has helped the McDonald's Golden Arches logo become more widely recognized than the Christian cross. But she's not just a pretty face—she also slurps and burps.

La poupée Happy Meal est vendue avec cheeseburger en plastique de chez McDonald's, cornet de frites et boisson gazeuse non identifiée. Elle ne vit que de hamburgers. Soumis à un tel régime de Happy Meals riches en graisses et pauvres en fibres, un enfant de chair et d'os a de grandes chances d'être terrassé prématurément par le cancer ou une crise cardiaque – à moins qu'il ne meure d'obésité ou de diabète. La mission de cette poupée : attirer les enfants de 3 ans vers ce genre d'aliments pré-conditionnés. Sur les 38 millions de visiteurs que reçoivent chaque jour les restaurants McDonald's, 30 % déjà sont des enfants. Grâce à la poupée Happy Meal, les arches d'or du logo McDonald's sont maintenant plus connues que la croix chrétienne. Mais elle a d'autres atouts qu'un joli minois : elle sait aussi boire à la paille (bruyamment) et roter.

Heterosexual Elliot Chitungu, of Chitungwiza, Zimbabwe, found inspiration for these dolls in two branches in his father's garden. He made the first couple by molding mashed tree bark and glue and has made 12 in all. Like this pair, they've all been heterosexual (the girl's the one with the bigger hips). Homosexuality is a criminal offense punishable by imprisonment in Zimbabwe, and the country's leader, Robert Mugabe, is of the firm opinion that gays are "worse than pigs and dogs."

Hétéro Ce sont deux branches ramassées dans le jardin de son père qui inspirèrent le Zimbabwéen Elliot Chitungu, résident de Chitungwiza et distingué créateur de ces poupées. Il conçut le premier couple en modelant de l'écorce broyée et de la colle. Depuis, il en a fait 12. A l'instar de celles présentées, elles sont toutes hétérosexuelles (la fille est celle qui a les hanches plus fortes). Au Zimbabwe, l'homosexualité est considérée comme un crime passible d'une peine de prison. Robert Mugabe, dirigeant du pays, a sur les homos une opinion bien arrêtée : « Pires que les porcs et les chiens. »

Contraband Diplomatic immunity didn't save an official US trade representative from being stopped with 40 contraband Beanie Babies on a recent return trip from China. Since the Beanie Baby boom began in North America, prices of the toys have rocketed. Maple Bear, sporting the Canadian flag , now sells for as much as US$500 in the USA, and people crossing the border are being searched for contraband bears.

Contrebande Pas d'immunité diplomatique qui tienne : un délégué commercial officiel américain a été arrêté récemment – à son retour de Chine – avec 40 Beanie Babies de contrebande. Depuis le début du « Beanie Baby Boom » en Amérique du Nord, le prix de ces jouets monte en flèche. L'ours Maple, arborant le drapeau canadien, se vend désormais 500 $ US aux Etats-Unis et, pour juguler la contrebande, les voyageurs sont soumis à des fouilles en règle aux frontières.

Ammunition In the Nuristan region of Afghanistan, where a civil war is raging, 50 hand-rolled cigarettes can buy you this AK-47 bullet smuggled from China.

Munitions Au Nuristan, province afghane minée par la guerre civile, on s'achète une balle de fusil AK-47 arrivée de Chine en fraude moyennant 50 cigarettes roulées.

Weapon In Burma, possessing a water balloon is prohibited by the State Peace and Development Council (punishment is a year in prison, actually throwing one warrants three years). Water balloons launched by slingshots can damage vision and inflict life-threatening injury. With the impact of a rifle bullet—slower but heavier—a water balloon projectile can perforate a cornea (the surface of the eye), rupture an eyeball, or fracture a bony eye socket. When researchers fired a water balloon at 40m per second at a stationary watermelon 14m away, the watermelon exploded.

Torture Water is an excellent torture instrument. In South Africa, police reportedly force victims' heads into buckets of water, or smother them with coarse, soaking-wet bags. In Turkey, children in police custody (some as young as 12) are said to be hosed down with cold water. Amnesty International reports describe prison guards in Bhutan submerging inmates in water tanks until near-drowning. Torture in Kenyan jails is said to include confinement to a narrow hole as it gradually fills with water. Carbonated bottled water can be shot up noses (suspects held by Mexican police call the practice *tehuacanazo*). Even a drop of water is enough: In 1974, Archana Guha was detained by police in Calcutta, India, for 27 days: "They had a bowl and dropped cold water on my forehead—small drops, but I remember each drop felt like a stone, a big stone hitting my head." She is now living in exile in Copenhagen, Denmark.

Arme En Birmanie, le Conseil d'Etat pour la paix et le développement interdit la détention de bombes à eau (sous peine d'un an d'emprisonnement, et de trois ans fermes en cas d'utilisation). Il est vrai qu'une simple bombe à eau lancée avec une fronde peut causer de graves lésions aux yeux, voire des blessures mortelles. D'un impact équivalent à celui d'une balle de fusil (elle est plus lente mais plus lourde), elle est capable de perforer la cornée (membrane de l'œil), de crever le globe oculaire ou de fracturer l'orbite. Des chercheurs l'ont testée : lancée à une vitesse de 40 mètres par seconde sur une pastèque placée 14 mètres plus loin, elle explose littéralement sa cible.

Torture L'eau constitue un excellent instrument de torture. En Afrique du Sud, la police plonge la tête de ses victimes dans des seaux d'eau ou les étouffe dans des sacs de grosse toile rêche détrempée. En Turquie, les enfants gardés au poste de police (certains âgés d'à peine 12 ans) seraient passés au jet d'eau froide. Les rapports d'Amnesty International épinglent le Bhoutan, où les matons plongent les prisonniers dans des cuves d'eau jusqu'à la quasi-suffocation. Au Kenya, on torture les détenus en les enfermant dans une fosse étroite qui se remplit d'eau peu à peu. On peut faire remonter dans le nez le gaz d'une bouteille d'eau (les habitués des gardes à vue au Mexique connaissent bien cette pratique, qu'ils nomment *tehuacanazo*). Mais une simple goutte peut suffire. En 1974, Archana Guha fut détenue vingt-sept jours par la police de Calcutta, en Inde. « Ils ont rempli une jatte, se souvient-elle, et m'ont versé l'eau froide sur le front. Goutte à goutte. Mais chaque goutte semblait comme une pierre, une grosse pierre qui me cognait la tête. » Elle vit à présent en exil au Danemark, à Copenhague.

Children will play with anything, anywhere (maybe that's why they ingest a tablespoon of dirt a day, on the average). So take away their store-bought guns, and boys will find something else to shoot their friends with. In Zambia, the handmade *spoko* gun (left)—modeled after the national police force's AKA machine guns—fires bits of wire in a pleasingly vicious fashion: To load, slide a nail into the barrel and pack it with match heads. Pull back the bicycle spoke with the rubber strap, and release. The spoke slams into the matches, ignites them and propels the bullet forward. It's not highly accurate, say young Zambians, but it will kill a bird or two. Pebbles fired from the condom catapult can travel at 57m per second, or one-fifth as fast as a bullet from a handgun. Tape a condom over a broken bottle, pull back the rubber and let fly. The catapult—popular during school recess in the UK—was officially labeled a "potentially lethal weapon" by Glasgow Southern General Hospital after a spate of serious eye injuries in Scotland.

Les enfants ont le don de jouer

avec n'importe quoi, n'importe où (ce qui explique sans doute qu'ils avalent en moyenne une cuillerée à soupe de saletés par jour). Jetez leur pistolet de supermarché, et vous verrez qu'ils trouveront autre chose pour mitrailler les petits camarades. En Zambie, les fusils *spoko*, fabriqués main sur le modèle des mitrailleuses AKA des forces de police nationales, tirent des bouts de fer de façon délicieusement perverse. Pour chargez le fusil, glissez un clou dans le canon, puis bourrez de têtes d'allumettes. Armez en tirant en arrière le rayon de bicyclette à l'aide de la courroie en caoutchouc, puis relâchez. Le rayon se rabat violemment sur les allumettes, qui s'enflamment et propulsent la balle. Aux dires des jeunes Zambiens, le système n'est pas extrêmement précis, mais il vous tuera bien à l'occasion un oiseau ou deux. Quant à cette capote-catapulte, elle peut projeter des cailloux à une vitesse de 57 m par seconde, soit un cinquième de celle d'une balle de revolver. Pour cela, enfilez une capote autour d'un goulot de bouteille brisé, scotchez-la, tirez en arrière et relâchez. Le lance-pierre (qui triomphe dans les cours de récréation au Royaume-Uni) a été officiellement qualifié d'« arme potentiellement meurtrière » par le Southern General Hospital de Glasgow, ayant causé en Ecosse une vague de graves blessures aux yeux.

I'd know that crayon anywhere: According to a recent Yale University study, Crayola wax crayons have the eighteenth most recognized smell in the USA (the first two are coffee and peanut butter). Pictured is the "peach" crayon, formerly known as "flesh," and revamped in 1962 when Crayola realized that "not everyone's skin is the same color." It now comes in a Multicultural pack featuring 16 skin, eye and hair shades for "coloring people around the world," including "sepia," "burnt orange" and "goldenrod." Perhaps they can be excused for their earlier inaccuracy: When Crayola's senior designer retired in 1990—after 37 years of work—he finally admitted he was color-blind.

Je reconnaîtrais ce crayon n'importe où Une étude récente, menée par l'université de Yale, place le parfum des crayons de couleur en cire Crayola au 18e rang des odeurs les mieux reconnues aux Etats-Unis (les deux premières étant le café et le beurre d'arachide). Sur notre photo, le crayon «pêche», baptisé «chair» à l'origine et réactualisé en 1962, Crayola s'étant soudainement aperçu que «tout le monde n'a pas la même carnation». Disponible aujourd'hui en pochette multiculturelle de 16 couleurs de peau, d'yeux et de cheveux, dont «sépia», «orange brûlée» et «gerbe d'or», pour «colorier les gens du monde entier». On peut pardonner à Crayola son erreur initiale : lorsque le concepteur d'origine prit sa retraite en 1990, après trente-sept ans de carrière, il avoua qu'il était daltonien.

Alan Schulman is a thoughtful man. He invented the Sock Light because he didn't want to wake up his wife when getting dressed. When he found that choosing clothes in the dark led to mismatched socks, he devised a light that automatically switches on and off when you open and close drawers and cabinets.

Homme prévenant, Alan Schulman a inventé cette lampe enfile-chaussettes pour éviter de réveiller sa femme en s'habillant. Las d'enfiler des chaussettes dépareillées er cherchant ses vêtements dans le noir, il a mis au point un lumignon qui s'allume et s'éteint automatiquement en ouvrant et en fermant les tiroirs et les armoires.

During the embargo, in each neighborhood of Cuba, electricity is shut off for four hours once every four evenings. Baby-food jars and neon lighting tubes make great kerosene lamps. Use a grinding stone to smooth the tubes' sharp edges. (Cotton wicks smoke less than polyester.)

En raison de l'embargo qui sévit encore à Cuba, l'électricité est coupée durant quatre heures, un soir sur quatre, dans chaque district du pays. Nécessité faisant loi, l'assemblage de pots de bébés et de tubes néon forment de parfaites lampes au kérosène. Utiliser une pierre à aiguiser pour arrondir les bords coupants des tubes (les mèches de coton font moins de fumée que le polyester).

אויר טהור
מארץ ישראל
**Pure Air
from Israel**

Israeli airspace
is tiny, and critical:
The Golan Heights
are only two minutes
away from Tel Aviv
by missile. During
the Gulf War, the
478 Israeli Air Force
fighter planes pre-
vented any incursion by enemy aircraft,
and although Iraq launched 39 sur-
face-to-air Scud missiles at Israel, a 60
percent kill rate was achieved by the
Patriot antimissile system. Israel's annual defense spending is a sky-high
US$1,337 per capita. A can of Pure Air
from Israel costs ILS8 ($2.60).

**L'espace aérien
israélien** est non
seulement très exi-
gu, mais extrême-
ment exposé sur le
plan de la sécurité.
En effet, les hau-
teurs du Golan ne
sont qu'à deux mi-
nutes de Tel Aviv à
vol de missile. Pen-
dant la guerre du
Golfe, les 478 chas-
seurs de l'armée
de l'air israélienne
veillèrent à empê-
cher toute incursion aérienne ennemie et
bien que l'Irak ait envoyé 39 missiles Scud
terre-air sur Israël, le système anti-missile
Patriote parvint à en intercepter 60 %. Avec
de tels déploiements de sécurité, le budget
défense d'Israël ne peut être qu'astrono-
mique – il atteint 1 337 $ US par habitant. Une
canette d'air pur israélien coûte 8 ILS (2,60 $).

Fragment When the Berlin wall came down, clever vendors got into the swing of things by selling a little bit of history —fragments of the broken wall and barbed wire. You have to wonder if the millions of tourists who took home the little pieces of history were actually getting the real thing. Ours came with the official Berlin wall stamp proclaiming their authenticity.

Fragment Lorsque tomba le mur de Berlin, des marchands au nez fin sautèrent sur l'occasion pour débiter de l'histoire à la pièce – nommément, pour vendre des fragments du mur brisé et des barbelés afférents. C'est à se demander si les millions de touristes qui ramenèrent chez eux ces gravats historiques ont réellement acheté du vrai. Notre débris portait quant à lui le tampon officiel « mur de Berlin » proclamant son authenticité.

In Tienanmen Square, Beijing, Chinese soldiers opened fire on demonstrators on June 3, 1989. The government said that 300 people were killed; independent estimates put the death toll in the thousands. Margaret Thatcher, the British prime minister, was "appalled by the indiscriminate shooting of unarmed people." Polish leader Lech Walesa called it "brutal genocidal violence." The People's Government of Beijing took a different view. It commissioned this watch, bought from a Beijing street vendor, "in commemoration of the suppression of the turmoil in June 1989."

Place Tian An Men, à Pékin, les soldats chinois ont ouvert le feu sur les manifestants le 3 juin 1989. A en croire le gouvernement, 300 personnes ont été tuées – mais des sources indépendantes parlent de milliers de morts. Margaret Thatcher, Premier Ministre britannique à l'époque, se déclara « épouvantée par ce massacre sans discrimination de personnes désarmées ». Le leader polonais Lech Walesa qualifia cette répression de « violence brutale comparable à un génocide ». De toute évidence, le Gouvernement du Peuple de Pékin a vu les choses d'un tout autre œil. Ce modèle de montre – dont nous avons acheté un exemplaire à un vendeur des rues pékinois – a fait l'objet d'une commande d'Etat, « en commémoration de l'enrayement des troubles de juin 1989 »

A cheap souvenir was picked up by a French naval officer on the Greek island of Melos in 1820. It was a marble statue of Venus made in the 2nd century BC, but it had no arms, so the officer got it for only US$45. Known as the *Venus de Milo*, the statue is now a star attraction at the Louvre museum in Paris, France. The Greek minister of culture has asked for its return; if he ever gets it back it can be reunited with its arms, which were unearthed in 1987. The authentic cheap souvenir shown costs FF89 ($17.80) at the Louvre shop.

Un souvenir bon marché: voilà ce que crut dénicher en 1820 un officier de marine français sur l'île grecque de Milo. Il s'agissait bien d'une statue en marbre de Vénus, datant certes du IIe siècle avant notre ère, mais voilà: elle n'avait pas de bras. L'officier l'acheta donc 45$US. Elle allait devenir la célébrissime Vénus de Milo et l'une des attractions vedettes du musée du Louvre, à Paris. Le ministre grec de la Culture a réclamé son retour en Grèce. Si un jour la restitution s'opérait, la belle recouvrerait ses bras, exhumés lors de fouilles en 1987. Cette vraie Vénus souvenir d'authentique pacotille vous coûtera 89FF (17,80$) à la boutique du Louvre.

For Lit25,000 (US$13.80), you can have this miniature gondola (made in Taiwan) to remind you of the magical Venetian icon. But people who work on Venice's 177 canals would rather forget gondolas. According to one ambulance driver, "Gondoliers don't give a damn about us and won't move even if we have our siren on. They really think they're the princes of the city." Speeding ambulances and other motorboats create different problems. Their wakes erode building foundations along the canals. So the city has imposed a 6.5-knot speed limit and a Lit200,000 ($110) fine for offenders.Fancy a gondola ride? Lit120,000 ($66.30) for the first 50 minutes. Lit60,000 ($33) for every 25 minutes thereafter. Prices go up as the sun goes down. After 8pm Lit120,000 becomes Lit150,000 ($83), Lit60,000 becomes Lit75,000 ($41). But don't expect the gondolier to sing—it's a myth. You want music? Hire an accordion player and vocalist. The bill? A minimum of Lit170,000 ($94).

Vous avez 25 000 LIT (13,80 $ US) à perdre ? Peut-être achèterez-vous cette gondole miniature, fabriquée à Taïwan, en souvenir de ce fabuleux emblème de la cité des Doges. Pourtant, les Vénitiens qui travaillent chaque jour sur les 177 canaux de la ville enverraient volontiers les gondoles aux oubliettes. « Les gondoliers se fichent de nous, maugrée un ambulancier. On a beau mettre la sirène, ils ne bougent pas d'un poil. Ils se prennent vraiment pour les princes de la ville. » Les ambulances pressées et autres bateaux à moteur posent des problèmes d'un autre ordre : leur sillage érode les fondations des bâtisses en bordure des canaux. Aussi la municipalité a-t-elle imposé une vitesse limite de 6,5 nœuds, assortie d'une amende de 200 000 LIT (110 $) pour les contrevenants. Vous rêvez d'un tour en gondole ? Comptez 120 000 LIT (66,30 $) pour les cinquante premières minutes, puis 60 000 LIT (33 $) par tranche de vingt-cinq minutes supplémentaire. Les prix montent quand la nuit descend : après 20 heures, les deux tarifs précités passent respectivement à 150 000 LIT (83 $) et 75 000 LIT (41 $). Et n'attendez pas que le gondolier pousse la chansonnette : c'est un mythe. Pour la musique, louez un accordéoniste et un chanteur. L'addition ? 170 000 LIT (94 $) minimum.

Replica If you can't afford the real thing, get a quality reproduction of a painting by Van Gogh (US$15) from Gallery Lê Ngat in Ho Chi Minh City, Vietnam, where a team of artists reproduce old and new works of art, usually making two copies at a time. And if you take along a photo, you can have the face of a loved one substitute the original—and turn your girlfriend into a Botticelli or a Botero.

War souvenirs are popular with tourists visiting Vietnam. In the Dan Snh market (also known as the military market) in Ho Chi Minh City, you can find anything from Zippo lighters to foot powder to soldiers' name tags. And the same kind of hats that were worn by the Viet Cong can be purchased in stalls throughout the city. As the market for souvenirs continues to thrive, copies of military clothing are being manufactured in Thailand, Cambodia and Vietnam.

Réplique Vous ne pouvez vous offrir l'original? Pour 15$US, achetez une reproduction de qualité d'une toile de Van Gogh à la galerie Lê Ngat d'Ho Chi Minh-ville (Viêt Nam). Une équipe d'artistes besogne sur place, réalisant des copies d'œuvres d'art anciennes ou contemporaines avec un tel souci du rendement qu'ils peignent d'ordinaire deux répliques à la fois. Si vous apportez une photo, vous pourrez substituer les traits d'un être cher au portrait original, et faire de votre bonne amie un Boticelli ou un Botero.

Les souvenirs de guerre séduisent fort les touristes visitant le Viêt Nam. Au marché Dan Snh de Ho Chi Minh-ville (également appelé marché militaire), vous trouverez tout ce qui compose l'attirail du combattant, depuis les briquets Zippo jusqu'à la poudre pour mycoses du pied, en passant par les étiquettes marquées au nom des soldats. Sur les étals disséminés dans toute la ville, on vous vendra en outre des couvre-chefs tout semblables à ceux que portaient les Viêtcongs. Pour profiter d'un marché du souvenir toujours plus prospère, la Thaïlande, le Cambodge et le Viêt Nam produisent désormais de faux surplus militaires.

Marketing There are three reasons why you might want to buy Death cigarettes. You like the honesty of what's written on the package: "Tobacco seriously damages health. Cigarettes are addictive and debilitating. If you don't smoke, don't start." Or you'd like to show your solidarity with cancer sufferers, as you smoke so much you might get it yourself one day: 10 percent of the Enlightened Tobacco Company's pretax profits are donated to antivivisection cancer research. Or maybe death just doesn't scare you. Such brazen marketing, aimed at the 25-35 age group, is less risky than it seems: Not only are young people the fastest-growing segment of cigarette smokers, but they are more receptive to new brands. Still not convinced? You could always try Death Lights.

Marketing Trois raisons pourraient vous décider à acheter ces Cigarettes de la mort. Soit vous appréciez l'honnêteté de la mention figurant sur le paquet : « Le tabac nuit gravement à la santé. Les cigarettes créent une dépendance et fragilisent l'organisme. Si vous ne fumez pas, ne commencez pas. » Soit vous souhaitez faire acte de solidarité vis-à-vis des personnes atteintes d'un cancer, sachant que vous êtes un gros fumeur et que cela vous pend au nez. En effet, 10 % des bénéfices réalisés avant impôts par la Enlightened Tobacco Company sont reversés aux centres de recherche contre le cancer ne pratiquant pas la vivisection. Soit la mort ne vous fait pas peur. Un marketing aussi impudent, ciblé sur les 25-35 ans, est moins risqué qu'il n'y paraît : non seulement les jeunes représentent la catégorie de fumeurs qui s'élargit le plus rapidement, mais ils se révèlent réceptifs aux nouvelles marques. Pas encore convaincu ? Il vous reste toujours Death Lights

DEATH™
CIGARETTES

TOBACCO SERIOUSLY
DAMAGES HEALTH

Shell Now that the Bosnian war is officially over, Sarajevo's metal craftsmen have stopped making weapons and returned to their true vocation. In their shops you can find traditional copper crafts, including coffee sets and embossed shells. This one was purchased at a stall on Kazandžiluk Street in the 550-year-old Baščaršija bazaar in central Sarajevo.

Cartouche Avec la fin des hostilités en Bosnie, les artisans du métal de Sarajevo ont cessé de fabriquer des armes pour revenir à leur véritable vocation. Dans leurs boutiques, vous trouverez des objets de ménage et bibelots en cuivre traditionnels, depuis le service à café jusqu'à la cartouche de balle en métal repoussé. Celle-ci a été achetée sur un étal de la rue Kazandžiluk, au bazar Baščaršija (un marché vieux de 550 ans), en plein centre-ville.

Blind Only 20 percent of blind people in the UK can read Braille, a tactile method of reading and writing consisting of combinations of raised dots. The UK's Royal National Institute for the Blind produces stylish watches and clocks that allow visually impaired people to tell the time with Braille or audio mechanisms.

Braille die Feel your way around Trafalgar Square and Liverpool Street Station with the British Braille version of Monopoly, everyone's favorite board game. It comes complete with Braille instructions and Braille dice.

Aveugle 20% à peine des aveugles britanniques ont appris à lire le Braille, une méthode d'écriture et de lecture tactile consistant en une combinaison de points en relief. L'Institut royal britannique des mal-voyants produit d'élégantes montres et pendules permettant de lire l'heure en Braille ou de l'entendre par système audio.

Dé en Braille Orientez-vous au toucher pour traversez Trafalgar Square et la gare de Liverpool Street, grâce à cette version britannique en Braille du Monopoly – un jeu de société qui connaît le même engouement chez voyants et non-voyants. Rien n'y manque, ni la règle du jeu, ni les dés, le tout en Braille.

Don't panic when you have an ear infection (otitis media—a common but painful ailment in babies, usually caused by bacteria or viruses). But if you do have an ear or tummyache, or need some cuddly comfort, get yourself a Boo Boo Bear. These warm/cool packs just need a few minutes in the microwave (or some time in the fridge) before being applied to the affected area.

Pas de panique en cas d'otite (ce n'es guère qu'une inflammation douloureus de l'oreille moyenne, très fréquente che le nourrisson, et habituellement due à de bactéries ou à des virus). Bobo à l'oreille, a petit bedon ? Grosse envie de câlins ? Vite réclame toi aussi ton Boo Boo Bear (our bobo). Existe en version chaude ou froide quelques minutes au micro-ondes (ou dan le frigo) et hop ! Tu l'appuies là où ça fait ma

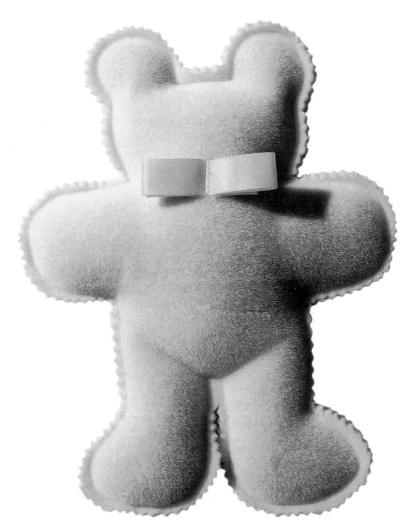

Blind weapons The Valmara 69 "bounding" land mine functions like this: Once detonated by the pressure of a foot, it leaps half a meter into the air before shattering into 16,000 fragments of shrapnel, known as flechettes. The flechettes are cubes cut from sheet metal and suspended in a pot of explosives 15cm wide and 20cm high. Anyone within 30m of the device will die instantly. A thin trip wire is linked to nearby mines, triggering a chain-reaction and extending the lethal radius. According to the United Nations, 100 million mines lie in the soil of 60 countries. While human rights organizations fight for a total ban on the use and sale of land mines, mine-scattering systems are deploying mines at a rate of more than 1,700 a minute. From 1981 to 1985, Valsel la Meccanotecnica S.p.A. of Italy sold 750,000 Valmara 69 mines to Iraq at the cost of US$41 each.

Armes aveugles La mine terrestre « bondissante » Valmara 69 fonctionne comme suit : après sa détonation sous la pression du pied, elle fait un bond en l'air de 50 cm avant d'éclater en 16000 éclats, connus sous le nom de fléchettes. En fait de fléchettes, il s'agit plutôt de cubes découpés dans une feuille de métal, en suspension dans une douille géante, large de 15 cm, haute de 20, et bourrée d'explosifs. Quiconque se trouve dans un rayon de 30 m du dispositif meurt instantanément. Pour couronner le tout, un mince fil détonateur relie la « bondissante » aux mines voisines, provoquant une réaction en chaîne et étendant ainsi le périmètre mortel. Selon les Nations unies, 100 millions de mines trufferaient à l'heure actuelle notre planète, enfouies dans le sol de 60 pays. Tandis que les organisations de défense des droits de l'homme se battent pour obtenir l'interdiction totale d'utilisation et de vente des mines terrestres, les dispositifs de déploiement en répandent plus de 1700 à la minute. Entre 1981 et 1985, la société italienne Valsella Meccanotecnica S. A. a vendu à l'Irak 750000 mines Valmara 69, au prix de 41 $ US l'unité.

More deaths than Hiroshima and Nagasaki combined! Mostly farmers by trade, the Hutu majority in Rwanda resorted to the nearest weapon—an agricultural implement—when civil war broke out in 1994. Over the next four months, the machete killed more people than the nuclear bombs dropped on Hiroshima and Nagasaki (where an estimated 110,000 died). Some victims are reported to have paid money to be shot with an AK-47 rather than hacked to death by machete.

Plus de morts qu'à Hiroshima et Nagasaki réunies! Les Hutus, qui forment la majorité ethnique du Rwanda, sont prioritairement des agriculteurs. Quand éclata la guerre civile en 1994, ils utilisèrent donc la première arme disponible: un outil agricole. Dans les quatre mois qui suivirent, la machette fit plus de ravages humains que les bombes nucléaires lâchées sur Hiroshima et Nagasaki (où l'on dénombra pourtant quelque 110000 morts). Certaines victimes auraient même payé, dit-on, pour être tuées au fusil AK-47 plutôt que massacrées à coups de machette.

Convenience

Flex-cufs are disposable handcuffs made from the same plastic that chemical companies use to store their wastes. They have a patented one-way locking mechanism and cannot be removed except with special wire cutters. Law-enforcement agencies in South Africa, Israel, Turkey, Germany and the USA have already discovered the advantages of the Flex-cuf. As Bob Kahil, Flex-cuf marketing manager for the Middle East, points out: "The Flex-cuf is perfect for arresting people at demonstrations, or if you have to deport illegal aliens coming to your country from Jamaica or China. You can tie them all together and put them on a plane or boat and send them home."

Commodité

Ces menottes flexibles Flex-cufs sont je-tables, et fabriquées dans le même plastique que celui utilisé par les industries chimiques pour stocker leurs déchets. Equipées d'un mécanisme breveté qui ne peut que se fermer, elles s'enlèvent uniquement avec des tenailles spéciales. En Afrique du Sud, en Israël, en Turquie, en Allemagne et aux Etats-Unis, les forces de l'ordre ont déjà pu apprécier les avantages des Flex-cufs. Comme le souligne Bob Kahil, responsable marketing du produit au Moyen Orient : « Les Flex-cufs sont parfaites pour arrêter des manifestants, ou pour expulser des clandestins venus de Jamaïque ou de Chine. Vous les attachez tous ensemble, vous les enfournez dans un avion ou sur un bateau, et vous les renvoyez dans leurs foyers sans coup férir. »

A favorite toy of generations of Afghan children: The Russian-made PFM-1 antipersonnel mine. Children just love the bright green color and wings of the "butterfly," as it's nick-named—in fact, statistics show that the PFM-1 has attracted more children than any other of the 630 types of anti-personnel mines currently littering the planet (despite stiff competition from shoe polish lid, pineapple and ball shapes). Splav, the butterfly's Russian manufacturer, denies marketing the toy specifically for children: The wings, they say, allow the butterflies to float down prettily from helicopters (as they did during the 1979-89 occupation of Afghanistan), while the green color disguises them in grass (where 15 million or so now lie). So it's only a happy coincidence that "intentional handling," or curious people picking up mines, still causes the majority of incidents. Or that when the butterfly is picked up, the detonation of liquid explosive and tiny blades in the wings can blow a small hand off.

Voici le jouet favori des enfants afghan depuis des générations : la PFM-1, mine anti personnel de fabrication russe. Ce qui les fai craquer ? Sa couleur vert vif et ses deux « ailes (qui lui ont valu son surnom de « papillon »). Le statistiques sont éloquentes : la PFM-1 a attire plus d'enfants que n'importe quelle autre parmi les 630 types de mines qui jonchen aujourd'hui la planète (malgré l'implacable concurrence de ses rivales en forme de cou vercle de boîte à cirage, d'ananas ou de bal lon). Splav, le fabricant russe du papillon réfute toute stratégie commerciale ciblant le jeunes enfants. Les ailes ? Simple choix tech nique, disent-ils. Elles permettent de gracieu: vols planés aux papillons lâchés des hélicop tères (comme on en vit de si beaux durant l'oc cupation de l'Afghanistan, entre1979 et 1989) quant à la couleur verte, elle sert à les camou fler dans l'herbe (où sont encore disséminée: quelque 15 millions de mines). Pure – et heu reuse – coïncidence, donc, si le « maniemen intentionnel », motivé par la simple curiosité est encore à l'origine de la plupart des acci dents. Coïncidence encore si la détonation d'explosi liquide et la projection de micro-lames contenues dan les ailes son juste calibrées pour arracher une petite menotte

Therapy Royce Hernandez uses clay to help abandoned children in the Philippines. This new technique—called clay therapy—seems to make the children feel happier, and they get to play while they learn. Increase your own happiness levels with Scented Play-Clay. This colorful, scented play-doh combines touch, smell and visual stimuli for a unique sensory experience.

Thérapeutique Royce Hernandez se sert d'argile pour adoucir le sort des enfants abandonnés aux Philippines. Cette technique inédite – dite argilothérapie – semble réussir à ces petits, qui paraissent plus heureux et apprennent en s'amusant. Elevez votre propre niveau de bien-être grâce à cette argile à jouer parfumée. Ce jouet coloré et odorant conjugue des stimuli sensoriels, olfactifs et visuels qui vous procureront une sensation unique.

Epilepsy Pikachu, pictured here, made 730 Japanese children convulse after they watched Pokemon, a cartoon featuring Pikachu and based on Nintendo's Pocket Monsters video game. Red lights flashing in Pikachu's eyes in one scene probably triggered photosensitive or TV epilepsy (hallucinations or seizures caused by disturbed electrical rhythms in the brain). Epileptic attacks in video game users—now nicknamed "Dark Warrior epilepsy"— are thought to be more common than TV epilepsy because of the games' geometric figures, and because players sit closer to the screen. Even so, sales of Pocket Monster goods featuring Pikachu and other characters still generate US$3.14 billion each year.

Epilepsie 730 petits Japonais ont été pris de convulsions après avoir regardé Pokemon, un dessin animé inspiré du jeu vidéo Pocket Monsters de Nintendo, et où figurait Pikachu. Les éclairs rouges intermittents que lançaient les yeux de ce petit personnage dans l'une des scènes ont sans doute provoqué une épilepsie photosensible ou télévisuelle (hallucinations ou attaques convulsives causées par une perturbation des flux électriques dans le cerveau). L'épilepsie des utilisateurs de jeux vidéo – désormais rebaptisée « épilepsie Dark Warrior » – est en théorie plus fréquente que son équivalent télévisuel. Deux raisons à cela : dans un jeu vidéo, le graphisme est essentiellement géométrique, et les joueurs sont assis tout près de l'écran. Mais rien n'y fait : les ventes de produits dérivés Pocket Monsters, où figurent Pikachu et autres personnages du genre, rapportent toujours chaque année 3,14 milliards de dollars US.

"We call our dolls 'Friends'

because that's what we want them to be and because the word 'doll' carries so many stereotyped messages," say People of Every Stripe!, who make this "Girl with Prosthesis." One of a collection of handmade Friends —each available in 20 different skin tones and with mobility, visual, auditory or other impairments—she has a removable prosthesis that fits over her leg stump. Crutches, wheelchairs, leg braces, hearing aids, white canes, and glasses are optional accessories. "Human beings have made fabulous technological advances," explain Barbara and Edward, owners of People of Every Stripe!, "Yet our interhuman relationships have not advanced nearly enough, and far too many individuals are not flourishing in their inner lives. We hope that our merchandise and guidance help to improve this situation."

« Nous appelons nos poupées des 'Amies'

car c'est le rôle que nous souhaitons leur voir jouer, et parce que le mot 'poupée' véhicule trop de clichés », déclare People of Every Stripe ! (gens de toutes sortes), créateur de cette « Petite Fille à prothèse ». Cette poupée s'intègre à une collection complète d'« Amies » faites main, disponibles dans 20 nuances de carnation et présentant des handicaps moteurs, visuels ou auditifs. Elle dispose d'une prothèse amovible qui s'emboîte sur sa jambe amputée. Béquilles, fauteuil roulant, appareils orthopédiques, audiophone, canne blanche et lunettes sont autant d'accessoires en option. « L'homme a fait de fabuleux progrès dans le domaine technologique, expliquent Barbara et Edward, les propriétaires de People of Every Stripe !. Pourtant les relations humaines en sont toujours au même point ou presque. Il existe encore bien trop de gens que la société ne laisse pas s'épanouir. Nous espérons que nos articles et nos conseils contribueront à changer cet état de choses. »

Yellow Pages

Where we got most of it, and a few more things we think you should know.

Inside your body, a guinea worm can grow to over a meter in length before it leaves by boring through the skin, causing debilitating wounds. It gets there inside tiny snails that are swallowed in dirty drinking water. But it's easily avoided—just filter water with a special cloth. In Africa, it affects around 120,000 people a year. Send donations to buy cloth and stop the worm's spread: The Carter Center, Office of Development, One Copenhill, Atlanta, GA 30307, USA. Tel. +1 404 4205109, fax +1 404 6881701. *www.carter center.org*

Volunteer for US. PIRG, a grass-roots lobbying organization working for cleaner water, biodegradable packaging and better recycling systems. Internships and paid employment available. Write to: United States Public Interest Research Group, 218 D Street S.E., Washington DC 20003, USA. Tel +1 202 5469707, fax +1 202 5462461. *www.pirg.org/us pirg*, E-mail: *uspirg@pirg.org*

Water is needed in Sudan. UK£30,000 is needed to finance the Khor Arba'at Rehabilitation Project, which will supply it to the Khor Arba'at delta area. Managing the project is SOS Sahel International, a UK-based charity which specializes in agroforestry, soil and water conservation schemes on a village basis. All projects in Africa are managed by local staff. Donations (cash or check) to SOS Sahel UK, 1 Tolpuddle Street, London N1 0XT, UK. Tel. +44 20 78379129, fax +44 20 7837 0856.

Two billion people have no access to safe drinking water. WaterAid teaches them how to build needed wells by hand, with minimal tools and costs, giving a village of 200 access to safe water for only US$15 per person. To help, contact WaterAid, Prince Consort House, 27-29 Albert Embankment, London SE1 7UB, UK. Tel. +44 20 7793 4500, fax +44 20 77934545. *www.wateraid.org.uk*

Operation Crossroads Africa volunteers spend six

To order Yellow Page items, use the currency of the destination country, unless otherwise noted. Amex=American Express, MC=MasterCard, V=Visa, CK=checks, IMO=International Money Order, p&p=postage and packing.

Raspberry Marshmallow Fluff p 12 Durkee Mower, Inc., 2 Empire Street, Lynn, MA 01902, USA. Tel. +1 781 5938007. *www.fluffernutter.com*

Cheez Doodles p 13 Cheez Doodles are made by Wise Foods, Inc., a brand of Borden, Inc., 180 E. Broad Street, Columbus, OH 43215-3799, USA. Tel. +1 614 2254000. To learn more visit: *www.bordenfamily.com*

Universal water container p 19 UNICEF, Unicef Plads, Freeport, DK-2100, Copenhagen, Denmark. Tel. +45 35 273527, fax +45 35 273540.

FOOD Guide

weeks helping with school construction, inoculation drives, water system installations or reforesting in Africa or in the Caribbean area. Everyone puts in several hours of manual labor each day and lives in a simple workcamp environment. Participants are encouraged to raise the program fee from schools, religious organizations, friends or civic groups. Operation Crossroads Africa, 475 Riverside Drive, Suite1368, New York, NY 10115, USA. Tel. +1 212 8702106, fax +1 212 870 2644. www.igc.org/oca

"The devil's water is coming" was the initial reaction of many people to the first tube wells sunk in Bangladesh in 1962. The prophecy proved right. The naturally arsenic-rich soil contaminated over half of the country's drinking water. Dr. Dipankar Chakraborti, the first scientist to discover the problem, provides relevant information and seeks scientific assistance and moral support to find solutions to the crisis. Jadavpur University, School of Environmental Studies, Calcutta 700032, West Bengal, India. Tel. +91 33 4735233. E-mail: dcsoesju@vsnl.com

Women grow 80% of Africa's food. That's why the Hunger Project works especially with them, and it helps other malnourished communities in India and Bangladesh, too. Rather than just giving out food aid, the projects aim to promote self-reliance—if local people can take over the development workers' jobs, then the project has done its job. The organization's Africa Prize for Leadership for the Sustainable End of Hunger annually honors distinguished African women and men who have helped eradicate hunger with sustainable projects. The Hunger Project, 15 East 26th Street, New York, NY 10010. Tel +1 212 2519100, fax +1 212 532 9785. www.thp.org Donations accepted: CC, IMO, CKUS$.

McDonald's 23,000 restaurants worldwide bring in US$30 billion every year. In 1997, new Mickey D's opened in Ukraine, Cyprus, Ecuador and Bolivia, among other places. In the Czech Republic, anti-McDonald's campaigners accuse the restaurant chain of damaging the environment. To support their boycott, contact: Hnuti Duha Plzen, Uslavska

29, 30144 Plzen, Czech Republic. Donations. Tel./fax +420 19 7455905. For other anti-McDonald's campaigns: www.mcspotlight.org

It tastes great and turbocharges your morning, but is it ethical? Coffee monitored by the Max Havelaar Foundation is. They work with farmers in Central America, making sure they are paid fairly for their crop. Look for their seal of approval: in NL it's Max Havelaar; UK, Cafédirect; Germany, Transfair. For info call +31 30 334 602 or write the foundation at Postbus 1252, 3500 BG Utrecht, The Netherlands. www.maxhavelaar.nl

Donate food, money and land to 32 million hungry Brazilians. With 5,000 committees across Brazil, all sectors of Brazilian society (workers, students, businessmen, artists), are involved in activities of gathering and distributing food. So far, 21 million people have been mobilized. Ação da Cidadania Contra a Miséria e pela Vida (Citizens' Action Against Poverty and for Life), Rua Vicente de Souza, 29 Botafogo, Rio de Janeiro, 22251-070-RJ, Brazil. Tel. +55 21 286 6161, fax +55 21 2860541.

FOOD Guide

Organ donor programs need volunteers. Marrow donors give only two tablespoons of blood for analysis. A match (which is unlikely) means a "simple surgical procedure." The marrow regenerates within weeks. For vital organs, donation depends on letting your family know your wishes. If you should be the victim of an accident, your organs can save adults or children who might otherwise die. For more information, contact a local hospital or write: Naarstigting Donovwerring (van Riebeetweg 214, 1213X2, Hilversum), Postbus 764, 120080, Netherlands. (For Belgium, Luxembourg, Netherlands, Austria and Germany).

The Midnight Basketball league was founded in 1986 in Glendarden, USA, to give young people an alternative to crime, drugs and alcohol. The program has since spread to many major US cities. To find out more about the program, contact the National Association of Midnight Basketball Leagues at 1980 Mountain Boulevard, Suite 214, Oakland, CA 94611, USA. Tel. +1 510 3391272, fax +1 510 3392864.

Healthy volunteers are used by the Association of Independent Clinical Research Contractors to conduct medical trials on new drugs on behalf of its members. It says all its members are closely vetted for safety. Volunteers must undergo medical trials before being selected. The Association has members in the UK, Belgium and the Netherlands. Contact Mrs Dilks, AICRC, PO Box 1055, Leicester LE2 4XZ, UK. Tel. +44 116 271 9727, fax +44 116 2713155. *www.aicrc.org.uk*

AIDS and opium are a killing combination in Burma. Cross-border trade in sex and drugs has made 400,000 Burmese HIV positive. The Burma-American Fund works in AIDS prevention and encourages indigenous women to seek alternatives to opium cultivation. They need volunteers worldwide to distribute information on Burma. Donations by check to BAF, 160 West End Avenue, 18J, New York, NY 10023, USA. Tel. +1 212 5224585.

Since 1986, it has been illegal to slaughter whales. Yet in 1997 Japan and Norway killed more than 1,000 ostensibly for "scientific purposes." Coincidentally, whale meat is still served as a delicacy in both countries. And in the Tokyo fish market, whale meat sells for ¥25,500 (US$200) per kg. Stop the slaughter of these mysterious and beautiful sea creatures: Support the Japan Whale Conservation Network. Membership: ¥3,000. 3-7-9-210 Shimohoya, Hoyashi, Tokyo 202, Japan. Tel./fax +81 424 238779. E-mail: *JCBO1346@nifty.or.jp*

Anteaters, river dolphins and macaws live in the Beni Wildlife Reserve in northern Bolivia, not too far from areas where women's soccer clubs are popular. Volunteers help scientists survey insects, birds, and small mammals in the rain forest canopy. Contact Earthwatch, 3 Clock Tower Place, Suite 100, Box 75, Maynard, MA 01754, USA. Tel. +1 978 461 0081, fax +1 978 4612332. *www.earthwatch.org*, E-mail: *info@earthwatch.org*

Barbie loves to shop. She loves trying on clothes. She loves Ken. The Barbie Liberation Organization, however, hates Barbie, claiming she's sexist and teaches girls to be passive. Past campaigns by

FOOD Guide

Edible plate p 22 Biopac Austria, Verhauf Production, Ebreichsdorfer Strasse18, A-2512 Tribuswinkel, Austria. Tel. +43 2252 8034723, fax +43 2252 84083.

Forkchops p 23 Forkchops Enterprises, Inc., 1274 N. Crescent Heights Boulevard 342, West Hollywood, CA 90046, USA. Tel./fax +1 323 6561494. *www.fork chops.com,* E-mail: *mdomen5@aol.com* US$3.95 per pair + US $1 p&p.

Vegemite p 38 Kraft Foods International, 850 Lorimer Street, Port Melbourne, Victoria 3207, Australia. *www.kraftinternational.com*

Beano p 40 AK Pharma, Inc., 6840 Old Egg Harbor Road, Egg Harbor Township, NJ 08234, USA. Tel. +1 609 6455100. *www.akpharma.com*

Gourmet cheese p 41 Patrick Baumont, Chez Cotard, 63290 Puy-Guillaume, France. Tel. +33 4 7394 1314, fax +33 4 73941693.

Plastic sushi p 42 To reach Tokyo's Kappabashi neighborhood take the Ginza subway line to Tawaramachi station and walk west along Asakusa Avenue. Take a right at Kappabashi Utensil Market Avenue and head north.

Locusts p 47 Find them at Barrow Boar, Fosters Farm, South Barrow, Yeovil, Somerset BA22 7LN, UK. Tel. +44 1963 440315. About UK£800/Kg.

Num toa p 51 Rarn Horng Thai at the Jutuchuk Market, Bangkok, Thailand. 35 baht.

Chopsticks p 53 The chopsticks are included in the total price of a cremation: around ¥57,230. Ochiai Crematorium, 3-34-12 Kami-Ochiai, Shinjuku-ku, Tokyo 161-0034, Japan. Tel. +81 3 33614042. Open 24 hours, 7 days a week.

the organization have included surreptitiously switching the voice boxes of speaking Barbie dolls on store shelves with those of violent action figures. The BLO is currently working on the Virtual Junky, a Tamagotchi-like virtual pet that exposes the dependence these toys create in young users, and the distraction from schoolwork that they cause (BLO members are all teachers). Contact them for videos and to learn how you can get involved in their campaigns. BLO, PO Box 11078, Loudonville, NY 12211, USA. Tel. +1 518 2762250.

Plastic waste in India totals 4.5 million tons a year. The main culprit is polyethylene (what shopping bags are made of; they take up to 100 years to decompose). To discourage the use of plastic bags, the Vasundhara (Earth) group promotes the use of non-polyethylene bags and conducts environmental education campaigns on subjects such as garbage separation and sanitation in the community. The group needs volunteers and donations. Contact Satyanarayan Rajhans, Vasundhara, Kherwadi Municipal School,

FOOD Guide

Kherwadi Road, Bandra East, Mumbai 400 051, India. Tel. +91 22 6431090.

Oxfam was founded in 1942 to combat famine. Now the world's leading NGO, it raises funds and awareness of world poverty. The organization supports 2,000 development projects in 72 countries worldwide. Get involved. Volunteer your services and help the fundraising campaign. If you are too busy, send a donation. Oxfam, 274 Banbury Road, Oxford OX2 7DZ UK. Tel.+44 1865 311311, fax +44 1865 312600. www.oxfam.org.uk

Primates may not like to breed in captivity, but swine do. That's one reason scientists plan to cut out pig hearts and transplant them into humans. That's bad news for the pigs, says the Monaco-based Vegetarian Movement, which opposes so-called butcher surgeons. We suffer from cardiovascular disease because we devour pigs, they argue, but we plan to slaughter even more to save ourselves. For information about their activities, write to Mouvement Végétariste, 16 escaliers du Castelleretto, MC98000, Monaco.

Heart Nori Punch p 56 Ah-Nest, Inc., 2-350 Idomaki, Tsubame-shi, Niigata-ken 959-1232, Japan. Tel. +81 256 642525. ¥1,960.

Waffle maker p 57 AS Wilfa, Postboks 146, N-1483 Sketta, Norway. Tel. +47 22579860. NKr400. Taste them at Annabel's Te salong, Lille Øuregate, Bergen.

Reusable water bottle p 59 The Pure Water Company, Hans Nielsen Hauges gate 39, N-0481 Oslo, Norway. Tel. +47 22893950, fax +47 22893960.

Shredded gum p 67 Big League Chew is produced by Amurol Confections, 2800 State Route 47, Yorkville, IL 60560, USA. Tel. +1 630 5534800, fax +1 630 5535077. www.bubblegum.com

South Korea chewing gum p 69 Lotte Confectionary Co. Ltd., 23 Yangpyong-dong 4-ga, Yongdungpo-gu, Seoul, South Korea. Tel. +82 2 6759311. www.lotteconf.co.kr; Haitai Confectionary Co., C.P.O. Box 4071, Seoul, South Korea. Tel. +82 2 709 7650. www.ht.co.kr

Self-heating espresso p 71 Nuova Ditta Srl, corso Garibaldi 204, 80028 Grumo Nevano (NA), Italy. Tel. +39 081 8304044.

Kopi Luwak coffee p 76 J. Martinez & Co., 3230 Peachtree Rd Northeast A, Atlanta, GA 30305, USA. Tel. +1 404 2315465. US$75 per quarter-pound.

Brain Foods p 79 Dr. Nakamats' Hi-Tech Innovation Institute, Landic No. 2 Akasanka Bldg, No. 10-9, 2-Chome, Akasaka, Minato-ku, Tokyo 107, Japan. Tel. +81 3 35855605, fax +81 3 35895858.

Barbie pasta p 80 H.J. Heinz Co. Ltd., Stockley Park, 6 Roundwood Avenue, Uxbridge, Middlesex, UB11 1HZ, UK. Tel. + 44 20 85737757. www.heinz.co.uk

Vegetarians have a reduced risk of developing heart disease and live longer than meat-eaters, according to one British study. The International Society of Krishna Consciousness is the largest vegetarian organization in the world. Since its founder declared that no one would go hungry around the Society's temples, it has served 78 million free meals in more than 63 countries. Food for Life Global, PO Box 59037, Potomac, MD 20859, USA. Tel. +1 301 2992100. *http://ffl.org*, E-mail: *priya@ffl.org* Volunteers needed.

One million babies die every year because they're not breast-fed. Yet when breast-feeding is promoted by hospitals and health workers, rates of death and infection drop dramatically. The UNICEF/WHO Baby-Friendly Hospital Initiative was established worldwide in 1990, and encourages hospitals to promote breast-feeding and stop distributing free infant formula. For the free campaign newsletter, *BFHI News*, write or fax a request to Mrs. Hein, Distribution Office, UNICEF House, 3 UN Plaza, New York, NY 10017, USA. Tel. +1 212 3267000, fax +1 212 3267375. E-mail: *pub doc@unicef.org*

Solar Cookers Approximately 1.5 billion people in Africa do not have enough fuel to cook with. In Niger, forests have been stripped bare, and in many refugee camps, women have to walk 12km to find wood for cooking fires. The solar cooker might be the solution. A piece of cardboard covered with aluminum, it deflects the sun's rays onto a black pot, generating temperatures of up to 300°C—perfect for that sorghum stew. Solar Cookers International is a nonprofit, educational organization that has been introducing the use of cookers in refugee camps in Ethiopia, Zimbabwe, Tanzania, Belize, Costa Rica and other countries. To donate a solar cooker (you pay, they provide the cooker) contact: SCI, 1919 21st Street, Suite 101, Sacramento, CA 95814, USA. Tel. +1 916 455 4499, fax +1 916 4554498. *www.solarcooking.org*, E-mail: *sci@igc.org*

Awards are given to Costa Rican bananas grown in an eco-nice way by the US Rainforest Alliance. Look for the "ECO OK" seal of approval in your market. For info and to encourage other growers to get involved, write to: Rainforest Alliance, 65 Bleecker Street, New York, NY 10012, USA. Tel +1 212 6771900, fax +1 212 677 2187. *www.rainforest-allian ce.org*, E-mail: *canopy@ra.org*

"We are forced to grow bananas for other people, while there is less corn to feed our own populations," says Costa Rican farmer Wilson Campos. Intensive banana cultivation (controlled by huge multinational fruit companies like Chiquita and Del Monte) leads to deforestation and water pollution in developing countries. Banana Link campaigns for a fair banana trade; get their report, *Just Green Bananas*. Contact BL, 38-40 Exchange Street, Norwich, Norfolk NR21AX, UK. Tel. +44 1603 765670 fax +44 1603 7616 45. *www.bananalink.org.uk*, E-mail: *blink@gn.apc.org*

Europeans love bananas: Every year, they consume 10.7kg of them each (that's 9,523 calories). But at a price. The banana trade is controlled by three multinationals (Dole, Chiquita and Del Monte), and working conditions in banana plantations leave much to be desired: In Costa Rica, thousands of banana workers are sterile because of excessive pesticide use, and they earn only 2-3% of the bananas' retail price. To help the World Development Movement fight poverty and injustice caused by multinationals, send donations to 25 Beehive Place, London SW9 7QR, UK. Tel. +44 20 77376215, fax +44 20 72748232. *www.wdm. org.uk*, E-mail: *wdm@wdm. org.uk* Membership: UK£16 (waged), UK£8 (unwaged). CC, IMO, UK£.

Every day, 50 plant species become extinct. And each lost species is a lost opportunity—scientists believe that plants hold the key to finding cures for many diseases. To help safeguard the plants in your part of the world, donate seeds to the Seed Savers' Network. They'll catalogue the seeds, then package and distribute them free of charge to farmers and gardeners around the world in an attempt to preserve biodiversity. 9-13 Old Bangalow Rd, PO Box 975, Byron Bay NSW 2481, Australia. Tel./fax +61 2 668 56624. *www.seedsavers.net*, E-mail: *info@seedsavers.net*

Logging rates in Malaysia are now double those recommended by the International Timber Organization. To help Anderson Mutang Urud fight for indigenous rights and try to stop unrestricted logging, please send contributions to—or request information from—Bruno Manser Fonds, Heuberg 25, CH-4051 Basel, Switzerland. Tel. +41 61 261 9474, fax +41 61 2619473. *www.bmf.ch*, E- mail: *info@ bmf.ch*

The Voluntary Workcamps Association of Ghana (VOLU) helps develop rural areas. Volunteers work in small villages and towns on projects that involve digging, clearing brush and pouring concrete to build roads, houses, schools, clinics and latrines. You must be at least 18. Volunteers must apply through a national workcamp organization in their own country; U.S. volunteers should apply through the Council on International Educational Exchange. Contact the CIEE, International Voluntary Service Dept., 205 E. 42nd Street, New York, NY 10017 USA. Tel. +1 212 8222600. *www.councilex changes.org*, E-mail: *info@ councilexchanges.org*

The discrimination of the aborigines by Australian government over centuries has caused lack of employment and recreational opportunities, and leads many young rural Australian Aborigines to sniff gasoline to relieve boredom. The resulting social problems threaten the 40,000-year-old culture. The Corringie Community, in remote Western Australia, offers young people a chance to recover while living with the permanent residents and taking part in building domes (low-cost housing). The Australian government gives little financial support, so the community would appreciate letters of support, contacts, clothing, machinery, building materials and money. Vic & Joan Isaacs, Wilja Hostel Inc., Corringie Settlement, PO Box 232, Leonora, Western Australia 6438, Australia. *www.wilja.asn.au*, E-mail: *yebble@wilja.asn.au*

About 65% of Ethiopia's population is undernourished. The Relief Society of Tigray (REST) is an Ethiopian organization that has set up agricultural projects to feed people. Volunteer agronomists, agricultural engineers and irrigation engineers are

FOOD Guide

needed. REST, PO Box 20, Mekele, Ethiopia. Tel. +251 3 400615, fax +251 3 400939.

Does your daily breakfast entail cruelty to animals? Undoubtedly. Over 80% of the UK's 33 million egg-laying hens are condemned to life in a battery cage. Not only that, but because the lack of space drives them mad, their beaks are sliced off with a hot blade so they can't peck each other. Compassion in World Farming is campaigning to phase out this cruel system in Europe and ensure correct labeling of eggs. Subscribe to *Agscene*, their quarterly magazine, for UK£21 (CIWF membership included) per year or send a donation to: 5a Charles Street, Petersfield, Hampshire GU32 3EH, UK. Tel. +44 1730 264208, fax +44 1730 260791. *www. ciwf.co.uk*, E-mail: *compas sion@ciwf.co.uk* CC, IMO, CK.

Project Open Hand delivers hot meals to the homes of over 2,800 people living with AIDS 365 days a year. Donations and volunteers are always needed to help deliver meals. Project Open Hand, 730 Polk Street, San Francisco, CA 94109, USA. Tel. +1 415 4472300.

Dirt cupcakes p 81 Procter & Gamble Co., PO Box 599, Cincinnati, OH 45201, USA. Tel.+1 513 9831100. US$3. *www.pg.com*

Eco -Bottle p 86 *www.heineken.nl*

Squeeze-it p 87 General Mills, Inc., PO Box 1113, Minneapolis, MN 55440, USA. Tel. +1 612 7642311. *www.generalmills.com*

Violin bar case p 91 Designed and produced by Horst Schmitt, Hainburg, Germany. Mr Schmitt died in 1998.

Bottle glasses p 93 Green Glass (Pty), Ltd., PO Box 903-170, Broederstroom, 0240 District of Pretoria, South Africa. Tel. +27 12 3056161, fax +27 12 3056319. *www.greenglassusa.com*, E-mail: *grn glass@iafrica.com*

Dom Pérignon sorbet p 96 Dalloyau, rue Faubourg St. Honoré, 75008 Paris, France. Tel. +33 1 42999000. *www.dalloyau.fr*

Eiswein p 98 Au Verger de la Madeleine, 4 boulevard Malesherbes, 75008 Paris, France. Tel. +33 1 4265 5199, fax +33 1 49240522.

Flapetty-flap p 100 Suruga, Inc., 932-1 Ohata, Yoshi-ta-cho, Haibara-gun, Shizuoka-ken 421-0305, Japan.

Hitler wine p 104 Alessandro Lunardelli, via Udine 15, 33030 Colloredo di Pasian di Prato (UD), Italy. Tel./fax +39 0432 662017 *www.udineweb.com/vinilunardelli*

Chibuku p 105 National Breweries Ltd., Sheki Sheki Road, Lusaka, Zambia. Tel. +260 1 246572.

Designer drug p 106 3rd Street between Avenue A and Avenue B, New York, NY, USA.

FASHION Guide

At 16 you can marry, go to prison, drive a car, and even carry a gun in Ireland. But you can't buy condoms. Not until you're 18. So when the Irish Family Planning Association (IFPA) began selling condoms and distributing safe-sex literature at Dublin's Virgin Record Store, the IFPA was convicted and fined I£500 by the court. Trained volunteers help out with office administration and sex education. To sign up, call +353 1 8780366 in Dublin. Contributions toward expenses, education programs, and family planning services are welcome. Write to IFPA, Unity Building, 4th Fl., 16/17 Lower O'Connell Street, Dublin 1, Ireland. Tel. +353 1 8725394, fax +353 1 8780375. E-mail: *ifpa@iol.ie*

Family planning through pictures is how International Planned Parenthood (IPPF) gets its message across in countries with low literacy rates. Details reveal a country's customs. In Nigeria, the husband is depicted tenderly touching his wife's hand while telling her about condom use. The caption reads "The husband and wife make love. The man uses one condom and keeps the rest until another time." In Nepal, the man buries a used condom in a hole in the ground. IPPF manages or supports family-planning programs in 150 countries from Afghanistan to Zimbabwe. To send contributions or to find out about the office closest to you, write: IPPF, Resource Mobilisation,

Regent's College, Inner Circle, Regent's Park, London NW1 4NS, UK. Tel. +44 20 74877900, fax +44 20 7487 7950. *www.ippf.org*, E-mail: *info@ippf.org*

The only condom which exceeds all nationally-regulated quality standards in the world is made by RFSU— the Swedish Association for Sexual Education. All profits of this non-profit organization, founded in 1933, are used to promote sex education, including AIDS awareness and family planning. They sell condoms of different shapes, sizes, textures and colors, and give easy-to-follow directions for condom use. Not-so-well-endowed men will love their "Mamba Snugger Fit" con-

---

Henna p 117 Purchased at the market in Tataouine in southern Tunisia. Go early on a Monday or Thursday. Ask for the *souk* (market): locals will point the way. TND 0.25. Instructions in Arabic and English.

Kohl p 118 Available at any market or beauty shop in Morocco.

Zapatista mask p 119 Bonetería Bazartek, Soledad 8L, Colonia Centro, Mexico DF 06060, Mexico.

Colored buttons pp 120/121 A set of 8 buttons in fashion colors costs UKp79. Royal National Institute for the Blind (RNIB), Resource Centre, 224 Great Portland Street, London W1N 6AA, UK. Tel. +44 20 73881266, fax +44 20 73882034. MC,V, CKUK£. *www.rnib.org.uk*

doms. For information, contact: RFSU AB in Drottningholmsvägen 37, or PO Box 12128, 10224 Stockholm, Sweden. Tel. +46 8 6920700. You can also send a fax to +46 8 6530823, or visit www.rfsu. com, E-mail: info@rfsu.se

Long-haul truck drivers in Nigeria run a high risk of contracting the HIV virus because women along their routes may provide them not only with food and shelter but also sex. STOPAIDS has set up motorway health stands throughout the country to sell condoms and provide information on HIV. They also treat sexually transmitted diseases. For the stand nearest your route, call STOPAIDS, tel. +234 1 2635219, or write PO Box 5052, MM International Airport, Ikeja, Lagos, Nigeria. E-mail: *stopaids @fordwa.linkserve.org*

About two million women work as prostitutes in Thailand; 40% of them are thought to be under 18 and about 800,000 are HIV positive. Help them protect themselves by donating condoms. Empower, a group promoting the rights of sex workers, will distribute them on your behalf. 72/2 Ram-

ing-Niwet, Tippanet Road, Chiang Mai 5000, Thailand. Tel. +66 53 282504.

You can ride a horse even if you weigh 160kg, says Lorella Forcadi, organizer of Oltremisura (Beyond Measure), a self-help group for the oversized. The group organizes fashion shows, publishes the newsletter *Oltremisura News*, and even has a hotline. They'd love to exchange information with similar associations around the world: via Vecchia Aretina 45, 50010 Troghi (FI), Italy. Tel. +39 055 8307018. *www.allegrofortissim.it/olt remisura.htm*

Fat discrimination is the only socially acceptable prejudice still surviving, complain fat activists. Overviktigas Riksförbund, (Swedish Association of Overweight People) represents the 10% of Swedes who are overweight. Their newsletters will tell you exactly what your rights are. Valhallavägen 40, 11422 Stockholm, Sweden. Tel. +46 8 150291, fax +46 8 150293. IMO, CKSek. *www.overvikt.se*, E-mail: *fat power@overvikt.se*

Lost limbs are an epidemic in war-torn countries—more

than 400,000 Afghanis and 50,000 Cambodians are mine victims. With millions of active mines still hidden, Colin Mitchell and his crew try to deactivate about 12 a day. Mitchell's insistence on having a doctor on hand sparked the growth of a small medical clinic for mothers and children in Kabul. Send donations to HALO Trust, PO Box 7712, London SW1V 3ZA, UK. For more information: Tel. +44 20 7821 9244, fax +44 20 7222 7178. *www.halotrust.org*

"Eternal sentinel" is another name for a land mine—because they never stop working. In Cambodia, where one in every 384 people is an amputee, Handicap International has set up six workshops to make prostheses for land mine victims. Handicap International is also present in 119 countries worldwide, supporting the rights of disabled people—from lepers in Romania to polio victims in Thailand. Donations can be sent to rue de Spa 67, 1000 Brussels, Belgium. Donors receive a souvenir. Tel.+ 32 2 2801601, fax +32 2 230 6030. *www.handicapinter national.be*, E-mail: *headof fice@handicap.be*

FASHION Guide

In 1991, 76 right-wing extremist groups in Germany counted 40,000 members. The government considers 3,000 of them "potentially violent." Pro-Asyl is an alliance of grassroots workers fighting to protect the political rights of refugees. To get involved, contact your local *flüchtlingsrat* (refugee council) and write to local politicians and newspapers. Or send a donation to Förderverein Pro Asyl e.V., Postfach 160624, 60069 Frankfurt am Main, Germany. Tel. +49 69 230688, fax +49 69 230650. *www. proasyl.de,* E-mail: *proasyl@proasyl.de*

China invaded Tibet in 1950. Since then, more than 100,000 Tibetans have fled to India. Children in exile can still hope for a Tibetan-style education at the Tibetan Children's Village (TCV), which cares for and educates orphaned or destitute Tibetan refugees (they currently provide for 11,000 of them). Sponsor a child for US$30 a month. They also need donations, warm clothing, toys and medicine (especially TB drugs and vitamins). TCV Head Office, Dharamsala, Cantt.176216, Kangra District HP, India. Tel./fax +91 1882 21348. Checks payable to the TCV.

Since 1992, when the Taliban movement began to take control of large parts of Afghanistan, about 2 million Afghans have fled to Pakistan in order to escape the group's ultraorthodox interpretation of Islamic law. The new rules prohibit women from going to school or working and also require that they cover every inch of their bodies when in public—with beatings or death as punishment for breaking the law. The Revolutionary Women's Association of Afghanistan (RAWA) campaigns for Afghan women's basic human rights and provides educational and health assistance for women and children in refugee camps. RAWA needs money, medicine, a violin, a piano, movie cassettes, school equipment, computers and cameras. RAWA, PO Box 374, Quetta, Pakistan. Tel +92 300 551638, fax +1 760 281 9855. *www.rawa.org,* E-mail: *rawa@rawa.org*

Hear pure, uncensored racist hatred: dial +1 252 492 7000 and you'll also help tie up the US phone lines at the Ku Klux Klan. A typical message ends: "Wake up, whitey, your wife and child could be next!"

SOS Racisme loudly fights racism on the streets of 12 European countries and Canada through demonstrations, media attention and community work. It also aids victims of racial attacks. Enter the 3-day summer University organized by SOS Racisme on 7-8-9 July 2000 in Région Parisienne for FRF250, lodging included. To find out how you can help the organization, contact SOS Racisme, 28 rue Petites Ecuries, 750 10 Paris, France. Tel. +33 1 53246767, fax +33 1 4022 0402. *www.sos-racisme.org,* E-mail: *info@sos-racisme.org*

The Newham Monitoring Project has kept an eye on racial and police harassment in the mostly black community of East London for 20 years. Volunteers can work at the project's community center. The caseworkers program needs people who can make a commitment for several months; they'll help support legal actions against harrassment. Newham Monitoring Project, PO Box 273, London E7, UK. Tel./fax +44 20 85558151.

FASHION Guide

Pasties p 122 The Pink Pussycat, 167 West 4th Street, New York, NY 10014-3855, USA. Tel. + 1 212 240077. *www.pinkpussycat.com*

Victoria's Secret p 123 Victoria's Secret, PO Box 16 589, Columbus, OH 43216-6589, USA. Tel. +1 614 337 5000, fax +1 614 3375128. *www.victoriassecret. com*

Status Shoes p 125 James Taylor & Son, 4 Paddington Street, London, W1M 3LA, UK. Tel. +44 20 7935 5917, fax +44 20 74864212. UK£85-120.

KKK robe p134 Knights of the Ku Klux Klan, National Office, PO Box 2222, Harrison, AR 72601, USA. Tel. + 1 870 4273414. *www.kukluxklan.org*

Pubic wig p 136 Komachi Hair, Inc., 1-28-3 Asakusa, Taito-ku, Tokyo 111-0032, Japan. Tel. +81 3 38439101.

Deer's tail extract p 138 Changchun Pharmaceutical, Changchun, 130031 Jilin, China. Tel. +86 4314832321.

Face-Slimming Mask p 140 Akaishi Health Enterprises Inc. 6955-3 Maruko, Shizuoka-shi Shizuoka Prefecture 421-0103, Japan. Tel. +81 54 2565551.

Catcher mask p 141 Schutt Sports, 1200 East Union Avenue, Litchfield, IL 62056, USA. Tel. +1 217 324 2712, fax +1 217 3242732. *www.schuttsports.com*

Fencing helmet p 141 Negrini L. & F., S.n.c., vicolo Scala Santa 24, 37129 Verona, Italy. Tel. +39 045 8001984, fax +39 045 8002755. Lit230,000.

Nippon kempo p 141 Associazione Italiana Nippon Kempo, via Udine 2, 21013 Gallarate (VA), Italy.

Paintball face mask p 141 Scott USA, PO Box 2030, Sun Valley, ID 83353, USA. Tel. +1 208 6221000, fax +1 208 6221005. *www.scottusa.com* US$39.

The all-volunteer National Committee to Defend Black Rights brings international attention and spurs Australian government reaction to the injustices suffered by Aboriginal people. The group needs researchers, writers, fund-raisers and other people to help mobilize Aboriginal community groups. Work in Sydney, or really get into the thick of it in Perth. Contact CDBR, PO Box 498, Broadway, NSW 2007, Australia.

An entire generation of black South African filmmakers were excluded from the film industry during 40 years of apartheid (the country's racially based political system): Tax breaks and legislation favored white filmmakers. Now the Newtown Film and Television School offers a chance for aspiring black filmmakers to make their voices heard—but it's short of equipment. They need donations of tripods, VHS videocameras and cassettes. PO Box 487, Newtown 2113, Johannesburg, South Africa. Tel. +27 11 838 7462, fax +27 11 8381043.

The practice of buying, selling and breeding Africans still continues in the Islamic fundamentalist countries of Sudan and Mauritania. The Coalition Against Slavery in Mauritania and Sudan is working against the enslavement of black Africans in North Africa. Send donations to CASMAS, PO Box 3293, New York, NY 10027, USA. Tel. +1 212 7744287, fax +1 718 9911857. *www.members.aol.com/casmasalc/*, E-mail: *casmasalc@aol.com* US$15 for a quarterly newsletter.

The first black golfer to win a major US championship was Tiger Woods in 1995. Golf is a sport dominated by the white and affluent. The Minority Golf Association of America runs programs to introduce golf to inner-city youngsters who can't afford expensive equipment or green fees. Contact them at PO Box 1081, Westhampton Beach, NY 11978, USA. Tel. +1 631 2888255, fax +1 631 2884458. *www.mgaa.com*, E-mail: *mgaagolf@aol.com*. Individual membership is US$25. MC, V. Discover accepted.

Deforestation has ruined the soil that the Rarámuri of the Sierra Madre in northern Mexico use for farming and jeopardizes the survival

of their culture. To publicize their situation, Wilderness Research Expeditions sponsors Rarámuri runners in international race events and sells a full color photo book about them that is entitled *Mexico's Copper Canyon* (US$16.95 + $2 p&p). To get it, send checks or money orders to WRE, PO Box 86492, Tucson, AZ 85754, USA. Tel. +1 520 882 5341, fax +1 520 8824454. Or check out *www.canyonsworldwide.com* Donations are welcome. The Tarahumara Mission Hospital helps the Rarámuri by giving them food and grain, teaching emergency farming techniques and selling Rarámuri art work, clothes and balls. Send donations to: Tarahumara Mission Hospital, Apartado N. 11, Creel, Chihuahua 33200, Mexico.

The Centro de Acolhimento Don Bosco (The Don Bosco Welcome Center) in Maputo, Mozambique, provides education, housing and free food to around 200 children aged seven to 18. Most of them are street kids or war orphans. Volunteers are always needed, as are donations. Centro Don Bosco, PO Box 4458, Infulene, Maputo, Mozam-

bique. Tel. +258 1 750891. Portuguese required.

Thailand is the capital of Muy Thai and sex tourism. The Daughters Education Program needs English teachers, builders and gardeners to volunteer and help teach girls an alternative to prostitution. Housing is provided. Applicants are routinely and thoroughly scrutinized. Write to DEP, PO Box 10, Mae Sai, Chiang Rai 57130, Thailand. Tel +66 53 733186, fax +66 53 642415.

Every year, more than 50,000 tons of agrichemical poisons are applied to the 25,000 golf courses worldwide. The Global Anti-Golf Movement organizes campaigns against a land-grabbing sport. Their campaign boycotting Japan Airlines successfully made JAL withdraw from a massive golf project in Hawaii. To help, contact their coordinating office, 1047 Naka, Kamogawa, Chiba 296-0111, Japan. Tel. +81 47 0971011, fax +81 47 0971215. E-mail: *gen@awa.or.jp*

To become a member of Handgun Control Inc., a lobbying organization working to pass stricter gun control in the US, write to them at

FASHION Guide

1225 Eye Street, NW, Suite 1100, NW Washington DC 20005, USA. Tel. +1 202 898 0792, fax +1 202 3719615. *www.handguncontrol.org* Membership costs US$15, checks and all major credit cards accepted. Once a member, you will receive a monthly newsletter and legislative updates.

"**Murder capitals** of the world," Johannesburg and Durban in South Africa rival cities in Colombia for the highest firearm-related homicide rates. Of the 24, 875 murders reported in 1998 in South Africa (that's three people killed every hour) 49% were committed with handguns. Gun Free South Africa is an organization that encourages the elimination of guns. Donations are needed: PO Box 31532, Braamfontein 2017, South Africa. Tel. +27 11 4034590, fax +27 11 4034596. E-mail: *gunfree@wn.apc.org* Gun Free South Africa is a member of Gun Control Alliance, *www.gca.org.za*

The National Odd Shoe Exchange helps thousands of people with birth defects, amputations and mismatched feet to get shoes that fit. Nike, Reebok and

Maasai stretchers p 144 AGFA film canister bought from Daniel Lekasukon, Kisamis, Box 445 Kiserian, Kenya. KES5. Lip plugs bought from Joseph Kimondo Njahi, Box 72047, Nairobi, Kenya. KES200.

Sniper veil p 147 Mass Army Navy, PO Box C-19663, Irvine, CA 92623, USA. Tel. +1 949 2509782, fax +1 949 2509790. *www.massarmynavy.com*

Bruise Busta Chest Guard p 150 Quality Performers, 142 Courtenay Street, New Plymouth 0064, New Zealand. Tel./fax +64 6 7587888.

Miracle Beauty Lift p 154 Mark Traynor, Inc., 205 W 54th Street, New York, NY 10019, USA.

Chin gym p 155 Chin Gym Corporation, 7373 Atoll Avenue, North Hollywood, CA 91605, USA. Tel. +1 818 9828322, fax +1 818 9828520. US$39.95 + p&p.

Eye talk p 156 KOJI, 2-26-1 Matsugaya, Taito-ku, Tokyo, Japan. Tel. +81 3 38420221. ¥850.

Eye tape p 157 Variety House, Ikebukuro, Tokyo, Japan. ¥309.

Curves p 160 Bodylines Inc., 1075 Old Country Road, Belmont, CA 94002, USA. Tel. +1 650 6310130, fax +1 650 6541745. *www.curves.com*, E-mail: *info@curves.com* US$89.95 + p&p per pair. All major CC, CK, IMO.

Chest belt p 161 Pinto Annunziata, via del Governo Vecchio 67, 00186 Rome, Italy. Tel. +39 06 68804478. No longer available.

Prosthetic limb p 162 Handicap International, 14 Avenue Berthelot, 69361 Lyon, Cedex 07, France. Tel. +33 4 78697991, fax +33 4 78697990. E-mail: *101511.631@compuserve.com*

FASHION Guide

Shiatsu socks p 163 Yoshinori Tech Incorporated, EEZAN Branch, 3-18-10 Ukima, Kita-ku, Tokyo 115, Japan. Tel. +81 3 35584711.

Pepee gel p 164 Nakajima Chemical Corporation, 2-29-20 Meieki, Nakamura-ku, Nagoya, Aichi-ken 450-0002, Japan. Tel. +81 52 5614595.

Butt pads p 165 Wacoal Corporation, 1-23-6 Yanagibashi, Taito-ku, Tokyo 101-0052, Japan. Tel. +81 3 38656450.

Bulletproof underwear p 166 Dubninskaya Ulitsa, Dom 81 A, Scientific Institute "Stali," Moscow 127 411, Russia. Tel. +7 095 4846361.

Safe-T-Man p 167 The Safety Zone, PO Box 85, Centerbrook, CT 06409, USA. *www safety_zone. com* No longer available.

Blood type condom pp 168/169 JEX, Inc., 2-4-6 Itoyamachi, Chuo-ku, Osaka 540-0022, Japan. Tel. +81 6 69420551.

Camo trash bags p 170 Artomatic, 13-14 Great Sutton Street, London EC1V 0BX, UK. Tel. +44 20 75660171, fax +44 20 75660181. UK£8 (US$13) for three. Amex, MC, V, CK. *www.artomatic.co.uk*, E-mail: *shop@artomatic.co.uk*

Penis gourd p 176 Bought at a tourist store in Atbalmen, Papua New Guinea. 5 kina.

Groin protector p 177 Everlast Sporting Goods Mfg. Co., 750 East 132nd Street, Bronx, NY 10454, USA. Tel. +1 718 9930100, fax +1 718 6654116.

Wildlife camo compact p 180 BCB International Ltd., Tremorfa, Cardiff, Wales CF2 42QF, UK. Tel. +44 29 20433700, fax +44 1222 433701. UK£4.00.

New Balance all make shoe donations to NOSE, but money for additional storage space for shoes is always welcome. All inquiries to Kristina Kelly, 3200 North Delaware Street, Chandler, AZ 85225-1100, USA. Tel. +1 480 8923484, fax +1 480 8923568. *www.oddshoe. org* If planning a visit, call for an appointment.

Twenty-two tons of used clothing, bags and shoes and 70 tons of paper and cardboard are collected every day by Terre, a Belgian cooperative. The clothes are sold cheaply in developing countries, or distributed among Terre's 14 stores in Belgium. To find out store locations or to set up a collection point in your area, contact Groupe Terre, Parc Industriel des Hauts Sarts 4ème Ave. 45, 4040 Herstal, Belgium. Tel. +32 4 2405858, fax +32 4 2405879. *www.terre.be*, E-mail: *info@ terre.be*

They're smelly, they have holes and you never liked the color anyway. So give your old shoes to the Mister Minit and Gullivers Shoe Recycling Campaign: they sell them to recyclers and give the proceeds to charity. To find the shoe deposit nearest you, write to Minit House, 1 Orgreave Way, Retford Road, Sheffield S13 9LS, UK.

Some 4.1 million hectares of land is used to grow tobacco around the world —73 percent of it in developing countries. Tobacco replaces much-needed food crops and uses up more nutrients, depleting the life of the soil. For more information on tobacco's impact on the environment, contact: Rettet den Regenwald e. V. (Save the Rainforest Organization), Friedhofsweg 28, 22337 Hamburg, Germany. Tel. +49 40 4103804, fax + 49 40 4500144. www.umwelt. org/regenwald/index.htm

Pseudofolliculitis barbae (PFB) is a disease in which shaved facial hairs reenter the skin, causing bumps, skin rashes and eventually facial scarring. There is no cure: the only way to escape its effects is to grow a beard. The PFB Sufferers of America campaign to stop the "discriminatory" enforced shaving policies of the US military and many workplaces. Yearly membership is US$7. To join: PO Box 3761, Port Arthur, TX 77643, USA. Tel. +1 409 982 2206, fax +1 409 9832103. www.pernet.net/~pfb/

The vicuña has the world's thinnest and most expensive hair: It has a diameter of just 12/15µ (the diameter of human hair is 60µ), and a kilo sells for US$300. El Grupo Especialista en Camélidos Sudamericanos (GECS) fights to protect the animals in Peru, Bolivia, Chile and Argentina. They collect funds through subscriptions to their English-Spanish newsletter, Cameloid News. CC 507, 5500 Mendoza, Argentina.

Before execution in the electric chair, a condemned man's head and legs are shaved. The USA is one of 93 countries worldwide where the death penalty is legal— although it is the only one still to use the electric chair. Amnesty International campaigns for the worldwide abolition of what it maintains is a "cruel and inhuman" punishment. Amnesty International, International Secretariat, 1 Easton Street, London WC1X 8DJ, UK. Tel. +44 20 74135500, fax +44 20 79561157. www.amnesty. org, E-mail: amnestyis@am nesty.org

In the condition known as alopecia areata, the hair falls out in clumps. Sometimes it never grows back. The National Alopecia Areata Foundation was founded in 1981 to support and inform sufferers about the latest medical developments. Volunteers are needed to help national groups in Australia, Brazil, Canada, Germany, Italy, South Africa, Sweden and UK. For more information: PO Box 150760, San Rafael, CA 94915, USA. Tel. +1 415 4564644, fax +1 415 4564274. www.naaf.org, E-mail: info@naaf.org

100 million native Americans were alive in 1492. A few hundred years later, colonizers had cut their population to 10 million. The Northern Native Broadcasting Yukon is trying to preserve native language and culture in northern Canada. It sponsors Radio Chon-FM, a Gwichin-language station, where the staff now produces 1 1/2 hours a week of aboriginal-language TV programming on CBS North. NNBY, 4230A 4th Avenue, Whitehorse, Yukon, Canada. Tel. +1 867 6686629.

Ninety percent of the sewage that pours into the Mediterranean Sea is untreated. Raw sewage causes gastrointestinal problems and feeds huge blooms of algae that stifle other marine life. Surfers Against Sewage represent not only surfers, but also the 20 million people who enjoy visiting the British coast every year (and don't enjoy bathing in raw sewage and toxic waste). 2 Rural Workshops, Wheal Kitty, St. Agnes, Cornwall TR5 0RE, UK. Tel. +44 1872 553001, fax +44 1872 552615. *www. sas.org.uk*, E-mail: *info@sas.org.uk*

Since 1945, 11% of the surface of the earth that is covered by vegetation has been degraded, affecting an area larger than India and China combined. About 80 countries (hosting 40% of the world's population) are experiencing water shortages. We have only a few more decades to save the planet and ourselves before the damage becomes irreversible, according to the Union of Concerned Scientists, a group of over 2,000 scientists working together to avert disaster. Contact them to find out more: UCS, 2 Brattle Square, Cambridge, MA 02238, USA. Tel. +1 617 5475552, fax +1 617 8649405. *www.ucsusa.org*, E-mail: *ucs@ucsusa.org*

Four hundred hunts take place every Saturday in the UK, from October to March. The Hunt Saboteurs Association saves foxes, hares and deer by blowing hunting horns and broadcasting recordings of yapping dogs, which throws hounds off the trail. Annual membership fee: UK£10, students UK£8. H.S.A., PO Box 2786, Brighton BN2 2AX, UK. Tel. +44 1273 622827. *www.enviroweb.org/HSA/hsa.shtml*, E-mail: *info@huntsabs.org.uk*

The Gay Men's Health Crisis is the world's oldest and largest non-profit AIDS organization, providing services to people with HIV/AIDS and their friends, educating the public and campaigning for fair and effective policies. The GMHC fact sheet keeps up to date with the latest statistics and AIDS news. To order write to GMHC, 129 West 20th Street, New York, NY 10011, USA. To donate or volunteer, Tel. +1 212 8076655. *www.GMHC.org*

Italy's Vu Cumprà, foreign street vendors, get their nickname from the Italian for "Do you want to buy?" Senegalese street vendors began selling their country's handicrafts in Milan in 1986, but when their numbers swelled many switched to selling counterfeit fashion goods instead. Many told COLORS they'd be happier doing something else. The UNIR cooperative helps them learn Italian and find work in the types of jobs they had back home. To attend their multicultural fund-raising concerts and other events, contact Mr. Favanelli. UNIR, via Tibaldi 56, 20136 Milan, Italy. Tel. +39 02 89410297, fax +39 02 58111490. E-mail: *gipim@tiscalinet.it*

The Kurds are the world's largest ethnic group lacking official political recognition. Some 20 million Kurds live within the borders of what are now parts of Turkey, Iran, Iraq, Syria and Armenia. This territory was once the Kurdish homeland. Turkey now controls the area's principal rivers. Iran is helping itself to 70 percent of the petroleum in the territory that was once southern Kurdistan. None of the five countries wants an independent Kurdistan. For information on how to help the Kurdish cause contact Comité du Kurdistan, Place des Charmilles 1, 1203 Geneva, Switzerland. Tel. +41 22 3403393, fax +41 22 3404745. E-mail: *kurdkom @worldcom.ch*

FASHION Guide

Physical and psychological abuse, food deprivation, passport confiscation—these are just some of the things overseas domestic workers have to deal with. Kalayaan (Justice for Overseas Domestic Workers) and the Commission for Filipino Migrant Workers have helped over 4,000 cases of domestic workers' ill-treatment and extreme abuse. For more information, contact them at Saint Francis Community Centre, Pottery Lane, London W11 4NQ, UK. Tel. +44 20 7243 2942, fax +44 20 77923060. *ourworld.compuserve.com/ homepages/kalayaan*

In addition to developing farming tools, the Rural Industries Innovation Centre offers training and employment opportunities to the people of Kanye, Botswana; it holds classes in baking, carpentry, sewing, leather tanning and smithing, and it runs profit-making operations, such as a furniture factory. If you'd like more information or if you want to make a donation, write to Rural Industries Promotions, P.O. Box 2088, Gaborone, Botswana. Tel. +267 314431.

Why bury a US$10,000 pacemaker in a coffin, when

Portable vibrator p 181 Mail & Female. To order the catalog: PO Box 16668, 1001 RD Amsterdam, The Netherlands. Tel. +31 20 6233916. NLG 5.

Mini revolver p 182 North American Arms, Inc., 2150 South 950 East, Provo, UT 84606, USA. Tel. +1 801 3749990, fax +1 801 3749998 *naaminis.com*

Average European mask p 186 The mask was part of a past exhibition held at: Impressions Gallery of Photography, 29 Castlegate, York YO1 9RN, UK. Tel. +44 1904 654724, fax +44 1904 651509.

Tobacco cologne p 188 Purchased at Hüsey in Onder Store, Kalyoncu Kulluk Sr, N° 72 Beyoglu, Istanbul, Turkey.

Smoke Cut hair spray p 189 Seibu Department Store, 1-28-1 Minami-Ikebukuro, Toshima-ku, Tokyo 171, Japan. Tel. +81 3 59920522.

Dalì chin wig p 190 Archive and Alwin, 110 Shaftesbury Avenue, London WLV 7DH, UK. Tel. +44 20 74378933. Mon-Sat, 10-20h. UK£40-150 for a false beard.

Arabian Goat's Eye p 195 Mail & Female, PO Box 16668, 1001 RD Amsterdam, The Netherlands. Tel. +31 20 6233916. Catalog: NLG5.

Shoe gag p 196 Centurian Publishing, 1055 S. Virginia Street, Reno, NV 89506, USA. Tel. +1 775 3225119, fax +1 775 3226362. *www.centuriandirect.com*, E-mail: *centurianpub@aol.com*

Lovers' Mitten p 201 Anne Wingård, Løvenskioldv. 8B, 1358 Jar, Norway. Tel. +47 67536135.

Beauty mark! p 202 Temptu, 26 West 17th Street, 5th Floor, New York, NY 10011, USA. Tel. +1 212 6754000, fax +1 212 6754075.

the same device can keep another human heart beating? Bill Daem created Heart Too Heart to recycle pacemakers, saving needy recipients the cost of new ones. Over the last four years he has recycled more than 1,300, and donations keep coming in. Send your pacemaker to Heart Too Heart, 220 34th Street W, Billings, MT 59102, USA.

Donating used clothes to charity may seem to be the way to help people in need, but did you ever consider that distribution of second-hand clothing in poor countries often threatens local production. The Italian association Mani Tese (Out-stretched Hands) says many of the castoffs that are collected in the West are sold at extravagant prices in African countries (people there think that Western clothes give them status). The association prefers to sell the goods in Italy and use the money to set up local farming, literacy and environmental projects. Donate household objects, books and clothes to Mani Tese, via Aretina 230b, 50136 Florence, Italy. Tel. +39 055 6504262. E-mail: *manitese-firenze@dada.it*

"True Love Waits" ring p 205 Factory 79, Inc., 4905 Morena Boulevard, Suite 1315, San Diego, CA 92117, USA. Tel. +1 858 6770832. *www.factor79.com* US$69.95-149.95 + p&p. CKUS$, Amex, V, IMO.

Nigeria talisman p 206 Bought from a shaman in Nigeria, Ibadan. NGN750.

Bullfighter's slippers p 209 Justo Algaba, Sastrería de toreros, C. de la Paz 4, 28012 Madrid, Spain. Tel. +34 91 5233595, fax +34 91 5233717.

Cowboy boot urn p 210 Kelco Supply Company, 2700 Freeway Boulevard, Minneapolis, MN 55430, USA. Tel. +1 612 5604300, fax +1 612 5601393. *www.kelcosupply.com*

Cowboy boots p 211 Neiman Marcus, P.O. Box 650589, Dallas, TX 75265-0589, USA. *www.neiman marcus.com*

Barbie wig and Gay ken pp 218/219 Mattel, Inc., 333 Continental Boulevard, El Segundo, CA 90245, USA. Tel. +1 310 2522000, fax +1 310 2522179. *www.mattel.com*

Teddy passport p 223 Merrythought Ltd., Iron-bridge, Telford, Shropshire TF8 7NJ, UK. Tel. +44 1952 433116, fax +44 1952 432054. *www.merry thought.co.uk* UK£4.50. CC, CKUK£.

Diamond ring p 225 De Beers Corporate Headquarters, Crown Mines, Johannesburg, South Africa. Tel. +27 11 3746011.

Eco coffin p 230 Down to Earth Eco-Coffins, 86 Kagu-vi Street, Harare, Zimbabwe. Tel. +263 4 794236.

Lion doormat pp 234/235 Prison Industry Showroom, Bishop Road, Nairobi, Kenya. Tel. + 25 42 722900.

ANIMALS Guide

Thirty million animals a year are killed for their fur in Italy, the world's largest fur consumer. The figure used to be 40 million before Lega Anti Vivisezione (LAV), a non-profit animal protection organization, got involved. Find out how you can help curb the trade by contacting Lega Anti Vivisezione, via Sommacampagna 29, 00185 Rome, Italy. Tel. +39 06 4461325, fax +39 06 446 1326. *www. mclink.it/assoc/ lav*, E-mail: *lav@mclink.it*

Bears are farmed for their gallbladders in China, dance for tourists in Turkey and fight pitbulls in Pakistan (it's considered entertainment). The Libearty Campaign tries to stop the suffering of bears worldwide (five species are already close to extinction). Send donations marked "Libearty Campaign" to World Society for the Protection of Animals, 89 Albert Embankment, London SE1 7TP, UK. Tel. +44 20 77930540, fax +44 20 7793 0208. *www.wspa.org.uk*

South African ostrich breeders often rent out their birds to tourists for rides. But, says Animal Voice of South Africa, the birds—forced to run around in 40° Celsius heat—often collapse under the tourists' weight. Join the campaign against inhumane ostrich farming practices: contact Louise van der Merwe, Animal Voice of South Africa, Postnet 191, Private Bag X29, Somerset West 7129, South Africa. Tel./fax +27 21 8524402. E-mail: *avoice@ yebo.co.za*

Up to 3,000 bushflies can emerge from one cow pat. Dung beetles cut down fly breeding, dispose of excess excrement, and help improve land drainage by burrowing. More than 50 species of dung beetles from South Africa and Europe have been introduced in Australia by CSIRO Entomology, GPO Box 1700, Canberra, ACT 2601, Australia. Tel. +61 2 6264001, fax +61 2 62464000. *www. ento.csiro.au*, E-mail: *info@ ento.csiro.au*

The cattle-biting tsetse fly infests 10 million km^2 of Central Africa (an area the

---

Dog hair yarn p 238 Grethe will spin the hair of your dog. Grethe Sekse, Svingen 5, 1671 Kråkerøy, Norway. Tel. +47 69343193.

Lion meat p 239 Polarica, Inc., PO Box 880204, San Francisco, CA 94188-0204, USA. Tel. +1 415 6471300, fax +1 415 6476826. *www.polarica.com*, E-mail: *info@ polarica.com*

Anti-landing device p 240 Nixalite of America, Inc., PO Box 727, East Moline, IL 61244, USA. Tel. +1 309 7558771, fax +1 309 7550077. *www.nixalite.com*, E-mail: *birdcontrol@nixalite.com*

Bio Wedding Rice p 241 Biological Wedding Rice, Orlando, FL 32801, USA. Tel. +1 407 4387600.

ANIMALS Guide

size of China). In Kenya, the fly stops farmers from raising livestock that could generate US$1 billion a year. The International Centre for Insect Physiology and Ecology (ICIPE) has eliminated tsetse flies from Kenya's Lambwe valley, using simple cloth and cow urine fly traps. Donations are needed for projects in Kenya and Ethiopia. ICIPE, PO Box 30772, Nairobi, Kenya. Tel. +254 2 802501 or 8616801, fax +254 2 86 0110. *nairobi.icipe.org*

300 rhinos died to make up the world's biggest stockpile of illegal rhino horn, discovered by detectives from the non-profit Environmental Investigation Agency (EIA). Using hidden cameras and microphones and lots of old-fashioned legwork, the EIA agents travel the world collecting evidence to convict people illegally trading in endangered animals. EIA, 69 Old Street, London EC1V 9HX, UK. Tel. +44 20 7490 7040, fax +44 20 74900436. Donations and volunteers needed. *www.eia-international.org*, E-mail: *info@eia-international.org*

More than 500,000 hedgehogs are run over on German roads every year. Pro Igel is the German National Hedgehog Association. It has set up some 200 emergency stations all over the country to provide treatment and to help the animals get back into the wild as soon as possible. Donations and volunteers needed. Pro Igel e.V, Lilienweg 22, Neumünster 24536, Germany. Tel. +49 4321 31856, fax +49 4321 939479. If you see a hedgehog in trouble call the Pro Igel hotline: +49 8382 3021. *www.umwelt.de/ proigel*, E-mail: *Pro_Igel@t-online.de*

Every year millions of dogs are butchered for food in South Korea. The most common method of killing the animals involves scorching and partial electrocution: it's believed that the meat of a terrified dog has aphrodisiac powers because of the extra adrenalin it contains. The Korean Animal Protection Society campaigns to stop the slaughter: Donations will help save the dogs. They will be used to build a new sanctuary for dogs and pay for neutering animals whose owners have low incomes. 1593-19 Daeyoung 10-dong, Nam-ku, Taegu City 705-40, South Korea. Tel. +82 53 6296143, fax +82 53 6286860.

Volunteers from PAWS help people with AIDS/HIV take care of their animals. They can tell immunocompromised people everything they should know about pets. For information, contact PAWS, PO Box 1037, Lynnwood, WA 98046, USA. Tel. +1 425 7872500, fax +1 425 7425711. *www.paws. org*, E-mail: *info@paws.org*

Tropical rain forests are the sole habitat for over half of the earth's plant and animal species. In the last 50 years, half of these forests have been destroyed. For US$35, you can stop an acre from being flattened. Become a sponsor of The Nature Conservancy's Adopt-an-Acre Program. You will receive a certificate and regular progress reports from the field. The certificate, however, is not a property entitlement: On principle, the organization never takes tropical land out of local control. The adopted acre will be owned by a private conservation group or be part of a government-decreed reserve. Send your donation to The Nature Conservancy, 4245 North Fairfax Drive, Suite 100, Arlington, VA 22203, USA. Tel. +1 703 8415300. *www.tnc.org*

ANIMALS Guide

Hunting kills 30,000 animals every year in the UK. Leaving false trails for the hounds, stopping hunters from digging out foxes that have gone underground and blocking the hunters with cars and trucks are some of the methods used by the Hunt Saboteurs Association to try to put an end to all bloodsports. The Hunt Saboteurs Association, PO Box 2786, Brighton, BN2 2AX, UK. Tel. +44 1273 622827. Donations & volunteers needed. *www.enviroweb. org/HSA/hsa.shtml*, E-mail: *info@huntsabs.org.uk*

Capturing live wild birds and selling them as pets is a booming and corrupt business. Approximately 30% of this trade is illegal. Between 2 million and 5 million birds are caught and sold each year, not counting the scores of birds who die in captivity before getting to the traders. For more information on the global wildlife trade, or to send donations to fight inhumane practices, contact TRAFFIC International, 219c Huntingdon Road, Cambridge CB3 0DL, UK. Tel. +44 1223 277427, fax +44 1223 277237. *www. traffic.org*, E-mail: *traffic@ trafficint.org*

Doti p 242 We bought ours at the stand of Mrs Mwanza, at Kanuala market, in the center of Lusaka, Zambia.

Cow Pie p 244 Baraboo Candy Co., PO Box 63, Baraboo, WI 53913-0063, USA. Tel. +1 608 3567425. *www.cowpies.com*, E-mail: *sales@cowpies.com* 6 cow pies: US$11.75.

Stool shovel p 245 3 Suisses Catalogue, *www.3suisses.fr* Tel. +33 8 36671500.

Kangaroo bottle opener p 251 Australian Collection Souvenirs, 124-126 Clock Tower Square, Argyle Street, The Rocks, Sydney, NSW 2000, Australia. Tel. +61 2 92479400, fax +61 2 92473707. *www.australiancollection.com.au*, E-mail: *info@australiancollection.com.au* AU$14 + p&p.

Ecological cartridge p 254 Federal Cartridge Co., 900 Ehlen Drive, Anoka, MN 55303, USA. Tel. +1 612 323 2300, fax +1 612 3233890. *www.federalcartridge.com*

Kangaroo Scrotum p 257 Australian Collection Souvenirs, 124-126 Clock Tower Sq., Argyle St., The Rocks, Sydney, NSW 2000, Australia. Tel. + 61 2 92 479400. *www.australiancollection.com.au*, E-mail: *info@australiancollection.com.au* AU$14 + p&p.

River god pendant p 258 Purchased at the crafts section of Northmead Market, just off Great East Road in the Rhodes Park Suburb of Lusaka, Zambia. Pendant in wood, 3,500 kwacha, in hippopotamus tooth, 5,000 kwacha.

Elephant amulet p 259 Available at the street market in Beyogli/Taksim (near the Sinepop movie house), Istanbul, Turkey. TL 610,000 (US$2).

Armadillo shell p 262 Plaza Minorista, Medellín, Colombia. Tel. +57 4 2512460.

Lizard liquor p 263 Longshan Distillery, N.27 Longshan Lane, Xinxing N.2 Road, Wuzhou, Guangxi 543002, China. Tel. +86 774 3828620.

Reindeer meatballs p 264 Trønder-Mat, Postboks 143, 7601 Levanger, Norway. Tel. +47 74085450, fax +47 74085480.

Roadkill sauce p 266 Florida Gourmet Foods, 1838 Patterson Avenue, Deland, FL 32724, USA. Tel. +1 904 7343029, fax +1 904 7343622. US$49 per case.

Dog snacks p 270 Fido Food Fair, 5416 North Clark Street, Chicago, IL 60640, USA. Tel. +1 773 5069063, fax +1 773 5069073. *www.fidofoodfair.com*, E-mail: *fido @jaske.com*

Pet Trim p 271 Petkin Pet Care Systems, 4052 Del Rey Avenue, Suite 105, Marina Del Rey, CA 90292, USA. Tel +1 310 5777775, fax +1 310 5777774. *www.petkin.com*, E-mail: *info@ petkin.com* US$ 9.95. Amex, Visa, Discover, IMO, MC.

Dog wheelchair p 274 The K9 Cart Company, 656 SE Bayshore Drive, Suite 2, Oak Harbor, WA 98277, USA. Tel. +1 360 6751808, fax +1 360 6751809. *www.k9carts.com*, E-mail: *info@k9carts.com* Prices from US$220 + p&p.

Traveling Pet Water Fountain p 275 Lap of Luxury, Inc., 216 Cassandra Drive, Chalfont, PA 18914, USA. Fax +1 215 9972493. *lapofluxury.server101.com*, E-mail: *info @lapofluxury.com* US$5.95 + $3.20 p&p. MC, V.

Dog cosmetics p 276 Les Poochs Fragrances, 382 Route 59, Monsey, NY 10952, USA. Tel. +1 914 3696600, fax +1 914 3691448. *www.lespoochs.com*

Pet bank accounts p 277 Sanwa Bank, Tokyo Headquarters, 1-1 Otemachi 1 chome, Chiyoda-ku, Tokyo 100, Japan. Tel. +81 3 52521111.

Hello Kitty credit card p 278 The Dai-ichi Kangyo Bank, Ltd., Koami-cho 6-1, Nihonbashi, Chuo-ku, Tokyo, Japan. Tel. +81 3 35961111. *www.dkb.co.jp*

Animal coats p 279 ShaggyLamb Dog Boots, 21802 Roosevelt Road, Merrill, MI 48637, USA. Tel./fax +1 517 6435671. *www.shaggylamb.com*, E-mail: *lambdb @shaggylamb.com* US$20 for small dogs, US$40 for larger dogs + p&p.

CD for puppies p 280 Nippon Crown Company. Tel. +81 3 35827199. For bulk orders: PSP Co. Ltd., 2-46-8, Nihonbashi, Hamacho, Chuo-Ku, Tokyo 103, Japan. Tel. +81 3 56412747. No longer available.

Ant farm p 283 Uncle Milton Industries, Inc., Ant Farm Brand, 5717 Corsa Avenue, Thousand Oaks, CA 91362, USA. Tel. +1 818 7070800, fax +1 818 7070878. *www.unclemilton.com* About US$11 + p&p.

BODY Guide

The World's Highest Junkyard is the nickname that Mt. Everest has acquired thanks to the estimated 50,000 tons of trash—from toilet paper to crashed helicopters—left by climbers. Now the Sagamantha Pollution Control Project requires expeditions to leave a deposit of as much as US$5,000 before ascending major peaks. The money is returned when trash is disposed of with local project officials.

Are you moving house? Call up BRING: In one month they will completely disassemble your house, leaving you with an empty lot. And 85% of the materials will be recycled or reused (wood and fixtures are the quickest sellers). All proceeds go to supporting the non-profit organization. They also have some suggestions for re-using items: Bath tubs become animal feeders and toilets become planters. PO Box 885, Eugene, OR 97440, USA. Tel. +1 541 746 3023, fax +1 541 7269894.

The Sulabh Bhaban Social Services Organisation is a charity dedicated to building public toilets. Ten million people every day use the 650,000 toilets it has built. The International Museum of Toilets, at the group's Delhi headquarters, has a generator powered by human excrement. It charts the history of humanity's defecatory habits from 2500BC to 1980. Sulabh International Museum of Toilets, Mahavir Enclave, Palam, Dabri Road, New Delhi, 11045, India. Tel. +91 11 5553823. Open 10-17. Free, but donations gladly accepted.

The Kenya Energy and Environment Organization has set up a volunteer program to help with their national network of grassroots development and environmental agencies. Applicants for the year-long positions must have completed an undergraduate or diploma course, preferably in environmental studies. For more information contact KENGO Eco-volunteer Scheme, Mwanzi Road, Westlands, PO Box 48197, Nairobi, Kenya. Tel. +254 2 749747, fax + 254 2 749382.

Ecological toothbrush p 286 Piave Spazzolificio SpA, via A. Palladio 5, 35010 Onara di Tombolo (PD), Italy. Tel. +39 049 5993122, fax +39 049 5993528. *www.piave.com*, E-mail: *info@piave.com* Lit5,500.

Black tooth powder p 287 Monkey Brand Black Tooth Powder: Nogi & Co., Suren Road Andheri East, Bombay 400 093, India. Tel. +91 22 8216614. Rs15.

Nicotine nasal spray p 291 Pharmacia & Upjohn, Int. Strategic Management NRT, Box 941, S-25109 Helsingborg, Sweden. Tel. +46 42 288000, fax +46 42 136850. *www.pnu.com*

Halitosis meter p 292 Tanita, Inc., 1-14-2 Maeno-cho, Itabashi-ku, Tokyo 174-0063, Japan. Tel. +81 3 35588111. ¥3,280.

BODY Guide

If every dentist treated 12 people a day, the world would still need another 1.7 million dentists. Dentists for the World provides oral health care to poor communities; they're currently working in rural Mexico, Vietnam and on Hopi Indian reservations. They need volunteers year-round for one- to two-week trips; lay people and health professionals accepted. Volunteers cover travel expenses. 2671, South Course Drive, Pompano Beach, FL 33069, USA. Tel. +1 954 9778955.

"The unfortunate persecution of smokers has meant that we now have to act," says the The Smoking European, a newsletter that is published by SmokePeace Europe, a coalition of prosmoking groups from 11 countries. The groups campaign for smokers' rights, including fighting anti-smoking legislation and asking for tolerance and courtesy from both smokers and nonsmokers. To find the nearest group, contact them at: 250 Avenue Louise, Box 52, Brussels 1050, Belgium. Tel. +32 2 6468049.

No Tobacco Day (May 31), is organized annually by the World Health Organization.

Tongue scraper p 293 W. Bosco, Inc., 8620 Sorensen Avenue, Suite 7, Santa Fe Springs, CA 90670, USA. Tel. +1 562 4641189, fax +1 562 4641190. www.tidytongue.com US$8.95 + p&p. CKUS$, IMO.

Nightingale droppings p 296 Biyou-Bunka Co., Inc., 123 Simohadgawa Cho-Seto, Aichi 9480-1202, Japan. Tel. +81 561 485828, fax +81 561 485830. ¥1,009 .

Skunk perfume p 299 Whiffy, Inc., PO Box 59513, Schaumburg, IL 60195, USA. Tel. +1 847 4901811.

Sweat pads p 300 Sanga, 5-4-2-301 Koishikawa, Bunkyo-ku, Tokyo 112, Japan. Tel. +81 3 32561848.

Hamman gear p 301 Galatasaray Hamami, Turnacibasi Sok, N. 24, Galatasaray, Istanbul, Turkey. Opening hours: men 6-22, women 8-20. Tel. +90 212 2494342.

Battered doll p 302 Ferre Fuster Sl, Avenida Ibu 45-47, Castalla 03420 Alicante, Spain. Tel. +34 96 556 0187, fax +34 96 6560052. PTS300.

Foot massager p 304 Megahouse, Inc., Tawaramachi Building, 2-10-13 Kotobuki, Taito-ku, Tokyo 111-0042, Japan. Tel. +81 3 38471721. ¥2,200.

Deodorant leaves p 306 Bought from Daniel Lekasukon, Kisamis Box 445 Kiserian, Kenya. KES1.

Sweat suit p 307 Anushka Day Spa, 241 E 60th Street, New York, NY 10022, USA. Tel. +1 212 355 6404, fax +1 212 3556452.

OraScreen p 308 Zila, Inc., 5227 North 7th Street, Suite 100, Phoenix, AZ 85014, USA. Tel. +1 602 266 6700. www.zila.com, E-mail: info@zila.com Have your dentist order it for you.

BODY Guide

No-Cancer holder p 309 Ohsama No Idea Store, Tokyo Station Store, 1-9-1 Marunouchi, Chiyoda-ku, Tokyo 100, Japan. Tel. +81 3 32147891.

Nipple lightener p 310 Liberty Co. Ltd., 3-15-25-504 Roppongi, Minato-ku, Tokyo 106-0032, Japan. Tel. +81 3 54747820.

Feces odor tablets p 312 DAIRIN, Shindo Bldg., 2-5-5 Higashi Shinbashi, Minato-ku, Tokyo 105-0021, Japan. Tel. +81 3 35780401.

Urination funnel p 314 Exel Asesores Comerciales S.A., Avenida Francisco de Miranda, C/Avenida Ppal Los Ruices, Edificio Centro Empresariales Miranda, Piso 3, Oficina 3-E/3-F, Caracas, Venezuela. Tel. +582 2396634, fax +582 2396568.

Urea cream p 315 V. Mane Excellent, Libertape Pharmaceuticals, Inc., 45 Iwano, Ueki-cho, Kamoto-gun, Kumamoto-ken 861-0136, Japan. Tel. +81 96 272 0631. ¥1,200.

Kremlin Tablet p 317 Purchased at Pharmacy #18, Novoarbatsky Prospekt #31, Moscow, Russia. Tel. +7 095 2052135.

Portable bidet p 318 TOTO Corporation, 2-1-1 Nakajima, Kokurakita-ku, Kitakyushu, Fukuoka-ken 802-0076, Japan. Tel. +81 93 9512111. ¥8,800.

Dowsing kit p 319 The British Society of Dowsers, Sycamore Barn, Hastingleigh, Ashford, Kent TN25 5HW, UK. Tel./fax +44 1233 750253. www.dowsers. demon.co.uk, E-mail: bsd@dowsers.demon.co.uk

Moist toilet tissue p 320 Kimberly-Clark Corp., World Headquarters, 351 Phelps Drive, Irving, TX 75038, USA. Tel. +1 972 2811200. www.kimberly clark.com

To celebrate it, WHO gives out medals to those individuals and groups who have done the most work towards a tobacco-free world (past winners have included the Tunisian Scouts and opera singer Barbara Hendricks). To nominate people or organizations, write to WHO, Tobacco or Health Programme, Avenue Appia 201, 1211 Geneva 27, Switzerland. Tel. +41 22 7912111. www.who. int, E-mail: info@who.int

Selective breeding has made factory-reared turkeys too fat to have sex. Instead, twice a week, the males are "milked" of sperm, and the females are artificially inseminated. Compassion in World Farming (CIWF) campaigns for the abolition of factory farming and the genetic engineering of farm animals. CIWF, Charles House, 5A Charles St, Petersfield, Hampshire, GU32 3EH, UK. Tel. +44 1730 264 208. Donations and volunteers needed.

Liberia's child soldiers have grown up fighting. The Children's Assistance Program (CAP) shows them a life that does not involve war, providing food, shelter and education for 600 of Liberia's

BODY Guide

15,000 former child soldiers (and other displaced children). To volunteer or send donations, contact The Children's Assistance Program Inc., ACS Compound, Old Road, PO Box 9080, 1000 Monrovia 10, Liberia. Tel. +231 224602.

2,000 plastic surgery operations are performed each year in developing countries by Interplast. Surgeons, pediatricians and nurses give their time and skills free of charge to help children with burn scars and other disfigurements. As well as providing practical aid, the missions try to promote medical self-sufficiency. Interplast Inc., 300B Pioneer Way, Mountain View, CA 94041, USA. Tel. +1 415 9621619.

Hands are the only tools village women possess in northern Cameroon. They have to dig 50cm into the desert sand with their bare hands to reach water, which they then collect and filter. The Drinking Water Project builds wells in villages and installs hand pumps. Construction and maintenance of each water hole costs about SFr15,000 (donations are requested in Swiss francs). The project has built more than 400 wells and trains the villagers to maintain the pumps. To send donations, contact Père Urs Egli, Projet L'Eau c'est la Vie, Mission Catholique D'Otélé, BP 22, Otélé, Cameroon. Tel./fax +237 234522.

In Tigray province, Ethiopia, 3.5 million people survive thanks to water delivered by trucks built and donated by the British-Indian charity Action Water. But the trucks only last about five years. "On a dirt track, rebuilt trucks vibrate to pieces," they report. To help, send donations or apply for an unpaid office internship with them in Bhimavaram, India, or Truro, UK. Action Water, North Street, Redruth, Truro, Cornwall TR15 5HR, UK. Tel./fax +44 1209 210567. Interns must speak either Telugu or English. *www.action water.org.uk*

"It takes at least a year to train a blind piano tuner," says Spencer Bollard of the UK's Association of Blind Piano Tuners. It's thought that as a result of their condition, blind people fine tune their hearing—making them more receptive to the sonic subtleties of the job. The Association of Blind Piano Tuners needs skilled tuners and money to train newcomers. 24 Fairlawn Grove, London W4 5EH, UK. Tel. +44 20 89950295, fax +44 20 8742 2396. *www.uk-piano.org*

Eliminating caste distinction is the goal in the Indian village of Pilligundla. The Fundación Vicente Ferrer, a Spanish organization working in Andhra Pradesh, has built over 4,000 wells, 240 dams, 510 schools and 40 hospitals in the province; building this new infrastructure has encouraged castes to mix. The foundation also promotes sponsorships of over 45,000 children, offering food and education. They need simple toys such as globes, puzzles and school materials (no electronic games, please). Send material to RDT, Bangalore Highway, Anantapur 515 001 AP, India. Tel. +91 85 5431503, fax +91 85 543 2327. E-mail: *rafel@giasbg 01.vsnl.net.in*

Helen Keller International is a private, nonprofit organization devoted to preventing blindness, especially in poor countries. Their programs include providing Vitamin A for people suffering from malnutrition. The

BODY Guide

organization has numerous offices worldwide. For more information, contact Helen Keller International, 90 Washington Street, 15th Floor, New York, NY 10006, USA. Tel. +1 212 9430890.

Sight Savers International in the UK fights child blindness in developing countries providing doses of vitamin A, measles vaccines and regular health care. Donations and volunteers are needed. Sight Savers International, Grosvenor Hall, Bolnore Road, Haywards Heath, West Sussex RH 16 4BX, UK. Tel. +44 1444 412424.

Sitting down isn't always easy when you're blind. Show a deafblind person a chair by placing their hand on the chair's back. ONCE, (Organizaciòn Nacional de Ciegos Españoles) is dedicated to the reintegration of the blind or visually impaired into everyday society. ONCE, La Dirección General, c/ Prado 24, Madrid 28014, Spain. Tel. +34 91 589 4600, fax +34 91 4293118.

More than 35 million people in the world are classified as blind. Of these, more than half simply need eyeglasses. Vision Aid Over-

Mahogany toilet seat p 321 Amoeda Materias por Construçã, Rua Farma de Amoeda 78, 22421-020, Rio de Janeiro, Brazil. Tel./fax +55 21 2877000.

Car toilet p 322 C.C. Products, 152 Markham Road, Charminster, Bournemouth, Dorset BH9 1JE, UK. Tel. +44 1202 522260, fax +44 1202 510303.

Jingle bag p 323 Diamond Labs Inc., Feria Road, Commonwealth Avenue, Diliman, Quezon City, Philippines. Tel. +63 2 9311910. E-mail: *diamond@i-man ila.com.ph* PHP100 a pack.

Sludge brick p 326 Tokyo Metropolitan Bureau of Sewerage, Public Relations Section, 2-8-1 Nishi Shinjuku, Shinjuku-ku, Tokyo 160-0023, Japan. Tel. +81 3 53206515, fax +81 3 53881700.

Portable toilet p 327 Nitro-Pak Preparedness Center, Inc., 475 West 910 South, Heber City, UT 84032, USA. Tel. +1 435 6540099. *www.nitro-pak.com*

Silicone facial features p 328/329 A.A.D. 91, 71 rue du Commerce, 75015 Paris, France. Tel. +33 1 45313971.

Seashell Headphones p 330 REMO General Store, Inc., 773 Warren Street, New York, NY 10007, USA. *www.remo.com.au* AU$140.

Chinese ear cleaning tools p 331 Bought from an ear doctor at the corner of Huang Cheng Nan Lu and Beijing Lu, Kunming, China. Y90.

Ethiopian ear spoon p 332 Laïla Saìd's Shop, PO Box 180, Addis Ababa, Ethiopia. ETB300.

Indian ear cleaning devices p 334 Bought from a street vendor, Ranade Road, Dadar, Central Mumbai, India. Rs3.

Armadillo tail p 336 Plaza Minorista, Medellín, Colombia. Tel. +57 4 2512460.

Braid extensions p 338 Bought at a stall on Girgaum Road in Mumbai, India. Rs36.

Garlic shampoo p 339 Nutrine Ltd., PO Box 427, North White Plains, NY 10607, USA. Tel./fax +1 914 9487922.

Placenta shampoo p 340 Cadey Italiana, via Ongina 30, 29100 Piacenza, Italy. Tel. +39 0523 599599, fax +39 0523 590430.

Hair to Stay p 341 Winter Publishing, Inc., PO Box 80667, Dartmouth, MA 02748, USA. Tel. +1 508 9942908, fax +1 508 9844040. For four issues: US orders, US$40; international, $70. CKUS$, all CC.

Robi Combi p 342 Purchased at the Oranim Pharmacy, Kiryat, Tivon Commercial Centre, Tel Aviv, Israel. Tel. +972 4 9832366. Shek120.

Slendertone p 346 Bio-Medical Research Ltd., Parkmore Business Part West, Galway, Ireland. Tel. +353 91 774300, fax +353 91 774301. *www.slendertone.ie*

Diet pills p 347 Cross C.S. Inc., 6-13-34 Tanimachi, Chuo-ku, Osaka 542-0012, Japan.

Diet tea p 350 Shantou Great Impression Co., Ltd., Room B, 22/F Building A, International Business Tower of Shantou 515041, China. Tel. +86 754 8166734, fax +86 754 8166735. *www.great-impression.com*

Algae slimming soap p 351 South West Shopping Center, Kunming, China. Tel. + 86 871 3184266. Y18.

Cherry stems p 352 Batas Baharat Ve Tohumculuk Ticaret A.S., Misir Çarsisi içi #30, Eminönü, Istanbul, Turkey. Tel. +90 212 5227566.

Fat sponges p 353 Amplestuff Catalog, PO Box 116, Bearsville, NY 12409, USA. Tel. +1 914 6793316, fax +1 914 6791206; E-mail: *amplestuff@aol.com* US$34.50.

Bionic arm p 354 Bioengineering Centre of the Royal Infirmary of Edinburgh NHS Trust, Princess Margaret Rose Orthopaedic Hospital, Fairmilehead, Edinburgh EH107ED, UK. Tel. +44 131 5364600. UK£10,000.

Calcium sulfate pellets p 358 Wright Medical Technology, Inc., 5677 Airline Road, Arlington, TN 38002, USA. Tel. +1 901 8679971. *www.wmt.com* US$18.

Tapa cloth p 360 Langa Fonua women's center; local women make the tapa and bring them in for sale. Choose from plain or hand-decorated versions. PO Box 267, Taufa'ahau Road, Nuku'alofa, Kingdom of Tonga. Tel. +676 21014.

BODY Guide

seas distributes 40,000 pairs of eyeglasses in developing countries every year and runs the SpecSort project in UK prisons, where inmates sort and grade the glasses. But they need more than your spectacles: If you're a qualified optometrist or optician you can help them run sight clinics and train local optical workers in Sierra Leone, Malawi, Gambia and Uganda. Unit 12, The Bell Centre, Newton Road, Manor Royal, Crawley, West Sussex RH10 2FZ, UK. *www. vao.org.uk*

Children with cancer can get a week's holiday thanks to Camp Quality, an Australian private organization. While at camp, each child is looked after by a volunteer "companion." To be a companion, you need to be an English speaker aged between 18 and 30. No special training is required but selection is by interview. International Headquarters, 14 Taylor St, West Pennant Hills, NSW 2125, Australia. Tel. +61 2 98710055, fax +61 2 98710239. *www.camp quality.org.au*

Heart to Heart has provided medical treatment for thousands of Russian children. This private, nonprofit medical exchange program relies on private donations. Russian children with heart diseases untreatable at local facilities are aided by bringing in medical supplies and teams of volunteer doctors and nurses. For information and to make a donation, contact Heart to Heart, 3300 Webster Street, #505, Oakland, CA 94609, USA. Tel. +1 510 8394280.

Malaria strikes between 300 and 500 million people each year and kills several million. Pregnant women, people with immune system deficiencies and children under five are worst hit (worldwide, 200 to 300 children die from malaria every hour). Malaria kills more people than AIDS in Zambia every year. Get involved: *www. malaria.org* The World Health Organization's Southern Africa Malaria Control project is looking for self-funded volunteers with an interest in disease control. Work involves producing educational material and field work. English a must, Portuguese a plus. Contact Shiva Murugasampillay, PO Box 348, CY Harare, Zimbabwe. Tel. +263 4 253724. E-mail: *shivamal@samara.co.zw*

In South Africa one in ten people are HIV positive, and 50,000 people are reportedly infected every month. The country has the fastest growing AIDS epidemic in the world. In neighboring Botswana the HIV positive population has doubled in five years and now amounts to 25-30% of the total population. Send donations, volunteer to help out or answer their appeal for office furniture: National Association of People Living with AIDS. 114 Hout Street, Cape Town 8000, South Africa. Tel. +27 21 2443446.

Albinism can affect anybody. The condition is caused by a modified gene that blocks the production of the dark brown or black pigment called melanin. Albinos have little or no pigment in the eyes, skin or hair, and because of their appearance they are often the victims of prejudice. For the albino support group nearest you, contact the Albinism World Alliance (AWA), c/o National Organization for Albinism and Hypopigmentation, PO Box 959, East Hampstead, NH 03826–0959, USA. Tel/fax. +1 603 8872310. *www.alb inism.org*

BODY Guide

In Tanzania, the Albinos Society has 4,000 members and estimates that 170,000 people in the country have a form of albinism. Contact H.J. Mwaimu, PO Box 9644, Ocean Road Hospital, Dar Es Salaam Tanzania ,for a sample of the society's newsletter.

In rural areas of Africa, the nearest optician is often 1,000km away. And even if people can get to an optician, a pair of glasses costs six to eight months' salary. Donate your old eyeglasses to Lunettes sans Frontière: They will be repaired and sent to people in developing countries. Since 1992, the organization has distributed more than 500,000 pairs of donated glasses. 41 rue du Général de Gaulle, 68560 Hirsingue, France. Tel. +33 3 89405036.

Girls are initiated into womanhood between the ages of 6 and 12 in Sudan, Senegal and Ivory Coast. In some tribes, this means genital multilation: Their clitoris is sliced off, and sometimes the labia are sewn together (without anesthetic). This is believed to improve a woman's chances for marriage. UNICEF is campaigning against the practice and accepts donations. UNICEF, PO Box 1358, Khartoum, Sudan. Tel. +249 11 471835, fax +249 11 471126. www. unicef.org The Inter-African Committee on Traditional Practices (IAC) also conducts educational campaigns about genital mutilation. IAC, c/o Economic Commission for Africa, PO Box 3001, Addis Ababa, Ethiopia. Tel. +25 11 51 7200, fax +25 11 514682.

"Breastmilk is the sole truly universal food for the entire human species," says the World Health Organization. The blend of nutrients that's found in breastmilk can't be reproduced: Artificially-fed babies are statistically more vulnerable to disease and death. That's why 120 countries support the World Breastfeeding Week, organized every year (August 1-7) by the World Alliance Breastfeeding Action. For information on their activities, contact WABA, PO Box 1200, 10850 Penang, Malaysia. Tel. +60 4 658 4816, fax +60 4 6572655. E-mail: secr@waba.po.my

Baby Milk Action Coalition is the worldwide coordinator of the grassroots boycott on Nestlé products. To join in the fight to save breastfeeding from extinction and stop Nestlé from making a killing, call the coalition's world headquarters in UK at tel. +44 1223 46 4420. Or call their affiliates: GISA (Geneva) +41 22 798 9164; IBFAN AFRICA (Swaziland) +268 45006; IBFAN PANANG (Malaysia) +60 4 6580619.

Breast milk boosts a baby's immune system and prevents allergies. It may also reduce the mother's risk of breast and ovarian cancer. Human milk's complex combination of vitamins, minerals and enzymes cannot be reproduced in powdered milk. La Leche League International (LLLI) trains mothers to breast-feed their babies. With contacts in 66 countries, they can tell you the nearest location for donating your milk to women who cannot produce enough of their own. 1400 North Meacham Road, Schamburg, IL 60173, USA. Tel. +1 847 5197730, fax +1 847 5190035. www.laleche league.org

Brown lung disease, or byssinosis, affects 30% of Thais working in the garment industry—one of the

BODY Guide

country's biggest employers. The disease is caused by the inhalation of hemp, flax and cotton dust, which obstructs and permanently damages the lungs. The Friends of Women Foundation in Bangkok educates workers on health risks in the workplace and helps victims obtain compensation. The Friends of Women Foundation, 386/61-62, Soi Ratchadapisek 42, Ratchadapisek Road, Lad Yao Jatujak, Bangkok 10900, Thailand. Tel. +66 2 5131001, fax +66 2 5131329. E-mail: FOW@mozart.inet.co.th

Their sexual orientation is the reason why 57 transvestites were brutally murdered in Brazil in 1999, says Grupo Gay da Bahia, one of Brazil's largest gay advocacy groups. The group has launched programs to curb increasing violence directed at homosexuals. In 1998 it led demonstrations against military police in Salvador and managed to obtain the arrest of four policemen who had tortured two transvestite sex workers. Rua Frei Vicente 24, Pelourinho, Salvador, Bahia, Brazil. Tel. +55 71 3211848, fax +55 71 3223782. www.ggb.org.br for gay-friendly tourist listings in Brazil.

Snoring devices p 363 Breathe Right: CNS, 4400 W. 78 Street, Bloomington, MN 55435, USA. Tel. +1 612 8206696, fax +1 612 8355229. www.cns.com About US$0.50. Nozovent: BSSAA, 1 Duncroft Close, Reigate, Surrey, RH2 9DE, UK. Tel. +44 1249 701010. www.britishsnoring.demon.co.uk, E-mail: helpline@britishsnoring.co.uk UK£10.50 + p&p. MC, V. CK. TheraSnore: Distar Inc., 3748 Eubank NE, Albuquerque, NM 87111-3537, USA. Tel. +1 505 2999172, fax +1 505 2999164. www.distar.com

Healing jars p 371 Riosu Kuyatsuki (RK) suction cup system: Sasaki Medical Device Co., Kanda Kitanorimono-cho 12, Chiyoda-ku, Tokyo 101-0036, Japan. Tel. +81 3 32561848.

Canned air p 372 Daido Hokusan Co., Ltd., contact their offices in Osaka: Chuo-ku, Higashi-shinsaibashi, Tel. +83 6 62521757.

Fancy egg kit p 374 Dreamland cooking kit: Ah-Nest, Inc., 2-350 Idomaki, Tsubame-shi, Niigata-ken 959-1232, Japan. Tel. +81 256 642525. ¥1,500.

Portable heart p 375 Baxter S.A., 6 Avenue Louis Pasteur, B.P. 56, Maurepas, Cedex 78311, France. Tel. +33 1 34615050. www.baxter.com

Fertility water p 379 Purchased at the Faith Healing Centre, Stand No. 3384, Katanga Township, Zimbabwe, for Z$450, about half the monthly wage of a local security guard, or a month's pay for a domestic worker.

"Tripas del Diablo" p 380 Sonora market, between calle Fray Servando Teresa de Mier and calle Anillo de Circunvalación, Mexico City, Mexico.

Portable ashtray p 381 Ohsama No Idea Store, Tokyo Station Store, 1-9-1 Marunouchi, Chiyoda-ku, Tokyo 100, Japan. Tel. +81 3 32147891. Open daily 10-20:30.

Freedom Pak p 382 Mentor Corporation, 201 Mentor Drive, Santa Barbara, CA 93111 USA. Tel. +1 805 8796000, fax +1 805 9677108. *www.mentorcorp.com*

Medical marijuana p 386 For more information on the Cannabis Buyers' Clubs and Cannabis Farm, contact Californians for Compassionate Use, *www.marijuana.org*, E-mail: *cbc@marijuana.org* Tel. +1 707 9941901.

Bolivian coca products pp 388/389 Coincoca, Calle Ayacucho N.0532, La Casilla 5059, Cochabamba, Bolivia. Tel. +591 42 57313.

Oxygen helmet p 390 Servicios de Ingeniería en Medicina S.A. de C.V., Cumbres de Maltrata 691, Colonia Independencia, Mexico City DF 03630, Mexico. Fax +52 5 6728035.

Evacu-8 escape hood p 391 Brookdale International Systems Inc., 1-8755 Ash Street, Vancouver, B.C., V6P 6T3, Canada. Tel. +1 604 3243822, fax +1 604 324 3821. *www.evac-u8.com*, E-mail: *info@evac-u8.com* US$69.95 + p&p. All major CC.

Potassium iodide tablets p 392 Nitro-Pak Preparedness Center, Inc., 475 West 910 South, Heber City, UT 84032, USA. Tel. +1 435 6540099. *www.nitro-pak.com* US$12.99 per bottle + p&p. All CC.

Telephone condom p 394 Clean Call, PO Box 387, Gardena, CA 90248, USA. Tel./fax +1 310 6317674. *www.cleancall.com* US$41 for a pack with 200 covers.

Fireproof cushion hood p 396 Toshima Ward Government Office, 1-81-1 Higashi Ikebukuro, Toshima-ku, Tokyo 170-0013, Japan. Tel. +81 3 39811111.

Home radiation kit p 398 Emergency Essentials, 165 South Mountain Way Drive, Orem, UT 84058, USA. Tel. +1 801 2229596, fax +1 801 2229598. *www.beprepared. com* US$14 + p&p. MC, V, CK, Discover, money order.

Whitening cream p 401 Summit Laboratories Inc., 303 State Street, Chicago Heights, IL 60411, USA. Tel. +1 708 7587800, fax +1 708 7587883. *www.summit -labs.com*

Darlie toothpaste p 403 Siam Green Consumer Products Co., 4744-46-48 Rama 4 Road, Phrakanong, Bangkok 10110, Thailand. Tel. +66 2 3902487, fax +66 2 3813331.

Earlarm p 404 Honda Tsushin Kougyo Kabushiki Kaisha, Kamoi 4-76-7, Midori-ku, Yokohama 226-0003, Japan. Tel. +81 45 9345551.

Jet Lag Combat Kit p 405 Outside In, Ltd., 21 Scotland Road Estate, Dry Drayton, Cambridge CB3 8AT, UK. Tel. +44 1954 211955. *www.outsidein.co.uk*

Eyelid weights p 410 MedDev Corporation, 2468 Embarcadero Way, Palo Alto, CA 94303-3313, USA. Tel. +1 650 4941153, fax +1 650 4941464. *www.meddev-corp.com*, E-mail: *info@meddev-corp.com* US$50 each.

Tanning pills p 411 Pharmacy John Bell and Croydon, 50/54 Wigmore Street, London W1H 0AU, UK. Tel. +44 20 79355555. About UK£7.60.

Virgin tea p 412 Can be tasted at Mariage Frères, 30 rue Bourg Tibourg, 75004 Paris, France. Tel. +33 1 42722811. US$900/kg.

Removable nipples p 414 Amoena, Postfach 1263, 83064 Raubling, Germany. Tel. +49 80 358710, fax +49 80 35871560. *www.amoena.de*

Cold-bra p 415 Order Bust' Ice at Quelle, Klanten-Dienst, Plaslaar 42, B-2500 Lier, Belgium. Tel. +32 3 4911818. *www.quelle.fr*

Wooden penis p 434 AIDS Education & Training, PO Box 812, Auckland Park, Johannesburg 2006, South Africa. Tel.+27 11 7261495, fax + 27 11 7268673.

Hemorrhoid cushion p 435 Nihon Angel, Inc., 5-12-2 Asakusabashi, Taito-ku, Tokyo 101-0053, Japan. Tel. + 81 3 58201010.

Arousal meter pp 436/437 Aleph One Ltd., The Old Courthouse, Bottisham, Cambridge CB5 9BA, UK. Tel. +44 1223 811679, +44 1223 812713. *www.aleph1.co.uk*, E-mail: *info@aleph1.co.uk* US$10,000.

Penis pump p 438 Doc Johnson, 11933 Vose Street, North Hollywood, CA 91605, USA. Tel. +1 818 7641543. Fax +1 818 7656060.

Organic tampons p 440 Eco Yarn Co., PO Box 40, Kings Cross, NSW, Australia. Tel. +61 2 92149222. AU$5.

Keeper cup p 441 Health Keeper, Inc., 83 Stonegate Drive, Kitchener, Ontario N2A 2Y8, Canada. Tel. +1 519 8968032, fax +1 519 8968031. CDN$49.50 +p&p. AmEx, MC, V, CK, IMO. *www.keeper.com*

Baby pepsi p 449 Munchkin, 15955 Strathern, Van Nuys, CA 91406, USA. Tel. +1 818 8935000, fax +1 818 8936343.

Breast feeding dolls p 450 Red Peruana de Lactancia Materna, Avenida Pardo 1335-302, Lima 18, Perú. Tel. +51 14 4451978. E-mail:*cepren@amauta.rcp.net*

Sex education dolls p 451 Hong Kong Family Planning Association, Ground, 8th, 9th & 10th Fl., Southern Center, 130 Hennessy Road, Wanchai, Hong Kong, China. Tel. +852 25754477, fax +852 28346767. *www.famplan.org.hk*

Rompideo (Finger-breaker), Recin (Earring) and Maon (Moron) are three of about 40 pickpockets who work regularly in Venice and who have been nicknamed by the Cittadini Non-Distratti (Association of Undistracted Citizens). Supported by a network of 300 informers with cell phones, the volunteer group tries to catch pickpockets red-handed. To join (it's free) call Franco Gastaldi. Tel. +39 0347 8315713.

About 80% of the kids at the Agape HIV orphanage in Chiang Mai, Thailand, who initially test positive for HIV later test negative (no one can explain it yet). The orphanage, which takes in infected children who are abandoned or whose parents are dying of AIDS, can only care for about 30 children at once (those who test negative are entrusted to foster parents). Construction of a bigger center that will house 100 children is planned and will cost about US$600,000. Donations and volunteers welcome. Agape Home for Babies with HIV/AIDS, PO Box 95, Chiang Mai 50000, Thailand. Tel./fax +66 53 800946.

Don't throw away your old rosary. Donate it to the Don Brown Rosary Collection, which now has 4,000 pieces. Identify your rosary's country of origin and history and specify what it's made of—the museum already has rosaries made of olive pits and fishing weights. COLORS readers who donate a rosary will be admitted free to visit the collection. The Skamaina Interpretive Center, 990 SW Rock Creek Drive, PO Box 396, Stevenson, WA 98648, USA. Tel. +1 509 4278211, fax +1 509 4277429. *www.rosarywork shop.com* Open daily 10-17; adults US$6, children $4.

The oldest whorehouse in the USA is the Dumas bordello in the "Twilight Zone," the red-light district in Butte, Montana. The members of the International Sex Workers' Foundation for Art and Culture (ISWFACE) are transforming this Victorian building into an art gallery and museum devoted to the world's oldest profession.

Pope lolly p 462 Plusia, via G. Galilei 26, 35030 Veggiano (PD), Italy. Tel. +39 049 9004539, fax +39 049 9004543. E-mail: *plusia@tin.it*

Prayer doll p 463 VisionAire Company Inc., c/o Prayerbaby, 4446-1A Hendricks Avenue, Unit 380, Jacksonville, FL 32207, USA.

Hebrew soup p 465 Osem Food Industries Ltd, 61 Jabotinsky Street, Petach-Tovka, PO Box 1578, Tel Aviv, Israel. Tel. +972 3 9265265.

Priest kit p 467 Galleria D'arte Sacra, via dei Cestari 15, 00186 Rome, Italy. Tel. +39 06 6780203, fax +39 06 69941925. From Lit170.000.

Cilicio p 472 Librería Religiosa Hernández, Calle de la Paz 4, Madrid 28012, Spain.

Volunteers are welcome. The Dumas, 45 East Mercury Street, Butte, MT 59701, USA. Tel. +1 406 7236128.

Every year 250,000 Western tourists travel to Asia to have sex. According to EC-PAT (End Child Prostitution in Asian Tourism), A recent survey shows that child prostitutes are more subject than adult prostitutes to slavery, illicit trafficking, physical violence and torture. The Italian chapter of ECPAT has produced a brochure for tour operators containing information about sexual exploitation of minors. EC-PAT Italy, Piazza Santa Maria Liberatrice 45, 00153 Rome, Italy. Tel. +39 06 57287708, fax +39 06 57290738. *www. cambio.it/ecpat*, E-mail: *ec pat@cambio.it*

600,000 people are crammed onto a plot of land with a surface of only 48 hectares in the slum of Dharavi, the biggest in Mumbai, India. Many of them left their homes in the country 30 years ago and have lived in makeshift housing ever since they reached the city. The shacks occupy less than 5m^2 and the area in front of them serves as a space for eating, sleeping, studying

and washing. Send donations to SPARC (Society for the Promotion of Area Resource Center), PO Box 9389, Mumbai 400-026, India. Tel. +91 22 2836743, fax +91 22 3001593. *www.dia logue.org.za/sparc*, E-mail: *sparc@vsnl.com*

"If everybody would simply clean out their garages and ship their junk to a third world country, we would raise their standard of living by about 10%," says David Corner, who distributes used household goods to Ethiopia, Kosovo (Yugoslavia), Zimbabwe and the Seychelles. For information on donating household items and teaching materials, contact him. D. Corner, 704 Court C, Tacoma, WA 98402, USA. Tel. +1 253 3835104.

Absorb positive energy. Go to Table Mountain in Cape Town, South Africa, to meditate. The mountain is in a major vortex of electromagnetic forces. "I have been many times when troubled by something," says Gordon Oliver of Cape Town, "and I've come away more rested and at ease." But the mountain also attracts real estate developers. The Save the Table

Mountain Campaign organizes rallies and petitions to promote conservation of the natural environment. Information: Desre Buirski. Tel. +27 21 4397316 or +27 21 4347275. E-mail: *Bali blue@iafrica.com*

Abandoned babies must weigh at least 3kg before they're accepted in Albanian orphanages—that's usually at about six months. Until then they stay in the maternity hospital. The number of abandoned newborns is increasing. Volunteer your services. The Organization for the Support of Albania's Abandoned Babies needs volunteer social workers and health brochure writers (mother tongue Albanian, English, French or Italian). OSAAB, Maternity Hospital 1, Rruga Deshmoret e Kombit, Tirana, Albania. Tel./fax +355 42 32874. E-mail: *os aab@aol.com*

"Daily savings" is a system that helps the people who live on India's streets to set aside a few cents a day. "They're small sums, maybe US$2 a month," says Jockin, of the women's association Mahila Milan in Mumbai. "We help them, especially the women, teaching them

SOUL Guide

to save to buy land or build a house." The project is supported by various non-governmental organizations. Send donations to Mahila Milan, Byculla 52 Miami Bhulabhai Desai Road, Mumbai 400026, India. Tel. +91 22 3096730, fax +91 22 495 0505. IMO in US$ or UK£.

"The slaves know they're slaves, and introduce themselves as slaves, just like their masters introduce them as slaves," says Cheikh Saad Bouh Kamara, a Mauritanian abolitionist. To meet with *abid* (slaves) or *haratine* (freemen), visit the headquarters of Kamara's human rights association. COLORS readers are welcome at his lectures at the University of Nouakchott and can request slavery research materials. Association Mauritanienne des Droits de l'Homme, BP 5012, Nouakchott, Mauritania. Tel. +222 2 57555, fax +222 2 51831. E-mail: *cka mara@caramel.com* Speak either Arabic, French, English or German.

A slave in Sudan costs 12,800 Sudanese dinars, says Christian Solidarity International (CSI). The Swiss charity has so far bought 8,000 enslaved members of

the Dinka tribe from their Arab masters and set them free. "Once they hear they are free to go they are greatly relieved, and can hardly believe it," says Gunnar Wiebalck of CSI. Wire donations in any currency to Zürcher Kantonalbank, ZK BKCHZZ80 A, BLZ 700, account number 1100-1137. 249. CSI-Schweiz, Zelglistrasse 64 PO Box 70, CH-8122 Binz, Switzerland. Tel. +41 1 9804700, fax +41 1 9804715. *www.csi-int.ch*, E-mail: *csi-int@csi-int.org*

By 2005 there will probably be between one and three million orphans in South Africa, due mainly to AIDS. The Thandanani Association actively seeks parents who will adopt abandoned children. Over the past three years they've placed 51 abandoned children with families. All the babies were black, but 10 were placed with non-black families. The association needs volunteers to spend three to 12 months helping out with child care in hospitals or with administration, research and advocacy. Thandanani Association, Pietermaritzburg 3200, South Africa. Tel. +27 33 3451857, fax +27 33 3451863.

"We are here waiting for you. Contact us because we love you. Whoever is involved has to talk to someone and tell us what happened. Let us know anonymously. Just tell us." This message from Crystal Dunahee is about her son Michael, who disappeared eight years ago. He was last seen wearing a blue, hooded jacket and multicolored rugby pants. Contribute to the search for him and other missing children by donating or by purchasing the tape "A Song for Michael Dunahee." All proceeds go to the Michael Dunahee Search Center, at the Song for the Missing Children Foundation, 5436 Munn Road, Victoria, BC V8X 3X3, Canada.

Boys of 13 and 14 are most likely to boast about the condom in their pocket, says Liliane Pelosie, who distributes contraceptives in high schools in Belgium. Girls are shyer. "They're afraid of being considered easy," she explains. Apply for an unpaid internship at her health clinic. French-speakers only. Planning Familial de Boitsfort, Avenue Wiener 64, 1170 Boitsfort, Belgium. Tel. +32 2 6733934, fax +32 2 6736720.

SOUL Guide

Maquiladoras (export-processing factories) along the USA-Mexico border sometimes require pregnancy tests from women who want jobs. Positive results mean they can't work, so the employer saves on maternity benefits. Managers have been known to reassign pregnant employees heavier tasks until they quit. Employees often conceal their pregnancies, risking both their own and their babies' health. To join the lobby against this practice, contact the Human Rights Watch, 1630 Connecticut Avenue NW, Washington, DC 20009, USA. Tel. + 1 202 6124321, fax +1 202 612 4333. *www. hrw.org*, E-mail: *hrwdc@hrw.org*

Getting online The Science and Arts Foundation (SAF), a UK charity, provides computer stations and Internet access, trains teachers and downloads educational websites from around the globe in schools in developing countries. SAF's first campaign is in Iran, where it has obtained Internet access for nine schools so far. Make a donation or form a committee in your town. SAF, PO Box 18849, London SW7 2W, UK. Tel. +44 20 7594

Flagellation whip p 473 Made in Santa Rita in the province of Pampanga, about 1 1/2 hours by car northwest of Manila, Philippines. PHP300.

Step to praise p 474 First Place, 720 North Post Oak, Suite 330, Houston, 77024 TX, USA. Tel. +1 713 688 6788, fax +1 713 6887282. *www.firstplace.org*, E-mail: *info@firstplace.org* The Praise Aerobic video costs US$20 + p&p. CC, IMO, CKUS$. The Praise Workout audio tape is no longer available.

Credit card rosary p 475 Catholic Supply Shop, Dymocks Building, George Street, Sydney 2000, Australia. A$3.45.

Smoking saint p 476 Sonora market, between Calle Fray Servando Teresa de Mier and Calle Anillo de Circunvalación, Mexico City, Mexico. Open daily from dawn to dusk. MXP3.

Gualicho p 477 Santa Barbara, Somellera 663, 1846 Adrogué, Buenos Aires, Argentina. AP6.50.

Prayer spray p 478 Fulton Religious Supply Co., 1304 Fulton Street, Brooklyn, NY 11216, USA. Tel./fax +1 718 7838889. US$3.59.

Elvis shrine p 479 Mr. Shrine, Shrinerite LLC, 203 Bisbee Road, Unit E, Bisbee, AZ 85603, USA. Tel. +1 520 4326855, fax +1 520 4323702. *www.hometown.aol. com/mrshrine*, E-mail: *MrShrine@aol.com* US$18 + p&p. CK, IMO.

Pope bottle opener p 482 Bought at Souvenir e Oggetti Religiosi. At exit of Grotte Vaticane, Vatican City. Lit4.000.

Star of David yo-yo p 483 S & W Skull Cap Co., 1212 36th Street, Brooklyn, NY 11218, USA. Tel. +1 718 6339333. No longer available.

8245, fax +44 20 7594 8201. *www.science-arts.org*, E-mail: *info@science-arts.org*

Are you Catholic, having sex and using contraception? Members of Catholics For a Free Choice are. They are also lobbying to change the Vatican's status in the United Nations so that it can't block legislation on reproductive health policies and women's rights. Join their campaign and find out more: Catholics for a Free Choice, 1436 U Street NW, Washington, DC 20009-3997, USA. Tel. +1 202 986 6093, fax +1 202 3327995. *www.cath4choice.org*

1-800-229-VICTIM is a toll-free helpline for people allegedly ripped off by unscrupulous television preachers. Callers from outside the U.S. are welcome but must dial +1 214 8272625.

The cold, which aggravates cardiocirculatory and respiratory diseases and can cause strokes, killed 21,000 elderly people in the UK in 1998, says Alison Rose of Age Concern. "This happens mainly because of a lack of fuel for heating. In countries that have much colder winters, like Canada and Sweden, the death rate is lower because houses are better insulated." To help keep the elderly warm, the St. Vincent de Paul Society distributes blankets, shoes and clothing. Donate new or used items. 24 George Street, London W1H 5RB, UK. Tel. +44 20 79357625.

Dakahata Samiti (Women's Vigilance Group) provides shelter, legal aid and assistance with filing police cases to women who are victims of dowry demands, wife beating and molestation. Sudha Karkhanis, Mahila Dakahata Samiti, Gala No. 5, Under the Bridge, Senapati Bapat Road, Dadar West, Mumbai 400014, India. Tel. +91 22 61 23853. Volunteers needed.

Risk of child abuse increases when a mother lives with a man who is not the father, and when one or both of the adults is an alcoholic. In the UK, to seek help or report cruelty, call the National Society for the Prevention of Cruelty to Children. Its 24-hour Child Protection Helpline receives more than 70,000 calls a year, and more than 60% of them involve physical abuse or neglect. 42 Curtain Road, London EC2A 3NH, UK. Tel. +44 20 78252500, fax +44 20 7825 2525. *www.nspcc.org.uk*

Projeto Tereza has been defending prisoners' rights since 1991. Tereza is what prisoners call the rope made of knotted sheets that is used in making escapes. They distribute condoms and help prisoners gain access to health services. Projeto Tereza, c/o Noss, Rua Visconde de Pirajá 127/201, Ipanema Rio de Janeiro, RJ CEP 22410-001, Brazil.

Because of deplorable sanitary conditions in Romanian orphanages, 3,000 children contracted HIV. Bambini in Emergenza, an Italian charity, needs funds for medical personnel and equipment for a newly opened AIDS ward in Bucharest Hospital. Piazzale Belle Arti 1, 10096 Rome, Italy. Tel. +39 06 3220713.

The Great Saint of Learning, Sugawara Michizane, is buried at the Tenman-Gu Shrine in Dazaifu, Japan. Prior to grueling exams, Shinto shrines are packed with nervous examinees. Lucky notebooks, pencils and erasers are sold at the exit. The shrine is only a short walk from the train station.

Azan alarm clock p 485 As SUQ, 98 Smith Street, Brooklyn, NY 11201, USA. Tel. +1 718 5969390, fax +1 718 5961481. US$20.

PD Teddy bear p 494 Bears & Bedtime Mfg. Inc., 4803 52nd Avenue, T7Z 1C4 Stony Plain, Alberta, Canada. Tel. +1 780 9636300, fax +1 780 9632134. *www.bearsand bedtime.com*, E-mail: *teddies@bearsandbedtime.com* C$24.95 + p&p. Amex, MC, V, CK, IMO.

Jesus clock p 499 Purchased in New York City's Chinatown for US$10.

Crack baby p 500 Baby Think It Over, Inc., 2709 Mondovi Road, Eau Claire, WI 54701, USA. Tel. +1 715 8302040, fax +1 715 8302050. *www.babythinkitover.com*, E-mail: *information@btio.com* US$285. CK, CC.

Heart Throbber p 502 Ann Summers, 155 Charing Cross Road, London WC2 0EE, UK. Tel. +44 20 74371886. *www.annsummers.com*

Boyfriend-In-A-Box p 503 A.B.R., 18 rue Jeanne d'Arc, 34150 Gignac, France. Tel. +33 4 67572215, fax +33 4 67579033. Ff75 + p&p. *www.boyfriend-in-a-box.com*, E-mail: *contact@boyfriend-in-a-box.com*

Bindi doll p 506 Windmill Educational Supplies Pty, Ltd., 591 Whitehorse Road, Mont Albert, Victoria 3127, Australia. Tel. +61 3 98304336, fax +61 3 98885456.

Nucleic Acid Kit p 508 Philip Harris Education, Novara House, Excelsior Road, Ashby Park, Ashby de la Zouch, Leicestershire, UK. Tel. +44 870 6000193, fax +44 800 7310003. *www.philipharris.com*, E-mail: *sales@education.philipharris.co.uk*

Sara doll p 509 Any toy shop on Naderi Avenue, in Teheran, Iran.

Buddhist ashtray p 519 Purchased at Chinatown, Nagasaki, Japan, for ¥1,000.

Burial dolls p 528/529 Commonwealth Trading Co., 838 North Broadway, Los Angeles, CA 90012, USA. Tel. +1 213 6264440.

Straw sandals p 530 Part of a funeral kit that was purchased at Sunghwa Funeral, 937-15 Daemyoung-6-dong, Nam-ku, Taegu City 705-036, South Korea. Tel. +82 53 6510875.

Miniature coffin p 532 Centro Artesanal Buenavista, Calle Aldama 187, Colonia Guerrero, CP 06350 Mexico City, Mexico. Tel. +52 5 5290730.

Cryonics jar p 537 SIAD Spa, Divisione SACI, via Monteferrato 56, 20098 San Giuliano Milanese, (MI), Italy. Tel. +39 02 9880725, fax + 39 02 98282462. E-mail: *Mario_Conconi@praxair.com* Lit 1.430.000.

Eclaireuses et Eclaireurs du Sénégal needs volunteers to help survey local health problems, teach children about agriculture and assist in sex and AIDS education workshops for young people. Pocket money is provided, but travel expenses are not. Volunteers should speak French. Contact EEDS at 5 rue Pierre Million, BP 744 Dakar, Sénégal. Tel./fax +221 8217367. Commissaire Général: Tel./fax +221 8254954.

Goalball is played at the Instituto Nacional de Deficientes Visuais for visually impaired people in Beira, Mozambique. They need donations: Instituto Nacional de Deficientes Visuais e Cegos, PO Box 364, Beira, Mozambique. Tel. +258 3 323999, fax +258 3 328549.

Lottery is just one of many temptations for the estimated half million people in Spain who are addicted to gambling. There are numerous rehabilitation centers in Spain and worldwide for people with gambling problems. In Barcelona, the non-profit Asociación Barcelonesa de Ayuda y Tratamiento al Ludópatia provides individual and group therapy. Calle Vidiella 7, 08026 Barcelona, Spain. Tel. +34 93 4460002.

Movimento Nacional de Meninos e Meninas de Rua, Brazil's National Movement for Street Children, provides legal services, emergency intervention and cultural and sports centers for children under 18. Teen regional leaders bring their generation's views to the National Commission. Send donations in US$ or Brazilian reais to MNMMR, HIGS 703, Sul Bloco L, Casa 42 W3, 70331-712 Brasília DF, Brazil. Tel. +55 61 2269634, fax +55 61 2251577.

Associação Beneficiente has helped more than 1,000 impoverished children in Rio. They need volunteers (who speak Portuguese) to help maintain emergency shelters and temporary residences; to assist with literacy, educational and business training; and to participate in counseling programs. Volunteers also scout for children

Floating playing cards p 548 Center Catia, Avenida Brazil 98, Passo Fundo, Rio Grande do Sul, Brazil. Tel. +55 54 3132199.

Marble p 549 Vacor de México, S.A. de C.V., Calle Seis 2225 Zona Industrial, Guadalajara, Jal. 44940, Mexico. Tel. +52 3 8123763, fax +52 3 8121835. *www.vacor.com.mx*, E-mail: *vacor@vacor.com.mx*

Pato ball p 550 Handles: Wilkis, Malabia 1249, 1414 Buenos Aires, Argentina. Tel. +541 1 47730622. You can use any ball.

Golf caddy p 552 The Rose Garden, km 32, Petkasem Highway, Sampran, Nakorn Pathom 73110, Thailand. Tel. +66 34 322544, fax +66 34 322775. *www.rose garden.com*

who are in danger of becoming street kids. Rua Richuelo 7, Lapa, Rio de Janeiro 20230-010 RJ, Brazil.

Veterinarians can volunteer their time in Central and South America. Vets working with Veterinarios sin Fronteras (VSF) don't just look after animals—they also help set up programs to provide food for malnourished people. In El Agustino, Peru (a suburb of Lima, the capital), 67% of the inhabitants were malnourished before the VSF's duck-breeding program was introduced. Now, with the extra meat, people's protein levels are back to normal. VSF, calle Floridablanca 66-72, local N. 5, 08015 Barcelona, Spain. Tel. +34 93 4237031, fax +34 93 4231895. *vsf.pangea.org*, E-mail: *vsf@pangea.org*

It's time to grow up—give your old toys to children at the Internado Indigenista orphanage in Chiapas, Mexico. Any toys (except military or war toys) are accepted, as are notebooks and all other school supplies. Quinta Guadalupe 5a, Guadalupe #13, Apdo. 10, CP29 770 Bochil, Chiapas, Mexico. Tel./fax +52 96 530020.

Workers at a Nike shoe factory in the town of Cu Chi in Vietnam earn an average of US$0.20 per hour. They take home $37 per month (the monthly minimum legal wage is $45). To survive on such a basic wage, many workers have to skip meals. Support the Boycott Nike campaign. Vietnam Labor Watch, 733 15th Street, NW Suite 920, Washington DC 20005, USA. Tel. +1 202 518 8461, fax + 1 202 5188462. *www.saigon.com*

Children from some 300 low-income families in Bastrop County, USA, received handmade wooden toys last year, thanks to the inmates of Wackenhut Prison. Prisoners work year-round on the Santabear project, making toys to be distributed during the holiday season. Support the project by sending donations to the Family Crisis Center, PO Box 736, Bastrop, TX 78602, USA. Tel. +1 512 3217760, fax +1 512 3217771. *www. family-crisis-center.org*

Every 15 minutes, somebody steps on a land mine. That amounts to a lot of amputees. The Jaipur artificial foot is the world's most cost-effective artificial limb—

once it's fitted, you can ride a bike or climb a tree. The Bhagwan Mahavir Viklang Sahayata Samiti Clinic fits 14,000 Jaipur feet a year, for only Rs750 each—a fraction of the usual cost. But for its Indian clients, most of whom live below the poverty line, the service is free. To help, contact Mr. D.R. Mehta, Vasnathivar 3rd Floor, Nepeansea Road, Mumbai 400-006, India. Tel. +91 22 2028221.

Get your own sticker or obtain a special report on anti-personnel mines by contacting Handicap International, ERAC, 14 Avenue Berthelot, 69007 Lyon, France. Tel. +33 4 78697979, fax +33 4 7869 7994. They are always looking for people to help set up groups in their own countries to further the fight against the manufacture of anti-personnel mines.

300,000 tons of bombs were dropped in northeastern Laos by the US government during the Vietnam War. The Mines Advisory Group (MAG) works with people in rural communities, training them in mine clearance. MAG urgently needs funds to set up a Community Mine Awareness Program

LEISURE Guide

in Laos. Send donations to MAG, 45-47 Newton St., Manchester, Lancashire M1 1FT, UK. Tel. +44 161 236 4311, fax +44 161 2366244. www.mag.org.uk, E-mail: maguk@mag.org.uk

After planting land mines for the Khmer Rouge and the Vietnamese army for 11 years, Aki Ra is now conducting a crusade to rid Cambodia of the mines (the government doesn't finance his work). He clears 10 to 20 daily (mainly in areas where children live and play) and then displays the mines in his museum. Visit the museum and get tips on how to avoid stepping on land mines. Or send donations to Aki Ra, Land Mine Museum, Siem Reap, Angkor, Cambodia. Tel. +855 12 630446. Open daily 10-17.

"Boycott Pepsi Co-Free Burma" is the Burma Boycott Committee's slogan against PepsiCo, which has been doing business in Burma since 1991, when the US government was trying to bail out because of the military regime's atrocious human rights record. For donations and information contact Dan Paterson, c/o Burma Action Committee,

2606 South East 50, Portland OR 97206, USA. Tel. +1 503 2342893.

Up to 200,000 "Comfort Women" were taken from their homes in Korea, China, Philippines and Indonesia and forced to be sex slaves for the Japanese forces during World War II. It took until 1991 for the Japanese government to admit the practice existed. A Consolation Money Fund has been set up to compensate for damage. But the women are suing for an official apology. To get involved, contact the Association for Research on the Impact of War and Military Bases on Women's Human Rights, School of Literature, Arts and Cultural Studies, Kinki University, 3-4-1 Kowakae, Higashi-Osaka, Osaka 577, Japan.

94 children out of 15,000 survived in the Nazi concentration camp of Theresienstadt, near Prague, Czech Republic. Throughout the 1939-1945 Holocaust, 1.5 million children were murdered. Zbigniew Libera's Lego Concentration Camp Set is permanently on display in New York City's Jewish Museum. 1109 5th Ave, New York, NY 10128, USA.

Open Sun.-Thurs. 11-17:45. Tues. 11-20. Adults US$8, children and seniors $5.50. Tel. +1 212 4233200

The AIDS Information Center manages the Post-test Club, a place where people who live in Kampala and are HIV positive can go to socialize, get support, or just hang out. With a third of the sexually active population infected, they need all the help they can get. AIC, PO Box 10446 Kampala, Uganda. Tel. +256 41 231528.

Expect to die at age 41 in Uganda. This life expectancy is partly due to AIDS: Almost one in 10 Ugandans are now HIV positive. The elderly—traditionally looked after by their families—now often have no relatives left to support them. The Nakanyonyi Home, the country's only retirement home, lacks funds and can now accommodate only four guests. Located close to Kampala, it has a long waiting list, no phone, no water and no TV, but boasts two cows. Send your donations through Reverend Michael Senyimba of Mukono Diocese, PO Box 39 Mukodise, Mukono, Uganda. Tel. +256 41 27 0218, fax +256 41 342601.

LEISURE Guide

Fuzzy felt p 555 Fuzzy Felt, Mandolyn House, Victoria Road, Marlow Bucks SL7 1DW, UK. Tel. +44 1628 48 8831, fax +44 1628 471257. *www.fuzzyfelt.com*, E-mail: *info@fuzzyfelt.com* UK£4.99 (traditional set).

Tyson doll p 559 Totem International, Inc., PO Box 1820, Madison Square Station, New York, NY 10159, USA. Tel. +1 212 6756379, fax +1 212 6278843. *www.billyworld.com* US$49.95.

Steiner doll p 560 Bought at Books For The Journey, 87 Willsmere Road, Kew, VIC 3101, Australia. Tel. +61 3 98550066. AU$30.

Pink shoes p 561 Candu Toy & Sport Co., 382 Durham Road 8, Uxbridge, Ontario L9P 1R1, Canada.

Carlos doll p 562 Totem International, Inc., PO Box 1820, Madison Square Station, New York, NY 10159, USA. Tel. +1 212 6756379, fax +1 212 6278843. *www.billyworld.com* US$49.95.

Jesus doll p 563 Chariot Victor, 4050 Lee Vance View, Colorado Springs, CO 80918, USA. Tel. +1 880 437 4337, fax +1 719 5363280. US$7.99.

Barbie soldier p 565 Mattel, Inc., 333 Continental Boulevard, El Segundo, CA 90245, USA. Tel. +1 310 2522000, fax +1 310 2522179. *www.mattel.com*

Lego concentration camp p 566 Gallery Wang, Kristian Augusts, Gate 11, N-0164 Oslo, Norway. Tel. +47 22115170, fax +47 22115991. Not for sale.

Banana leaf doll p 568 Uganda Arts and Crafts Village, National Theatre, Stall 33.

Bubble blower p 569 Tiffany & Co., 727 Fifth Avenue, New York, NY 10022, Personal Shopping Department. Tel. +1 212 7558000, fax +1 212 6054046.

Homelessness is a problem for the 3,000 wild elephants of Sri Lanka, where 50% of forest land has been cut over the last 30 years. The 62 elephants at the Pinnawala Elephant Orphanage need help—a baby elephant requires 25 liters of milk per day. Send your donation to the Director, National Zoological Gardens, Anagarika Dharmapala Mawatha, PO Box 03, Dehiwala, Sri Lanka.

About one third of the 30,000 illegal Vietnamese living in Berlin end up selling smuggled cigarettes when the government turns down their asylum claims (Vietnam is no longer on Germany's list of human rights abusers). The Beratung Stelle für Süd-Ost Asien Flüchtlinge (Southeast Asian Advisory Group) helps refugees integrate into German society, assisting them with legal paperwork, translators and education. Rotes Kreuz, Wilhelm-HafenerStr. 71, Berlin 10551, Germany. Tel. +49 30 3958354. Donations are always welcome. *www.rotkreuz.de*

Some 4,000 secret internal documents of the tobacco industry were sent in 1994

LEISURE Guide

Rubber hula p 570 Marius Malherbe, The Can Factory, 22A Rockey Street, Yeoville 2198, South Africa.

Elephant dung paper p 571 PAMET, PO Box 1015, Blantyre, Malawi. Tel./fax +265 623895.

Coke can helicopter p 572 Handmade by Nguyen Anh Tuan, Ho Chi Minh City, Vietnam.

Cot-cot case p 573 Available through a catalog produced by the Secrétariat Permanent du SIAO, 01 BP 3414, Ouagadougou 01, Burkina Faso. Tel. +226 36 0947/0584 , fax +226 36 1990. *www.siao.bf*, E-mail: *sgp@siao.bf*

Refugee board game p 582 CAFOD, Romero Close, Stockwell Rd., SW 9TY, UK. Tel. +44 20 77337900, fax +44 20 72749630. *www.cafod.org.uk*, E-mail: *hq cafod@cafod.org.uk*

Practice hand grenade p 583 Hoover's MFG Company, 4133 Progress Boulevard, PO Box 547, Peru, IL 61354, USA. Tel. +1 815 2231159, fax +1 815 223 1499. *www.hmchonors.com* US$6.95 + p&p.

Hooligan set p 584/585 Mother Ltd., 200 St. John Street, London EC1 Z4JY, UK. Tel. +44 20 76890689, fax +44 20 76891689. Promotional giveaway.

Japanese dildo p 587 Available in adult toy shops about a one-minute walk from Tokyo's Ikebukuro metro station for about ¥6,000.

Paper clock p 588 Buy your ancestors a paper clock from Kevin Choi's Paper Gift Shop, 104 Jalan Petaling, Kuala Lumpur 5000, Malaysia.

Fruit clock p 589 Natura e..., corso Garibaldi 73, 20121 Milan, Italy. Tel. + 39 02 86465050, fax + 39 02 8646 5030. *www.natura-e.com* E-mail: *info@natura-e.com*

to Stanton Glantz, a university professor in California. Known as "The Cigarette Papers," the documents deal with the internal activities of cigarette maker Brown & Williamson and its parent company BAT. According to the papers, executives have known since the 1950s that nicotine is addictive (they were still denying it when testifying before Congress in 1994). Consult the electronic version of the documents for free at *www. library.ucsf.edu/tobacco*

Some 250 million children between the ages of 5 and 14 are working in Africa, Asia and Latin America, according to a study undertaken by the International Labour Organisation. Many children work as porters, carrying heavy loads on their heads. The United Nations Children's Foundation (UNICEF) campaigns around the world to stop child labor, saying that children have the right to an education and protection from economic exploitation. Send your donations to Children First, UNICEF, 333 East 38th Street, 6th Floor, New York, NY 10016, USA. Tel.+1 212 6865522, fax +1 212 7791679. CC.

LEISURE Guide

Domestic violence is the leading cause of female suicide worldwide, according to the United Nations Human Development Report. In Luxembourg, the Fraenhaus shelter provides battered women with safe, secret housing and with legal counsel. Women who speak German, French or Luxembourgish can volunteer for unpaid internships. Luxembourg-Ville, 30 Avenue de la Liberté, 1930 Luxembourg. Tel. +352 490877 or 448181. *www.fed.lu* To find the address of a battered women's support group in your country, try *www.dvsheltertour.org/links.html*

Nairobi Internships are offered by the United Nations Environmental Programme to students interested in soil, law, water, and other ecological fields. They last four to five months. Students usually pay expenses with university scholarships. Write to Chief Recruitment Office, UNEP, PO Box 30552, Nairobi, Kenya. Tel +254 2 6212346.

Superman and Wonder Woman have recently taken on the global mission of warning young people about the dangers of land mines.

Ninety percent of all land mine victims are children: A 10-year-old injured by a mine would need 25 different prostheses during his or her lifetime, at an average cost of US$3,125. DC Comics and UNICEF have jointly published a comic book, currently distributed in Central America and former Yugoslavia, in which the two superheroes save children and teach them how to identify, avoid and report land mines. UNICEF, 3 United Nations Plaza, New York City, NY 10017, USA. Tel. +1 212 3267000. *www. unicef. org*

Buy nut candy from Cultural Survival (CS) and you'll help 3,500 people in a Brazilian cooperative gross 20 times what they would by selling their goods to middlemen. Nonprofit CS supports the rights of indigenous peoples and ethnic minorities worldwide. A subscription to its quarterly magazine (which includes CS membership) is US$45, plus a $10 overseas shipping charge. Contact CS at 215 Prospect St., Cambridge, MA 02139, USA. Tel. +1 617 4415400, fax +1 617 4415417. *www.cs.org*, E-mail: *csinc@cs.org*

Japan's largest red-light district is in the Yoshiwara neighborhood, right next to the local temple. Private two-hour sessions at a "soapland" (bathhouse) start at ¥55,500. Despite the price, the women are poorly paid; they're also exposed to unsafe sex practices. Inform yourself. Contact the Japanese Foundation for AIDS Prevention, Terayama Pacific Building 4th Floor, 1-23-11 Toranomon, Minato-ku, Tokyo 105-0001, Japan. Tel. +81 3 35921181, fax +81 3 35921182. *www.jfap.or.jp* (Japanese only).

"Serial sponsors" are men who order their brides from overseas, divorce them if they're not happy and then order another. Some 75% of Australia's 12,000 Thais are mail-order brides. The Thai Welfare Society works to help Thai women who are abused or left without a means of supporting themselves. To offer help, contact: Suite 3m, Level 6m, 75 Pitt St, Sydney, NSW 2000, Australia. Tel. +61 2 9232 5386, fax +61 2 92643009.

"A paid-for wife is a slave for life," says the Gabriela Network. Each year, some 19,000 Filipina women leave their own country to join foreign husbands—90% of these marriages end in divorce. The Gabriela Network provides shelter, advice and legal help to Filipino women who find themselves in trouble in the USA. Send donations to the Gabriela Network, PO Box 403, Times Square Station, New York, NY 10036, USA. Tel. +1 212 5923507, fax +1 718 7795840. *www.gabnet. org*, E-mail: *gabnet@gab net.org*

Under traditional Jewish law, or *Halacha*, only men are allowed to initiate a divorce. Women who are denied divorce or abandoned —known as *Agunot*—aren't allowed to remarry or legitimately bear children. There are 16,000 such women in Israel. The Organization to Help Agunot and Those Denied Divorce provides them with legal and emotional support. PO Box 30953, Tel Aviv 61316, Israel. Tel. +972 37391164, fax +972 8936 5010. English and Hebrew speakers needed for translation and publicity work.

Ciudad Abierta is a village of sculpture-buildings rising from sand dunes on the Chilean coast. Each sculp-

ture has been inspired by a poem or piece of music and built using natural materials (driftwood, recycled adobe bricks, dune grass, etc.). For information, write Cooperativa Amereida, Escuela de Arquitectura, Universidad Católica de Valparaíso, Matta 12, Recreo, Viña del Mar, Chile. Tel. +56 32 660443.

USA Gang violence is tearing local communities apart in Los Angeles, especially in slums like Watts. Hands Across Watts (HAW) is trying to put an end to it. Founded by former gang members, HAW helps kids find alternatives to gang life by developing business and leadership skills. HAW needs volunteers for counseling, literacy and mentor programs and for clerical work. Hands Across Watts, 710 E. 111 Place, Los Angeles, CA 90059, USA.

Radioactive? Call Earth Alarm. They busted Japan's Mitsubishi Chemicals for dumping plastic bags and leaking barrels full of chemical and radioactive waste in a Malaysian village. To help them do it again: Earth Alarm, Postbus 19199, GD 1000 Amsterdam, The Netherlands. Tel. +31 20550

7300, fax +31 20 5507310. *www.milieudefensie.nl*

Zo'é Indians' lip plugs (*poturu*) don't fall out because the plug is larger than the incision. To keep the plugs clean, the Zo'é scrub them with sand. But Brazil's National Indian Foundation (FUNAI) worries that missionaries will stamp out poturu and other Amazonian body-piercing customs. To protest against this modern-day colonialism, write to Sydney Possuelo, chief of FUNAI's Department of Isolated Indians—he will pass your letters on. SQS 208, bloco C apartamento 406, 70254-030 Brasilia DF, Brazil.

Every year, intensive industrialized farming methods put 30,000 farmers out of work in France. Since fast-food outlets are usually supplied by industrial farmers, angry peasant José Bové targeted McDonald's (the protesters used wrenches and screwdrivers to dismantle an outlet in Millau). Want to protest against *malbouffe* (lousy grub) too? Contact the group and participate in the next direct action of José's union: the Farmers' Confederation. Confédération Paysanne, 81 Avenue

Sheep pillow p 592 Cogit Corporation, 29-10, 1-Chome, Hanaten-Higashi, Tsurumi-Ku, Osaka 538-8555, Japan. Tel. +81 6 69658800. *www.cogit.co.jp* ¥2.625.

Anti-bacterial kimono p 594 Saison Direct Marketing Kaiteki Seikatsu Catalog, 1-23-1 Asahigaoka Nerima-ku, Tokyo 176-8606, Japan. ¥10,290.

Sleeping bag p 595 Ajungilak A/S, Postuttak 62, N-1081 Oslo, Norway. Tel. +47 23143737, fax +47 23143701. NKr1,699.

Divorce game p 596 Rowleth Inc., PO Box 400, 2733 Glen Street, Metcalfe, Ont. K0A 2P0, Canada. Tel. +1 613 8210583. C$47 + p&p. CK C$, IMO.

Lovegety p 597 Airfolk, Inc., 13-2A Midorigaoka machi, Ashiya-shi, Hyogo 659-0014, Japan. Tel. +81 797 344113. ¥2,980.

C-ya cards p 598 C-Ya Greeting Card Co., PO Box 1856, Klamath Falls, OR 97601, USA. Tel. +1 541 8502420. *www.c-ya.com* V, MC.

Boab nut rattle p 600 Creative Native, 32 King Street, Perth 6000, Australia. Tel. +61 8 93223398.

Talking toothbrush p 601 WeeTalk!, Inc., 5341 Derry Avenue, Suite C, Agoura Hills, CA 91301, USA. Tel. +1 818 9913274, fax +1 818 9913166. *www.weetalk. com*, E-mail: *info@weetalk.com* About US$10.

Indian piggy bank p 603 Bought at a stall on Worli Seaface, Central Mumbai, India, for Rs20.

Rickshaws p 604 House of Toys, 117 Malabar Mansion, Colaba Causeway, Mumbai 39, India. Tel.+91 22 2842296 or 2884066. Rs90. Educational Toy Centre, Pulchowk, Lalitpur, Nepal. Rs350.

Zapatista doll p 606 Bought at the Indian market in San Cristobal de las Casas, Chiapas, Mexico.

Terrorist doll p 609 Anjel Mari Elkano, Urbieta 64 1.esk, 20006 Donostia San Sebastian, Spain. PTS1,000.

Cuban cigar p 612 J.J. Fox Ltd., 19 St. James's Street, London SW1A 1ES, UK. Tel. +44 20 74939009, fax +44 20 74950097. *www.jjfox.co.uk*, UK£39each + p&p. CC.

Rolex p 615 The fake Rolex was purchased for US$25 from a Senegalese street vendor in New York City's Battery Park. For the real thing, go uptown to Tourneau, 500 Madison Avenue, New York 10022, Tel. +1 212 7586098, where the genuine Oyster Perpetual Date Just model is on sale for about $5,000.

de la République, 93170 Bagnolet, France. Tel. +33 1 43 620404, fax +33 1 43628003.

Albinos are believed to bring bad luck in Zimbabwe. Pregnant women are warned not to look at them for fear that their children will be born albinos. If a woman sees one, she should spit on her belly. As Zimbabwe's 5,000 albinos are not categorized as disabled, (and don't receive state support), they struggle to obtain funds to buy sunscreen lotions for skin protection and eye lenses for shortsightedness, two of their most basic needs. Send donations or letters of support to John Makumbe, Zimbabwe Albino Association, 17 Palm Court, PO Box MP 1186, Mount Pleasant, Harare, Zimbabwe. Tel. +263 4 57 3980, fax +263 4 333674.

Ten years ago 1,000 stray cats roamed Venice. Now, as a result of a taxpayer-funded sterilization campaign (it costs Lit30 million), there are less than 400 left. "That's why I see so many rats," says Luigina Zangrossi. "Cats are tremendous destroyers of rats and pigeons." She provides food for Venice's strays in a small flat rented just for them (the cats come and go through a window). To help, drop donations into the mail slot. Cannaregio 1842, Rio Terrà Farsetti, Venice, Italy.

Fighting child prostitution in Asia is what ECPAT (End Child Prostitution in Asian Tourism) was set up for in 1990. It now has offices in Thailand, Australia, the USA, Germany and the UK, and it needs donations and volunteers to help it investigate abuses, publish books and campaign against prostitution. ECPAT, 328 Phayathai Road, 10400 Bangkok, Thailand. Tel. +66 2 2153388, fax +66 2 2158272. Send donations by check in US$.

There are between 12,000 and 30,000 children living on the streets of Brazil. Many are forced out of their homes by sexual abuse and by their families' extreme poverty; thousands end up as slaves or prostitutes, or are killed by local vigilantes (most of whom are off-duty police officers). Donate bricks to the Institute of Young Girls with Children in São Paulo and help finish their new building—only 3,000 more bricks are needed. Casa das Meninas, Laura Vicunha II, rua Lavradia 165, Barra Funda 01154-820, São Paulo, Brazil. Alternatively, send your old percussion instruments: The Centro Social Nossa Senhora Do Bom Parto runs 21 centers to educate and provide some fun for kids who can't get off the streets. Avenida Alvaro Ramos 366, Belenzinho 03058-060, Brazil. Tel. +55 11 66926800, fax +55 11 66931919. *rscmsp@ tsp.com.br*

The sewers of Bucharest are home to some 2,500 children and young people. Most prefer living in the sewers to neglect or abuse in homes or overcrowded orphanages. Romania Save the Children provides health care and rehabilitation in halfway houses and counseling centers. Send donations to: RSTC, Intrarca Stefan Furtuna, Sector 3, 77116 Bucharest, Romania. Tel. +40 1 6375716, fax +40 1 3124486. *www.savethechil dren.net*, E-mail: *rosc@mb. roknet.ro*

Beehives can provide extra food and income for poor farmers. A hive takes up hardly any space, the bees require no feeding and a strategically placed hive can

LEISURE Guide

double fruit and vegetable yields (bees impollinate plants as they search for nectar). A US$30 donation to Heifer Project International provides families in developing countries with a package of bees, a hive and basic beekeeping training. PO Box 8058, Little Rock, AR 72203, USA. Tel. +1 501 5486437. www.heifer.org To donate beehives to families in Africa, contact the Kyakahinda Beekeeping Community, PO Box 600, Kibito, Fort-Royal, Uganda.

Waves from the wakes of boats erode the foundations of buildings along the canals. Developing a boat that doesn't make waves is one of the many projects of Save Venice Inc. The organization, which has offices in Venice and New York, sponsors projects to restore the city's churches, synagogues, sculptures and paintings. Send donations to Save Venice, San Marco 2888A, 30124 Venice, Italy. Tel. +39 041 5285247, fax +39 041 5231843. Or: 15 East 74th Street, New York, NY 10021, USA. Tel. + 1 212 7373141, fax +1 212 2490510. IMO. CKUS$ or Lit. E-mail: new york@savevenice.org or venice@savevenice.org

Happy Meal Girl p 618 Hasbro, 1027 Newport Avenue, Pawtucket, RI 02861, USA. Tel. +1 401 7258697.

Zimbabwe dolls p 619 Bought at Harare Gardens craft market, in Harare. Z$100

Spoko gun p 624 Rhodes Park, Lusaka, Zambia. 10,000 kwacha.

Crayon p 626/627 Binney & Smith, Inc., 1100 Church Lane, Easton, PA 18044, USA. Tel. +1 610 2536271, fax +1 610 2505768. www.crayola.com

Sock-light p 628 Glentronics, Inc., 2053 Johns Drive, Glenview, IL 60025, USA. Tel. +1 847 9980466, fax +1 847 9980493. www.glentronics.com, E-mail: Mail@Glentronics.com About US$10.

Pure air from Israel p 630 "Jerusalem Gifts," Botah Yoel, Ben Yehuda 24, 94622 Jerusalem, Israel. Tel. +972 2 6234737.

Death cigarettes p 638 The Enlightened Tobacco Company PLC, PO Box 198, London SE4 1UX, UK.

Braille watch and die p 640/641 RNIB, Resource Centre, 224 Great Portland Street, London W1N 6AA, UK. Tel. +44 20 73881266. www.rnib.org.uk

Land mine p 643 Valsella Meccanotecnica Spa, Località Fascia D'Oro, 25014 Castenedolo (Brescia), Italy. Tel. +39 030 21371.

Flex-cufs p 645 Armor Holdings, N.I.K. Public Safety Inc., 13386 International Parkway, 32218 FL, USA. Tel. +1 904 7411702. www.armorholdings.com

Butterfly land mine p646 Splav, Shcheglovskaya Zaseka, 300000 Tula, Russia. Tel. +7 0872 464409, fax +7 0872 441474. E-mail: splav@st.ru

Pages Jaunes

Deux ou trois choses de plus à savoir.

.

ALIMENTATION Guide

Une fois dans votre corps, un ver de Guinée (ou filaire) peut se développer jusqu'à atteindre 1 mètre de long. A ce stade, il percera votre peau pour sortir, causant des blessures très gênantes. Il s'introduit dans votre estomac véhiculé par de minuscules escargots qui prospèrent dans l'eau impure. Eviter son ingestion ne pose pourtant aucune difficulté : il suffit de filtrer l'eau à l'aide d'un morceau d'étoffe approprié. En Afrique, ce ver arrive néanmoins à infester quelque 120 000 personnes par an. Si vous souhaitez contribuer à l'achat de tissu filtrant et à l'éradication de ce parasite, envoyez vos dons à The Carter Center, Office of Development, One Copenhill, Atlanta, GA 30307, USA. Tél. +1 404 4205109, fax +1 404 6881701. *www.cartercenter.org*

Devenez travailleur volontaire pour l'US. PIRG, un groupe de pression qui milite pour la sauvegarde de la qualité de l'eau, la diffusion des emballages biodégradables et un meilleur système de recyclage. Des possibilités de stages ou d'emploi rémunéré vous seront offertes. Pour plus d'informations, écrivez à United States Public Interest Research Group, 218 D Street SE, SE Washington DC 20003, USA. Tél +1 202 5469707, fax +1 202 5462461. *www.pirg.org/uspirg*, e-mail : *uspirg@pirg.org*

Le Soudan a besoin d'eau... et de 30 000 £ : ce sont là les fonds nécessaires pour le financement du Projet de réaménagement du Khor Arba'at, dont l'objectif est d'approvisionner en eau la région du delta de ce fleuve. Les opérations sont dirigées par SOS Sahel International, une organisation caritative basée en Grande-Bretagne qui a centré son action sur la conservation du patrimoine forestier, des sols et des réserves en eau dans les zones rurales, à l'échelle des communautés locales. Tous les projets initiés en Afrique sont confiés à des responsables autochtones. Envoyez vos dons (en argent liquide ou par chèque) à SOS Sahel UK, 1 Tolpuddle St, Londres

---

Pour commander les articles des pages jaunes, utilisez la monnaie du pays de destination, sauf indications contraires. Amex=American Express, MC=MasterCard, V=Visa, CQ= chèques, MI=mandat international, p&p=frais de port.

Mousse de guimauve à la framboise, p. 12 : Durkee Mower Inc., 2 Empire Street, Lynn, MA 01902, USA. Tél. +1 781 5938007. *www.fluffernutter.com*

Cheez Doodles, p. 13 : les Cheez Doodles sont produits par Wise Foods Inc., filiale de Borden Inc., 180 E. Broad Street, Columbus, OH 43215-3799, USA. Tél. +1 614 2254000. Pour en savoir plus, visitez le *www.bordenfamily.com*

Conteneur à eau universel, p. 19 : UNICEF, Unicef Plads, Freeport, DK-2100, Copenhague, Danemark. Tél. +45 35 273527, fax +45 35 273540.

N1 0XT, GB. Tél. +44 20 78379129, fax +44 20 7837 0856.

Deux milliards d'hommes dans le monde n'ont pas accès à une eau potable. L'organisation WaterAid enseigne aux populations démunies à creuser des puits à la main, avec peu d'outils et à moindres frais. Il est en effet possible à un village de 200 âmes d'avoir l'eau potable pour seulement 15 $ US par personne. Si vous souhaitez savoir comment vous rendre utile, contactez WaterAid, Prince Consort House, 27-29 Albert Embankment, Londres SE1 7UB, GB. Tél. +44 20 77934500, fax +44 20 7793 4545. *www.wateraid.org.uk*

Les volontaires de l'opération Carrefour Afrique effectuent un séjour de six semaines sur ce continent ou aux Caraïbes, pour aider à la construction d'écoles, à inoculer des vaccins, à installer des systèmes hydrauliques ou à reboiser les forêts. Attendez-vous à plusieurs heures quotidiennes de travail manuel et à une vie fruste sous la tente, dans un simple campement. Les participants sont encouragés à réunir la somme nécessaire pour couvrir leurs frais de participation par le biais de collectes caritatives dans les écoles, les organisations religieuses, les associations locales ou auprès de leurs relations personnelles. Ecrivez à Operation Crossroads Africa, 475 Riverside Drive, Suite 1368, New York, NY 10115, USA. Tél. +1 212 870 2106, fax +1 212 8702644. *www.igc.org/oca*

« C'est l'eau du diable » : telle fut la première réaction au Bangladesh lorsque fut entrepris le forage de puits tubulaires, en 1962. Hélas, la prophétie se réalisa bel et bien. Plus de la moitié de l'eau potable du pays a été contaminée par l'arsenic que recèle à l'état naturel le sol foré. Le Dr Dipankar Chakraborti, qui fut le premier scientifique à soulever le problème, est en mesure de vous fournir de précieuses informations sur le sujet. Il recherche en outre une aide scientifique et un soutien moral pour mettre un terme à cet empoisonnement collectif. Jadavpur University, School of Environmental Studies, Calcutta 700032, West Bengal, Inde. Tél. +91 33 4735233, e-mail : *dcsoesju@vsnl.com*

En Afrique, 80 % des ressources alimentaires proviennent de travaux agricoles dont la charge repose entièrement sur les femmes. C'est pourquoi le Hunger Project (projet contre la faim) œuvre en collaboration étroite avec ces dernières. Il intervient aussi en Inde et au Bangladesh, au sein de communautés touchées par la malnutrition. Plutôt que de fournir une aide alimentaire, le projet préfère miser sur l'autosuffisance – si la population locale réussit à poursuivre les opérations de développement entreprises par les techniciens, l'objectif a été atteint. Chaque année, l'organisation attribue le Prix africain du meilleur leadership pour l'éradication durable de la famine. Les lauréats sont des femmes et des hommes qui combattent le problème de la faim par la mise en place de projets envisageables sur le long terme. The Hunger Project, 15 East 26th Street, New York, NY 10010. Tél +1 212 2519100, fax +1 212 5329785. *www.thp.org* Envoyez vos dons par CC, MI ou CQ en $ US.

La firme McDonald's compte aujourd'hui 23 000 restaurants dans le monde, qui lui rapporte chaque année 30 milliards de dollars US. En 1997, la pieuvre a étendu encore ses tentacules, entre autres en Ukraine, à Chypre, en Equateur et en Bolivie. En République tchèque, les militants anti-McDonald's accusent la chaîne de nuire à l'environnement. Si vous désirez les suivre dans leurs opérations de boycott, contactez : Hnuti Duha Plzen, Uslavska 29, 30144 Plzen, République tchèque. Ne vous privez pas d'envoyer vos dons. Tél./fax +42 19 7455905. Et pour tout savoir des autres campagnes anti-McDonald's, visitez le site *www.mcspotlight.org*

Son arôme est inégalable, et il vous permet de démarrer la journée sur les chapeaux de roue : vous l'avez reconnu, c'est le café. Néanmoins, s'agit-il d'un produit éthiquement correct ? Sur ce point, celui que distribue la Fondation Max Havelaar est au-dessus de tout soupçon. Cette dernière veille à ce que tous les planteurs d'Amérique centrale avec lesquels elle collabore soient honnêtement rétribués pour leur récolte. Exigez son label de garantie :

en Hollande, vous le trouverez sous la mention Max Havelaar ; en Grande-Bretagne, Cafédirect ; en Allemagne, Transfair. Pour plus d'informations, téléphonez au tél. +31 30 334602 ou écrivez à la fondation au Postbus 1252, 3500 BG Utrecht, Pays-Bas. *www.maxhavelaar.nl*

Grâce à vos dons, vous pouvez nourrir, pourvoir en subsides et en terres 32 millions de Brésiliens affamés. Organisés en 5 000 comités d'action répartis sur tout le territoire national, tous les secteurs d'activité de la société brésilienne (ouvriers, étudiants, hommes d'affaires, artistes) se sont impliqués dans la collecte et la distribution alimentaire. A cette heure, 21 millions de personnes sont déjà mobilisées. Ação da Cidadania Contra a Miséria e pela Vida (action citoyenne contre la misère et pour la vie), Rua Vicente de Souza, 29 Botafogo, Rio de Janeiro, 22251-070-RJ, Brésil. Tél. +55 21 2866161, fax + 55 21 2860541.

Les organismes de collecte d'organes ont grand besoin de donneurs. Si vous êtes volontaire pour un don de moelle osseuse, sachez que

vous n'aurez à fournir que deux cuillerées à soupe de sang pour analyse. En cas de compatibilité avec un malade (ce qui est rarissime), vous serez soumis à une procédure chirurgicale simple. Quant à votre moelle, elle se régénérera en l'espace de quelques semaines. En matière d'organes vitaux, les dons ne sont possibles qu'à condition de faire connaître votre volonté à votre famille. Si vous êtes victime d'un accident, vos organes pourront sauver la vie d'un adulte ou d'un enfant n'ayant pas d'autre issue qu'une greffe. Pour vous informer, contactez l'hôpital de votre quartier ou écrivez à Naarstigting Donovwerring (van Riebeetweg 214, 1213X2, Hilversum), Postbus 764, 120080, Pays-Bas (pour la Belgique, le Luxembourg, les Pays-Bas, l'Autriche et l'Allemagne).

La Ligue de basket de minuit a été fondée en 1986 à Glendarden (Etats-Unis) dans le but d'offrir aux jeunes une autre voie que celle du crime, de la drogue et de l'alcoolisme. Cette initiative a ensuite essaimé dans toutes les grandes métropoles américaines. Pour en savoir

ALIMENTATION Guide

Assiette comestible Biopac, p. 22 : Biopac Autriche, Verhauf Production, Ebreichsdorfer Strasse 18, A-2512 Tribuswinkel, Autriche. Tél. +43 2252 80347 23, fax +43 225284083.

Baguettes convertibles Forkchops, p. 23 : Forkchops Enterprises Inc., 1274 N. Crescent Heights Boulevard 342, West Hollywood, CA 90046, USA. Tél./fax +1 323 6561494. www.forkchops.com

Vegemite, p. 38 : Kraft Foods International, 850 Lorimer Street, Port Melbourne, Victoria 3207, Australie. www.kraftinternational.com

Beano, p. 40 : AK Pharma Inc., 6840 Old Egg Harbor Road, Egg Harbor Township, NJ 08234, USA. Tél. +1 609 6455100. www.akpharma.com

Fromage Fumaison, p. 41 : Patrick Baumont, Chez Cotard, 63290 Puy-Guillaume, France. Tél. +33 4 73941314, fax +33 4 73941693.

Sushi en plastique, p. 42 : pour atteindre le quartier de Kappabashi, à Tokyo, empruntez la ligne de métro Ginza jusqu'à la station Tawaramachi, puis continuez à pied vers l'ouest sur l'avenue Asakusa. Prenez à droite dans l'avenue du Marché aux Ustensiles de Kappabashi et dirigez-vous plein nord.

Sauterelles, p. 47 : vous en trouverez chez Barrow Boar, Fosters Farm, South Barrow, Yeovil, Somerset BA22 7LN, GB. Tél. +44 1963 440315.

Num toa, p. 51 : Rarn Horng Thai au marché de Jutuchuk, Bangkok, Thaïlande. 35 BAHT .

Baguettes, p. 53 : Les baguettes sont comprises dans le prix de la crémation : 57 230 ¥ environ. Ochiai Crematorium, 3-34-12 Kami-Ochiai, Shinjuku-ku, Tokyo 161-0034, Japon. Tel. +81 3 33614042.

plus, contactez The National Association of Midnight Basketball Leagues au 1980 Mountain Blvd., Suite 214, Oakland, CA 94611, USA. Tél. +1 510 339 1272, fax +1 510 339 2864.

L'Association des entreprises indépendantes de recherche clinique est en quête de volontaires en bonne santé pour tester les nouveaux médicaments que ses membres la chargent d'expérimenter. Elle assure s'entourer de garanties de sécurité très strictes quant au choix de ses adhérents et au contrôle de leurs produits. D'autre part, la sélection des volontaires est soumise à examens médicaux préalables. L'association possède des membres au Royaume-Uni, en Belgique et aux Pays-Bas. Contactez Mrs. Dilks, AICRC, PO Box 1055, Leicester LE2 4XZ, GB. Tél. +44 116 2719727, fax +44 116 2713155. www.aicrc.org.uk

Le sida et l'opium : tel est le cocktail meurtrier qui ronge le Myanmar. Le marché du sexe et de la drogue aux frontières a répandu le virus VIH comme une traînée de poudre, si bien qu'actuellement 400 000 Birmans sont

ALIMENTATION Guide

séropositifs. Le Fonds americano-birman travaille à la prévention du sida et encourage les femmes à la recherche de cultures de remplacement, pour supplanter celle du pavot. Ils ont besoin de volontaires partout dans le monde afin de diffuser des informations sur le Myanmar. Envoyez vos dons par chèque à BAF, 160 West End Ave., Suite 18J, New York, NY 10023, USA. Tél. +1 212 5224585.

Depuis 1986, il est interdit de tuer les baleines. Néanmoins, Japonais et Norvégiens en ont abattu plus de 1 000 en 1997, «pour raisons scientifiques», allèguent-ils. Comme par hasard, la viande de baleine est encore un mets recherché dans ces deux pays. Au marché aux poissons de Tokyo, elle se vend 25 500 ¥ (200 $ US) le kilo. Mettons fin au massacre de ces mystérieuses et magnifiques créatures: vous pouvez y aider en prêtant main forte au Réseau japonais de protection des baleines. Adhésion: 3 000 ¥. Japan Whale Conservation Network, 3-7-9-210 Shimohoya, Hoyashi, Tokyo 202, Japon. Tél./fax +81 424 238779, e-mail: JCBO1346@nifty.or.jp

Heart Nori Punch, p. 56: Ah-Nest Inc., 2-350 Idomaki, Tsubame-shi, Niigata-ken 959-1232, Japon. Tél. +81 256 642525. 1 960 ¥.

Gaufrier, p. 57: AS Wilfa, Postboks 146, N-1483 Sketta, Norvège. Tél. +47 22 579860. 400 KRN. Ou goûtez-les au Annabel's Te salong, Lille Øuregate, Bergen.

Bouteille de verre réutilisable, p. 59: The Pure Water Company, Hans Nielsen Hauges gate 39, N-481 Oslo, Norvège. Tél. +47 22893950, fax +47 22893960.

Pâte à mâcher Big League p. 67: produite par Amurol Confections, 2800 State Route 47, Yorkville, IL 60560, USA. Tél. +1 630 5534800, fax +1 6305535077. *www.bubblegum.com*

Chewing-gums sud-coréens, p. 69: Lotte Confectionary Co. Ltd., 23 Yangpyong-dong-ga, Yongdungpo-gu, Séoul, Corée du Sud. Tél. +82 2 6759311. *www.lotteconf.co.kr*, Haitai Confectionary Co., CPO Box 4071, Séoul, Corée du Sud. Tél. +82 2 7097650. *www.ht.co.kr*

Expresso autochauffant, p. 71: Nuova Ditta Srl, corso Garibaldi 204, 80028 Grumo Nevano (NA), Italie. Tél. +39 081 8304044.

Café kopi luwak, p. 76: J. Martinez & Co., 3230 Peachtree Rd Northeast A, Atlanta, GA 30305, USA. Tél. +1 404 2315465. 75 $ US les 100 g.

Aliments pour cerveau, p. 79: Dr. Nakamats' Hi-Tech Innovation Institute, Landic No. 2 Akasanka Bldg, No. 10-9, 2-Chome, Akasaka, Minato-ku, Tokyo 107, Japon. Tél. +81 3 35855605, fax +81 3 35895858.

Pâtes Barbie, p 80: H.J. Heinz Co. Ltd., Stockley Park, 6 Roundwood Avenue, Uxbridge, Middlesex, UB11 1HZ, GB. Tél. + 44 20 85737757. *www.heinz.co.uk*

ALIMENTATION Guide

Fourmiliers, aras, dauphins d'eau douce se rencontrent communément dans la réserve naturelle de Bolivie septentrionale, non loin de régions où le football féminin connaît un engouement exceptionnel. Des bénévoles aident les scientifiques à étudier sur le terrain les insectes, les oiseaux et les petits mammifères qui peuplent la canopée de la forêt tropicale. Intéressé ? Contactez Earthwatch, 3 Clock Tower Place, Suite 100, Box 75, Maynard, MA 01754, USA. Tél. +1 978 461 0081, fax +1 978 461 2332. *www.earthwatch.org*, e-mail : *info@earthwatch.org*

Barbie adore faire les courses. Elle adore essayer des vêtements. Et elle adore Ken. Mais elle est honnie et conspuée par l'Organisation de libération de Barbie (BLO), qui la trouve sexiste et l'accuse d'encourager les fillettes à la passivité. Lors de campagnes passées, la BLO a subrepticement remplacé chez les commerçants le mécanisme vocal de Barbies parlantes par celui de mannequins d'action violents. A présent, elle travaille au Drogué virtuel, un animal virtuel de style Tamagotchi, pour démon-

trer que ce type de jouets créent une dépendance chez leurs jeunes utilisateurs et les distraient de leur travail scolaire (au fait : les membres de la BLO sont tous des enseignants). Pour obtenir des vidéos ou participer à leurs campagnes : BLO, PO Box 11078, Loudonville, NY 12211, USA. Tél. +1 518 2762250.

Les déchets plastique submergent le sous-continent indien, qui en produit 4,5 millions de tonnes par an. Premier coupable : le polyéthylène (à partir duquel on fabrique les sacs plastique, et à qui il faut un bon siècle pour se décomposer). Pour freiner son usage, le collectif Vasundhara (terre) fait la promotion de sacs confectionnés dans d'autres matières et organise des campagnes de sensibilisation à la sauvegarde de l'environnement, où sont abordés des thèmes tels que le tri des déchets ou les équipements sanitaires. Dons et participation bénévole seront les bienvenus. Satyanarayan Rajhans, Vasundhara, Kherwadi Municipal School, Kherwadi Road, Bandra East, Mumbai 400051, Inde. Tél. +91 22 6431090.

Fondée en 1942, Oxfam a pour vocation la lutte contre la famine. Devenue le numéro un mondial des ONG, cette organisation se préoccupe à la fois de lever des fonds, d'informer et d'alerter les consciences sur la misère dans le monde. Elle soutient à l'heure actuelle 2 000 projets de développement dans 72 pays. Impliquez-vous ! Vous pourrez par exemple aider aux collectes de fonds en tant que bénévole. Ou, si vous êtes trop occupé, envoyez un don. Oxfam, 274 Banbury Road, Oxford OX2 7DZ, GB. Tél. +44 1865 311 311, fax +44 1865 312600. *www.oxfam.org.uk*

Si les primates ne procréent pas volontiers en captivité, les porcs, en revanche, ne s'arrêtent pas à de tels détails. C'est l'une des raisons pour lesquelles les scientifiques projettent de prélever des cœurs de porc pour les greffer sur des humains. Mauvaise nouvelle pour les cochons, estime le Mouvement végétariste, basé à Monaco, qui mène une lutte acharnée contre les « chirurgiens-bouchers ». Si nous souffrons de maladies cardio-vasculaires, c'est précisément parce que nous mangeons du porc, argumente-t-il, et voilà maintenant que nous projetons d'en massacrer encore plus, aux seules fins de sauver notre peau ! Pour vous informer sur les activités du groupe, écrivez à : Mouvement Végétariste, 16 escaliers du Castelleretto, MC98000, Monaco.

Les végétariens semblent moins sujets aux maladies cardio-vasculaires et vivent plus longtemps que les carnivores, selon une étude menée en Grande-Bretagne. L'Association internationale de la conscience de Krishna est la plus vaste organisation végétarienne au monde. Comme son fondateur a un jour décrété que personne n'aurait plus faim aux abords de ses temples, cette organisation a distribué depuis lors 78 millions de repas chauds dans plus de 63 pays. Food for Life Global, PO Box 59037, Potomac, MD 20859, USA. *http://ffl.org*, e-mail: *priya @ffl.org* Les bénévoles seront les bienvenus.

Un million de nourrissons meurent chaque année faute d'être nourris au sein. Partout où l'allaitement maternel est encouragé par les hôpitaux et les personnels de santé, les taux de mortalité et d'infection infantile s'infléchissent pourtant de façon significative. Lancé en 1990 à échelle mondiale, le Projet UNICEF/OMS pour un hôpital respectant les besoins de l'enfant incite les centres de soins à promouvoir l'allaitement au sein et à cesser de distribuer des doses de lait de synthèse. *BFHI News*, le bulletin d'information de la campagne, est à demander par courrier ou fax à Ms. Hein, Distribution Office, UNICEF House, 3 UN Plaza, New York, NY 10017, USA. Tel. +1 212 326 7000, fax +1 212 3267375. e-mail: *pubdoc@unicef.org*

Fours solaires Près de 1 milliard et demi d'Africains ne disposent pas de combustible en quantité suffisante pour cuire leur nourriture. Au Niger, la forêt a été dévastée et, dans bien des camps de réfugiés, les femmes doivent parcourir – à pied – des distances de 12 km avant de trouver le bois nécessaire à la préparation des repas. Le four à énergie solaire pourrait bien être la solution à leurs problèmes. Le système est simple : une plaque de carton revêtue d'aluminium concentre les rayons du soleil sur un récipient noir. On atteint ainsi des températures de 300 °C – juste ce qu'il faut pour mijoter un bon ragoût de sorgho. Solar Cookers International, organisation à but éducatif et non lucratif, a entrepris d'introduire les fours solaires dans divers camps de réfugiés, notamment en Ethiopie, au Zimbabwe, en Tanzanie, à Belize et au Costa-Rica. Pour faire don d'un four solaire (vous n'aurez qu'à payer, ils se chargeront eux-mêmes de l'acheminement), contactez SCI, 1919 21st Street, Suite 101, Sacramento, CA 95814, USA. Tél. +1 916 455 4499, fax +1 916 455 4498. *www.solarcooking.org*, e-mail: *sci@igc.org*

Les bananes bio du Costa Rica ont reçu un prix décerné par l'Alliance américaine pour la défense de la forêt tropicale. Exigez sur les étals de votre marché le label ECO OK. Pour toute information et encourager d'autres cultivateurs à adopter ces méthodes, écrivez à Rainforest Alliance, 65 Bleecker Street, New York, NY 10012, USA. Tél. +1 212 677 1900, fax +1 212 677 2187. *www.rainforest-alliance.org*, e-mail: *canopy@ra.org*

ALIMENTATION Guide

«**On nous oblige** à produire des bananes pour les autres, alors il y a moins de blé pour nourrir nos populations», déplore Wilson Campos, exploitant agricole du Costa Rica. La culture intensive de la banane (que contrôlent d'énormes multinationales, telles Chiquita et Del Monte) est à l'origine de la déforestation et de la pollution de l'eau dans les pays en développement. Banana Links milite pour un commerce équitable de la banane. Procurez-vous leur rapport, *Just Green Bananas*, à l'adresse suivante: 38-40 Exchange St., Norwich, Norfolk NR2 1AX, GB. Tél. +44 1603 765670, fax + 44 1603 761645. *www.bananalink.org.uk*, e-mail: *blink@gn.apc.org*

L'Européen aime les bananes. A preuve, il en engloutit 10,7 kg par an (ce qui représente 9 523 calories). Mais ce petit penchant a un prix. En effet, le commerce bananier est contrôlé par trois multinationales fruitières (Dole, Chiquita et Del Monte) et les conditions de travail dans les plantations laissent fort à désirer. Au Costa Rica, des milliers d'ouvriers planteurs sont stériles en raison d'un recours excessif aux pesticides – sachant qu'ils gagnent à peine 2 à 3 % du prix de vente au détail de leur production. Aidez le Mouvement pour le développement mondial à lutter contre la misère et l'injustice sur lesquelles les multinationales appuient leur prospérité en envoyant vos dons au World Development Movement, 25 Beehive Place, Londres SW9 7QR, GB. Tél. +44 20 7737 6215, fax +44 20 7274 8232. *www.wdm.org.uk*, e-mail: *wdm@wdm.org.uk* Cotisation annuelle de 16 £, ou 8 £ chômeurs. CC, MI, CQ en £.

Chaque jour, 50 espèces de plantes s'éteignent sur notre planète. Chacune de ces disparitions représente une chance de moins de guérir une maladie. Car les avis des scientifiques concordent: c'est dans les plantes que se trouvent des remèdes à bien des maux que nous sommes encore incapables de soigner. Pour contribuer à la sauvegarde d'essences de votre région, offrez des graines au Réseau de sauvetage grainier. Il les répertoriera et les emballera, avant de les distribuer gratuitement à des cultivateurs et des jardiniers du monde entier, pour tenter de préserver au mieux la biodiversité planétaire. Seed Saver's Network, 9-13 Old Bangalow Road, PO Box 975, Byron Bay NSW 2481, Australie. Tél./fax +61 2 66856624. *www.seedsavers.net*, e-mail: *info@seedsavers.net*

La cadence du déboisement dans les forêts malaises est aujourd'hui le double de celle conseillée par l'Organisation internationale de l'exploitation forestière. Afin d'aider Anderson Mutang Urud dans sa lutte pour les droits des indigènes et pour mettre un frein à la déforestation incontrôlée, adressez vos contributions (ainsi que toute demande d'informations) au Bruno Manser Fonds, Heuberg 25, CH-4051, Bâle, Suisse. Tél. +41 61 2619474, fax +41 61 261 9473. *www.bmf.ch*, e-mail: *info@bmf.ch*

L'Association des chantiers de volontaires du Ghana (VOLU) aide au développement des zones rurales du pays, les groupes de bénévoles intervenant dans les villages et les bourgades pour creuser, débroussailler et couler du ciment afin de construire routes, habitations, écoles, hôpitaux et latrines. Les volontaires devront être âgés d'au moins 18 ans. Pour postuler, déposez votre candidature auprès de votre instance nationale chargée de l'organisation de chantiers de volontaires: aux Etats-Unis, s'adresser au Council on International Educational Exchange: CIEE, International Voluntary Service Dept., 205 East 42nd St., New York, NY 10017, USA. Tél +1 212 8222600. *www.councilex changes.org*, e-mail: *info @councilexchanges.org*

Confrontés au chômage et au manque d'équipements de loisirs (résultats directs de la discrimination pratiquée des siècles durant par le gouvernement australien à l'encontre des populations aborigènes), de nombreux jeunes ruraux aborigènes en viennent pour se distraire à inhaler de l'essence. Il en résulte des problèmes sociaux menaçant à terme une culture pourtant vieille de 40 000 ans. La Corringie Community (installée dans une région retirée d'Australie occidentale) offre à ces jeunes une chance de décrocher, en cohabitant avec les résidents locaux et en prenant part à un

projet de construction (il s'agit de bâtir des maisons d'habitation à bas prix). Le gouvernement n'ayant accordé que très peu de subventions, la communauté a grand besoin de votre aide: lettres de soutien, contacts, vêtements, machinerie, matériaux de construction et dons en argent. Vic & Joan Isaacs, Wilja Hostel Inc., Corringie Settlement, PO Box 232, Leonora, Western Australia 6438, Australie. *www.wilja.asn.au*

Près de 65 % des Ethiopiens sont sous-alimentés. L'Association d'assistance aux démunis du Tigré (REST) est une organisation nationale initiatrice de plusieurs projets agricoles destinés à nourrir les populations affamées. Elle recherche des volontaires hautement qualifiés – ingénieurs agronomes et en techniques d'irrigation. Relief Society of Tigray (REST), PO Box 20, Mekele, Ethiopie. Tél. +251 3 400615, fax +251 3 400939.

Votre petit déjeuner repose-t-il sur une quelconque souffrance animale? Sans aucun doute. Si l'on considère les 33 millions de poules pondeuses britanniques, plus de 80 % d'entre elles

sont condamnées à la vie en cage, au sein d'infâmes batteries d'élevage. Et, comme si cet inconfort ne suffisait pas, on leur tranche le bec avec une lame brûlante afin qu'elles ne s'entretuent pas – car le manque d'espace finit inévitablement par leur détraquer le cerveau. Le Mouvement pour une agriculture plus humaine (CIWF) mène campagne pour l'abandon de ces pratiques cruelles, et pour un étiquetage réellement informatif des œufs à la vente. Abonnez-vous à *Agscene*, son magazine trimestriel: il ne vous en coûtera que 21 £ par an (carte de membre et cotisation annuelle comprises). Ou envoyez un don à Compassion in World Farming, 5a Charles Street, Petersfield, Hampshire GU32 3EH, GB. Tél. +44 1730 264 208, fax +44 1730 260791. *www.ciwf.co.uk*, e-mail: *com passion@ciwf.co.uk*

Le Projet main-ouverte livre 365 jours par an des repas chauds à plus de 2800 personnes atteintes du sida. L'organisation a besoin de dons et de volontaires pour livrer les repas. Project Open Hand, 730 Polk Street, San Francisco, CA 94109 USA. Tél. +1 415 4472300.

ALIMENTATION Guide

Muffins à la terre (Dirt Cupcakes), p. 81: Procter & Gamble Co., PO Box 599, Cincinnati, OH 45201, USA. Tél.+1 513 9831100. 3 $ US. www.pg.com

Eco-Bottle, p. 86 www.heineken.nl

Squeezits, p. 87: General Mills, Inc., PO Box 1113, Minneapolis, MN 55440, USA. Tél. +1 612 7642311. www.generalmills.com

Etui à violon minibar, p. 91: conçu et produit par Horst Schmitt, Hainburg, Allemagne. M. Schmitt est décédé en 1998.

Verres-bouteilles, p. 93: Green Glass (Pty) Ltd., PO Box 903-170, Broederstroom, 0240 District of Pretoria, Afrique du Sud. Tél. +27 12 3056161, fax +27 12 3056319. www.greenglassusa.com

Sorbet au Dom Pérignon, p. 96: Dalloyau, rue du Faubourg-Saint-Honoré, 75008 Paris, France.Tél. +33 1 42999000. www.dalloyau.fr

Eiswein, p. 98: Au Verger de la Madeleine, 4 boulevard Malesherbes, 75008 Paris, France. Tél. +33 1 42 65 51 99, fax +33 1 49 24 05 22.

Petit Clap-Clap (Patapata-chan), p. 100: Suruga Inc., 932-1 Ohata, Yoshita-cho, Haibara-gun, Shizuoka-ken 421-0305, Japon.

Vin Hitler, p. 104: Alessandro Lunardelli, via Udine 15, 33030 Colloredo di Pasian di Prato (UD), Italie. Tél./fax +39 0432 662017. www.udineweb.com/vinilunardelli

Bière chibuku, p. 105: National Breweries Ltd., Sheki Sheki Road, Lusaka, Zambie. Tél. +260 1 246572.

Drogues design, p. 106: 3rd Street entre Avenue A et Avenue B, New York, NY 10012, USA.

MODE Guide

A compter de ses 16 ans, un Irlandais peut se marier, aller en prison, conduire un véhicule et même porter un revolver. En revanche, pour acheter des préservatifs, il lui faudra attendre 18 ans. Aussi, quand l'Association irlandaise de planning familial (IFPA) entreprit de vendre des préservatifs et de distribuer de la documentation sur le sexe sans risque, le tout dans le Virgin Megastore de Dublin, elle passa derechef en jugement et fut condamnée à verser une amende de 500 £ IR. Des volontaires formés se chargent de l'administration du bureau et dispensent aussi des cours d'éducation sexuelle. Pour vous inscrire, appelez le tél. +353 1 8780366 à Dublin. Tous dons permettant de couvrir les frais de gestion, de financer les programmes éducatifs et le planning familial seront les bienvenus. Pour plus d'informations, écrivez à The Irish Family Planning Association, Unity Bldg, 16/17 Lower O'Connell Street, Dublin 1, Irlande. Tél. +353 1 8725394, fax +353 1 878 0375, e-mail : *ifpa@iol.ie*

C'est à l'aide de photos que la Fondation internationale pour la maîtrise de la natalité (IPPF) explique le B.A.-BA du contrôle des naissances dans les Etats à faible taux d'alphabétisation. On y remarquera des détails révélateurs de la culture du pays cible. Au Nigeria, on y voit un homme éclairer son épouse sur le mode d'utilisation du préservatif, tout en lui touchant tendrement la main. La légende stipule : « Le mari et sa femme font l'amour. L'homme utilise un préservatif et garde les autres pour une prochaine fois. » Au Népal, la photo montre Monsieur enterrant le préservatif usagé. L'IPPF gère ou soutient des programmes de planning familial dans 150 pays, de l'Afghanistan au Zimbabwe. Pour envoyer vos dons ou localiser leur antenne la plus proche de chez vous, écrivez à International Planned Parenthood Foundation, Resource Mobilisation, Regent's College, Inner Circle, Regent's Park, Londres NW1 4NS, GB. Tél. +44 20 74877900, fax +44 20 74877950. *www.ippf. org*, e-mail : *info@ippf.org*

Henné, p. 117 : acheté au marché de Tataouine, au sud de la Tunisie. Allez-y de bon matin, le lundi ou le jeudi, et demandez le souk (marché). On vous indiquera le chemin.

Khôl, p. 118 : disponible sur tous les marchés et dans les parfumeries au Maroc.

Passe-montagne zapatiste, p. 119 : Bonetería Bazartek, Soledad 8L, Colonia Centro, Mexico DF 06060, Mexique.

Boutons colorés, pp. 120/121 : l'assortiment de huit boutons dans des coloris mode coûte 0,79 £. Royal National Institute for the Blind (RNIB), Resource Centre, 224 Great Portland Street, Londres W1N 6AA, GB. Tél. +44 20 73881266, fax +44 20 73882034. MC, V, CQ en £. *www.rnib.org.uk*

MODE Guide

Le seul préservatif à dépasser haut la main tous les critères de qualité établis par les différentes nations du monde est fabriqué par la RFSU, Association suédoise pour l'éducation sexuelle. Tous les bénéfices réalisés par cette organisation à but non lucratif, fondée en 1933, sont réinvestis dans la promotion de l'éducation sexuelle, entre autres dans la diffusion d'informations concernant le sida et les méthodes de contraception. La RFSU vend des préservatifs de toutes formes, tailles, textures et couleurs, accompagnés d'instructions faciles à suivre pour les utiliser au mieux. Les messieurs que la nature n'a pas vraiment gâtés adoreront leurs préservatifs «serpent mamba – taille étroite». Pour plus de renseignements, contactez RFSU AB au Drottningholmsvägen 37 ou au PO Box 12128, 10224 Stockholm, Suède. Tél. +46 8 692 0700. Vous pourrez également envoyer un fax au +46 8 6530823, ou visiter le site *www.rfsu.com*, e-mail: *info@rfsu.se*

Les routiers nigériens qui effectuent des transports longue distance sont plus exposés que d'autres au VIH, car les femmes qu'ils croisent sur leur route ne leur assurent pas uniquement le gîte et le couvert. STOPAIDS a installé à travers tout le pays, sur les bords d'autoroutes, des stands sanitaires qui vendent des préservatifs et informent les routiers sur le virus. Ils prescrivent aussi des traitements pour les autres maladies sexuellement transmissibles. Pour localiser le stand le plus proche de chez vous, appelez STOPAIDS au tél. +234 1 2635219, ou écrivez-leur au PO Box 5052, MM International Airport, Ikeja, Lagos, Nigeria. E-mail: *stopaids@ford wa.linkserve.org*

En Thaïlande, près de deux millions de femmes se prostituent; 40 % d'entre elles auraient moins de 18 ans, et 800 000 seraient déjà séropositives. Aidez-les en leur fournissant de quoi se protéger. Empower, un groupe de défense des droits des prostitué(e)s, se chargera de distribuer les préservatifs envoyés par vos soins. 72/2 Raming-Niwet, Tippanet Road, Chiang Mai 5000, Thaïlande. Tél. +66 53 282504.

On peut monter à cheval même si l'on pèse 160 kg, remarque Lorella Forcadi, qui dirige un groupe d'entraide pour personnes ayant une forte taille, appelé Oltremisura (outre mesure). Celui-ci organise des défilés de mode, publie une gazette intitulée *Oltremisura News* et s'est même doté d'un service téléphonique de crise. Son rêve: nouer contact avec des associations similaires opérant ailleurs dans le monde. Via Vecchia Aretina 45, 50010 Troghi (FI), Italie. Tél. +39 055 8307018. *www.allegro fortissim.it/oltremisura.htm*

La discrimination par le poids est le seul préjugé à demeurer socialement admis, s'indignent les militants des mouvements de défense des obèses. Overviktigas Riksförbund (Association des obèses suédois) représente les 10 % de Suédois affligés d'un surpoids important. Lisez son bulletin d'information et vous connaîtrez vos droits sur le bout des doigts. Valhallavägen 40, 11422 Stockholm, Suède. Tél. +46 8 150291, fax +46 8 150293. MI, CQ en KRS. *www.over vikt.se*, e-mail: *fatpower@ overvikt.se*

MODE Guide

Les membres amputés sont une véritable épidémie dans les pays déchirés par la guerre – plus de 400 000 Afghans et 50 000 Cambodgiens ont été victimes d'une explosion de mine, et des millions de ces engins attendent encore leur heure, enfouies dans le sol. Colin Mitchell et son équipe s'efforcent d'en désamorcer une douzaine par jour. Son insistance à réclamer les services d'un médecin pour le seconder a payé de retour, puisqu'elle a mené à l'ouverture d'une petite clinique pour femmes et enfants à Kaboul. Envoyez vos dons à HALO Trust, PO Box 7712, Londres SW1V 3ZA, GB. Et pour plus d'informations : tél. +44 20 78219244, fax +44 20 72227178. *www. halotrust.org*

«Sentinelle éternelle» : tel est le nom par lequel on désigne parfois la mine antipersonnel, du fait qu'elle ne se désamorce jamais seule. Au Cambodge, où 1 habitant sur 384 est amputé, Handicap International a ouvert six ateliers où se fabriquent des prothèses destinées aux victimes des mines. Cette organisation est active dans 119 pays dans le monde, où elle défend les droits des handicapés – depuis les lépreux en Roumanie jusqu'aux poliomyélitiques en Thaïlande. Adressez-lui vos dons : rue de Spa 67, 1000 Bruxelles, Belgique. Les donateurs recevront en cadeau un petit souvenir. Tél. +32 2 2801601, fax +32 2 2306030. *www.handicapin ternational.be*, e-mail : *head office@handicap.be*

En 1991, 76 groupes d'extrême-droite en Allemagne atteignaient 40 000 membres. Le gouvernement considère que 3 000 d'entre eux sont «potentiellement violents». L'association Pro-Asyl regroupe des militants de terrain qui se battent pour défendre les droits politiques des réfugiés. Pour participer à son action, contactez le *flüchtlingrast* (conseil de réfugiés) le plus proche de chez vous, et inondez de courrier les hommes politiques et la presse quotidienne. Ou envoyez un don à Förderverein Pro-Asyl e.V., Postfach 160 624, 60069 Francfort-sur-le-Main, Allemagne. Tél. +49 69 230688, fax +49 69 23 0650. *www.proasyl.de*, e-mail : *proasyl@proasyl.de*

En 1950, la Chine envahissait le Tibet. Depuis, plus de 100 000 Tibétains ont trouvé refuge en Inde. Les enfants en exil peuvent encore espérer recevoir une éducation traditionnelle tibétaine, grâce au Village des enfants tibétains, qui prend soin des réfugiés orphelins ou démunis et leur assure un minimum d'instruction (actuellement, le village subvient aux besoins de 11 000 d'entre eux). Vous pouvez parrainer un enfant en versant 30 dollars par mois. Le village a également besoin de dons, de vêtements chauds, de jouets, de médicaments (en particulier contre la tuberculose) et de vitamines. TCV Head Office, Dharamsala, Cantt. 176216, Kangra District HP, Inde. Tél./fax +91 1882 21348. Libellez vos chèques à l'ordre de TCV (Tibetan Children's Village).

Le mouvement des Talibans s'est assuré en 1996 le contrôle de larges portions du territoire afghan. A cette heure, près de 2 millions d'Afghans ont déjà fui vers le Pakistan, préférant l'exil à la tyrannie d'une interprétation ultra-orthodoxe de la charia. Les nouvelles lois du pays interdisent aux femmes d'aller à l'école ou de travailler. Elles sont tenues en outre de couvrir chaque

MODE Guide

Pasties, p. 122: The Pink Pussycat, 167 West 4th Street, New York, NY 10014-3855, USA. Tél. +1 212 2430077. *www.pinkpussycat.com*

Victoria's Secret, p. 123: Victoria's Secret, PO Box 16589, Columbus, OH 43216-6589, USA. Tél. +1 614 3375000. *www.victoriassecret.com*

Chaussures Status, p. 125: James Taylor & Son, 4 Paddington Street, Londres W1M 3LA, GB. Tél. +44 20 79355917, fax +44 20 74864212. 85 à 120 £.

Tunique du KKK, p. 134: Knights of the Ku Klux Klan, National Office, PO Box 2222, Harrison, AR 72601, USA. Tél. +1 870 4273414. *www.kukluxklan.org*

Postiche pubien, p. 136: Komachi Hair Inc., 1-28-3 Asakusa, Taito-ku, Tokyo 111-0032, Japon.

Extrait de queue de cerf, p. 138: Changchun Pharmaceutical, Changchun, 130031 Jilin, Chine.

Masque amincissant pour le visage, p. 140 Akaishi Health Enterprises Inc. 6955-3 Maruko, Shizuoka-shi, Shizuoka Prefecture 421-0103, Japon.

Masque pour catcher de base-ball, p. 141: Schutt Sports, 1200 East Union Avenue, Litchfield, IL 62056, USA. Tél. +1 217 3242712. *www.schuttsports.com*

Casque d'escrime, p. 141: Negrini L. & F. S.n.c., vicolo Scala Santa, 24, 37129 Vérone, Italie. Tél. +39 045 8001984, fax +39 045 8002755. 230 000 Lit.

Nippon kempo, p. 141: Associazione Italiana Nippon Kempo, via Udine 2, 21013 Gallarate (VA), Italie.

Masque anti-bombe à peinture, p. 141: Scott USA, PO Box 2030, Sun Valley, ID 83353, USA. Tél. +1 208 6221000, fax +1 208 6221005. *www.scottusa.com*

centimètre de leur corps pour paraître en public, les réfractaires encourant la bastonnade, voire la peine de mort. L'Organisation révolutionnaire des femmes d'Afghanistan (RAWA) mène une campagne active pour la défense des droits fondamentaux des femmes. Elle assure également l'éducation et le suivi médical des femmes et des enfants massés dans les camps de réfugiés. Afin de poursuivre son action, RAWA a besoin d'argent, de médicaments, d'un violon, d'un piano, de films sur cassettes vidéo, de matériel scolaire, d'ordinateurs et d'appareils photo. Revolutionary Women's Association of Afghanistan, PO Box 374, Quetta, Pakistan. Tél. +92 300 551638, fax +1 760 2819855. *www.rawa. org*, e-mail: *rawa@rawa.org*

Envie d'écouter un échantillon de racisme pur et non censuré? Composez le tél. +1 252 4927000: cela aura au moins le mérite d'encombrer les lignes du Ku Klux Klan. Le message enregistré du standard se conclut par: «Réveille-toi, homme blanc, les prochaines victimes seront peut-être ta femme et ton enfant!»

MODE Guide

Présent dans 12 nations européennes ainsi qu'au Canada, c'est dans la rue et en donnant de la voix que SOS Racisme mène la lutte contre la xénophobie : par le biais de manifestations, d'interventions médiatiques et de travail associatif, ce mouvement assiste les victimes d'affronts et d'agressions racistes. Participez aux trois jours d'Université d'été qu'organise SOS Racisme les 7, 8 et 9 juillet 2000 en région parisienne. Frais de participation : 250 FF, logement compris. Et pour savoir comment vous pouvez vous rendre utile, contactez SOS Racisme, 28 rue des Petites-Ecuries, 75010 Paris, France. Tél. +33 1 532467 67, fax +33 1 40220402. *www.sos-racisme.org*, e-mail : *info@sos-racisme.org*

Les assistants sociaux impliqués dans le Projet de vigilance de Newham surveillent étroitement, depuis vingt ans, le climat racial et le comportement de la police dans les quartiers à majorité noire de l'Est londonien. Le programme a besoin de volontaires susceptibles de s'engager pour plusieurs mois, l'objectif étant d'aider les victimes de harcèlement racial à entreprendre des actions légales. Newham Monitoring Project, PO Box 273, Londres E7, GB. Tél./fax +44 20 85558151.

Le Comité national (australien) de défense des droits des Noirs (CDBR) est formé exclusivement de volontaires. Il s'efforce d'attirer l'attention internationale sur les injustices dont sont victimes les Aborigènes, contraignant ainsi le gouvernement à réagir. Or, il a grand besoin de journalistes d'enquête, d'auteurs, de collecteurs de fonds et autres volontaires pour l'aider à mobiliser les minorités et associations locales concernées. Si vous êtes intéressé, vous pourrez soit œuvrer depuis Sydney, soit plonger au cœur du problème en intervenant à Perth. National Committee to Defend Black Rights, PO Box 498, Broadway, NSW 2007, Australie.

Toute une génération de cinéastes noirs sud-africains a été tenue à l'écart de l'industrie cinématographique durant les quarante ans qu'a duré le régime d'apartheid (système politique fondé sur la ségrégation des races). En effet, tant les mesures d'abattements fiscaux que la législation favorisaient la production filmique blanche. A présent, l'Ecole Newton de cinéma et de télévision offre aux aspirants cinéastes noirs une chance de faire entendre leur voix – mais elle se trouve hélas à court d'équipement. Tout don de trépieds, de caméras vidéo VHS ou de cassettes lui sera d'un précieux secours. Newton Film and Television School, PO Box 487, Newton 2113, Johannesburg, Afrique du Sud. Tél. + 27 11 8387462, fax + 27 11 8381043.

La coutume d'acheter, de vendre et d'«élever» des Noirs africains se perpétue dans des pays islamiques intégristes, tels le Soudan et la Mauritanie. La Ligue contre l'esclavage en Mauritanie et au Soudan (CASMAS) s'élève contre l'asservissement des populations noires en Afrique septentrionale. Pour l'assister dans sa lutte, envoyez vos dons à The Coalition Against Slavery in Mauritania and Sudan, PO Box 3293, New York, NY 10027, USA. Tél. +1 212 7744287, fax +1 718 9911857. *www.members.aol.com/casmasalc*, e-mail: *casmasalc@aol.com* L'abonnement à son bulletin d'information trimestriel coûte 15 $ US.

MODE Guide

Le premier golfeur noir à remporter un championnat américain majeur fut Tiger Woods, en 1995. C'est dire combien le golf reste un sport dominé par une élite blanche et aisée. Pour mettre fin à cette discrimination par l'argent, l'Association américaine pour un golf des minorités initie au maniement du club les jeunes des villes qui n'ont pas les moyens de s'offrir l'équipement ni les droits d'entrée sur les greens. Contactez-la! Minority Golf Association of America, PO Box 1081, Westhampton Beach, NY 11978, USA. Tél. +1 631 2888255, fax +1 631 288 4458. *www.mgaa.com*, e-mail: *mgaagolf@aol.com* La cotisation individuelle se monte à 25 $ US. MC, V, Discover acceptée.

La déforestation massive a détruit les terres dont les Rarámuri de la Sierra Madre, au nord du Mexique, tiraient leur subsistance. C'est donc leur culture même qui se trouve à terme menacée. Pour faire connaître au monde le sort de ce peuple, les Wilderness Research Expeditions sponsorisent les coureurs rarámuri participant aux compétitions internationales et vendent un re-

Instruments d'étirement massaï, p. 144: étui à pellicule AGFA acheté à Daniel Lekasukon, Kisamis, Box 445 Kiserian, Kenya. 5 SHK. Broches à bouche achetées à Joseph Kimondo Njahi, Box 72047, Nairobi, Kenya. 200 SHK.

Voile de sniper, p. 147: Mass Army Navy, PO Box C-19663, Irvine, CA 92623, USA. Tél. +1 949 2509782, fax +1 949 2509790. *www.massarmynavy.com*

Coque antichoc (Bruise Busta Chest Guard), p. 150: Quality Performers, 142 Courtenay Street, New Plymouth 0064, Nouvelle-Zélande. Tél./fax +64 6 7587888.

Miracle Beauty Lift, p. 154: Mark Traynor, Inc., 205 W 54th Street, New York, NY 10019, USA.

Chin gym, p. 155: Chin Gym Corporation, 7373 Atoll Avenue, North Hollywood, CA 91605, USA. Tél. +1 818 9828322, fax +1 818 9828520. 39,95 $ US + p&p.

Eye talk, p. 156: KOJI, 2-26-1 Matsugaya, Taito-ku, Tokyo, Japon. Tél. +81 3 38420221. 850 ¥.

Ruban adhésif pour les yeux, p. 157: Variety House, Ikebukuro, Tokyo, Japon. 309 ¥.

Curves, p. 160: Bodylines Inc., 1075 Old Country Road, Belmont, CA 94002, USA. Tél. +1 650 6310130, fax +1 650 6541745. *www.curves.com*, e-mail: *info@curves.com* 89,95 $ US + p&p la paire.

Ceinture de poitrine, p. 161: Pinto Annunziata, via del Governo Vecchio 67, 00186 Rome, Italie. Tél. +39 06 68804478. Epuisé.

Prothèse, p. 162: Handicap International, 14 avenue Berthelot, 69361 Lyon Cedex 07, France. Tél. +33 4 7869799, e-mail: *101511.631@compuserve.com*

MODE Guide

Chaussettes de shiatsu, p. 163: Yoshinori Tech Incorporated, EEZAN Branch, 3-18-10 Ukima, Kita-ku, Tokyo 115, Japon. Tél. +81 3 35584711.

Gel Pepee, p. 164: Nakajima Chemical Corporation, 2-29-20 Meieki, Nakamura-ku, Nagoya, Aichi-ken 450-0002, Japon. Tél. +81 52 5614595.

Rembourrages fessiers, p. 165: Wacoal Corporation, 1-23-6 Yanagibashi, Taito-ku, Tokyo 101-0052, Japon. Tél. +81 3 38656450.

Caleçon pare-balles, p. 166: Dubninskaya Ulitsa, Dom 81 A, Institut scientifique «Stali», Moscou 127411, Russie. Tél. +7 095 4846361.

Safe-T-Man, p. 167: The Safety Zone, PO Box 85, Centerbrook, CT 06409, USA. *www.safety_zone.com*

Préservatifs assortis au groupe sanguin, pp. 168-169: JEX Inc., 2-4-6 Itoyamachi, Chuo-ku, Osaka 540-00 22, Japon. Tél. +81 6 69420551.

Sacs poubelles Camaïeu, p. 170 Artomatic, 13-14 Great Sutton Street, Londres EC1V 0BX, GB. Tél. +44 20 75660171, fax +44 20 75660181. 8 £ (13 $ US). Amex, MC, V. CQ. *www.artomatic.co.uk*, e-mail: *shop@artomatic.co.uk*

Cache-sexe, p. 176: acheté dans un magasin de souvenirs à Atbalmen, Papouasie-Nouvelle-Guinée. 5 KP.

Coquille protectrice Everlast, p. 177: Everlast Sporting Goods Mfg. Co., 750 East 132nd Street, Bronx, NY 10454, USA. Tél. +1 718 9930100.

Poudre de camouflage «pleine nature», p. 180: BCB International Ltd., Tremorfa, Cardiff, Pays de Galles CF2 42QF, GB. Tél. +44 29 20433700, fax +44 1222 433701. 4 £.

cueil de photos couleur consacré à cette tribu, sous le titre *Mexico's Copper Canyon* (le canyon du cuivre mexicain). Prix: 16,95 $ US + 2 $ p&p. Pour votre règlement, envoyez un chèque ou un mandat postal à WRE, PO Box 86492, Tucson, AZ 85754, USA. Tél. +1 520 8825341, fax +1 520 882 4454. Vos dons seront également les bienvenus. De son côté, l'hôpital de la mission de Tarahumara distribue aux Rarámuri des vivres et des semences, leur enseigne des techniques agricoles de crise et les aide financièrement en commercialisant leurs productions artisanales, en particulier des vêtements et des ballons. Envoyez vos dons à Tarahumara Mission Hospital, Apartado N. 11, Creel, Chihuahua 33200, Mexique.

Le Centro de Acolhimento Don Bosco (centre d'accueil Don Bosco), situé à Maputo, au Mozambique, loge, nourrit et scolarise gratuitement environ 200 enfants des rues ou orphelins de guerre âgés de 7 à 18 ans. Il a grand besoin de vos dons et de bénévoles. Centro Don Bosco, PO Box 4458, Infulene, Maputo, Mozambique.

MODE Guide

Tél. +258 1 750891. Maîtrise du portugais indispensable.

En Thaïlande, capitale du Muy Thai et du tourisme sexuel, les responsables du Programme d'éducation des filles (DEP) recherchent des bénévoles – enseignants d'anglais, maçons et jardiniers – pour assurer aux jeunes filles un autre avenir que la prostitution. Le logement est fourni. Signalons que les candidats font l'objet d'une observation minutieuse et régulière. Ecrivez à The Daughters' Education Program, PO Box 10, Mae Sai, Chiang Rai 57130, Thaïlande. Tél. +66 53 733186, fax +66 53 642415.

Chaque année, plus de 50 000 tonnes de poisons agrochimiques sont pulvérisés sur les 25 000 terrains de golf que compte la planète. Le Mouvement global anti-golf mène campagne contre ce sport dévoreur de terre. Il a organisé entre autres un boycott des vols Japan Airlines qui fut couronné de succès, puisqu'il contraignit la compagnie aérienne à retirer ses fonds d'un projet financier concernant l'installation d'un gigantesque complexe de golf à Hawaï. Pour l'épauler dans son ac-

tion, contactez son bureau de coordination : Global Anti-Golf Movement, Co-ordinating Office, 1047 Naka, Kamogawa, Chiba 296-0111, Japon. Tél. +81 47 097 1011, fax + 81 47 0971215, e-mail : *gen@awa.org.jp*

Rejoignez le Handgun Control Inc., un groupe de pression militant pour un contrôle plus strict de la vente d'armes aux Etats-Unis. Pour ce faire, envoyez un courrier au 1225 Eye Street, Suite 1100, NW Washington DC 20005, USA. Tél. +1 202 8980792, fax +1 202 371 9615. *www.handguncontrol. org* La cotisation se monte à 15 $ US. CQ et toutes CC majeures acceptées. Les membres reçoivent un bulletin mensuel et des informations régulièrement mises à jour sur la législation en vigueur.

«Capitales mondiales du crime », Johannesburg et Durban (Afrique du Sud) rivalisent avec certaines villes de Colombie pour le record annuel de meurtres par armes à feu. Sur les 24 875 meurtres répertoriés en 1998 dans le pays (ce qui représente trois personnes par heure), 49 % ont été commis au pistolet. L'orga-

nisation Afrique du Sud sans armes (GFSA), qui se bat pour l'élimination des revolvers, mérite un geste généreux de votre part : Gun Free South Africa, PO Box 31532, Braamfontein 2017, Afrique du Sud. Tél. +27 11 40345 90, fax +27 11 4034596, e-mail : *gunfree@wn.apc.org* La GFSA est membre de la Gun Control Alliance, *www. gca.org.za*

Aux Etats-Unis, la Bourse nationale de la chaussure insolite (NOSE) aide à se chausser des milliers de personnes amputées, souffrant de défauts congénitaux ou affublées de pieds dissymétriques. Nike, Reebok et New Balance font régulièrement des dons de chaussures à NOSE, mais il manque encore les fonds pour accroître les capacités de stockage. Adressez vos questions à Kristina Kelly, 3200 North Delaware Street, Chandler, AZ 85225-1100, USA. Tél. +1 480 8923484, fax +1 480 8923568. *www. oddshoe.org* Si vous prévoyez une visite, prenez rendez-vous par téléphone.

Terre, coopérative belge, recueille chaque jour 22 tonnes de vêtements d'occasion, de sacs, de chaussures

MODE Guide

et 70 tonnes de papier et de carton. Les vêtements sont vendus à bas prix aux pays en voie de développement ou distribués dans les 14 magasins Terre que compte la Belgique. Pour connaître les adresses de ces points de vente ou pour monter une structure de collecte dans votre région, contactez le Groupe Terre, Parc Industriel des Hauts Sarts, 4ᵉ Ave. 45, 4040 Herstal, Belgique. Tél. +32 4 2405858, fax +32 4 2405879. *www.terre.be*, e-mail: *info@terre.be*

Elles sentent mauvais, elles sont trouées et, de toute façon, vous n'avez jamais aimé la couleur. Alors pourquoi ne pas donner vos chaussures usagées aux collecteurs de la Campagne de recyclage de chaussures Mister Minit and Gullivers? Ils les vendront à des entreprises de recyclage et reverseront le produit des ventes à des associations caritatives. Pour localiser le centre de dépôt le plus proche de chez vous, contactez Minit House, 1 Orgreave Way, Retford Road, Sheffield S13 9LS, GB.

Quelque 4,1 millions d'hectares de terre dans le monde sont voués à la culture du tabac (dont 73% dans les pays en voie de développement). Malheureusement, le tabac se substitue à des cultures vivrières indispensables et absorbe en outre plus d'éléments nutritifs, appauvrissant le sol sur lequel il pousse. Pour plus d'informations sur l'impact du tabac sur l'environnement, contactez Rettet den Regenwald e.V (Organisation de sauvegarde de la forêt tropicale), Friedhofsweg 28, 22337 Hambourg, Allemagne. Tél. +49 40 4103804, fax +49 40 4500144. *www.umwelt.org/regenwald/index.htm* Votre générosité sera appréciée.

La Pseudofolliculitis barbae (PFB) est une maladie de la peau causée par les poils de barbe qui, une fois rasés, repoussent sous l'épiderme, causant des kystes et des éruptions cutanées, si bien que la peau finit par se gonfler de cicatrices. Malheureusement, il n'existe aucun remède. Une seule façon d'échapper à ces tourments: se laisser pousser la barbe. L'Association américaine des personnes atteintes de PFB milite contre les réglementations «discriminatoires» en vigueur dans l'armée américaine et dans de nombreuses entreprises, interdisant au personnel masculin le port de la barbe. La cotisation annuelle se monte à 7 $ US. Vos demandes d'adhésion sont à adresser à PFB Sufferers of America, PO Box 3761, Port Arthur, TX 77643, USA. Tél. +1 409 9822206, fax +1 409 983 2103. *www.pernet.net/~pfb/*

Le poil de vigogne est le plus fin et le plus cher du monde. D'un diamètre d'à peine 12 à 15 µ (celui du cheveu humain étant de 60), il se vend à 300 $ US le kilo. El Grupo Especialista en Camélidos Sudamericanos (GECS) se bat pour protéger cette espèce au Pérou, en Bolivie, au Chili et en Argentine. Cette association collecte des fonds par le biais d'abonnements à sa gazette bilingue anglais/espagnol *Cameloid News*. CC 507, 5500 Mendoza, Argentine.

Avant d'asseoir un homme sur la chaise électrique, on lui rase la tête et les jambes. Les Etats-Unis sont l'un des 93 pays où la peine de mort est encore en vigueur, et le seul désormais à utiliser la chaise électrique. Amnesty International multiplie les campagnes pour une abolition planétaire et définitive

MODE Guide

de ce qu'elle qualifie de châtiment «cruel et inhumain». Amnesty International, International Secretariat, 1 Easton Street, London WC1X 8DJ, GB. Tél. +44 20 7413 5500, fax +44 20 79561157. www.amnesty.org, e-mail: amnestyis@amnesty.org

Un malade souffrant d'*Alopecia areata* perd ses cheveux par grosses touffes. Il arrive même qu'ils ne repoussent jamais. Fondée en 1981, la National Alopecia Areata Foundation assiste les personnes atteintes et les informe des dernières découvertes médicales. Les bénévoles seront les bienvenus pour venir en aide aux antennes d'Australie, du Brésil, du Canada, d'Allemagne, d'Italie, d'Afrique du Sud, de Suède et de Grande-Bretagne. Pour en savoir plus, contactez la NAAF, PO Box 150760, San Rafael, CA 94915, USA. Tél. +1 415 4564644, fax +1 415 4564274. www.naaf.org, e-mail: info@naaf.org

On comptait 100 millions d'Indiens en Amérique du Nord en 1492. En quelques siècles, les colonisateurs parvinrent à réduire leur population à 10 millions. Le Northern Native Broadcasting

Vibromasseur portatif Sweet Lover, p. 181: Mail & Female. Pour commander leur catalogue: PO Box 16668, 1001 RD Amsterdam, Pays-Bas. Tél. +31 20 6233916.

Mini revolver, p. 182: North American Arms Inc., 2150 South 950 East, Provo, UT 84606, USA. Tél. +1 801 3749990, fax +1 801 3749998. *naaminis.com*

Masque de l'Européen moyen, p. 186: ce masque fut exposé lors d'une exposition à la Impressions Gallery of Photography, 29 Castlegate, York YO1 9RN, GB. Tél. +44 1904 654724, fax +44 1904 651509.

Eau de Cologne au tabac (Tütün Kolonyasi), p. 188: achetée à la boutique Hüseyin Onder, Kalyoncu Kulluk Sr, N° 72 Beyoglu, Istanbul, Turquie.

Déodorant capillaire antifumée, p. 189: Seibu Department Store, 1-28-1 Minami-Ikebukuro, Toshima-ku, Tokyo 171, Japon. Tél. +81 3 59920522.

Barbiche postiche «Dali», p. 190: Archive and Alwin, 110 Shaftesbury Avenue, Londres WLV 7DH, GB. Tél. +44 20 74378933. 40 à 150 £ pour une fausse barbe.

Œil de chèvre arabe, p. 195: Mail & Female, PO Box 16668, 1001 RD Amsterdam, Pays-Bas. Tél. +31 20 6233916. Catalogue: 5 FL.

Bâillon-chaussure Shoe/Boot 1, p. 196: Centurian Publishing, 1055 S. Virginia Street, Reno, NV 89506, USA. Tél. +1 775 3225119. *www.centuriandirect.com*

Mitaines d'amoureux (Lovers' Mitten), p. 201: Anne Wingård, Løvenskioldv. 8B, 1358 Jar, Norvège. Tél. + 47 67536135.

Beauty mark !, p. 202: Temptu, 26 West 17th Street, 5th Floor, New York, NY 10011, USA. Tél. +1 212 675 4000, fax +1 212 675 4075.

MODE Guide

Yukon s'efforce de préserver la langue et la culture natives du Canada septentrional. Cet organisme sponsorise Radio Chon-FM, une station radiophonique de langue gwichin dont l'équipe produit également une heure trente par semaine de programmes télévisés en langue aborigène sur CBS North. NNBY, 4228A 4th Ave., Whitehorse, Yukon, Canada. Tél. +1 867 6686629.

Quatre-vingt-dix pour cent des eaux usées déversées en Méditerranée ne sont pas traitées, sachant pourtant qu'elles provoquent des troubles gastro-intestinaux et alimentent la prolifération d'algues asphyxiant toute forme de vie marine. L'association Surfeurs contre l'évacuation sauvage ne représente pas uniquement les intérêts de ces sportifs, mais aussi ceux des 20 millions de personnes qui visitent tous les ans les côtes britanniques (et n'apprécient pas vraiment de patauger dans les eaux d'égout et les déchets toxiques). Surfers Against Sewage, 2 Rural Workshops, Wheal Kitty, St. Agnes, Cornwall TR5 0RE, GB. Tél.+44 1872 553001, fax +44 1872 552615. *www.sas.org.uk*, e-mail: *info@sas.org.uk*

Anneau «True Love Waits», p. 205: Factory 79 Inc., 4905 Morena Boulevard, Suite 1315, San Diego, CA 92117, USA. Tél. +1 858 6770832. *www.factory79.com* 69,95 à 149,95 $ US + p&p. CQ en $, Amex, V, MI.

Afeeri (talisman nigérian), p. 206: acheté à un shaman à Ibadan, Nigeria. 750 NGN.

Mules de torero, p. 209: Justo Algaba, Sastrería de toreros, C. de la Paz 4, 28012 Madrid, Espagne. Tél. +34 91 5233595, fax +34 91 5233717.

Urne-santiags, p. 210: Kelco Supply Company, 2700 Freeway Boulevard, Minneapolis, MN 55430, USA. Tél. +1 612 5604300, fax +1 612 5601393. *www.kelcosupply.com*

Bottes de golf de cow-boy, p. 211: Neiman Marcus, PO Box 650589, Dallas, TX 75265-0589, USA. *www.neimanmarcus.com*

Perruque de Barbie et Gay Ken, pp. 218-219: Mattel Inc., 333 Continental Boulevard, El Segundo, CA 90245, USA. Tél. +1 310 2522000. *www.mattel.com*

Passeport d'ours en peluche, p. 223: Merrythought Ltd., Ironbridge, Telford, Shropshire TF8 7NJ, GB. Tél. +44 1952 433116, fax +44 1952 432054. *www.merrythought.co.uk* 4,50 £. CC, CQ en £.

Solitaire, p. 225: De Beers Corporate Headquarters, Crown Mines, Johannesburg, Afrique du Sud. Tél. +27 11 3746011.

Eco-cercueil, p. 230 Down to Earth Eco-Coffins, 86 Kaguvi Street, Harare, Zimbabwe. Tél. +263 4 794236.

Paillasson «lion», pp. 234-235: Prison Industry Showroom, Bishop Road, Nairobi, Kenya. Tél. + 254 2 722900.

MODE Guide

Depuis 1945, 11 % des portions de la surface terrestre recouvertes par la végétation – soit une superficie plus grande que l'Inde et la Chine réunies – ont subi des dégradations conséquentes. Près de 80 pays (représentant 40 % de la population mondiale) manquent désormais d'eau. Il ne nous reste plus que quelques dizaines d'années pour sauver la planète – et nous-mêmes – avant que le processus ne devienne irréversible, estime l'Union des scientifiques alarmés (UCS), un collectif regroupant plus de 2 000 chercheurs résolus à collaborer afin de prévenir le désastre. Contactez-les pour en savoir plus. Union of Concerned Scientists, 2 Brattle Square, Cambridge, MA 02238, USA. Tél. +1 617 5475552, fax +1 617 864 9405. *www.ucsusa.org*, e-mail: *ucs@ucsusa.org*

Quatre cents parties de chasse ont lieu chaque samedi, d'octobre à mars, en Grande-Bretagne. L'Association des saboteurs de chasse vole au secours des renards, des lièvres et des cerfs et leur sauve la vie en s'époumonant dans des cors de chasse et en lançant les chiens sur de fausses pistes grâce à des aboiements enregistrés. La cotisation annuelle se monte à 10 £ (ou 8 £ étudiants). Hunt Saboteurs Association, PO Box 2786, Brighton BN2 2AX, GB. Tél. +44 1273 622 827. *www.enviroweb.org/HSA/hsa.shtml*, e-mail: *info @huntsabs.org.uk*

La Gay Men's Health Crisis est la plus ancienne et la plus importante association à but non lucratif vouée à l'assistance aux personnes atteintes du virus VIH et du sida et à leur entourage. Sa tâche ne s'arrête pas là, puisqu'elle se préoccupe aussi d'éduquer le public et milite pour une prise en charge équitable et efficace du problème par les pouvoirs publics. Sa brochure d'information, toujours très à jour, fournit les données statistiques les plus récentes et les dernières nouvelles du front en matière de sida. Commandez-la par courrier à GMHC, 129 West 20th Street, New York, NY 10011, USA. Pour tout don ou offre de contribution bénévole, tél. +1 212 8076655. *www. GMHC.org*

Le sobriquet de Vu Cumprà, dont on affuble les immigrés vendeurs de rue en Italie, est une déformation de la phrase «Vuoi comprare?» (tu veux acheter?). Les Vu Cumprà sénégalais sont apparus à Milan dès 1986. Ils ont commencé par vendre des objets d'artisanat de leur pays. Puis, face à l'afflux de concurrents, nombre d'entre eux sont passés à la vente d'articles de contrefaçon. Beaucoup ont confié qu'ils seraient ravis de pouvoir faire autre chose. La coopérative UNIR les aide à apprendre l'italien et à trouver un emploi plus conforme à leur expérience professionnelle d'origine. Pour assister aux concerts et autres événements multiculturels qu'organise UNIR pour rassembler des fonds, contactez M. Favanelli. UNIR, via Tibaldi 56, 20136 Milan, Italie. Tél. +39 02 89410297, fax + 39 02 5811490, e-mail: *gipim @tiscalinet.it*

Les Kurdes constituent le plus important groupe ethnique au monde à ne pas bénéficier d'une reconnaissance politique officielle. Ce peuple de 20 millions d'âmes occupe ce qui fut le Kurdistan, région à présent morcelée, à cheval sur les territoires actuels de la Turquie, de l'Iran, de l'Irak, de la Syrie et de l'Arménie. La Tur-

MODE Guide

quie contrôle aujourd'hui les principaux fleuves de la région, tandis que l'Iran se taille la part du lion (70 %) dans les réserves pétrolières de l'ancien Sud-Kurdistan. Aucun des cinq pays concernés ne souhaite vraiment l'avènement d'un Kurdistan indépendant. Pour plus d'informations sur les moyens de défendre la cause kurde, contactez le Comité du Kurdistan, place des Charmilles 1, 1203 Genève, Suisse. Tél. +41 22 3403393, fax +41 22 3404745, e-mail: *kurdkom @worldcom.ch*

Violences physiques et psychologiques, privation de nourriture, confiscation de passeport: ce n'est là qu'un avant-goût des multiples problèmes rencontrés par les travailleurs domestiques expatriés. Kalayaan (justice pour les employés de maison à l'étranger) et la Commission pour les travailleurs émigrés philippins ont traité à cette heure plus de 4 000 cas de mauvais traitements et de violences graves à l'encontre de domestiques étrangers. Vous obtiendrez plus d'informations en contactant directement ces deux instances au Saint Francis Community Centre, Pottery Lane,

Londres W11 4NQ, GB. Tél. +44 20 72432942, fax +44 20 77923060. Visitez le site *our world.compuserve.com/ homepages/kalayaan*

Non content de créer de nouveaux outillages agricoles, Le Centre d'innovation des industries rurales offre également une formation et des possibilités d'emploi aux habitants de Kanye, au Botswana. Il assure des cours de boulangerie et de pâtisserie, de menuiserie, de couture, de tannage du cuir, de maréchalerie, et réalise des profits grâce à certaines activités productives – il possède par exemple une usine de meubles. Pour plus de renseignements ou pour envoyer un don, écrivez à Rural Industries Promotions, PO Box 2088, Gaborone, Botswana. Tél. + 267 314431.

Pourquoi enfouir au fond d'un cercueil une pile cardiaque de 10 000 $ US, alors qu'elle pourrait maintenir en vie un autre être humain ? Bill Daem a fondé l'association Cœur à Cœur dans le louable souci de recycler les pacemakers et d'épargner ainsi aux malades démunis l'achat d'une pile neuve. En quatre ans, il en a déjà récu-

péré plus de 1 300, et les dons continuent d'affluer. Contactez Heart to Heart, 220 34th Street W, Billings, MT 59102, USA.

On pouvait penser que donner ses vieux vêtements à une œuvre de charité aidait les nécessiteux. Erreur: leur distribution dans les pays pauvres met souvent en péril la production locale. Selon l'association italienne Mani Tese (mains tendues), bien des fripes collectées en Occident sont vendues à des prix exorbitants dans les pays d'Afrique (où s'habiller à l'occidentale confère un certain prestige social). Aussi l'association préfère-t-elle vendre le fruit de ses collectes en Italie et utiliser l'argent à bon escient là où il est requis: pour aménager des fermes, alphabétiser les populations ou lancer des projets de sauvegarde de l'environnement. Faites don de vos vieux objets ménagers, livres et vêtements à Mani Tese, via Aretina 230b, 50136 Florence, Italie. Tél. +39 055 650 4262, e-mail: *manitese firenze@dada.it*

ANIMAUX Guide

Trente millions d'animaux sont massacrés chaque année pour leur fourrure en Italie, championne du monde en matière de consommation de peaux. Ce nombre était de l'ordre de 40 millions avant que la Ligue antivivisection (LAV), organisation bénévole de protection des animaux, ne passe à l'action. Découvrez comment contribuer à freiner ce commerce en contactant la Lega Anti Vivisezione, Via Sommacampagna 29, 00185 Rome, Italie. Tél. +39 06 4461325, fax + 39 06 4461326. *www.mc link.it/assoc/lav*, e-mail: *lav @mclink.it*

En Chine, les ours sont élevés pour leurs vessies; en Turquie, ils dansent pour les touristes; au Pakistan, ils combattent des pitbulls devant les spectateurs enthousiastes. La Libearty Campaign tente de mettre fin aux souffrances infligées aux ours partout dans le monde (cinq espèces sont déjà en voie d'extinction). Envoyez vos dons (en y portant la mention Libearty Campaign) à la World Society for the Protection of Animals, 89 Albert Embankment, Londres SE1 7TP, GB. Tél. +44 20 7793 0540, fax +44 20 77930208. *www.wspa.org.uk*

Les éleveurs d'autruches sud-africains louent fréquemment leurs oiseaux aux touristes pour des promenades. C'est maltraiter ces pauvres volatiles, objecte la Voix des animaux d'Afrique du Sud: obligés de courir en tous sens par 40°C au soleil, ils s'effondrent souvent sous le poids de leurs cavaliers. Participez à la campagne que mène cette association contre les pratiques inhumaines dans l'élevage d'autruches. Contactez Louise van der Merwe, Animal Voice of South Africa, Postnet 191, Private Bag X29, Somerset West 7129, Afrique du Sud. Tél./fax +27 21 8524402, e-mail: *avoice@yebo.co.za*

Une simple bouse de vache peut receler jusqu'à 3 000 larves de mouches scatophages. Un autre insecte, le bousier, s'avère en la matière un précieux allié de l'homme: il limite la re-

---

Laine en poil de chien, p. 238: Grethe filera le poil de votre chien. Grethe Sekse, Svingen 5, 1671 Kråkerøy, Norvège. Tél. +47 69343193.

Viande de lion, p. 239: Polarica Inc., PO Box 880204, San Francisco, CA 94188-0204, USA. Tél. +1 415 6471300, fax +1 415 6476826. *www.polarica.com*, e-mail: *info@polarica.com*

Système antiatterrissage Nixalite, p. 240: Nixalite of America Inc., PO Box 727, East Moline, IL 61244, USA. Tél. +1 309 7558771, fax +1 309 7550077. *www.nixalite.com*, e-mail: *birdcontrol@nixalite.com*

Riz de mariage bio, p. 241: Biological Wedding Rice, Orlando, FL 32801, USA. Tél. +1 407 4387600.

ANIMAUX Guide

Doti, p. 242 : nous avons acheté les nôtres à l'étal de Mme Mwanza, au marché de Kanuala, dans le centre-ville de Lusaka, en Zambie.

Gâteau-bouse, p. 244 : Baraboo Candy Co., PO Box 63, Baraboo, WI 53913-0063, USA. Tél. +1 608 356 7425. *www.cowpies.com*, e-mail: *sales@cowpies.com* 11,75 $ US les six gâteaux.

Pelle à crottes, p. 245 : catalogue 3 Suisses. *www.3suisses.fr* Tél. +33 8 36671500.

Patte de kangourou ouvre-bouteilles, p. 251 : Australian Collection Souvenirs, 124-126 Clock Tower Square, Argyle Street, The Rocks, Sydney, NSW 2000, Australie. Tél. +61 2 92479400, fax +61 2 92473707. *www.australiancollection.com.au*, e-mail : *info@australiancollection.com.au* 14 $ A + p&p.

Cartouche écologique, p. 254 : Federal Cartridge Co., 900 Ehlen Drive, Anoka, MN 55303, USA. Tél. +1 612 3232300. *www.federalcartridge.com*

Bourses de kangarou, p. 257 : Australian Collection Souvenirs, 124-126 Clock tower Sq., Argyle St. The Rocks, Sydney, NSW 2000, Australie. Tél. + 61 2 924 79400. *www.australiancollection.com.au*, e-mail : *info@australiancollection.com.au* 14 $ A + p&p.

Pendentif Nyami-nyami, p. 258 : acheté au marché de Northmead, près de Great East Road, à Rhodes Park, dans la banlieue de Lusaka, en Zambie. Pendentif en bois : 3 500 K ; en dent d'hippopotame : 5 000 K.

Amulette élephant, p. 259 : achetée au marché de Beyogli/Taksim (près du cinéma Sinepop), Istanbul, Turquie. 610 000 $ TQ.

Carapace de tatou, p. 262 : Plaza Minorista, Medellín, Colombie. Tél. +57 4 2512460.

production des mouches, élimine l'excès de déjections de la surface du sol et contribue à son drainage en creusant ses galeries. Plus de 50 espèces de bousiers originaires d'Afrique du Sud et d'Europe ont été introduites en Australie par CSIRO Entomology, GPO Box 1700, Canberra, ACT 2601, Australie. Tél. +61 2 624 64001, fax +61 2 62464000. *www.ento.csiro.au*, e-mail: *info@ento.csiro.au*

La mouche tsé-tsé, qui s'attaque en priorité au bétail, infeste aujourd'hui 10 millions de km^2 en Afrique centrale (soit l'équivalent de la superficie de la Chine). Au Kenya, elle interdit aux éleveurs toute activité, les privant d'un revenu annuel potentiel de un milliard de dollars US. Le Centre international de physiologie et d'écologie entomologique (ICIPE) est parvenu à éliminer la mouche tsé-tsé de la vallée kenyane du Lambwe, en recourant à de simples pièces de toile ou à des pièges à mouches imprégnés d'urine de vache. Vos dons seront les bienvenus pour financer des projets ultérieurs au Kenya et en Ethiopie. International Centre for Insect Physiology and Eco-

ANIMAUX Guide

logy, PO Box 30772, Nairobi, Kenya. Tél. +254 2 80 2501 ou 861 6801, fax +254 2 860 110. *nairobi.icipe.org*

Trois cents rhinocéros ont payé de leur vie pour constituer le plus gros stock illégal mondial de cornes de rhinocéros, découvert par les enquêteurs de l'Agence d'investigation environnementale (EIA), organisation à but non lucratif. A l'aide de caméras et de micros cachés, sans oublier les bonnes vieilles méthodes d'investigation, les agents de l'EIA courent le monde, rassemblant toutes les preuves possibles pour assigner en justice les trafiquants d'espèces animales menacées. Environmental Investigation Agency, 69 Old Street, Londres EC1V 9HX, GB. Tél. +44 20 74907040, fax + 44 20 74900436. *www.eiainternational.org*, e-mail: *info@eia-international.org* Dons et bénévoles ne seront pas superflus.

Plus de 500 000 hérissons périssent chaque année écrasés par les voitures sur les routes allemandes. Pro Igel, Association nationale allemande pour la sauvegarde du hérisson, a implanté 200 postes d'urgence à travers tout le pays. Les animaux y reçoivent les soins nécessaires, puis sont rendus à la vie sauvage dès que possible. L'association recherche dons et bénévoles. Pro Igel e.V, Lilienweg 22, Neumünster 24536, Allemagne. Tél. +49 4321 31856, fax +49 4321 93 9479. Ligne de crise Pro Igel: +49 8382 3021. *www. umwelt.de/proigel,* e-mail: *Pro_Igel@t-online.de*

En Corée du Sud, des millions de chiens finissent chaque année au fond des assiettes. La méthode d'abattage la plus courante consiste à les écorcher vifs, après leur avoir fait subir une électrocution partielle. Les Coréens prêtent en effet des vertus aphrodisiaques à la viande d'un chien mort de peur, en raison de sa surcharge en adrénaline. Néanmoins, la SPA coréenne mène une campagne active pour mettre fin à cette boucherie. Vos dons contribueront à sauver des vies de chiens: ils seront investis dans la construction d'un nouveau refuge ou paieront la nourriture des animaux dont les maîtres ont de trop bas revenus. 1593-19 Daeyoung 10-dong, Nam-ku, Taegu City 705-40, Corée du Sud. Tél. +82 53 6296143, fax + 82 53 6286860.

Les volontaires du groupe PAWS aident les personnes atteintes du virus VIH à s'occuper de leurs animaux. Ils vous diront tout ce qu'une personne immunodépressive doit savoir sur la cohabitation avec un animal de compagnie. PAWS, PO Box 1037, Lynnwood, WA 98046, USA. Tél. +1 425 787 2500, fax +1 425 7425711. *www.paws.org*, e-mail: *info @paws.org*

Les forêts tropicales constituent le seul habitat possible pour plus de la moitié des espèces végétales et animales du monde. Or, au cours des cinquante dernières années, la moitié de ces réservoirs naturels ont été détruits. Moyennant 35 $ US, vous pouvez empêcher le déboisement d'un acre de forêt (40,50 ares). En tant que sponsor du programme Adoptez un acre de l'Association pour la sauvegarde de la nature, vous recevrez un certificat d'adoption, ainsi que des comptes rendus réguliers sur les progrès accomplis sur le terrain. Attention: ledit certificat ne constitue

ANIMAUX Guide

pas un titre de propriété. En effet, l'organisation ne retire jamais les terres tropicales des mains du pays concerné. La parcelle adoptée deviendra la propriété d'un groupe privé local de défense de l'environnement ou sera intégrée à une réserve naturelle d'Etat. Envoyez vos dons à The Nature Conservancy, 4245 North Fairfax Drive, Suite 100, Arlington, VA 22203, USA. Tel. +1 703 841 5300. *www.tnc.org*

La chasse tue chaque année 30 000 animaux en Grande-Bretagne. Laisser de fausses pistes pour dérouter les chiens, empêcher les chasseurs d'éventrer les terriers de renards pour en déloger les bêtes, bloquer leur route à l'aide de voitures et de camions : voilà quelques méthodes (parmi d'autres) utilisées par l'Association des saboteurs de chasse dans l'espoir de mettre fin à ce type de sports sanguinaires. Contactez The Hunt Saboteurs Association, PO Box 2786, Brighton, BN2 2AX, GB. Tél. +44 1273 622827. *www.en viroweb. org/HSA/hsa.sh tml*, e-mail : *info@huntsabs. org.uk* Dons et bénévoles seront accueillis à bras ouverts.

Quoique frauduleux dans 30 % des cas et fort douteux en règle générale, le commerce des oiseaux sauvages capturés et vendus comme animaux domestiques est en plein essor. Deux à cinq millions de volatiles sont ainsi arrachés à leur milieu et monnayés chaque année, sans compter les pléthores d'oiseaux morts en captivité avant de parvenir aux mains des négociants. Pour plus de renseignements sur le trafic mondial d'animaux sauvages ou pour contribuer par un don à éradiquer ces pratiques cruelles, contactez TRAFFIC International, 219c Huntingdon Road, Cambridge CB3 0DL, GB. Tél. +44 1223 277427, fax +44 1223 277237. *www. traffic.org*, e-mail : *traffic@ trafficint.org*

Hakai (liqueur de lézard), p. 263: Longshan Distillery, N.27 Longshan Lane, Xinxing N.2 Road, Wuzhou, Guangxi, 543002, Chine. Tél. +86 774 3828620.

Boulettes de renne Joika, p. 264: Trønder-Mat, Postboks 143, 7601 Levanger, Norvège. Tél. +47 74085450.

Roadkill BBQ Sauce, p. 266: Florida Gourmet Foods, 1838 Patterson Avenue, Deland, FL 32724, USA. Tél. +1 904 7343029, fax +1 904 7343622. 49 $ US la caisse.

En-cas pour chiens, p. 270: Fido Food Fair, 5416 North Clark Street, Chicago, IL 60640, USA. Tél. +1 773 5069063, fax +1 773 5069073. *www.fidofoodfair.com*, e-mail: *fido@jaske.com*

Pilules amaigrissantes pour chien, p. 271: Petkin Pet Care Systems, 4052 Del Rey Avenue, Suite 105, Marina Del Rey, CA 90292, USA. Tél. +1 310 577 7775, fax +1 310 5777774. *www.petkin.com*, 9,95 $ US. Amex, V, MC, Discover, MI.

Fauteuil roulant pour chien K-9, p. 274: The K9 Cart Company, 656 SE Bayshore Drive, Suite 2, Oak Harbor, WA 98277, USA. Tél. +1 3606751808, fax +1 360 6751809. *www.k9carts.com*, e-mail: *info@k9carts.com* A partir de 220 $ US + p&p.

Fontaine à eau de voyage pour chien , p. 275: Lap of Luxury Inc., 216 Cassandra Drive, Chalfont, PA 18914, USA. Fax +1 215 9972493. *lapofluxury.server101.com*, e-mail: *info@lapofluxury.com* 5,95 $ US + 3,20 $ p&p. MC, V.

Cosmétiques pour chien Pooch, p. 276: Les Poochs Fragrances, 382 Route 59, Monsey, NY 10952, USA. Tél. +1 914 3696600. *www.lespoochs.com*

Comptes en banque pour animaux familiers, p. 277: Sanwa Bank, Tokyo Headquarters, 1-1 Otemachi 1 chome, Chiyoda-ku, Tokyo 100, Japon. Tél. +81 3 52521111.

Carte de crédit Hello Kitty, p. 278: The Dai-ichi Kangyo Bank Ltd., Koami-cho 6-1, Nihonbashi, Chuo-ku, Tokyo, Japon. Tél. +81 3 35961111. *www.dkb.co.jp*

Manteaux pour animaux, p. 279: ShaggyLamb Dog Boots, 21802 Roosevelt Road, Merrill, MI 48637, USA. Tél./fax +1 517 6435671. *www.shaggylamb.com* e-mail: *lambdb@shaggylamb.com* 20 $ US pour petits chiens, 40 $ grand modèle + p&p.

CD pour chiots (Music for Healthy Pets), p. 280: Nippon Crown Company. Tél. +81 3 35827199. Pour les commandes en gros: PSP Co. Ltd., 2-46-8, Nihonbashi, Hamacho, Chuo-Ku, Tokyo 103, Japon. Tél. +81 3 56412747. Epuisé.

Fourmilière (Ant Farm), p. 283: Uncle Milton Industries Inc., Ant Farm Brand, 5717 Corsa Avenue, Thousand Oaks, CA 91362, USA. Tél. +1 818 7070800, fax +1 818 7070878. *www.unclemilton.com* Environ 11 $ US + p&p.

POUR LE CORPS Guide

«La plus haute poubelle du monde» : tel est le surnom que s'est acquis le mont Everest grâce aux quelque 50 000 tonnes d'ordures – du papier toilette aux carcasses d'hélicoptères écrasés – qu'y ont laissées les alpinistes et autres accidents de vol. Fort heureusement, depuis le lancement du Projet Sagamantha de contrôle de la pollution, une caution de 5 000 $ US est exigée de la part des expéditions avant d'entreprendre l'ascension des sommets principaux. L'argent est restitué une fois les ordures remises aux responsables locaux du projet.

Vous déménagez ? Appelez le BRING : en un mois, ils démonteront entièrement votre maison, vous laissant un terrain libre et totalement déblayé. De plus, 85 % des matériaux récupérés seront recyclés ou réutilisés (le bois et les installations intérieures s'arrachent comme des petits pains). Tous les bénéfices des ventes alimenteront le fonds de roulement de cette association à but non lucratif. Le BRING regorge d'idées pour vous aider à recycler d'autres objets : les baignoires peuvent devenir de parfaites mangeoires et les sièges toilettes de pimpantes jardinières. PO Box 885, Eugene, OR 97440, USA. Tél. +1 541 7463023, fax +1 541 7269894.

L'organisation de développement social Sulabh Bhaban est une société de bienfaisance spécialisée dans la construction de toilettes publiques. Chaque jour, 10 millions de personnes utilisent les 650 000 toilettes qu'elle a fait construire. Le Musée international des toilettes, installé dans le quartier général de l'association, à New Delhi, possède un générateur fonctionnant à l'excrément humain. Il retrace l'histoire des pratiques excrétoires humaines de 2500 avant notre ère à 1980. Sulabh International Museum of Toilets, Mahavir Enclave, Palam, Dabri Road, New Delhi, 11045, Inde. Tél. +91 11 5553823. Ouvert 10h-17h. Entrée libre, mais vos dons seront acceptés avec gratitude.

Brosse à dents écologique Piave, p. 286 : Piave Spazzolificio SpA., via A. Palladio 5, 35010 Onara di Tombolo (PD), Italie. Tél. +39 049 5993122, fax +39 049 5993528. *www.piave.com*, e-mail : *info@piave.com* 5 500 Lit.

Poudre dentifrice noire, p. 287 : Nogi & Co., Suren Road Andheri East, Mumbai 400 093, Inde. Tél. +91 22 8216614. 15 RUPI.

Spray nasal Nicorette, p. 291 : Pharmacia & Upjohn, Int. Strategic Management NRT, Box 941, S-25109 Helsingborg, Suède. Tél. +46 42 288000, fax +46 42 136850. *www.pnu.com*

Détecteur de mauvaise haleine Fresh Kiss, p. 292 : Tanita Inc., 1-14-2 Maeno-cho, Itabashi-ku, Tokyo 174-0063, Japon. Tél. +81 3 35588111. 3 280 ¥.

POUR LE CORPS Guide

L'Organisation kenyane pour l'énergie et l'environnement a mis sur pied un programme de volontariat pour l'aider à coordonner son réseau national d'associations de terrain agissant pour le développement et la protection des milieux naturels. Les candidats intéressés par cet engagement d'un an doivent avoir terminé au moins un cycle d'études supérieures, universitaires ou autres, de préférence dans le domaine environnemental. Pour plus d'informations, n'hésitez pas à contacter KENGO Eco-volunteer Scheme, Mwanzi Road, Westlands, PO Box 48197, Nairobi, Kenya. Tél. +254 2 749747, fax + 254 2 749382.

Si chaque dentiste soignait 12 patients par jour, il manquerait encore 1,7 million de ces praticiens à travers le monde. L'association Dentists for the World dispense des soins dentaires dans les communautés défavorisées. Travaillant actuellement dans les campagnes mexicaines, au Viêt-nam et dans les réserves des Indiens Hopis, elle est en quête de bénévoles pour des missions d'une à deux semaines, à tout moment de

Grattoir à langue Tidy Tongue, p. 293 : W. Bosco Inc., 8620 Sorensen Avenue, Suite 7, Santa Fe Springs, CA 90670, USA. Tél. +1 562 4641189, fax +1 562 4641190. *www.tidy tongue.com* 8,95 $ US + p&p.

Fiente de rossignol, p. 296 : Biyou-Bunka Co. Inc., 123 Simohadgawa Cho-Seto, Aichi 9480-1202, Japon. Tél. +81 561 485828, fax +81 561 485830.

Brise de mouffette, p. 299 : Whiffy Inc., PO Box 59513, Schaumburg, IL 60195, USA. Tél. +1 847 4901811.

Tampons à sueur Trefeuille, p. 300 : Sanga, 5-4-2-301 Koishikawa, Bunkyo-ku, Tokyo 112, Japon. Tél. +81 3 32561848.

Nécessaire pour hammam, p. 301 : Galatasaray Hamami, Turnacibasi Sok, N. 24, Galatasaray, Istanbul, Turquie. Horaires d'ouverture : messieurs 6h-22h, dames 8h-20h. Tél. +90 212 2494342.

Poupée battue, p. 302 : Ferre Fuster Sl, Avenida Ibu 45-47, Castalla 03420 Alicante, Espagne. Tél. +34 96 5560187, fax +34 96 6560052. 300 PTA.

Masse-pieds, p. 304 : Megahouse Inc., Tawaramachi Building, 2-10-13 Kotobuki, Taito-ku, Tokyo 111-0042, Japon. Tél. +81 3 38471721. 2 200 ¥.

Feuilles déodorantes, p. 306 : achetées à Daniel Lekasukon, Kisamis, Box 445 Kiserian, Kenya. 1 SHK.

Costume-sauna, p. 307 : Anushka Day Spa, 241 E 60th St, New York, NY 10022, USA. Tél. +1 212 3556404, fax +1 212 3556452.

OraScreen, p. 308 : Zila Inc., 5227 North 7th Street, Suite 100, Phoenix, AZ 85014, USA. Tél. +1 602 2666700. *www.zila.com*, e-mail : *info@zila.com*

POUR LE CORPS Guide

l'année. Vous serez le bienvenu, que vous ayez ou non une formation médicale. Les frais de voyage sont à la charge des volontaires. 2671, South Course Drive, Pompano Beach, FL 33069, USA. Tél. +1 954 9778955.

«La persécution déplorable dont font l'objet les fumeurs nous a finalement convaincus qu'il fallait agir», explique *The Smoking European*. Cette gazette est publiée par SmokePeace Europe, un collectif réunissant les associations de militants pro-tabac de 11 pays. Ces activistes se battent pour le respect des droits des fumeurs, s'opposant entre autres aux législations antitabac et en prônant tolérance et courtoisie entre fumeurs et non-fumeurs. Pour localiser l'association la plus proche de chez vous, contactez la SPE au 250, avenue Louise, Boîte 52, Bruxelles 1050, Belgique. Tél. +32 2 6468049.

La Journée sans tabac est organisée chaque 31 mai par l'Organisation mondiale de la santé. Pour marquer l'événement, l'OMS attribue des médailles aux individus et aux groupes qui ont contribué le plus activement à l'avènement d'un monde sans tabac (parmi les vainqueurs des années passées, citons les scouts de Tunisie et la chanteuse lyrique Barbara Hendricks). Si vous souhaitez proposer la nomination de personnes ou d'organisations de votre connaissance, écrivez à l'OMS, programme Tabac et Santé, Avenue Appia 201, 1211 Genève 27, Suisse. Tél. +41 22 7912111. *www.who.int*, e-mail: *info@ who.int*

L'élevage sélectif produit des dindes de batterie si grasses qu'elles sont incapables de toute activité sexuelle. Les éleveurs doivent donc « traire » le sperme des mâles deux fois par semaine et féconder les femelles par insémination artificielle. Le Mouvement pour une agriculture humaine (CIWF) mène actuellement campagne pour l'abolition de l'élevage en batterie et contre la manipulation génétique des espèces. Compassion in World Farming, Charles House, 5A Charles St, Petersfield, Hampshire, GU 32 3EH, GB. Tél. +44 1730 264208. Le CIWF compte sur vos dons et votre participation bénévole.

Les enfants soldats du Libéria ont grandi dans le combat. C'est pourquoi le Programme d'assistance aux enfants s'efforce de leur donner goût à une vie où la guerre n'a plus sa place, en fournissant le gîte, le couvert et une scolarisation à 600 d'entre eux (on compte plus de 15 000 anciens enfants soldats dans le pays), ainsi qu'à d'autres petits réfugiés. Pour participer à leur action à titre bénévole ou envoyer vos dons, contactez The Children's Assistance Program Inc., ACS Compound, Old Road, BP Box 9080, 1000 Monrovia 10, Libéria. Tél. +231 224602.

Deux mille interventions de chirurgie plastique sont réalisées chaque année par Interplast dans les pays en développement. Des chirurgiens, des pédiatres et des infirmières font don de leur temps et de leurs compétences à des enfants défigurés par des brûlures ou d'autres lésions. Parallèlement à cette action concrète, les missions d'Interplast s'efforcent de promouvoir l'autosuffisance médicale. Interplast Inc., 300B Pioneer Way, Mountain View, CA 94041, USA. Tél. +1 415 9621619.

POUR LE CORPS Guide

Etui plastique anticancer, p. 309: Ohsama No Idea Store, Tokyo Station Store, 1-9-1 Marunouchi, Chiyoda-ku, Tokyo 100, Japon. Tél. +81 3 32147891.

Décolorant pour mamelons, p. 310: Liberty Co. Ltd., 3-15-25-504 Roppongi, Minato-ku, Tokyo 106-0032, Japon. Tél. +81 3 54747820.

Cachets antiodeurs Etiquette pour les selles, p. 312: DAIRIN, 2-5-5 Higashi Shinbashi, Minato-ku, Tokyo 105-0021, Japon. Tél. +81 3 35780401.

Entonnoir-urinoir El Piss, p. 314: Exel Asesores Comerciales S.A., Avenida Francisco de Miranda, C/ Avenida Ppal Los Ruices, Edificio Centro Empresariales Miranda, Piso 3, Oficina 3-E/3-F, Caracas, Venezuela. Tél. +582 2396634, fax +582 2396568.

Crème à l'urée, p. 315: V. Mane Excellent, Libertape Pharmaceuticals Inc., 45 Iwano, Ueki-cho, Kamoto-gun, Kumamoto-ken 861-0136, Japon. Tél. +81 96 2720631. 1 200 ¥.

Pilule du Kremlin, p. 317: achetée à la pharmacie #18, Novoarbatsky Prospekt #31, Moscou, Russie. Tél. +7 095 2052135.

Rince-anus de voyage , p. 318: TOTO Corporation, 2-1-1 Nakajima, Kokurakita-ku, Kitakyushu, Fukuoka-ken 802-0076, Japon. Tél. +81 93 9512111. 8 800 ¥.

Kit de radiesthésie, p. 319: The British Society of Dowsers, Sycamore Barn, Hastingleigh, Ashford, Kent TN25 5HW, GB. Tél./fax +44 1233 750253. *www.dowsers.demon.co.uk*

Lingettes humidifiées Andrex, p. 320: Kimberly-Clark Corp., World Headquarters, 351 Phelps Drive, Irving, TX 75038, USA. Tél. +1 972 2811200. *www.kimberlyclark.com*

Leurs deux mains : voilà les seuls outils dont disposent les villageoises du nord du Cameroun. Aussi creusent-elles à mains nues, en plein désert, des trous profonds de 50 cm pour trouver de l'eau, la puiser et la filtrer. Le projet L'Eau c'est la vie s'est fixé pour but de construire des puits dans les villages et d'installer des pompes manuelles. La construction et l'entretien de chaque puits revient à 15 000 FS environ, les dons devant se faire en francs suisses. Plus de 400 puits ont vu le jour grâce à ce projet, qui forme également les villageois à l'entretien des pompes. Pour envoyer vos dons, contactez le père Urs Egli, Projet L'Eau c'est la vie, Mission catholique d'Otélé, BP 22, Otélé, Cameroun. Tél./fax +237 234522.

Dans la province éthiopienne du Tigré, 3,5 millions de personnes ne doivent leur survie qu'aux camions-citernes qui les approvisionnent en eau, fabriqués et offerts par l'association humanitaire anglo-indienne Action Water. Hélas, la vie de ces véhicules ne dépasse pas cinq ans. « Sur un chemin de terre, les vibrations sont telles qu'un ca-

POUR LE CORPS Guide

mion rafistolé part en morceaux», explique-t-on à Action Water. Pour leur venir en aide, envoyez-leur vos dons ou proposez vos services pour un stage bénévole dans leurs bureaux de Bhimavaram (Inde) ou de Truro (GB). Action Water, North Street, Redruth, Truro, Cornwall TR15 5HR, GB. Tél./fax +44 1209 210567. Les stagiaires devront parler telugu ou anglais. *www.actionwater. org.uk*

«Il faut un an au moins pour faire d'un aveugle un bon accordeur», explique Spencer Bollard, de l'Association britannique des accordeurs de pianos non voyants. Il est communément admis que les aveugles sont contraints, à cause de leur handicap, d'affiner leur oreille. Leur acuité auditive les rend ainsi plus réceptifs aux subtilités sonores que doit percevoir l'accordeur. L'association recherche des financements et des accordeurs chevronnés, afin d'assurer la formation de la relève. Contactez l'Association of Blind Piano Tuners, 24 Fairlawn Grove, Londres W4 5EH, GB. Tél. +44 20 89950295, fax + 44 20 87422396. *www.uk-piano.org*

Siège de toilettes en acajou, p. 321: Amoeda Materias por Construçã, Rua Farma de Amoeda 78, 22421-020, Rio de Janeiro, Brésil. Tél./fax +55 21 2877000.

Toilettes de voiture, p. 322: C.C. Products, 152 Markham Road, Charminster, Bournemouth, Dorset BH9 1JE, GB. Tél. +44 1202 522260, fax +44 1202 510303.

Sac à pipi, p. 323: D.L. Inc. Diamond Labs., Feria Road, Commonwealth Avenue, Diliman, Quezon City, Philippines. Tél. +63 2 9311910, e-mail: *diamond@ imanila.com.ph* 100 $ PHI le paquet.

Brique en cendre de vase d'égout, p. 326: Tokyo Metropolitan Bureau of Sewerage, Public Relations Section, 2-8-1 Nishi Shinjuku, Shinjuku-ku, Tokyo 160-0023, Japon. Tél. +81 3 53206515.

Toilettes portatives, p. 327: Nitro-Pak Preparedness Center Inc., 475 West 910 South, Heber City, UT 84032, USA. Tél. +1 435 6540099. *www.nitro-pak.com*

Morceaux de visage en silicone, pp. 328/329: AAD 91, 71 rue du Commerce, 75015 Paris, France. Tél. +33 1 45313971.

Ecouteurs coquillages, p. 330: REMO General Store Inc., 773 Warren Street, New York, NY 10007, USA. *www. remo.com.au*, e-mail: *info@remogeneralstore. com*

Nécessaire chinois pour curage d'oreilles, p. 331: achetéà un médecin des oreilles, à l'angle de Huang Cheng Nan Lu et de Beijing Lu, Kunming, Chine. 90 Y.

Cuiller à oreilles éthiopienne, p. 332: Laïla Saïd's Shop, PO Box 180, Addis Ababa, Ethiopie. 300 B.

Outils de nettoyeur d'oreilles indiens, p 334: achetés à un vendeur des rues sur Ranade Road, Dadar, Central Mumbai, Inde. 3 RUPI.

POUR LE CORPS Guide

Eliminer les distinctions entre castes, telle est la vocation du village indien de Pilligundla. La Fundación Vicente Ferrer, une organisation espagnole, a construit plus de 4000 puits, 240 barrages, 510 écoles et 40 hôpitaux dans la province d'Andra Pradesh, et l'implantation de ces infrastructures a incité les castes à se mêler. La fondation organise également le parrainage de plus de 45000 enfants, nourris et scolarisés par ses soins. Elle a besoin de jouets ordinaires, par exemple des globes terrestres ou des puzzles, ainsi que de fournitures scolaires (pas de jeux électroniques, SVP). Envoyez-les à RDT Bangalore Highway, Anantapur 515 001 AP, Inde. Tél. +91 85 5431503, fax + 91 85 5432327, e-mail: *rafel @giasbg01.vsnl.net.in*

Helen Keller International est une organisation privée à but non lucratif, vouée à la prévention de la cécité, tout particulièrement dans les pays pauvres. Son programme d'action comprend la distribution de vitamine A aux personnes souffrant de malnutrition. Signalons que cette fondation possède de nombreuses antennes à travers le monde. Pour en savoir plus, contactez Helen Keller International, 90 Washington Street, 15th Floor, New York, NY 10006, USA. Tél. +1 212 9430890.

Au Royaume-Uni, l'Association internationale des sauveteurs de vue a entrepris de combattre la cécité infantile dans les pays en voie de développement en administrant aux enfants de la vitamine A, en les vaccinant contre la rougeole et en leur assurant un suivi médical régulier. Elle a grand besoin de vos dons et de bénévoles. Sight Savers International, Grosvenor Hall, Bolnore Road, Haywards Heath, West Sussex RH16 4BX, GB. Tél. +44 1444 412424.

S'asseoir peut être une entreprise ardue pour un aveugle. Pensez à leur indiquer où ils peuvent prendre place en posant leur main sur le dossier de la chaise libre. L'Organisation nationale des aveugles espagnols (ONCE) se consacre à l'intégration au quotidien des aveugles et malvoyants dans la société moderne. Organización Nacional de Ciegos Españoles, La Dirección General c/ Prado 24, Madrid 28014, Espagne. Tél. +34 91 589 4600, fax +34 91 4293118.

Plus de 35 millions de personnes dans le monde sont considérées comme aveugles. Or, plus de la moitié d'entre elles ne le sont pas: elles ont simplement besoin de lunettes. Vision Aid Overseas distribue gracieusement chaque année 40 000 paires de lunettes dans les pays en voie de développement. Cette association coordonne également le projet SpecSort, mis en place dans les prisons britanniques, et qui consiste à faire trier et classer les lunettes par les détenus, afin de préparer les lots à expédier. Cependant, il faut bien plus que des dons de lunettes pour poursuivre la tâche. Si vous possédez un diplôme d'optométriste ou d'opticien, Vision Aid a besoin de vous. Vous pourrez aider à diriger des cliniques ophtalmologiques et à former sur place des opticiens en Sierra Leone, au Malawi, en Gambie et en Ouganda. Unit 12, The Bell Centre, Newton Road, Manor Royal, Crawley, West Sussex RH10 2FZ, GB. *www. vao.org.uk*

POUR LE CORPS Guide

Les enfants cancéreux peuvent à présent profiter d'une semaine de vacances grâce à Camp Quality, un organisme australien privé. Durant son séjour, chaque petit malade est confié aux bons soins d'un «compagnon» bénévole. Pour devenir compagnon, vous devrez être anglophone et âgé de 18 à 30 ans. Aucune formation spécifique n'est requise, mais la sélection s'opère sur entretien. International Headquarters, 14 Taylor St, W. Pennant Hills, NSW 2125, Australie. Tél. +61 2 98710055, fax + 61 2 98710239. *www.camp quality.org.au*

L'association Cœur à Cœur a déjà soigné des milliers d'enfants russes. Certains d'entre eux souffrent en effet de maladies cardiaques que les infrastructures locales ne permettent pas de traiter. Ce programme d'échange médical à but non lucratif, financé exclusivement par des dons privés, fournit matériel, médicaments et assistance médicale (assurée par des équipes de médecins et d'infirmières bénévoles). Pour toute information, ou pour envoyer vos dons, contactez Heart to Heart, 3300 Webster Street, #505, Oakland, CA 94609, USA. Tél. +1 510 8394280.

Le paludisme frappe chaque année entre 300 et 500 millions de personnes et en tue plusieurs millions. Les femmes enceintes, les malades souffrant de déficiences immunitaires et les enfants de moins de 5 ans sont particulièrement exposés à cette affection (à chaque heure, 200 à 300 enfants dans le monde y succombent). Au reste, le paludisme fait plus de morts chaque année en Zambie que le sida lui-même. Impliquez-vous ! *www.malaria. org* Le projet Maîtrise du paludisme en Afrique australe, mis en place par l'Organisation mondiale de la santé, recherche des bénévoles capables de s'autofinancer et prêts à s'impliquer dans des opérations de contrôle épidémique. Leur tâche comprendra la production de matériel éducatif, ainsi qu'un travail de terrain. L'anglais est obligatoire, et le portugais souhaitable. Contactez Shiva Murugasampillay, PO Box 348, CY Harare, Zimbabwe. Tél. +263 4 25 3724, e-mail: *shivamal@sa mara.co.zw*

En Afrique du Sud, une personne sur dix est séropositive. Chaque mois, près de 50 000 personnes sont contaminées. En matière de sida, ce pays peut se prévaloir du plus fort taux de croissance mondiale de l'épidémie. Dans l'Etat voisin du Botswana, le nombre de séropositifs a doublé en cinq ans, atteignant désormais 25 à 30 % de la population globale. Envoyez vos dons ou joignez-vous en tant que bénévole à l'association nationale Vivre le sida au quotidien – qui, incidemment, a aussi besoin de meubles de bureau. National Association of People Living with Aids, 114 Hout Street, Cape Town 8000, Afrique du Sud. Tél. +27 21 2443446.

Nul n'est à l'abri de l'albinisme. Il s'agit en effet d'un état cellulaire causé par un gène modifié qui bloque la production du pigment appelé mélanine. Les yeux, la peau et les cheveux des albinos sont ainsi pratiquement dépourvus de pigmentation, et leur apparence particulière les expose bien souvent à la discrimination. Pour connaître les coordonnées du groupe de soutien aux albinos le plus

Queue de tatou, p. 336: Plaza Minorista, Medellín, Colombie. Tél. +57 4 2512460.

Tresses postiches, p. 338: achetées sur un étal, rue Girgaum, à Mumbai, Inde. 36 RUPI.

Shampooing à l'ail, p. 339: Nutrine Ltd., PO Box 427, North White Plains, NY 10607, USA. Tél./fax +1 914 9487922.

Shampooing au placenta, p. 340: Cadey Italiana, via Ongina 30, 29100 Piacenza, Italie. Tél. +39 0523 599599, fax +39 0523 590430.

Hair to Stay, p. 341: Winter Publishing Inc., PO Box 80667, Dartmouth, MA 02748, USA. Tél. +1 508 9942908, fax +1 508 9844040. Pour quatre numéros : abonnements aux USA, 40 $ US ; internationaux, 70 $. CQ en $, toutes CC.

Peigne robi, p. 342: acheté à la pharmacie Oranim, Kiryat, Tivon Commercial Centre, Tel-Aviv, Israël. Tél. +972 4 9832366. 120 ILS.

Slendertone, p. 346: Bio-Medical Research Ltd., Parkmore Business Part West, Galway, Irlande. Tél. +353 91 774300, fax +353 91 774301. *www.slendertone.ie*

Pilules amaigrissantes Miracle Nights, p. 347: Cross C.S. Inc., 6-13-34 Tanimachi, Chuo-ku, Osaka 542-0012, Japon.

Thé amincissant, p. 350: Shantou Great Impression Co. Ltd., Room B, 22/F Bldg A, International Business Tower of Shantou 515041, Chine. Tél. +86 754 8166734, fax +86 754 8166735. *www.great-impression.com*

Savon amincissant aux algues, p. 351: Centre commercial Sud-Ouest, Kunming, Chine. Tél. +86 871 3184266. 18 Y.

Queues de cerises, p. 352: Batas Baharat Ve Tohumculuk Ticaret A.S., Misir Çarsisi içi #30, Eminönü, Istanbul, Turquie. Tél. +90 212 5227566.

Eponges pour les obèses, p. 353: Amplestuff Catalog, PO Box 116, Bearsville, NY 12409, USA. Tél. +1 914 6793316, fax +1 914 6791206, e-mail : *amplestuff@aol.com*

Bras bionique, p. 354: Bioengineering Centre of the Royal Infirmary of Edinburgh NHS Trust, Princess Margaret Rose Orthopaedic Hospital, Fairmilehead, Edimbourg EH1 07ED, GB. Tél. +44 131 5364600. 10 000 £.

Pastilles de sulfate de calcium, p. 358: Wright Medical Technology Inc., 5677 Airline Road, Arlington, TN 38002, USA. Tél. +1 901 8679971. *www.wmt.com* 18 $ US.

Tapa, p. 360: au Centre des femmes de Langa Fonua PO Box 267, rue Taufa'ahau, Nuku'alofa, Royaume de Tonga. Tél. +676 21014. Ouvert de 8h30 à16h30. 3 à 70 TOP.

POUR LE CORPS Guide

proche de chez vous, contactez la Albinism World Alliance (AWA), c/o National Organization for Albinism and Hypopigmentation, PO Box 959, East Hampstead, NH 03826-0959, USA. Tél./fax +1 603 8872310. *www.albinism.org*

Déjà forte de 4 000 membres, la Société tanzanienne des personnes atteintes d'albinisme avance le chiffre de 170 000 albinos dans le pays. Contactez H.J. Mwaimu, P.O. Box 9644, Ocean Road Hospital, Dar el-Salaam, pour obtenir un numéro du bulletin d'information que publie cet organisation et vous faire ainsi une idée de ses activités. Si vous envisagez de former votre propre groupe de soutien, écrivez à Albinism World Alliance, c/o National Organization for Albinism & Hypopigmentation, PO Box 959, East Hampstead, NH 03826-0959, USA. Tél./fax +1 603 8872310. *www. albinism.org*

Dans les campagnes africaines, il faut en général parcourir au moins 1 000 km pour trouver un opticien. Même à supposer que l'on en déniche un, on n'est pas pour autant tiré d'affaire:

Dispositifs antironflement, p. 363: Breathe Right: CNS, 4400 W. 78 Street, Bloomington, MN 55435, USA. Tél. +1 612 8206696, fax +1 612 8355229. *www. cns.com* Environ 0,50 $ US. Nosovent: BSSAA, 1 Duncroft Close, Reigate, Surrey, RH2 9DE, GB. Tél. +44 1249 701010,. *www.britishsnoring.demon. co.uk,* e-mail: *helpline@britishsnoring.co.uk* 10,50 £ + p&p. MC, V, CQ. Therasnore: Distar Inc., 3748 Eubank NE, Albuquerque, NM 87111-3537, USA. Tél. +1 505 2999172. *www.distar.com*

Ventouses, p. 371: Sasaki Medical Device Co., Kanda Kitanorimono-cho 12, Chiyoda-ku, Tokyo 101-0036, Japon. Tél. +81 3 32561848.

Air en boîte, p. 372: Daido Hokusan Co. Ltd.. Contactez leur siège social à Osaka: Chuo-ku, Higashishinsaibashi, Japon.Tél. +83 6 62521757.

Moules à jaunes d'œufs Dreamland, p. 374: Ah-Nest Inc., 2-350 Idomaki, Tsubame-shi, Niigata-ken 959-1232, Japon. Tél. +81 256 642525.

Cœur portatif Novacor, p. 375: Baxter S.A., 6 avenue Louis-Pasteur, BP 56, 78311 Maurepas Cedex, France. Tél. 33 1 34615050. *www.baxter.com*

Eau de fécondité, p. 379: achetée au Centre de guérison par la foi, stand n°3384, Katanga Township, Zimbabwe, pour 450 ZS, soit environ la moitié du revenu mensuel d'un agent de sécurité local ou un mois de celui d'un employé de maison.

Poudre «Tripas del Diablo», p. 380: au marché de Sonora, entre les rues Fray Servando Teresa de Mier et Anillo de Circunvalación, Mexico, Mexique.

Cendrier de poche, p. 381: Ohsama No Idea Store, Tokyo Station Store, 1-9-1 Marunouchi, Chiyoda-ku, Tokyo 100, Japon. Tél. +81 3 32147891.

POUR LE CORPS Guide

une paire de lunettes coûte en effet l'équivalent de six à huit mois de salaire. Si vous en possédez qui ne vous servent plus, envoyez-les à Lunettes sans frontière : elles seront réparées et envoyées aux personnes souffrant de troubles de la vue dans les pays en voie de développement. Depuis 1992, cette organisation a ainsi distribué plus de 500 000 paires de lunettes. 41 rue du Général-De-Gaulle, 68560 Hirsingue, France. Tél. +33 3 89405036.

Au Soudan, au Sénégal et en Côte-d'Ivoire, les petites filles entre 6 et 12 ans sont soumises à des rites initiatiques de passage à l'état de femme. Dans certaines tribus, elles subissent à cette occasion une mutilation génitale : leur clitoris est excisé, et leur orifice vaginal est quelquefois ligaturé (sans anesthésie) – pour accroître leurs chances de trouver un époux, vous assurera-t-on. L'UNICEF fait campagne pour mettre fin à ces pratiques : vos dons peuvent grandement l'y aider. UNICEF, PO Box 1358, Khartoum, Soudan. Tél. +249 11 47 1835, fax +249 11 471126. *www.unicef.org*

«Le lait de femme est la seule nourriture commune à toute l'espèce humaine», souligne l'Organisation mondiale de la santé. Le mélange de nutriments présents dans le lait humain est impossible à reproduire. Les statistiques révèlent chez les enfants nourris au biberon une moindre résistance aux maladies et un taux de mortalité supérieur. C'est pourquoi 120 pays participent désormais à la Semaine mondiale de l'allaitement au sein, organisée chaque année du 1er au 7 août par l'Alliance mondiale pour la promotion de l'allaitement maternel (WABA). Pour tous renseignements, contactez la World Alliance Breastfeeding Action, PO Box 1200, 10850 Penang, Malaisie. Tél. +60 4 6584816, fax +60 4 65 72655, e-mail : *secr@waba.po.my*

La Ligue d'action contre le lait de bébé est le coordinateur mondial du boycottage des produits Nestlé. Pour participer à la lutte contre l'abandon de l'allaitement naturel et empêcher Nestlé de se remplir les poches aux dépens des enfants, appelez la ligue à son QG mondial, en Gran-de-Bretagne, au tél. +44 1223 464420. Ou téléphonez à l'un de ses relais nationaux : GISA (à Genève) au tél. +41 22 7989164 ; IB-FAN AFRICA (au Swaziland) au tél. +268 45006 ; IBFAN PANANG (en Malaisie) au tél. +60 4 6580619.

Le lait maternel possède des propriétés exceptionnelles : il renforce le système immunitaire du bébé, prévient l'apparition d'allergies et réduit chez la mère le risque de cancer du sein ou des ovaires. Or, la combinaison complexe de vitamines, de sels minéraux et d'enzymes qui constitue le lait humain ne peut être reconstituée dans les succédanés en poudre. La Leche League International (LLLI) s'est donné pour mission d'apprendre aux mères à nourrir au sein. L'association dispose d'antennes dans soixante-six pays à travers le monde. Elle vous indiquera l'adresse la plus proche de chez vous où faire don de votre lait aux femmes qui en manquent. 1400 North Meacham Road, Schamburg, IL 60173, USA. Tél. +1 847 5197730, fax +1 847 5190 035. *www.lalecheleague. org*

POUR LE CORPS Guide

La maladie dite «du poumon marron» ou byssinose affecte 30 % des Thaïlandais travaillant dans la confection, secteur qui se trouve être l'un des plus gros employeurs du pays. Cette maladie est causée par l'inhalation de poussières de chanvre, de lin et de coton, qui obstruent et endommagent irrémédiablement les poumons. La Fondation des amis des femmes, basée à Bangkok, organise des réunions pour informer les ouvrières des risques sanitaires sur leur lieu de travail, et aide les victimes à obtenir une indemnisation. The Friends of Women Foundation, 386/61-62 Ratchadapisek, 42, Ratchadapisek Road, Lad Yao Jatujak,, Bangkok 10900, Thaïlande. Tél. +66 2 5131001, fax + 66 2 5131329, e-mail: *FOW@ mozart.inet.co.th*

Leurs préférences sexuelles : voilà ce qui motiva le meurtre de 57 travestis au Brésil en 1999, révèle le Grupo Gay da Bahia, l'une des plus importantes associations brésiliennes de - défense des homosexuels. Le groupe a initié plusieurs programmes d'action visant à endiguer la violence sans cesse grandissante à la-quelle est confrontée cette minorité. A la suite de manifestations organisées en 1998 contre les exactions de la police militaire à Salvador, il est parvenu à obtenir l'arrestation de quatre policiers qui avaient torturé deux prostitués travestis. Rua Frei Vicente 24, Pelourinho, Salvador, Bahia, Brésil. Tél. +55 71 321848, fax +55 71 322 3782. Vous trouverez sur son site Web (*www.ggb.org.br*) un fichier de lieux touristiques accueillant les homosexuels au Brésil.

Freedom Pak, p. 382: Mentor Corporation, 201 Mentor Drive, Santa Barbara, CA 93111 USA. Tél. +1 805 8796000, fax +1 805 9677108. *www.mentorcorp.com* 5,15 $ US.

Marijuana thérapeutique, p. 386: pour plus d'informations sur le Cannabis Buyers' Clubs et la Cannabis Farm, contactez Californians for Compassionate Use, *www.marijuana.org*, e-mail: *cbc@marijuana.org* Tél. +1 707 9941901.

Produits de soins boliviens Coincoca à la coca, pp. 388/389: Coincoca, Calle Ayacucho N.0532, La Casilla 5059, Cochabamba, Bolivie. Tél. +591 42 57313.

Bulle à oxygène, p. 390: Servicios de Ingeniería en Medicina S.A. de C.V., Cumbres de Maltrata 691, Colonia Independencia, Mexico DF 03630, Mexique.

Cagoule de survie Evacu-8, p. 391: Brookdale International Systems Inc., 1-8755 Ash Street, Vancouver, B.C., V6P 6T3, Canada. Tél. +1 604 3243822, fax +1 604 3243821. *www.evac-u8.com*, e-mail: *info@evac-u8.com* 69,95 $ US + p&p. Principales CC.

Pastilles d'iodure de potassium, p. 392: Nitro-Pak Preparedness Center Inc., 475 West 910 South, Heber City, UT 84032, USA. Tél. +1 435 6540099. *www.nitro-pak.com* 12,99 $ US le flacon + p&p. Toutes CC.

Préservatif téléphonique, p. 394: Clean Call, PO Box 387, Gardena, CA 90248, USA. Tél./fax +1 310 6317674. *www.cleancall.com*, e-mail: *cleancall@worldnet.att.net* 41 $ US le paquet de 200.

Capuche matelassée ignifugée, p. 396: Toshima Ward Government Office, 1-81-1 Higashi Ikebukuro, Toshima-ku, Tokyo 170-0013, Japon. Tél. +81 3 39811111.

Radiomètre domestique (Kearny Fallout Meter), p. 398: Emergency Essentials,165 South Mountain Way Drive, Orem, Utah 84058, USA. Tél. +1 801 2229596, fax +1 801 2229598. *www.beprepared.com* 14 $ US + p&p. MC, V, CQ.

Crème éclaircissante pour la peau, p. 401: Summit Laboratories Inc., 303 State Street, Chicago Heights, IL 60411, USA. Tél. +1 708 7587800, fax +1 708 7587883. *www.summit-labs.com*

Dentifrice Darlie, p. 403: Siam Green Consumer Products Co., 4744-46-48 Rama 4 Road, Phrakanong, Bangkok 10110, Thaïlande. Tél. +66 2 3902487.

Earlarm, p. 404: Honda Tsushin Kougyo Kabushiki Kaisha, Kamoi 4-76-7, Midori-ku, Yokohama 226-0003, Japon. Tél. +81 45 9345551.

Jet Lag Light Visor, p. 405: Outside In Ltd., 21 Scotland Road Estate, Dry Drayton, Cambridge CB3 8AT, GB. Tél. +44 1954 211955. *www.outsidein.co.uk*

Leste-paupières, p. 410: MedDev Corporation, 2468 Embarcadero Way, Palo Alto, CA 94303-3313, USA. Tél. +1 650 4941153, fax +1 650 4941464. *www.meddev-corp.com*, e-mail: *info@meddev-corp.com* 50 $ US pièce.

Pilules autobronzantes, p. 411: Pharmacy John Bell and Croydon, 50/54 Wigmore Street, Londres W1H 0AU, GB. Tél. +44 20 79355555. Environ 7,60 £.

Thé des vierges Zhen, p. 412: vous pourrez le goûter chez Mariage Frères, 30 rue du Bourg-Tibourg, 75004 Paris, France. Tél. +33 1 42722811. 900 $ US le kilo.

Mamelons amovibles, p. 414: Amoena, Postfach 1263, 83064 Raubling, Allemagne. Tél. +49 80 358710, fax +49 80 35871560. *www.amoena.de*

Soutien-gorge réfrigérant Bust'Ice, p. 415: Quelle, Klanten-Dienst, Plaslaar 42, B-2500 Lier, Belgique. Tél. +32 3 4911818. *www.quelle.fr*

Pénis en bois, p. 434: AIDS Education & Training, PO Box 812, Auckland Park, Johannesburg 2006, Afrique du Sud. Tél.+27 11 7261495, fax + 27 11 7268673.

Coussin pour hémorroïdes, p. 435: Nihon Angel, Inc., 5-12-2 Asakusabashi, Taito-ku, Tokyo 101-0053, Japon. Tél. + 81 3 58201010.

Erectomètre, pp. 436/437: Aleph One Ltd., The Old Courthouse, Bottisham, Cambridge CB5 9BA, GB. Tél. +44 1223 811679, fax +44 1223 812713. *www.aleph1. co.uk*, e-mail: *info@aleph1.co.uk* 10,000 $ US.

Pompe à pénis, p. 438: Doc Johnson, 11933 Vose Street, North Hollywood, CA 91605, USA. Tél. +1 818 7641543, fax +1 818 7656060.

Tampons organiques, p. 440: Eco Yarn Co., PO Box 40, Kings Cross, NSW, Australie. Tél. +61 2 92149222. 5 $ A.

Cloche de rétention menstruelle, p. 441: Health Keeper, Inc., 83 Stonegate Drive, Kitchener, Ontario N2A 2Y8, Canada. Tél. +1 519 8968032, fax +1 519 8968031. *www.keeper.com* 49,50 $ CAN+p&p. Amex,MC, V. CQ, MI.

Biberon Pepsi, p. 449: Munchkin, 15955 Strathern, Van Nuys, CA 91406, USA. Tél. +1 818 8935000, fax +1 818 8936343.

Poupées qui allaitent, p. 450: Red Peruana de Lactancia Materna, Avenida Pardo 1335-302, Lima 18, Pérou. Tél. +51 14 4451978, e-mail:*cepren@amauta.rcp.net*

Poupées d'éducation sexuelle, p. 451: Hong Kong Family Planning Association, Ground, 8th, 9th & 10th Fl., Southern Center, 130 Hennessy Road, Wanchai, Hong Kong. Tél. +852 25754477. *www.famplan.org.hk*, e-mail: *fpahk@famplan.org.hk*

POUR L'ESPRIT Guide

Brise-doigts (Rompideo), Boucle-d'oreille (Recin) et Le Crétin (Maón) sont trois des quarante pickpockets qui opèrent régulièrement à Venise. Ils ont été affublés de ces surnoms par l'Association des citoyens vigilants. Epaulé par un réseau de 300 informateurs équipés de téléphones portables, ce groupe de volontaires tente de prendre les pickpockets la main dans le sac. Pour vous joindre aux Cittadini Non-Distratti (c'est gratuit), appelez Franco Gastaldi. Tél. +39 0347 8315713.

Testés séropositifs à leur arrivée, près de 80 % des enfants recueillis par l'orphelinat Agape HIV de Chiang Mai (Thaïlande) deviennent séronégatifs en cours de séjour – le phénomène étant pour l'heure inexpliqué. Cette structure accueille des enfants atteints du virus VIH et abandonnés par leur famille, ou dont les parents sont en phase terminale du sida. Elle ne peut en héberger plus de 30 à la fois (les séronégatifs sont replacés en famille d'accueil). La construction d'un centre plus spacieux, suffisant pour 100 pensionnaires, est déjà prévue, pour un coût estimé à 600 000 $ US. Dons et bénévoles sont donc les bienvenus. PO Box 95, Chiang Mai 50000, Thaïlande. Tél./fax +662 5 3800946.

Ne jetez pas votre vieux chapelet. Faites-en don à la collection de rosaires Don Brown, qui compte déjà 4 000 pièces. Mais au préalable, identifiez son pays d'origine, son histoire et la matière dont il est constitué – le musée recèle déjà des chapelets en noyaux d'olive ou en plombs de pêche. Les généreux donateurs entreront gratis. The Skamaina Center, 990 SW Rock Creek Drive, PO Box 396, Stevenson, WA 98648, USA. Tél. +1 509 4278211, fax +1 509 4277429. *www.rosary workshop.com* Ouvert tous les jours 10h-17h. Entrée 6 $ US, enfants 4 $.

La plus vieille maison close américaine, le bordel Dumas, se trouve en plein cœur de Twilight Zone, le quartier des prostituées de

Sucette du pape, p. 462 : Plusia, via G. Galilei 26, 35030 Veggiano (PD), Italie. Tél. +39 049 9004539, fax +39 049 9004543, e-mail : *plusia@tin.it*

Poupée qui prie, p. 463 : VisionAire Company Inc., c/o Prayerbaby, 4446-1A Hendricks Avenue, Unit 380, Jacksonville, FL 32207, USA.

Soupe hébraïque, p 465 Osem Food Industries Ltd, 61 Jabotinsky Street, Petach-Tovka, PO Box 1578, Tel-Aviv, Israël.

Kit de messe portatif, p. 467 : Galleria d'Arte Sacra, via dei Cestari 15, 00186 Rome, Italie. Tél. +39 06 6780203, fax +39 06 69941925. A partir de 170 000 Lit.

Cilice, p. 472 : Librería Religiosa Hernández, Calle de la Paz 4, Madrid 28012, Espagne.

POUR L'ESPRIT Guide

Butte, dans le Montana. Les membres de la Fondation internationale d'art et de culture des travailleurs sexuels (ISWFACE) sont en train de transformer cet édifice victorien en une galerie d'art et un musée consacrés au plus vieux métier du monde. Des volontaires ne seraient pas superflus. The Dumas, 45 East Mercury Street, Butte, MT, 59701, USA. Tél.+1 406 7236128.

Selon l'Association contre la prostitution enfantine dans le tourisme asiatique (ECPAT), 250 000 touristes transhument d'ouest en est chaque année pour assouvir leurs fantasmes sexuels. Une étude récente sur l'industrie du sexe en Asie du Sud-Est révèle que l'asservissement par endettement, la compromission dans divers trafics illicites, les sévices physiques et la torture frappent plus fréquemment les enfants prostitués que les adultes se livrant au même commerce. La délégation italienne de l'ECPAT a édité un porte-billets diffusé dans les agences de tourisme, sur lequel figurent des informations sur l'exploitation sexuelle des enfants. Pour en obtenir, contactez ECPAT Italie,

P.zza S. Maria Liberatrice 45, 00153 Rome, Italie. Tél. +39 06 57287708, fax +39 06 57 290738. *www.cambio.it/ec pat*, e-mail: *ecpat@cambio.it*

Environ 600 000 personnes s'entassent sur les 48 hectares de Dharavi, le plus grand bidonville de Mumbai. Beaucoup sont d'origine rurale et vivent sur les trottoirs depuis leur arrivée en ville, il y a près de trente ans. La plupart des cahutes ne dépassant pas 5 m^2, le trottoir représente un espace domestique crucial où manger, dormir, étudier et se laver. Pour adoucir le sort de ces démunis, envoyez vos dons à SPARC (Association pour la promotion d'un centre de ressources régional), PO Box 9389, Mumbai 400-026, Inde. Tél.+91 22 2836743, fax +91 22 3001593. *www. dialogue.org.za/spar*, e-mail: *sparc1@vsnl.com*

«Si tout le monde débarrassait son garage et en expédiait le contenu vers un pays du tiers-monde, cela suffirait à augmenter d'environ 10 % le niveau de vie sur place», explique David Corner, qui envoie des fonds de greniers en Ethiopie, au Kosovo (Yougoslavie), au Zimbabwe et aux

Seychelles. Pour toute information, pour céder vos objets encombrants, et pour tout don de matériel pédagogique, contactez David au 704 Court C, Tacoma, WA 98402, USA. Tél. +1 253 3835104.

Absorbez de l'énergie positive, en allant méditer au mont de la Table, près du Cap (Afrique du Sud). Il se trouve en effet au centre d'un champ majeur de forces électromagnétiques. «J'y suis allé chaque fois que quelque chose me tracassait, raconte Gordon Oliver, résident du Cap, et j'en suis toujours revenu apaisé et serein.» Hélas, cette montagne est aussi convoitée par les promoteurs immobiliers. La Campagne pour la sauvegarde du mont de la Table organise des rassemblements et fait circuler des pétitions pour la protection de ce site naturel. Renseignez-vous auprès de Desre Buirski. Tél. +27 21 4397316 ou +27 21 434 7275, e-mail: *Baliblue@ iafrica.com*

Les bébés abandonnés en Albanie doivent peser au moins 3 kg pour être admis à l'orphelinat – où ils ne sont en général pas accueillis avant 6 mois. En attendant, ils sont cantonnés à la maternité. Le nombre de nouveau-nés abandonnés ne cesse d'augmenter, aussi l'Association d'aide aux enfants abandonnés d'Albanie (OSAAB) recherche-t-elle des bénévoles – assistants sociaux et rédacteurs de brochures d'information sanitaire (langue maternelle : albanais, anglais, français ou italien). Organization for the Support of Albania's Abandoned Babies, Maternity Hospital 1, Rruga Deshmoret e Kombit, Tirana, Albanie. Tél./fax +355 42 32874, e-mail : *osaab@aol.com*

«L'épargne journalière» est un système conçu pour aider ceux qui vivent dans la rue en Inde à mettre de côté chaque jour quelques sous. «Des sommes modiques, peut-être l'équivalent de deux dollars par mois, précise Jockin, du collectif de femmes Mahila Milan, à Mumbai. Nous sommes là pour les conseiller. Nous prenons en main surtout les femmes, à qui nous apprenons à faire des économies pour, à terme, acquérir une terre et se construire un logement.» Plusieurs ONG indiennes soutiennent ce pro-

jet. Envoyez vos dons à Mahila Milan, Byculla 52 Miami Bhulabhai Desai Road, Mumbai, 400026 Inde. Tél. +91 22 3096730, fax +91 22 495 0505. MI en $ US ou en £.

«Les esclaves se savent tels et reprennent à leur compte l'image qu'offre d'eux leur maître», explique le cheikh Saad Bouh Kamara, un Mauritanien abolitionniste. Vous rencontrerez tant des *abid* (esclaves) que des *haratine* (hommes libres) au siège de l'association des droits de l'homme fondée par Kamara. Vous pouvez assister à ses conférences à l'université de Nouakchott, et consulter sa documentation sur l'esclavage. Association mauritanienne des droits de l'homme, BP 5012, Nouakchott, Mauritanie. Tél. +222 2 57555, fax +222 2 51831, e-mail: *ckamara@caramel. com* Vous devrez parler arabe, français, anglais ou allemand.

Au Soudan, l'achat d'un esclave revient à 12 800 $ SOU, révèle la Société internationale de solidarité chrétienne (CSI). A cette heure, cette association caritative a déjà racheté à leurs maîtres et affranchi 8 000 membres de la tribu Dinka que tout condamnait à la servitude. «Lorsqu'ils apprennent qu'ils sont libres, leur soulagement fait plaisir à voir – ils peuvent à peine y croire», raconte Gunnar Wiebalck, membre de la CSI. Câblez vos dons (toutes devises acceptées) à la Zürcher Kantonalbank, ZKBKCHZZ80 A, BLZ 700, compte n°1100-1137.249. CSI-Schweiz, Zelglistrasse 64, PO Box 70, CH-8122 Binz, Suisse. Tél. +41 1 980 4700, fax +41 1 9804715. *www.csi-int.ch*, e-mail: *csi-int@csi-int.org*

En 2005, l'Afrique du Sud comptera selon toute probabilité entre 1 et 3 millions d'orphelins. Le sida y aura largement contribué. L'association Thandanani recherche activement des parents désireux d'adopter des enfants abandonnés. Depuis trois ans, elle est parvenue à placer 51 enfants, tous noirs. Parmi eux, 10 ont été adoptés par des familles autres que noires. Cet organisme a besoin de bénévoles (sur des périodes de trois à douze mois) pour aider à soigner les enfants dans les hôpitaux ou collaborer au tra-

POUR L'ESPRIT Guide

vail administratif, juridique et de recherche. Thandana-ni Association, Pietermaritzburg 3200, Afrique du Sud. Tél. +27 33 3451857, fax + 27 33 3451863.

«**Nous sommes là,** nous t'attendons. Contacte-nous, car nous t'aimons. Quiconque serait impliqué doit parler, doit nous faire savoir ce qui s'est passé. Restez anonymes si vous le souhaitez, mais dites-nous.» Ce message, enregistré par Crystal Dunahee, concerne son fils Michael, disparu il y a huit ans. Ce jour-là, il portait un blouson bleu à capuche et un pantalon de rugby multicolore. Contribuez à sa recherche, ainsi qu'à celle d'autres enfants disparus, en envoyant vos dons ou en achetant la cassette *A Song for Michael Dunahee*. Le produit de la vente sert au financement du centre de recherche Michael-Dunahee. Song for the Missing Children Foundation, 5436 Munn Road, Victoria, BC V8X 3X3, Canada.

Les garçons de 13-14 ans se montrent toujours prêts à fanfaronner sur les préservatifs qu'ils ont en poche: c'est ce qu'a pu constater Liliane Pelosie en allant dis-

Fouet de flagellation, p. 473: fabriqué à Santa Rita, dans la province de Pampanga, à environ trente minutes en voiture au nord-ouest de Manille, aux Philippines.

Programme amaigrissant First Place, p. 474: First Place, 720 North Post Oak, Suite 330, Houston, 77024 TX, USA. Tél. +1 713 6886788, fax +1 713 6887282. *www.firstplace.org*, e-mail: *info@firstplace.org* La vidéo *Praise Aerobic* coûte 20 $ US + p&p. CC, MI, CQ en $. La cassette audio *Praise Workout* est épuisée.

Rosaire-carte de crédit, p. 475: Catholic Supply Shop, Dymocks Building, George Street, Sydney 2000, Australie. 3,45 $ A.

Saint qui fume, p. 476: marché de Sonora, entre la rue Fray Servando Teresa de Mier et la rue Anillo de Circunvalación, Mexico, Mexique. Ouvert tous les jours du lever au coucher du soleil. 3 PMX.

Bougie gualicho, p. 477: Santa Barbara, Somellera 663, 1846 Adrogué, Buenos Aires, Argentine. 6,50 A.

Spray de prière, p. 478: Fulton Religious Supply Co., 1304 Fulton Street, Brooklyn, NY 11216, USA. Tél./fax +1 718 7838889. 3,59 $ US.

Autel de dévotion à Elvis, p. 479: Mr. Shrine, Shrine-rite LLC, 203 Bisbee Road, Unit E, Bisbee, AZ 85603, USA. Tél. +1 520 4326855, fax +1 520 4323702. *www.hometown.aol.com/mrshrine*, e-mail: *MrShrine@aol.com* 18 $ US + p&p. CQ, MI.

Tire-bouchon du pape, p. 482: acheté chez Souvenir di Oggetti Religiosi. A la sortie des Grotte Vaticane, Cité du Vatican. 4 000 Lit.

Yo-Yo Etoile de David, p. 483: S & W Skull Cap Co., 1212 36th Street, Brooklyn, NY 11218, USA. Tél. +1 718 6339333. Epuisé.

POUR L'ESPRIT Guide

tribuer des contraceptifs dans les collèges de Belgique. Ces demoiselles sont plus timides. « Elles ont peur qu'on les prenne pour des filles faciles », explique-t-elle. Si vous souhaitez faire un stage (non rémunéré) dans son dispensaire, pour aider à préparer les visites dans les écoles, envoyez votre candidature au Planning familial de Boitsfort, Avenue Wiener 64, 1170 Boitsfort, Belgique. Tél. +32 2 6733934, fax +32 2 6736720. Vous devrez être francophone.

Les maquiladoras (usines de transformation pour l'export) implantées le long de la frontière américano-mexicaine exigent des femmes un test de grossesse préalable à toute embauche. En cas de résultat positif, l'emploi leur est refusé, l'entreprise économisant ainsi les allocations maternité. De plus, on a vu des directeurs affecter aux besognes les plus dures les employées enceintes, afin de les pousser à démissionner. Aussi dissimulent-elles bien souvent leur grossesse, aux dépens de leur santé et de celle de l'enfant. Pour combattre ces pratiques, contactez Human Rights Watch, 1630 Connecticut Avenue NW, Washington, DC 20009, USA. Tél. +1 202 6124321, fax +1 202 6124333. *www.hrw. org*, e-mail : *hrwdc@hrw.org*

Connectez-vous! Association caritative basée en Grande-Bretagne, la Fondation des sciences et des arts (SAF) s'est donné pour tâche d'aider à informatiser les écoles des pays en voie de développement, à qui elle procure des postes informatiques et des accès à Internet. Elle forme également les enseignants et télécharge des sites Toile éducatifs sur les réseaux des établissements. La SAF a mené sa première campagne en Iran, où elle a obtenu un accès Internet à neuf écoles. Envoyez-lui vos dons ou formez une antenne SAF dans votre ville. The Science and Arts Foundation, PO Box 18849, London SW7 2W, GB. Tél. +44 20 75948245, fax +44 20 75948201. *www.science-arts.org*, e-mail : *info@science-arts.org*

Vous êtes catholique et utilisez un contraceptif lors des rapports sexuels? C'est aussi le cas des Catholiques pour un libre choix. Ce mouvement lutte en outre pour changer le statut du Vatican auprès des Nations unies, afin que la législation concernant la politique de santé en matière de reproduction et les droits de la femme ne puisse plus être entravée dans son application par une organisation religieuse. Pour participer à leur campagne et en savoir plus, contactez Catholics for a Free Choice, 1436 U Street NW, Washington, DC 20009-3997, USA. Tél. +1 202 9866093, fax +1 202 3327995. *www.cath4 choice.org*, e-mail : *cffc@ca tholicsforchoice.org*

1-800-229-VICTIM est un Numéro vert destiné aux personnes s'estimant victimes de télévangélistes sans scrupules. Les appels hors territoire américain sont les bienvenus, mais composez le tél +1 214 8272625.

21 000 personnes âgées sont mortes en 1998 au Royaume-Uni des suites de maladies liées au froid. D'après Alison Rose, de l'association Age Concern, les causes des décès incluent apoplexie, problèmes cardiaques, respiratoires et circulatoires. « Nous savons que la plupart de ces ma-

POUR L'ESPRIT Guide

ladies sont imputables à un chauffage insuffisant. Certains pays aux hivers plus rigoureux, tels le Canada et la Suède, ont un taux de mortalité plus bas car les maisons sont mieux isolées.» Afin d'aider les personnes âgées à lutter contre le froid, l'association Saint-Vincent-de-Paul leur distribue couvertures, chaussures et vêtements usagés. Pour envoyer vos dons (neufs ou pas), appelez le tél. +44 20 793 57625. 24 George Street, Londres W1H 5RB, GB.

Le Mahila Dakahata Samiti (groupe de vigilance des femmes) procure un toit et une assistance juridique aux femmes battues et molestées. Il les aide également à s'acquitter des formalités nécessaires pour déposer plainte auprès de la police. Sudha Karkhanis, Mahila Dakahata Samiti, Gala n°5, Under the Bridge, Senapati Bapat Rd, Dadar West, Mumbai 400014, Inde. Tél. +91 22 6123853. Le groupe a besoin de volontaires pour des travaux administratifs.

Chez les enfants, le risque de mauvais traitements s'accroît lorsque la mère vit avec un homme qui n'est pas le père, et si l'un au moins des deux adultes est alcoolique. En Grande-Bretagne, les personnes ayant besoin d'aide ou souhaitant témoigner de scènes de maltraitance disposent d'une ligne SOS-enfants battus mise en place par la Société nationale pour la protection des enfants maltraités. Ce service téléphonique non-stop reçoit chaque année plus de 70 000 appels, plus de 60 % d'entre eux concernant des enfants victimes de violences physiques ou de négligence. National Society for the Prevention of Cruelty to Children, 42 Curtain Road, Londres EC2A 3NH, GB. Tél. +44 20 78252500, fax +44 20 78252525. *www.nspcc.org.uk*

Projeto Tereza défend les droits des détenus depuis 1991 – Tereza étant le nom donné à la corde faite de draps noués qu'utilisent les prisonniers pour s'échapper. Les responsables du projet distribuent des préservatifs et aident les détenus à accéder aux services sanitaires. Projeto Tereza, c/o Noss, Rua Visconde de Pirajá 127/201, Ipanema, Rio de Janeiro RJ CEP 22410-001, Brésil.

Parqués dans des conditions d'hygiène épouvantables, beaucoup d'orphelins en Roumanie ont contracté le virus VIH. L'association caritative italienne Enfants dans l'urgence collecte des fonds destinés à procurer personnel médical et équipement au service sida de l'hôpital de Bucarest, nouvellement ouvert. Elle a besoin de vous. Bambini in Emergenza, Piazzale Belle Arti 1, 10096 Rome, Italie. Tél. 39 06 3220713.

Le Grand Saint du savoir, Sugawara Michizane, est enseveli au temple sacré de Tenman-Gu, à Dazaifu (Japon). A l'approche des examens les plus abominables, les temples shintoïstes s'emplissent de candidats fébriles. Cahiers, crayons, gommes porte-bonheur en vente à la sortie. Le temple est à courte distance à pied de la gare Nishitetsu de Dazaifu.

Réveil «Azan», p. 485: As SUQ, 98 Smith Street, Brooklyn, NY 11201, USA. Tél. +1 718 5969390, fax +1 718 5961481. 20 $ US.

Nounours policier, p. 494: Bears & Bedtime Mfg. Inc., 4803 52nd Avenue, T7Z 1C4 Stony Plain, Alberta, Canada. Tél. +1 780 9636300, fax +1 780 9632134. *www.bear sandbedtime.com*, e-mail: *teddies@bearsandbedtime.com* Amex, MC, V, CQ, MI.

Horloge Jésus-Christ, p. 499: achetée dans la Chinatown de New York pour 10 $ US.

Bébé accro au crack, p. 500: Baby Think It Over Inc., 2709 Mondovi Road, Eau Claire, WI 54701, USA. Tél. +1 715 8302040, fax +1 715 8302050. *www.babythinkit over.com*, e-mail: *information@btio.com* 285 $ US. CQ, CC.

Pulse-cœur (Heart Throbber), p. 502: Ann Summers, 155 Charing Cross Road, Londres WC2 0EE, GB. Tél. +44 20 74371886. *www.annsummers.com*

Petit-ami-dans-une-boîte, p. 503: A.B.R., 18 rue Jeanne d'Arc, 34150 Gignac, France. Tél. +33 04 67572215, fax +33 04 67579033. *www.boyfriend-in-a-box.com*

Poupée Bindi, p. 506: Windmill Educational Supplies Pty Ltd., 591 Whitehorse Road, Mont Albert, Victoria 3127, Australie. Tél. +61 3 98304336.

Kit d'acide nucléique, p. 508: Philip Harris Education, Novara House, Excelsior Road, Ashby Park, Ashby de la Zouch, Leicestershire, GB. Tél. +44 870 6000193, fax +44 800 7310003. *www.philipharris.com*

Poupée Sara, p. 509: dans tous les magasins de jouets de l'avenue Naderi, à Téhéran (Iran).

Haizara (cendrier bouddhiste), p. 519: acheté dans le Chinatown de Nagasaki, au Japon, pour 1 000 ¥.

Poupées de crémation, pp. 528/529: Commonwealth Trading Co., 838 North Broadway, Los Angeles, CA 90012, USA. Tél. +1 213 6264440.

Sandales en paille, p. 530: s'intègrent à une panoplie funéraire achetée à Sunghwa Funeral, 937-15 Daemyoung-6-dong, Nam-ku, Taegu City, 705-036 Corée du Sud. Tél. +82 53 6510875.

Cercueil miniature, p. 532: Centro Artesanal Buenavista, Calle Aldama 187, Colonia Guerrero, CP 06350 Mexico, Mexique. Tél. +52 5 5290730.

Jarre de cryoconservation, p. 537: SIAD Spa, Divisione SACI, via Monteferrato 56, 20098 San Giuliano Milanese, Milan, Italie. Tél. +39 02 9880725, fax + 39 02 9828 2462. e-mail: *Mario_Conconi@praxair.com* 1 430 000 Lit.

LOISIRS Guide

Eclaireuses et Eclaireurs du Sénégal ont besoin de bénévoles pour les aider dans leurs multiples tâches : enquêter sur les problèmes de santé de leurs concitoyens, enseigner aux enfants l'agriculture, fournir une éducation sexuelle et des informations sur le sida dans le cadre d'ateliers pour les jeunes. L'argent de poche est fourni mais les frais liés au voyage seront à votre charge. Français obligatoire. Contactez EEDS, 5 rue Pierre-Millon, BP 744, Dakar, Sénégal. Tél. +221 217367, fax +221 22883. Commissaire général au tél./fax +221 8254954.

A Beira, au Mozambique, les pensionnaires de l'Institut national des aveugles et malvoyants s'adonnent au goalball. Vos dons leur seraient d'un grand secours : Instituto Nacional de Deficientes Visuais e Cegos, PO Box 364, Beira, Mozambique. Tél. +258 3 323999.

La loterie n'est qu'une tentation parmi tant d'autres pour le demi million d'Espagnols adeptes des jeux de hasard. Il existe de nombreux centres de réhabilitation dans le pays et dans le monde pour les joueurs compulsifs. Souhaitant s'affranchir de leur dépendence. A Barcelone, par exemple, L'Asociacio Catalana D'ajut a la Ludopatia propose des thérapies individuelles ou de groupe. Sibellius 3, 08026 Barcelone, Espagne Tél. +34 3 2324610.

Le Mouvement national (brésilien) d'aide aux enfants des rues (MNMMR) procure aux moins de 18 ans une assistance juridique, des secours d'urgence et des centres culturels et sportifs. Des adolescents représentent des groupes locaux exposent leurs points de vue à la commission nationale. Envoyez vos dons en dollars ou en cruzeiros au Movimento Nacional de Meninos e Meninas de Rua, HIGS 703, Sul Bloco L, Casa 42, 70331-712 Brasilia DF, Brésil.

L'association Beneficiente São Martino a aidé plus de 1 000 enfants pauvres à Rio. Elle recherche des volontaires (parlant portugais) pour participer à la gestion de

---

Cartes à jouer imperméables, p. 548 : Center Catia, Avenida Brazil 98, Passo Fundo, Rio Grande do Sul, Brésil. Tél. +55 54 3132199.

Bille, p. 549 : Vacor de México, S.A. de C.V., Calle Seis 2225 Zona Industrial, Guadalajara, Jal. 44940, Mexique. Tél. +52 3 8123763, fax +52 3 8121835. *www.vacor.com.mx*, e-mail : *vacor@vacor.com.mx*

Balle de pato, p. 550 : Harnais : Wilkis, Malabia 1249, 1414 Buenos Aires, Argentine. Tél. +541 1 47730622. N'importe quelle balle fera l'affaire.

Caddie de golf, p. 552 : The Rose Garden, km 32, Petkasem Highway, Sampran, Nakorn Pathom 73110, Thaïlande. Tél. +66 34 322544, fax +66 34 322775. *www.rosegarden.com*

LOISIRS Guide

centres d'urgence et de centres d'accueil temporaire, pour aider à l'alphabétisation, à la formation éducative et professionnelle, et à mener à bien des programmes d'orientation. Les bénévoles partent à la recherche d'enfants risquant de devenir des sans-abri. Rua Riachuelo 7, Lapa, Rio de Janeiro 20230-010, RJ Brésil.

Vétérinaires, vous pouvez vous rendre utiles, à titre bénévole, en Amérique centrale et latine. Ceux de vos collègues qui ont rejoint Veterinarios sin Fronteras (VSF) ne se contentent pas de soigner les animaux : ils collaborent également à des projets visant à résoudre les problèmes de malnutrition humaine. A El Agustino, un faubourg pauvre à la périphérie de Lima (Pérou), 67 % des habitants souffraient de sous-alimentation, jusqu'à la mise en place, par les soins de VSF, d'un programme d'élevage de canards. Ce nouvel apport de viande a permis à la population locale de résorber ses carences protéiques : VSF, calle Floridablanca 66-72, local N. 5, 08015 Barcelone, Espagne. Tél. +34 93 423 7031, fax +34 93 4231895. *vsf.pangea.org*, e-mail: *vsf@pangea.org*

Il est temps de grandir – abandonnez vos vieux jouets aux enfants de l'orphelinat Internado Indigenista, dans le Chiapas, au Mexique. Tous les jouets sont acceptés – à l'exception de ceux qui imiteraient des armes, ou seraient d'inspiration militaire. Cahiers et autres fournitures scolaires sont également bienvenus. Quinta Guadalupe 5a, Guadalupe #13, Apdo. 10, CP29770 Bochil, Chiapas, Mexique. Tél. +52 96 530020.

A l'usine de chaussures Nike de Cu Chi (Viêt-nam), les ouvriers gagnent en moyenne 0,20 $ US de l'heure. A la fin du mois, ils rapportent donc chez eux 37 $ (le salaire minimum légal étant de 45 $). Pour vivre de si peu, une seule solution : sauter des repas. Soutenez la campagne de boycott des produits Nike. Vietnam Labor Watch, 815 15th Street, Suite 921, NW Washington DC 20005, USA. Tél. +1 202 5188461, fax +1 202 5188462.

Grâce aux détenus de la prison de Wackenhut, des enfants issus de 300 familles défavorisées du comté de Bastrop (USA) ont reçu l'an

dernier des jouets en bois faits main. Les prisonniers travaillent toute l'année au projet Santabear (ours de Noël), pour que les jouets puissent être distribués pendant les fêtes. Vous pouvez soutenir ce projet en envoyant des dons à Family Crisis Center, PO Box 736, Bastrop, TX 78602, USA. Tél. +1 512 32117760, fax +1 512 3217771.

Toutes les quinze minutes, quelqu'un dans le monde met le pied sur une mine – ce qui laisse à imaginer combien les amputés sont nombreux. Or, nulle prothèse au monde ne présente un meilleur rapport qualité-prix que le pied artificiel Jaipur – une fois fixé, il permet de faire du vélo ou de grimper aux arbre. La clinique Bhagwan Mahavir Viklang Sahayata Samiti fixe 14 000 de ces pieds par an, pour la modique somme de 750 RUPI (25 $ US) pièce – une véritable bouchée de pain, comparée au prix usuel. Pour ses clients indiens, dont la plupart vivent en dessous du seuil de pauvreté, le service est gratuit. Si vous souhaitez aider cette structure, contactez Mr D.R. Mehta, Vasnathivar 3rd Floor, Nepeansea Road,

LOISIRS Guide

Mumbai 400-006, Inde. Tél. +91 22 2028221.

Recevez un autocollant ou un rapport exclusif sur les mines antipersonnel en contactant Handicap International, ERAC, 14 avenue Berthelot, 69007 Lyon, France. Tél. +33 4 78697 979, fax +33 4 78697994. Cet organisme est constamment en quête de volontaires pour constituer des antennes HI dans leurs pays respectifs, afin de continuer la lutte contre la production de mines antipersonnel.

Trois cents mille tonnes de bombes ont été lâchées dans la région nord-est du Laos par le gouvernement américain pendant la guerre du Viêt-nam. Le Groupe-conseil sur les mines (MAG) intervient dans les communautés rurales du pays, pour former les villageois au déblaiement des mines. MAG a un besoin urgent de fonds pour mettre en place un programme de sensibilisation sur les mines au Laos. Vous pouvez envoyer vos dons au MAG, 45-47 Newton St., Manchester, Lancashire M1 1FT, UK. Tel. +44 161 236 4311, fax +44 161 236 6244. *www.mag.org.uk, e-mail: maguk@mag.org.uk*

Après avoir posé des mines onze ans durant pour les Khmers rouges et l'armée vietnamienne, voilà Aki Ra parti en croisade pour déminer le Cambodge (sans le moindre subside du gouvernement). Il en désamorce 10 à 20 par jour (en priorité sur les sites fréquentés par des enfants), puis les expose dans son musée, où une visite s'impose : vous y apprendrez comment ne pas sauter sur une mine. Envoyez vos dons à Aki Ra, Land Mine Museum, Siem Reap, Angkor, Cambodge. Tél. +855 12 630446. Ouvert tous les jours 10h-17h.

«Boycottez Pepsi et libérez le Myanmar» : tel est le slogan du Comité de boycott birman contre la firme Pepsi, qui fait de juteuses affaires au Myanmar depuis 1991, date à laquelle le gouvernement américain essaya de couper tous liens avec le pays en raison des honteuses violations des droits de l'homme commises sous le régime militaire. Pour faire un don ou obtenir des informations sur le boycott, contactez Dan Paterson, c/o Burma Action Committee, 2606 South East 50, Portland, OR 97207, USA. Tél. +1 503 2342893.

Près de 200 000 «femmes de confort» furent arrachées à leur foyer, en Corée, en Chine, aux Philippines et en Indonésie, et transformées en filles de joie pour les troupes japonaises pendant la Seconde Guerre mondiale. Ce n'est qu'en 1991 que le gouvernement japonais a reconnu les faits. Un fonds de dédommagement a été créé pour indemniser les victimes, mais celles-ci ont entamé une procédure judiciaire afin d'obtenir des excuses officielles. Pour participer à cette action, contactez l'Association for Research on the Impact of War and Military Bases on Human Rights (association de recherche sur l'impact de la guerre et des bases militaires sur les droits de l'homme), School of Literature, Arts and Cultural Studies, Kinki University, 3-4-1 Kowakae, Higashi-Osaka, Osaka 577, Japon, e-mail : *b300kosi@cced.kin dai.ac.jp*

Seuls 94 enfants sur 15 000 ont survécu au camp de concentration de Theresienstadt, près de Prague. Pendant l'holocauste de 1939-1945, 1,5 million d'enfants ont été assassinés. Le camp de concentration

LOISIRS Guide

Lego de Zbigniew Libera est en exposition permanente au Musée juif de New York. 1109 5th Ave, New York, NY 10128, USA. Ouvert dim-jeu 11h-17h45, mar. 11h-20h. Adultes 8 $ US, enfants et seniors 5,50 $. Tél. +1 212 4233200.

L'Organisation d'aide aux sidéens (TASO) a été fondée par Noerine Kaleeba, dont le mari atteint du sida (et aujourd'hui décédé) a été rejeté durant sa maladie et a subi de graves préjudices au lieu de recevoir des soins. C'est la plus grande organisation contre le sida en Ouganda. Pour l'aider, participez à son action en tant que bénévole ou faites un don à TASO, Plot 21 Kitante Rd, PO Box 10443, Kampala, Ouganda. Tél. +256 41 231 138. Lisez également l'autobiographie de Noerine, *We Miss You All*, (tu nous manques à tous), un récit de première main sur les affres de cette maladie. Commandez-le à TALC, PO Box 49, Saint-Albans, Hearts AL1 4AX, GB. Tél. +44 727 853869. 3 £. Visa, MC, Access acceptées.

Si vous êtes Ougandais, attendez-vous à mourir à 41 ans et demi. Cette espéran-

Tableau d'images en feutrine, p. 555: Fuzzy Felt, Mandolyn House, Victoria Road, Marlow Bucks SL7 1DW, GB. Tél. +44 1628 488831, fax +44 1628 471257. *www.fuzzyfelt.com*, e-mail: *info@fuzzyfelt.com*

Poupée Tyson, p. 559: Totem International Inc., PO Box 1820, Madison Square Station, New York, NY 10159, USA. Tél. +1 212 6756379, fax +1 212 6278843. *www.billyworld.com* 49,95 $ US.

Poupée Steiner, p. 560: achetée chez Books For The Journey, 87 Willsmere Road, Kew, VIC 3101, Australie. Tél. +61 3 98550066. 30 $ A.

Chaussures roses, p. 561: Candu Toy & Sport Co., 382 Durham Road 8, Uxbridge, Ontario L9P 1R1, Canada.

Poupée Carlos, p. 562: Totem International Inc., PO Box 1820, Madison Square Station, New York, NY 10159, USA. Tél. +1 212 6756379, fax +1 212 6278843. *www.billyworld.com* 49,95 $ US.

Poupée Jésus, p. 563: Chariot Victor, 4050 Lee Vance View, Colorado Springs, CO 80918, USA. Tél. +1 880 4374337, fax +1 719 5363280. 7,99 $ US.

Barbie soldat, p. 565: Mattel Inc., 333 Continental Boulevard, El Segundo, CA 90245, USA. Tél. +1 310 2522000, fax +1 310 2522179. *www.mattel.com*

Camp de concentration Lego, p. 566: Gallery Wang, Kristian Augusts, Gate 11, N-0164 Oslo, Norvège. Tél. +47 22115170, fax +47 22115991.

Poupée en feuilles de bananier, p. 568: Uganda Arts and Crafts Village, National Theatre, étal 33.

Souffleur de bulles, p. 569: Tiffany & Co., 727 Fifth Avenue, New York, NY 10022, USA. Personal Shopping Department. Tél. +1 212 7558000,

LOISIRS Guide

Jupe en caoutchouc, p. 570: Marius Malherbe, The Can Factory, 22A Rockey Street, Yeoville 2198, Afrique du Sud.

Papier en bouse d'éléphant, p. 571: PAMET, PO Box 1015, Blantyre, Malawi. Tél./fax +265 623895.

Hélicoptère en canettes de Coca, p. 572: fait main par Nguyen Anh Tuan, Ho Chi Minh-ville, Viêt-nam.

Valise Cot Cot, p. 573: disponible sur un catalogue publié par le Secrétariat permanent du SIAO, 01 BP 3414, Ouagadougou 01, Burkina Faso. Tél. +226 36 0947/0584 , fax +226 36 1990. www.siao.bf

Jeu de société des réfugiés, p. 582: CAFOD, Romero Close, Stockwell Rd., SW 9TY, GB. Tél. +44 20 7733 7900, fax +44 20 72749630. www.cafod.org.uk

Grenade d'entraînement, p. 583: Hoover's MFG Company, 4133 Progress Boulevard, PO Box 547, Peru, IL 61354, USA. Tél. +1 815 2231159, fax +1 815 2231499. www.hmchonors.com 6,95 $ US + p&p.

Kit à monter «hooligan», pp. 584/585: Mother Ltd., 200 St. John Street, Londres EC1 Z4JY, GB. Tél. +44 20 76890689, fax +44 20 76891689.

Godemiché japonais, p. 587: disponible dans les boutiques de jouets pour adultes, à une minute de marche à peine de la station de métro Ikebukuro, à Tokyo.

Pendule en papier, p. 588: achetez à vos ancêtres une pendule de papier chez Kevin Choi's Paper Gift Shop, 104 Jalan Petaling, Kuala Lumpur 5000, Malaisie.

Horloge de Volta (alimentée aux fruits), p. 589: Natura e..., corso Garibaldi 73, 20121 Milan, Italie. Tél. +39 02 86465050, fax + 39 02 86465030. www.natura-e.com

ce de vie est imputable pour partie au virus VIH, près de un Ougandais sur dix étant séropositif. A l'heure actuelle, les personnes âgées – traditionnellement prises en charge par leurs proches – se retrouvent souvent sans famille et sans ressources. La pension Nakanyonyi, seule et unique maison de retraite du pays, souffre d'un manque de financement et ne peut accueillir pour l'heure que quatre pensionnaires. La liste d'attente est démesurée. L'établissement, situé près de Kampala, n'a ni téléphone ni eau courante ni télévision, mais s'est constitué un cheptel de deux vaches. Envoyez vos dons par l'intermédiaire du Révérend Michael Senyimba au diocèse de Mukono, PO Box 39 Mukodise, Mukono, Ouganda. Tél. +256 41 270218, fax + 256 41 342601.

Sans domicile fixe: telle est la condition à laquelle sont réduits 3 000 éléphants sauvages du Sri Lanka, où 50 % des forêts ont été détruites durant les trente dernières années. Les 62 pensionnaires de l'Orphelinat des éléphants de Pinnawala ont besoin de votre aide – un éléphanteau doit boire

25 litres de lait par jour. Adressez vos dons au directeur des National Zoological Gardens, Anagarika Dharmapala Mawatha, PO Box 03-Dehiwala, Sri Lanka. CQ c/o compte n° 0230800014, Bank of Ceylon, Wellawatta, Sri Lanka.

Quelque 4 000 documents secrets détenus par l'industrie du tabac sont parvenus en 1994 à Stanton Glanz, un universitaire californien. Connues sous le nom de The Cigarette Papers, ces archives ont trait aux activités internes du fabricant de tabac Brown & Williamson, ainsi que de la compagnie affiliée BAT. Ils révèlent que les dirigeants des deux firmes savaient depuis les années 50 que la nicotine est une drogue (alors qu'ils le niaient encore lors de leur comparution devant le Congrès, en 1994). Vous pouvez consulter gratuitement ces documents sur le *www.library. ucsf.edu/tobacco*

Selon une étude menée par l'Organisation mondiale du travail, 250 millions d'enfants de 5 à 14 ans seraient au travail en Afrique, en Asie et en Amérique latine. La plupart d'entre eux sont employés comme portefaix et transportent sur leurs têtes des fardeaux très lourds. L'UNICEF se bat contre le travail des enfants, rappelant leur droit à l'éducation et à la protection contre l'exploitation économique. Envoyez vos dons à Children First, UNICEF, 333 East 38th Street, New York, NY 10017, USA. Tél. +1 212 686 5522. CC.

La violence domestique est la première cause de suicide féminin dans le monde : c'est ce que révèle le rapport des Nations unies sur le développement humain. Le foyer Frauenhaus, à Luxembourg, propose aux femmes battues un hébergement sûr et discret, ainsi qu'une assistance juridique. Si vous êtes de sexe féminin et parlez allemand, français ou luxembourgeois, vous pouvez postuler pour un stage non rémunéré au sein du foyer. Luxembourg-ville, 30 Avenue de la Liberté, 1930 Luxembourg. Tél. + 352 490877. Pour localiser l'association de soutien aux femmes battues active dans votre pays, explorez le site *www.dvsheltertour.org/links.html*

Le Programme des Nations unies pour l'environnement offre des cours de quatre à cinq mois aux étudiants intéressés par des thèmes écologiques tels que le sol, l'eau, le droit, etc. Les étudiants obtiennent généralement des bourses d'études. Ecrivez au Chief Recruitement Office, UNEP, PO Box 30552, Nairobi, Kenya. Tél +254 2 6212346.

Superman et Wonder Woman se sont assignés une nouvelle mission universelle : avertir les jeunes du danger des mines terrestres, qui font 90 % de leurs victimes parmi les mineurs. Un enfant de 10 ans blessé par une mine aura besoin de 25 prothèses différentes au cours de sa vie, ce qui représente un coût moyen de l'ordre de 3 125 $ US. La maison d'édition DC Comics et l'UNICEF ont publié conjointement un album de bandes dessinées, distribué en Amérique centrale et en ex-Yougoslavie. On y voit nos deux super-héros sauver des enfants et leur apprendre à reconnaître, à éviter et à signaler les mines terrestres. UNICEF, 3 United Nations Plaza, New York City, NY 10017, USA. Tél. +1 212 326 7000. *www. unicef.org*

Achetez des bonbons aux noix chez Survie culturelle

LOISIRS Guide

(CS) : vous aiderez ainsi les 3 500 ouvriers d'une coopérative brésilienne à réaliser 20 fois plus de bénéfices que s'ils étaient passés par des intermédiaires. CS, organisation à but non lucratif, défend les droits des indigènes et des minorités ethniques dans le monde. Un abonnement à leur magazine trimestriel coûte 45 $ US (carte de membre comprise), plus 10 $ pour les envois à l'étranger. Contactez Cultural Survival, 215 Prospect St., Cambridge, MA 02139, USA. Tél. +1 617 4415400.

Le Pigalle japonais se situe dans le quartier Yoshiwara, juste à côté du temple. On peut s'y offrir des séances privées de deux heures dans un «Royaume du savon» (bains publics) à partir de 55 500 ¥ (500 $ US). Les femmes qui œuvrent au confort de ces messieurs sont cependant très mal payées – et constituent de surcroît un groupe à haut risque. Pour tous renseignements, contactez la Fondation japonaise de lutte contre le sida, Terayama Pacific Building 4th Floor, 1-23-11 Toranomon, Minato-ku, Tokyo 105-0001, Japan. Tel. +81 3 35921181, fax +81 3 35921182. *www.jfap.or.jp*

Un «épouseur en série», c'est quoi ? Un homme qui commande une épouse sur catalogue (à l'étranger), divorce s'il n'est pas satisfait, puis en commande une autre. Près de 75% des 12 000 Thaïlandaises immigrées en Australie ont été ainsi mariées par correspondance. La Thai Welfare Society fournit aide et assistance aux ressortissantes thaï victimes de mauvais traitements ou abandonnées sans ressources. Pour aider : Suite 3m, Level 6m, 75 Pitt St, Sydney, NSW 2000, Australie. Tél. +61 2 92325386.

«Une femme achetée est une esclave à vie», souligne le Réseau Gabriela. Tous les ans, 19 000 Philippines s'expatrient pour rejoindre des maris étrangers, 90 % de ces unions se soldant par des divorces. Le réseau procure hébergement, conseils utiles et assistance juridique aux Philippines qui se retrouvent en situation de précarité aux USA. Envoyez vos dons à: The Gabriela Network, PO Box 403, Times Square Station, New York, NY 10036, USA. Tél. +1 212 5923507.

Selon la loi traditionnelle juive, ou *halacha*, seuls les hommes peuvent demander le divorce. Les femmes divorcées ou abandonnées, appelées *agunot*, n'ont pas le droit de se remarier. De même, leurs futurs enfants seront illégitimes. En Israël 16 000 femmes se trouvent dans cette situation désastreuse. L'Organisation pour l'assistance aux agunot et aux femmes privées du recours au divorce leur procure aide juridique et soutien moral. PO Box 30953, Tel-Aviv 61316, Israël. Tél. +972 37 391164. L'organisation recherche des bilingues anglais/hébreu pour prendre en main traductions et publicité.

Ciudad Abierta est un village de sculptures construites sur des dunes de sable de la côte chilienne. Chaque sculpture s'inspire d'un poème ou d'un air musical, et a été construite à l'aide de matériaux naturels (bois flottant, briques d'adobe recyclées, herbe des dunes, etc.). Pour plus d'informations, écrivez à la Cooperativa Amereida, Escuela de Arquitectura, Universidad Católica de Valparaíso, Matta 12, Recreo, Viña del Mar, Chili. Tél. + 56 32 660443.

Oreiller-mouton, p. 592: Cogit Corporation, 29-10, 1-Chome, Hanaten-Higashi, Tsurumi-Ku, Osaka 538-8555, Japon. Tél. +81 6 69658800, fax +81 6 69654712. *www. cogit.co.jp*, e-mail: *service@cogit.co.jp*

Kimono antibactérien, p. 594: Saison Direct Marketing Kaiteki Seikatsu Catalog, 1-23-1 Asahigaoka Nerima-ku, Tokyo 176-8606, Japon. 10 290 ¥.

Sac de couchage Kompakt, p. 595: Ajungilak A/S, Postuttak 62, N-1081 Oslo, Norvège. Tél. +47 23143737, fax +47 23143701. 1 699 KRN.

Jeu de société «The Divorce Game», p. 596: Rowleth Inc., PO Box 400, 2733 Glen Street, Metcalfe, Ont. K0A 2P0, Canada. Tél. +1 613 8210583.

Lovegety, p. 597: Airfolk Inc., 13-2A Midorigaoka machi, Ashiya-shi, Hyogo 659-0014, Japon. Tél. +81 79 7344113. 2 980 ¥.

Cartes C-ya, p. 598: C-Ya Greeting Card Co., PO Box 1856, Klamath Falls, OR 97601, USA. Tél. +1 541 8502420. *www.c-ya.com*, e-mail: *cya@cdsnet.net* V, MC.

Hochet en noix de baobab, p. 600: Creative Native, 32 King Street, Perth 6000, Australie. Tél. +61 8 93223398.

Brosse à dents parlante Brushy Brushy, p. 601: WeeTalk! Inc., 5341 Derry Avenue, Suite C, Agoura Hills, CA 91301, USA. Tél. +1 818 9913274. *www.weetalk.com*

Tirelire indienne, p. 603: achetée sur un étal sur Worli Seaface, dans le centre-ville de Mumbai, en Inde, pour 20 RUPI.

Rickshaws, p. 604: House of Toys, 117 Malabar Mansion, Colaba Causeway, Mumbai 39, Inde. Tél. +91 22 2842296 ou 2884066. 90 RUPI. Educational Toy Centre, Pulchowk, Lalitpur, Népal. 350 RUPI.

Poupée zapatiste, p. 606: achetée au marché indien de San Cristobal de las Casas, Chiapas, Mexique.

Poupée terroriste, p. 609: Anjel Mari Elkano, Urbieta 64 1.esk, 20006 Donostia San Sebastian, Espagne. 1 000 PTA.

Cigare cubain, p. 612: J.J. Fox Ltd., 19 St. James's Street, London SW1A 1ES, GB. Tél. +44 20 74939009, fax +44 20 74950097. *www.jjfox.co.uk* 39 £ pièce + p&p. CC.

Montre Rolex, p. 615 : cette fausse Rolex a été achetée pour 25 $ US à un vendeur des rues sénégalais dans Battery Park, à New York. Pour trouver de l'authentique, remontez vers Tourneau, 500 Madison Avenue, New York 10022, USA. Tél. +1 212 7586098. Le modèle original Oyster Perpetual DateJust s'y vend environ 5 000 $.

LOISIRS Guide

La violence des gangs dévaste les communautés urbaines de Los Angeles, en particulier les quartiers pauvres tels que le Watts. Fondée par d'anciens membres de gangs, Mains tendues sur Watts (HAW) essaie d'y remédier. L'organisation aide les enfants à trouver une autre voie que l'enrôlement criminel en développant leurs compétences commerciales et leur capacité à organiser et diriger un projet. HAW a besoin de volontaires pour contribuer à ses diverses actions : assistance psychologique, alphabétisation, enseignement, tutorat et tâches administratives. Vos dons seront les bienvenus. Hands Across Watts, 710 E. 11 Pl., Los Angeles, CA 90059, USA.

Présence de radioactivité ? Appelez Earth Alarm. Ce groupe de vigilance a déjà épinglé la société nippone Mitsubishi Chemicals, qui déchargeait des sacs plastique et vidait des barils de déchets chimiques et radioactifs dans un village de Malaisie. Aidez-le à récidiver, en contactant Earth Alarm, Postbus 19199, GD 1000 Amsterdam, Pays Bas. Tél. +31 20 5507300. *www. milieudefensie.nl*

Les broches à lèvres des Indiens Zo'é (*poturu*) ne tombent pas, car elles sont plus larges que l'incision ménagée pour les fixer. Pour garder leurs broches propres, les Zo'é les frottent avec du sable. Mais la Fondation nationale indienne du Brésil (FUNAI) craint que les missionnaires n'éliminent le poturu et d'autres coutumes de piercing répandues en Amazonie. Pour protester contre ce nouveau colonialisme, écrivez à Sidney Possuelo, le directeur du département des Indiens isolés de la FUNAI – il transmettra vos lettres. SQS 208, bloco C, apartamento 406, 70254-030 Brasilia DF, Brésil.

L'agriculture intensive et ses méthodes industrielles causent en France la perte de 30 000 emplois agricoles par an. Sachant que les fast-foods sont généralement approvisionnés par les industriels de l'agriculture, José Bové, paysan en colère, s'en est pris à McDonald's (les contestataires ont démonté pièce par pièce un restaurant de Millau, à l'aide de tournevis et de clés à molette). Ras-le-bol de la malbouffe ? Participez aux prochaines actions directes du syndicat de José Bové, la Confédération paysanne. Contactez-le au 81 Avenue de la République, 93170 Bagnolet, France. Tél. +33 1 43620404.

Au Zimbabwe, les albinos ont la réputation de porter malheur. On conseille aux femmes enceintes de ne pas les regarder, de peur que leurs enfants ne naissent semblabes à eux. Si une future mère en voit un, elle doit cracher sur son ventre. Les 5000 albinos du pays n'ont pas le statut de handicapés et ne reçoivent par conséquent aucune aide de l'Etat. Ils leur faut se battre pour obtenir des fonds et pourvoir à leur deux besoins fondamentaux : acheter des écrans solaires pour protéger leur peau, et des lunettes de vue pour leur myopie. Envoyez vos dons ou une lettre de soutien à John Makumbe, Zimbabwe Albino Association, 17 Palm Court, PO Box MP 1186, Mount Pleasant, Harare, Zimbabwe. Tél. +263 4 57 3980, fax + 263 4 333674.

Un millier de chats errants vagabondaient encore

LOISIRS Guide

dans les rues de Venise il y a dix ans. Il n'en reste aujourd'hui pas même 400, suite à une campagne de stérilisation qui coûte chaque année aux contribuables 30 millions de lires, soit 16 170 $ US. «Voilà pourquoi il y a tant de rats, explique Luigina Zangrossi. Les chats sont de fabuleux tueurs de rats et de pigeons.» Luigina nourrit les chats de gouttière dans un petit appartement qu'elle a loué à leur intention (ils entrent et sortent à leur guise par la fenêtre). Glissez vos dons dans la fente de la boîte à lettres. Cannaregio 1842 (Rio Terrà Farsetti), Venise, Italie.

L'ECPAT (En finir avec la prostitution touristique infantile en Asie) a été créée en 1990 pour lutter contre la prostitution enfantine en Asie. L'organisation dispose aujourd'hui d'antennes en Thaïlande, en Australie, aux USA, en Allemagne et en Grande-Bretagne. Elle a besoin de volontaires et de fonds pour l'aider dans sa lutte contre les abus, dans son activité éditoriale et dans ses campagnes. ECPAT, 328 Phayathai Road, 10400 Bangkok, Thaïlande.

Poupée Happy Meal, p. 618: Hasbro, 1027 Newport Avenue, Pawtucket, RI 02861, USA. Tél. +1 401 7258697.

Poupées du Zimbabwe, p. 619: achetées au marché des artisans de Harare Gardens, à Harare. 100 ZS

Fusil Spoko, p. 624: Rhodes Park, Lusaka, Zambie.

Crayon de couleur en cire Crayola, pp. 626/627: Binney & Smith Inc., 1100 Church Lane, Easton, PA 18044, USA. Tél. +1 610 2536271. *www.crayola.com*

Veilleuse à chaussettes, p. 628: Glentronics Inc., 2053 Johns Drive, Glenview, IL 60025, USA. Tél. +1 847 9980466, fax +1 847 9980493. *www.glentronics.com*

Canette d'air pur israélien, p. 630: «Jerusalem Gifts», Botah Yoel, Ben Yehuda 24, 94622 Jérusalem, Israël. Tél. +972 2 6234737.

Cigarettes de la mort (Death cigarettes), p. 638: The Enlightened Tobacco Company PLC, PO Box 198, London SE4 1UX, GB.

Montre et dé en Braille, pp. 640/641: RNIB, Resource Centre, 224 Great Portland Street, Londres W1N 6AA, GB. Tél. +44 20 73881266. *www.rnib.org.uk*

Mine antipersonnel, p. 643: Valsella Meccanotecnica Spa, Località Fascia D'Oro, 25014 Castenedolo (Brescia), Italie. Tél. +39 030 21371.

Menottes flexibles Flex-Cufs, p. 645: Armor Holdings, N.I.K. Public Safety Inc., 13386 International Parkway, 32218 FL, USA. Tél. +1 904 7411702, fax +1 904 7415406. *www.armorholdings.com*

Mine " papillon " PFM-1, p. 646: Splav, Shcheglovskaya Zaseka, 300000 Tula, Russie. Tél. +7 0872 464409, fax +7 0872 441474, e-mail: *splav@st.ru*

LOISIRS Guide

Le Brésil compte de 12 000 à 30 000 enfants des rues. Beaucoup ont dû fuir leur foyer pour échapper à des abus sexuels ou à l'extrême pauvreté de leurs familles. Des milliers d'entre eux sont réduits en esclavage ou contraints de se prostituer, d'autres sont abattus par les vigiles locaux (des policiers pour la plupart, qui rempilent après les heures de service). Donnez des briques à l'Institut des filles mères de São Paulo (qui prend soin des jeunes filles à peine pubères et déjà mères) : vous leur permettrez de terminer la construction de leur nouveau centre d'accueil – il ne manque plus que 3 000 briques ! Casa das Meninas, Laura Vicunha II, rua Lavradia 165, Barra Funda 01154-820, São Paulo, Brésil. Tél. +55 11 8623292. Ou bien envoyez vos vieux instruments de percussion : le Centro Social Nossa Senhora Do Bom Parto gère 21 centres d'accueil qui s'efforcent de fournir aux enfants condamnés à la rue une éducation... et quelques moments d'insouciance. Avenida Alvaro Ramos 366, Belenzinho 03058-060, Brésil. Tél. +55 11 6692 6800.

Les égouts de Bucarest abritent quelque 2 500 enfants et adolescents. La plupart préfèrent les égouts à un foyer où ils sont négligés ou battus, ou à un orphelinat bondé. L'antenne roumaine de Save the Children les soigne et les réinsère dans des centres de réadaptation et d'assistance socio-psychologique. Envoyez vos dons à : RSTC, Intr. Stefan Furtuna, Sector 3, 77116 Bucarest, Roumanie. Tél. +40 1 637 5716, fax +40 1 3124486.

Les ruches peuvent fournir un supplément alimentaire et financier pour les fermiers pauvres. Une ruche occupant si peu de place et les abeilles n'exigeant pas d'être nourries, une ruche placée judicieusement peut faire doubler la production de fruits et de légumes (les abeilles transportant le pollen en butinant). Un don de 200 FF (30 US$) au Heifer Project International permet aux familles des pays en voie de développement de recevoir un kit avec des abeilles, une ruche et des rudiments d'apiculture. PO Box 8058, Little Rock, AR 72203, USA. Tél. +1 501 5486437. *www.heifer.org* Pour faire un don de ruches aux familles d'Afrique, contactez The Kyakahinda Beekeeping Community, PO Box 600, Kibito, Fort-Royal, Ouganda.

Les remous de sillage que produisent les bateaux érodent les fondations des bâtiments riverains des canaux. Concevoir un bateau ne faisant pas de vagues est l'un des nombreux projets de l'association Save Venice Inc. Basée à Venise et à New York, elle sponsorise des programmes de restauration d'églises, de synagogues, de sculptures et de peintures. Envoyez vos dons à Save Venice, San Marco 2888A, 30124 Venise, Italie (tél. +39 041 528 5247), ou au 15 East 74th Street, New York, NY 10021, USA (Tél. +1 212 7373141, fax +1 212 2490510). MI, CQ en $ US ou LIT, e-mail : *venice@savevenice.org*

This book is dedicated to everyone who is now and has been a part of the COLORS magazine team, and especially to it's creator, Oliviero Toscani.

Ce livre est dédié à tous ceux et celles qui ont travaillé pour COLORS magazine, et plus particulièrement à son créateur Oliviero Toscani.

Renzo di Renzo
Hadani Ditmars
Jeff Donovan
Pierre Doze
Alessandra Dragoni
Francine Dromi
Giovanna Dunmall
Alejandro Duque
Greg Dvorak
Melvis Dzisah
Todd Eberle
Andrew Eccles
Barbara Elkaz
William Ellison
Emily Engel
Rasa Erentaite
Negar Esfandiary
Carmen Espinosa
Lisa Farinosi
Cristina Fedi
Francesca Fedi
Catherine Fentress
Xavier Fernandez
Roberto Ferrucci
Annetta Flannigan
Peni Flascas
Michi Fontana
Paola Forcella
Jane Foster
Emanuela Frattini
Peter Fressola
Claudia Frey
Jane Frey
Manuela Fugenzi
Wendy Gabriel
Carlos Isaac Garrido
Pamela Garrini
Francesco Gaspari
Giovanna Gatteschi
Richard Gedeon
Maia Geheb
Rose George
Karen Gerhards
Sara Ghebremeskel
Agnès Giard
Simona Giorgetti
Paola Giraudo
Rosa Maria Giuvi
Latanya Godfrey
David Gold

Gabriella Gomez
Nicolas Gosnat
Romain Greco
Malcolm Green
Salvatore Gregorietti
Daniel Grosskopf
Jozika Grum
Islam Guemey
Barbara Gurney
Fernando Gutiérrez
Runyon Hall
Laurence Hamburger
Ann Hammond
Dorthe Hansen
Geoff Hardwick
Fernando Haro
Olga Harrington
Anne Harvey
Melissa Harris
Mary Haus
Anu Hautalampi
Yvonne Havertz
Carol Heijo
Robin Hellman
Amelia Hennighausen
Thomas Hilland
Kristin Hohenadel
Jenny Hoffman
Gabriele Holling
Leila Horn
Kurachi Horoyuki
Snježana Husić
Nancy Iacoi
Richard Ignazi
Nedzad Imamovic
Marina Itolli
Francesca Jacchia
Jacintha
Karrie Jacobs
Andy Jacobson
Orly Jacobson
Alexis Jetter
Mark Johnson
Frédéric Joignot
Sharmila Joshi
Isabelle Juin
Ravi Juneja
Ansis Jurgis Stabingis
Bernard Kaiser
Kathy Kalafut

Tibor Kalman
Baher Kamal
Omar Kamel
Otari Kantaria
Parag Kapashi
Olga Kapitonova
Theo Karayannidis
Yannis Karlopoulos
Ludger Kasumuni
Martina Fryda-Kaurimsky
Anthony Keegan
Rufus Kellman
Sean Kelly
Zein Khalifa
Atsko Kido
Seok-Hee Kim
Meg Kimmel
Joseph Valentin King
Mark King
Robin King
Claudia Koch
Gary Koepke
Alexis Kouvaritakis
Andrea Kowalski
Hajime Koyama
Mladen Kozul
Irena Kregar
Jessica Kreimerman
Goran Krickovic
Veronica Kropotkin
Margit Kubasta
Chiko Kundi
Josée Lacroix
Michal Lagiewka
Daniel Lainé
Adele Lakhdari
Bijaya Lal Shrestha
Lydia Landi
Paolo Landi
Doug Lansky
Simon La Rosa
Claudia Larraguibel
Leo Lerner
Dana Levy
Fernando Linares Díaz
Tony Linkson
Marcelo Lluberas
Marzia Lodigiani
Tim & Sophie Loft
Vera Longato

Scott Stowell
Tanja Strahija
Carey Ann Strelecki
Tibor Szendrei
Kyoko Sudo
Dan Sullivan
Stacy Sullivan
Djoko Susilo
Benjamin Sutherland
Michael Sutherland
Roland Takeshi
Salima Talha
Christian Tanimoto
Yeow Tan
Ruth Taylor
Niloo Tehranci
Deanna Telaroli
Brian Tenorio
Tamano Tetsuya
Christine Thiaux
Bethan Thomas
Charles Thompson
Marijan Tokic
Monica Tola
Catalina Toro Stratton
Guillermo Tragant
Kirk Troy
Kirsti Toscani
Thomas Tsatsis
Nami Tsuiki
Franca Tubiana
Scott Tully
Lorena Tumari
Carlo Tunioli
Anders Ulrik
Milena Valnarova
Jan Vanek
Will Van Roden
Ivana Vasiljevic
Mike Vazquez
Lucia Vellandi
Kali Vermes
Corine Vermeulen
Cécile Viars
Carlos Raul Villalba
Karen van Ede
Michael Verhoven
Juliette Volf
Alexandra von Stosch
Tatjana von Stosch

Rajesh Vora
Suzanne Wales
Pauline Wang
Téo Weber
Tyler Whisnand
Niva Whyman
Claudia Wintergerst
Stephen Williams
Stephen Wood
Marisa Woroniecka
Lang Yang
Ru Yang
Maya Yazbeck
Nathalie Youman
Jen Zaid
Alessia Zamparelli
Chiara Zanoni
Bojan Zec
Marija Zecevic
Bernard Zom
Giovanni Zoppas

Photography: Oliviero Toscani, Stefano Beggiato, Attilio Vianello, James Mollison, Marirosa Toscani Ballo, Francesco Morandin, Federica Beguetto, Neil Snape, Fulvio Maiani

p 17 Blood bag courtesy of Davies & Starr; p 52 Blind airplane meal courtesy of G. Frassi; p 124 Fetish shoes courtesy of Fantasies Unlimited; p 167 Safety Date courtesy of Safety Zone; p 179 Kiss of Death lipstick courtesy of Davies & Starr; p 182 Mini Revolver courtesy of Davies & Starr; p 290 Smokey Sue courtesy of WRS Group Inc; p 410 Eye-lid weights courtesy of MedDev Corporation; p 539 Will courtesy of Davies & Starr; p 557 Artist shit courtesy of «Associazione Amici di Piero Manzoni- Milano»; p 566-567 Holocaust Lego courtesy of Galleri Wang; p 569 Bubble Blower courtesy of Davies & Starr; p 643 Blind weapon courtesy of Jane's Information Group; p 646 Butterfly landmine courtesy of CICR.